dtv

»James«, sage ich, »du siehst nicht gut aus. Du brauchst eine Abwechslung. Warum kommst du nicht mit mir zum Amazonas?« – »Weil ich mit dir nicht einmal in eine U-Bahn einsteigen würde.« Kluger Mann, dieser James. Statt seiner begleitet Kasino-Besitzer Simon Redmond in den Dschungel und wird es bitter bereuen. Im Regenwald von Süd-Venezuela gibt es keine ausgetretenen Pfade, keine Zivilisation, nichts außer einer mörderischen Bruthitze in einem Waldmeer voller Sümpfe, heimtückischer Parasiten und Krankheitserreger. Ein Klima, dem weder Ausrüstung noch menschliche Kräfte standhalten, Hunger, Durst und Todesangst und jede Menge auswegloser, aber auch haarsträubend komischer Situationen. »Witzig, scharfsinnig und lächerlich tapfer.« (Maria Aitkin in der ›Sunday Times‹)

Redmond O'Hanlon, geboren 1947 in Dorset, studierte englische Literaturgeschichte in Oxford, promovierte 1977 und ist Mitglied mehrerer akademischer Gesellschaften. Nach seinem internationalen Erfolgsbuch über eine Expedition in die Urwälder Borneos (1984) ist dies der Bericht über sein zweites großes Reiseabenteuer. 1998 erschien ›Kongofieber‹, O'Hanlons Bericht über seine Suche nach Mokélé-mbembé, dem Kongo-Dinosaurier.

Redmond O'Hanlon

Redmonds Dschungelbuch

Deutsch von Meinhard Büning

Deutscher Taschenbuch Verlag

Von Redmond O'Hanlon
ist im Deutschen Taschenbuch Verlag erschienen:
Ins Innere von Borneo (12130)

Ungekürzte Ausgabe
Juni 1998
Deutscher Taschenbuch Verlag GmbH & Co. KG,
München

Titel der englischen Originalausgabe:
›In Trouble Again‹
(Hamish Hamilton, London)

Umschlagkonzept: Balk & Brumshagen
Umschlaggestaltung unter Verwendung eines Gemäldes
von Henri Rousseau (© Peter Willi/ARTOTHEK)
Satz: KCS GmbH, Buchholz/Hamburg
Gesetzt aus der Stempel Garamond 9,5/11·
Druck und Bindung: Presse-Druck, Augsburg
Gedruckt auf säurefreiem, chlorfrei gebleichtem Papier
Printed in Germany · ISBN 3-423-08456-1

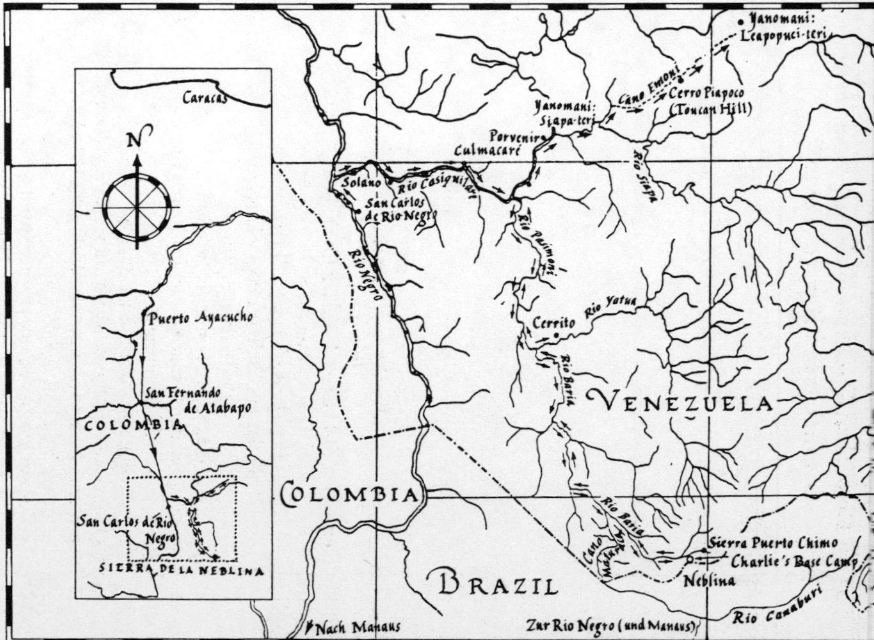
Yanomani:
Leapopuci-teri
Caño Emoni
Cerro Piapoco
(Toucan Hill)
Yanomani:
Siapa-teri
Porvenir
Culmacaré
Rio Siapa
Solano
Rio Casiquiare
San Carlos
de Rio Negro
Rio Pasimoni
Rio Negro
Cerrito
Rio Yatua
Rio Baria
VENEZUELA
COLOMBIA
Rio Baria
Caño Maturacá
Sierra Puerto Chimo
Charlie's Base Camp
Neblina
BRAZIL
Rio Canaburi
Nach Manaus
Zur Rio Negro (und Manaus)
Caracas
N
Puerto Ayacucho
San Fernando
de Atabapo
COLOMBIA
San Carlos de Rio
Negro
SIERRA DE LA NEBLINA

I

Nach zwei Monaten in den Urwäldern Borneos schien mir eine viermonatige Reise durch das Gebiet zwischen dem Orinoko und dem Amazonas keine besonderen Probleme zu bieten.

Ich las alle meine Helden des 19. Jahrhunderts noch einmal: Alexander von Humboldts siebenbändige ›Reisen in die Aequinoctial-Gegenden des neuen Continents in den Jahren 1799–1804‹; William H. Edwards' ›A Voyage up the River Amazon‹; Alfred Russel Wallaces ›Reisen am Amazonasstrom und Rio Negro‹; Henry Walter Bates' ›Der Naturforscher am Amazonasstrom‹; und Richard Spruces ›Notes of a Botanist on the Amazon and Andes‹.

Im Dschungel des Amazonas lauern keine Blutegel – ein Mangel, der mir im Vergleich mit Borneo als großer Vorteil erschien. Aber es gibt natürlich wie in Borneo alle Arten Durchfall und Amöbenruhr, Gelbfieber, Schwarzwasser- und Denguefieber, Malaria, Cholera, Typhus, Tollwut, Hepatitis und Tuberkulose – und noch ein paar ganz besondere Extras dazu.

Da ist zum Beispiel die Chagassche Krankheit, übertragen von mehreren Arten von Mordwanzen, die einen in Gesicht oder Hals beißen und dann, vollgesogen, am Einstich koten: Wenn man sich kratzt, reibt man die Hinterlassenschaft und eine Ladung Protozoen in den Blutkreislauf; ein Jahr oder auch zwanzig Jahre später beginnt man an unheilbaren Schädigungen von Herz und Gehirn zu sterben. Dann gibt es die Onchozerkiasis, die Flußblindheit, übertragen von Schwarzen Fliegen und verursacht von Maden, die zu den Augäpfeln wandern; Leishmaniasis, die der Lepra ähnelt – hervorgerufen von einem Parasiten und übertragen von Sandfliegen (achtzig Prozent der brasilianischen Truppen, die in der Regenzeit Manöver im Dschungel abhalten, werden von ihr infiziert); wenn man sie nicht schnell behandelt, zerfrißt sie die Geschlechtsteile. Und es gibt exotische Erscheinungen wie ein Fieber, das in den sechziger Jahren im Staate Pará ausbrach und einundsiebzig Menschen tötete – darunter auch das Forschungsteam, das es untersuchen sollte.

Die großen Tiere sollen viel freundlicher sein, als man denkt. Der Jaguar tötet mit einem Biß in den Nacken, aber nur unter besonderen Umständen. Zwei Vipern – die Lanzenschlange (sie kann über zwei Meter lang werden) und die Buschmeister (bis zu vier Metern, die größte der Welt) – töten einen nur, wenn man auf sie tritt. Von der Anakonda ist bekannt, daß sie erst dann zudrückt, wenn man ausatmet; der Zitteraal kann seine 640 Volt nur vor dem Frühstück austeilen (*seinem* Frühstück, versteht sich); der Piranha zerreißt dich nur, wenn du ohnehin blutest, und der Riesenwels zeigt nur dann eine Neigung, dir die Füße an den Knöcheln abzubeißen, wenn du kraulst.

Die kleineren Tiere sind im großen und ganzen viel lästiger: Moskitos, Schwarze Fliegen, Tapirfliegen, Milbenlarven, Zecken, Krätze verursachende Tunga penetrans und Dermatobia hominis, dann die Dasselfliege, deren Larven sich in die Haut bohren, vierzig Tage lang bescheiden an dir knabbern und schließlich als zollange Maden herauskommen.

Am beharrlichsten aber schwamm der Candiru durch die Träume meiner unruhigen Nächte, der Zahnstocherfisch – ein winziger Wels, der sich dem parasitären Leben in den Kiemen und Verdauungskanälen größerer Fische angepaßt hat.

In Borneo, in den Langhäusern, hatte ich gelernt, daß es sich gehört, in den frühen Morgenstunden zum Fluß hinunterzugehen – daß du die richtige Stelle im lehmigen Wasser gefunden hast, weißt du, sobald die Fische an deiner Hose zupfen, damit du sie ausziehst und ihnen Frühstück gibst. Solltest du jedoch am Amazonas einmal zuviel getrunken haben und beim Schwimmen unwillkürlich urinieren, so hält dich jeder heimatlose Candiru, angezogen vom Geruch, für einen großen Fisch und schwimmt aufgeregt deinen Urinstrom hinauf, hinein in deine Harnröhre wie ein Wurm in sein Loch, hebt seine Kiemendeckel und stellt eine Reihe rückwärtsgerichteter Stacheln auf. Dagegen ist dann nichts mehr zu machen. Der Schmerz, heißt es, sei von ganz besonderer Art. Man muß in ein Krankenhaus, bevor die Blase platzt, und dort einen Chirurgen bitten, den Penis abzunehmen. Nachdem ich mich mit einem Freund vom Radcliffe Hospital in Oxford beraten hatte – mit Donald Hopkins, dem Erfinder der Hämorrhoiden-Bestrahlung –, entwarf ich einen Anti-Candiru-Schutz: Wir nahmen eine Krickethose, schnitten die Vorderseite heraus und ersetzten sie durch ein Teenetz.

Von dieser ganz speziellen Furcht war ich zwar auf glänzende Weise befreit, aber nun geriet ich erst richtig in Panik. Alfred Russel Wallace schien die einzig mögliche Entscheidung getroffen zu haben. Bei einem Fieberanfall in seiner Hütte am Rio Negro, 1851, so berichtet er uns,

»nahm ich Chinin ein und trank reichlich in Wasser aufgelösten Weinstein, obgleich ich so schwach und apathisch war, daß ich mich zuzeiten kaum überwinden konnte, mir das zuzubereiten. In solcher Zeit fühlt man recht den Mangel eines Freundes …, denn wollte man einen Indianer dazu bringen, solche Kleinigkeiten zu besorgen, so würde es nötig sein, ihm so viel zu erklären und zu zeigen, daß es wirklich noch leichter ist, es selbst zu tun … Zwei Tage und Nächte schwebte ich zwischen Leben und Tod. In diesem apathischen Zustand durchging ich halb in Gedanken, halb im Traum mein ganzes vergangenes Leben und meine Hoffnungen auf die Zukunft, die vielleicht alle hier am Rio Negro ihr Ende finden sollten … Doch mit der Genesung schwanden diese düsteren Gedanken, und die Lust zu dieser meiner letzten Reise wurde wieder wach – ich schaute vorwärts mit der festen Hoffnung auf die Heimat. Indessen tat ich mir doch das Gelübde, nie wieder in so wilde, unbevölkerte Gegenden ohne einen zivilisierten Gesellschafter oder Diener zu reisen.«

Das war die Antwort: Ich würde den zivilisierten Gefährten meiner Borneo-Reise überreden, mit mir in die venezolanische Amazonas-Region zu fahren, den Dichter James Fenton. Die Bitte würde ihm gewiß schmeicheln. Mit Vergnügen würde er mitfahren.

Nach dem Abendessen am langen Tisch in James' Küche (an der Wand hing noch eine Karte von Borneo), bei einer halbgeleerten Flasche Glenmorangie, hielt ich den Zeitpunkt für günstig: »James«, sagte ich, »du siehst nicht gut aus. Du machst dir viel zuviel Arbeit mit diesen Buchrezensionen. Du brauchst eine Abwechslung. Warum kommst du nicht mit mir zum Amazonas?«

»Hörst du mir gut zu?«

»Ja.«

»Und sitzt du bequem?«

»Ja.«

»Dann möchte ich dir mitteilen«, sagte James, schloß die Augen und bedeckte Gesicht und den kahlen Schädel mit den Händen, »daß ich mit dir nicht einmal in eine U-Bahn steigen würde.«

Ich fragte jeden, den ich kannte. Ich besuchte den Dichter Craig Raine.

»Es wird deinen Metaphernvorrat bereichern«, sagte ich.

»Es wird meinen Vorrat an Parasiten bereichern«, sagte Craig.

Ich rief den Fotografen Don McCullin an.

»Um ganz offen zu sein«, sagte Don.

»Ich dachte mir schon, daß du früher oder später auch auf mich verfallen würdest. Du bist an den richtigen Mann geraten. Es hätte schon seinen Sinn. Ich möchte nicht grob werden, Redmond, aber ich habe im Laufe der Jahre eine ganze Menge Bilder gesehen und, ehrlich gesagt, deine sind mit Abstand die schlechtesten. Aber ich habe kein Interesse. Ich habe das alles schon mal gemacht. Ich bin für Norman Lewis den Xingu hinaufgefahren, das hat mir gereicht. Gerade jetzt, in diesem Moment, möchte ich mich in Ruhe besaufen. Und ich möchte mit Lorraine schlafen – da, wo du hinfährst, kann ich keins von beidem.«

Dann fiel mir Simon Stockton ein, ein Freund aus der Zeit, als ich Anfang Zwanzig war. Geboren in Cambridge, hatte der Höhepunkt seiner Schulzeit darin bestanden, daß er mit dem späteren Romanautor Martin Amis in einer Klasse gewesen war – eine so demoralisierende Erfahrung, daß er auf jede weitere Ausbildung verzichtete und sich entschloß, eine Diskothek aufzumachen. In Hamburg betrieb er einen Nachtclub, bis die Polizei eines Tages seinen Partner auf einer Parkbank fand, mit einer Kugel im Kopf. Man stempelte ihm den Vermerk »Unerwünschter Ausländer« in den Paß und wies ihn aus.

Er fing als Croupier neu an und arbeitete sich hoch von Club zu Club; zur Zeit war er am »Kensington Sovereign« beteiligt. Er würde sicher mit Begeisterung zusagen. Ich wußte von seinem geheimen Ehrgeiz, das wilde professionelle Nachtleben aufzugeben und irgend etwas richtig Friedliches zu werden, zum Beispiel Kriegsfotograf. Ich rief ihn an. Es sollte mein erster Besuch in einem Kasino sein.

Simon, Mitte Dreißig, höflich und in einem dunklen Anzug, nahm mich beim Pförtner in Empfang.

»Komm rein und versuch die Ruhe zu bewahren«, sagte er. »Wir haben große Tiere hier heute nacht. Die Lage ist ein bißchen gespannt.«

Wir saßen an der Bar, Simon schnippte mit den Fingern, und ein Malaie brachte eine Flasche Claret. Die gedämpften roten Tisch- und Wandlampen spiegelten sich in den Flaschenreihen, warfen warme, glänzende Flecken auf die Eichenpaneele, wurden in den Eckspiegeln reflektiert und hingen durchscheinend in der großen Glaswand, die den Raum teilte. Durch das Glas konnten wir den Spielern an den Roulette- und Blackjack-Tischen zusehen. Ein paar Frauen oder Geliebte saßen auf Hockern hinter ihren Ehemännern oder Liebhabern – aufgeregt, ketterauchend.

»Du kommst also mit?«

»Natürlich komme ich mit. Es ist die Chance meines Lebens. Ich habe ein 500-Millimeter-Spiegelobjektiv für die Vögel gekauft. Nicht für mein Leben möchte ich das verpassen. Und überhaupt, nach fünfzehn Jahren in diesem Schuppen brauche ich eine Pause. Für mich heißt es: Amazonas oder Klapsmühle.«

»Und außerdem«, fügte er ohne besonderen Anlaß hinzu, »ich bin gut bei Schlägereien. Sieh mal.« Er hob die Haare über der Stirn und enthüllte eine lange, kaum verheilte Narbe. »Acht Stiche. Der Idiot verlor alles, was er hatte, und dachte, ich hätte ihn verhext. Schlug mir einen Aschenbecher über den Schädel. Der Pförtner haute ihm eins in den Bauch, und wir ließen ihn einbuchten wegen Körperverletzung.« Simon nickte einem Kellner zu, und ein Tablett mit orientalischem Essen tauchte auf.

»Was tun sie denn sonst«, fragte ich, »wenn sie alles verlieren?«

»Sie gehen nach Hause und hängen sich auf«, sagte Simon, den Mund voller Seeteufel. »Das passiert ziemlich oft, aber wir können nichts dafür – wir sind halt das letzte Glied in der Kette.«

»Im Dschungel wirst du dich langweilen.«

»Damit kann ich fertig werden«, sagte Simon und

wandte sich kurz, um einen prüfenden Blick über die Tische zu werfen. »Ich kann so ziemlich mit allem fertig werden. Neulich waren drei Iraker da. Irgendein arabischer Gangster glaubte, daß wir hier betrügen, also schickte er die drei Jungens her. Ich versprach ihnen alles, um sie hinzuhalten – meine Tante Sally, die Katze, mein Sparschwein, einfach alles –, während der Parkplatzwächter die Polizei rief. Als sie durchsucht wurden, fanden wir, daß sie statt Taschen nur Schlitze hatten: Sie hatten sich ihren Klempnerladen direkt an den Oberschenkel geschnallt, achtzehn Zoll lang und an der Spitze gebogen. Riesendinger! Irgendwie abartig, wenn du mich fragst.«

Ich starrte durch die Glaswand und bewunderte die halbnackten Croupeusen, die in dem gedämpften Licht um den grünen Filz standen, als ein älterer, finster blickender Japaner einen Livrierten herbeirief, irgendwas murmelte und ihn zu Simon schickte.

»Mein Dicker«, sagte Simon, »du hast dir gerade deinen Rausschmiß eingehandelt.«

»Rausschmiß?«

»Du hast gelächelt.«

»Gelächelt?«

»Ja. Du hast die Mädchen angelächelt. Damit hast du Mr. Yamamoto gestört. Er meint, du bringst ihm Unglück. Du störst seine astralen Kräfte. Du wirst gehen müssen. Das sind Spieler, verstehst du. Sie kommen her, um zu spielen. Das hier nennt man ein Kasino. Wenn du Mädchen willst, mußt du in ein Haus gehen, das man Bordell nennt.«

Draußen auf der Straße standen wir im Regen und blickten auf das Meisterwerk von Waterhouse, die großartige viktorianische Fassade des Museums für Naturgeschichte, mit den sauberen blauen und cremefarbenen Ziegeln, den Fensterbögen und Mittelpfosten, Zinnen und Türmen im Flutlicht: eine weltliche Kathedrale, die ebenjene Sammlungen beherbergt, die Bates und Wallace und Spruce sich angesehen hatten (damals noch im Britischen Museum in Bloomsbury), bevor sie zum Amazonas aufgebrochen waren.

»Das ist schön, nicht?« sagte ich. »Für mich ist das das verlockendste Gebäude der Welt. Schaust du häufig rein, wenn du Tagschicht hast?«

»Ehrlich, Redmond«, sagte Simon und wandte sich ab, um wieder hineinzugehen, »ich habe da noch nie einen Fuß reingesetzt.«

Ich stand im Regen, konnte mich nicht rühren und blickte auf das himmlische Gebäude gegenüber, einen Palast verwirrter Sehnsüchte. Und ich erinnerte mich wieder, wie ich eines Frühlings auf dem Rasen vor dem väterlichen Pfarrhaus stand. Als ich knapp fünf Jahre alt war, flog eine Misteldrossel, die ihr Nest gereinigt hatte, über mir auf und ließ die Hälfte einer leeren Eierschale fallen, direkt vor meine Füße, neben der Sonnenuhr. Da ich damals noch keine Kenntnis von der Leere des Kosmos hatte, von der Fühllosigkeit der kausalen Zusammenhänge, kam ich zu dem Schluß, diese Botschaft aus braunen und purpurnen Flecken auf einem Untergrund von bräunlichem Weiß müsse für mich bestimmt sein.

Ich begann eine Eiersammlung anzulegen und bewahrte sie in einer Schachtel auf; sie lag in meinem kleinen Schlafzimmer auf der Kommode neben dem Fenster, von dem der

Blick über den Küchengarten und die kleinen Felder ging, über die dichten Hecken und Wälder des Käselandes bis zu den entfernten Hängen der Hügel von Wiltshire. Ich nahm einer Amsel das Ei aus dem Nest, eines von fünfen, aus dieser rauhen, mit getrocknetem Gras ausgekleideten Mulde im Dickicht beim Goldregen. Ich fand ein Drosselei in seinem lehmverkleisterten Nest in einem Gebüsch am Teich. Ich plünderte das Gelege eines Fliegenschnäppers, der jedes Jahr wiederkam, um auf einem Sims an der Muschelkalkfassade des Hauses seine Jungen aufzuziehen – dort, wo das Nest durch Efeu vor der Sonne geschützt war. Mit einem Teelöffel fischte ich das weiße, braungesprenkelte Ei eines Zaunkönigs aus einem Gewölbe welker Blätter, hineingebaut in das tote Laub hinter einem alten Reineclaudenbaum in einem Mauerwinkel. Und eines Tages, als ich vorn in dem zweisitzigen Faltboot meines Vaters auf dem Bowood-See saß (er gehörte zu seiner Gemeinde), hob ich die oberste Schicht eines treibenden Unkrauthaufens, der sich in einem Lilienbett verfangen hatte, und holte mir das kreidige Ei eines großen Haubentauchers. Es war der Stolz meiner Sammlung.

Als ich sieben war und in ein Internat in Dorset geschickt wurde, schenkte mir mein Vater die beiden Bände von T. A. Coward, ›The Birds of the British Isles and Their Eggs‹, meine ersten richtigen Bücher; er hatte sie ebenfalls von seinem Vater bekommen, der zusammen mit Coward um die Jahrhundertwende in ganz Cheshire Vögel beobachtet und geologische Studien getrieben hatte. Und er schenkte mir auch T. A. Cowards eigenes spezialgefertigtes Fernglas, das Coward meinem Großvater hinterlassen hatte: eigentlich nur zwei zusammenpassende Teleskope, schlanke, schwärzliche Messingröhren, durch die ich eines Tages alle die

Vögel zu sehen hoffte, die Coward gesehen hatte – so geheimnisvoll in Marschen und Küstenland, in den Mooren und Bergen und Wäldern, wie Thorburn sie auf seinen Tempera-Bildern gemalt hat.

In der ersten Ferienwoche überredete ich meinen Vater, mit mir in das Museum für Naturgeschichte zu gehen. Damals war alles noch ganz anders: Man konnte tatsächlich zu den Mahagonischränken mit Eiern gehen und die Schubladen herausziehen. Da gab es alle Eier aller Vögel auf den Britischen Inseln, Tausende von Eiern; sie lagen in ganzen Haufen auf ihren Baumwollbettchen in den hölzernen Fächern unter Glas. Die Eier der Lumme überraschten mich besonders – sie hatten einen ganzen Schrank für sich: Sie waren weiß, gelb, blau, grün, purpur, rot oder braun; und sie waren in allen möglichen verschiedenen Farben getupft oder gefleckt oder gesprenkelt. Wenn das die Eier einer einzigen Spezies waren, wie konnte sich dann jemals einer damit auskennen? Nichts als Vielfalt und Staunen. Vielleicht, dachte ich jetzt im Regen auf der Cromwell Road, war es diese Empfindung, die ich im Urwald im Herzen Borneos wirklich gesucht – und auch gefunden – hatte: jener plötzliche, kurze, leuchtende Augenblick, wenn du dir noch nicht mal sicher bist, ob das, was da eben über den Fluß flog, eine Fledermaus war, ein Vogel oder ein Schmetterling. Und ich schwor mir, wenn möglich, dieses Gefühl wieder zu erleben in den noch größeren Wäldern der nördlichen Amazonas-Region.

Eine Hand legte sich auf meine Schulter.

»Alles in Ordnung, Sir?« Es war der Pförtner. Er hatte einen mitleidigen Ausdruck in seinem zerfurchten Gesicht. Er kannte das alles schon.

»Sie wollen nicht nach Hause? Ist es das? Hören Sie auf mich, Sir: Es ist immer am besten, direkt nach Hause zu gehen, wenn man Pech gehabt hat. Morgen früh werden Sie sich wieder besser fühlen. Wenn Ihnen das Geld für ein Taxi fehlt, Sir – wenn Sie mir das nicht übelnehmen –, der Kensington Sovereign legt es Ihnen gerne vor. Das gehört zum Geschäft.«

In den folgenden zwei Monaten suchte ich mir aus verschiedenen Campingläden eine mangelhafte Ausrüstung zusammen. Nachdem ich lange erfolglos gesucht hatte, fand ich schließlich zwei Paar widerstandsfähiger »felderprobter« Wasserflaschen aus Plastik, die man an den Gürtel hängen konnte; ich ging damit nach Hause und füllte die eine mit Wasser: Als ich den Verschluß zudrehte, platzte sie an der Seite auf.

Verzweifelt brachte ich wieder einmal, wie einen Talisman, den Namen meines Onkels ins Spiel – Oberst Egerton-Mott, der während des Krieges in Borneo die Sondereinsätze gegen die Japaner geleitet hatte – und besuchte die Sponsoren unserer Borneoreise, 22 SAS, in ihrem Hauptquartier bei Hereford. Absurderweise freute ich mich, als ich bemerkte, daß ich befördert worden war: von der Lagerhalle der Ausbildungsabteilung zu der für die Regulären.

»Gut gemacht, mein Junge«, sagte der Quartiermeister, als wir von seinem Büro zum Lagerschuppen gingen. »Das Buch über Borneo hat mir gefallen. In Ihrer Beschreibung klangen wir fast menschlich.«

Dann war mir auch das danebengegangen, dachte ich, als

wir auf dem Vorfeld an einem Zug junger Soldaten vorbeikamen, die noch einmal ihre Rucksäcke überprüften, bevor sie auf zwei Lastwagen stiegen. Sie waren fit und mager und zeigten eine wilde Energie. Sie sahen nicht im entferntesten menschlich aus.

In der Lagerhalle traf ich Ernie und Eddie wieder und quittierte für zwei komplette Sätze Dschungelausrüstung, wie ich sie nach Borneo mitgenommen hatte, plus einen Satz besonders leichte Dschungelmontur (groß) und einen Schlapphut in Tarnfarben (er hatte zwei große Luftlöcher über der Krempe und war mit feinem Maschendraht überzogen, um die Schwarzen Fliegen abzuhalten). Aufgeregt probierte ich alles an. Ich fühlte mich sofort prächtig, zu allem bereit.

»So können wir ihn nicht gehen lassen«, sagte Ernie, und er klang aufrichtig verdrossen.

»Warum nicht?« fragte ich. »Fehlt noch was?«

»Nein«, sagte Ernie, »du bist einfach eine Schande für das Regiment. Du siehst aus wie Benny Hill.«

Eine Woche später brachte ich Simons Ausrüstung zu seinem Haus in einem Vorort von West Drayton. Es war unter den vielen völlig gleichartigen Häusern leicht zu finden, weil Simon es von oben bis unten purpurn angestrichen hatte; und eine enorme Vergrößerung seines Porträtfotos füllte das ganze linke obere Fenster aus.

Es war drei Uhr nachmittags, und Simon kam in seinem Flanellbademantel an die Tür.

»Hallo, Dicker. Bringst du den Kram? Schmeiß ihn hier rein«, sagte er und half mir, den Sack mit der Ausrüstung in den Raum rechts zu bringen. An einer Wand erhob sich ein Turm mit Tuner, Verstärker, Recorder und Tapedecks, mit ganzen Regalen von Platten. Ein riesiger Fernseher und mehrere Videogeräte standen am Fenster. In der Ecke hielt ein hölzernes Mädchen mit großen hölzernen Brüsten, cremefarben angemalt, einen Aschenbecher. Wir breiteten die olivgrüne Zeltbahn, die Leinwandhängematte, das Moskitonetz und das Gestänge auf dem Teppich aus, über einem Paar kleiner roter Tanzschuhe, einem Paar schwarzer Netzstrümpfe, einem schwarzen Hüftgürtel und der Andeutung eines schwarzen Schlüpfers, benäht mit einem winzigen scharlachroten Seidenherzen.

»Ist schon gut«, sagte Simon. »Sie schläft oben. Sie zieht sich so an, wie ich es möchte, kommt Donnerstagabend und geht am Freitag wieder. Sie macht mir niemals Ärger. Willst du dir mal das Haus ansehen? Stockys Traummaschine fürs maximale Vergnügen?«

Wir gingen über den Flur.

»Dies ist das Wohnzimmer. Hier trinken wir Tee, wenn ganz besondere Gäste kommen, wie zum Beispiel meine Mutter. Dann essen wir Gurkensandwiches und Gebäck.«

Den Raum füllte eine große Werkbank fast vollständig aus. Die Wände ringsum waren von einer umfassenden Werkzeugsammlung bedeckt. Neben dem Lichtschalter waren die einzelnen Kategorien in roter Leuchtfarbe aufgelistet: MEISSEL. HÄMMER. BOHRER. SÄGEN. FEILEN UND ANDERES.

Auf dem Weg nach oben kamen wir an einer großen Inschrift vorüber. REMEMBER REMEMBER THE FIFTH OF NOVEMBER.

»Wozu soll das gut sein?«

»An dem Tag hat mich meine Frau verlassen«, sagte Simon.

»Es überrascht mich nicht, daß sie ging«, sagte ich.

»Ich werde ihr nie verzeihen«, sagte Simon.

Ich schaute aus dem Treppenfenster. Ein alter Pflaumenbaum stand mitten auf dem Rasen. Von seinem untersten Ast hing ein mitgenommener, überdimensionaler Snoopy, mit einem Reithelm auf dem Kopf und einer zerfetzten Zielscheibe auf der Brust. Er schaukelte sanft im Wind.

»Was ist das?«

»Das«, sagte Simon, »ist ein Symbol. Es ist meine Exfrau. Das ist ihr Sturzhelm. Sie hatte ein Pferd. Wenn ich Depressionen kriege, nehme ich meine Armbrust, lehne mich raus und verpasse ihr einen Bolzen.«

»Und dies«, sagte er und riß eine Tür auf, über der stand: VORSICHT HOCHSPANNUNG, »ist das Schlafzimmer des Meisters. Hier bringt mir das Mädchen meine Croissants, hier lese ich jeden Morgen die ›Financial Times‹.«

Er knipste ein rotes Licht an. Es war eine Dunkelkammer, das Fenster war mit schwarzen Läden und einem lichtdichten Ventilator verschlossen. Tische zogen sich die Wände entlang, mit Aktenschränken darunter. Es gab zwei gewaltige Vergrößerer, eine Reihe von Entwickler- und Fixierschalen und drei eingebaute Waschbecken. Die Kameras und Objektive waren sauber auf einem Bord aufgereiht. Es gab Blitzlichter, Stative und einen Haufen Lampen und Reflektoren. Aber das Prunkstück des Raums waren die Mädchen. Sie schmollten auf Simons Sofa in weichgezeichnetem Schwarzweiß. Sie saßen nackt in üppigem Cibachrome in Simons Blumenbeet. Sie wanden sich in Sepia um den Pfosten seines Treppengeländers und kicherten. Sie rekelten sich lang und wollüstig auf seinem Teppich. Mit Selbstauslöser waren sie auf dem Bett eingefangen, während der Meister sie höchstpersönlich auszog.

»Gut, was?« sagte Simon.

»Sie sehen verblüffend glücklich aus«, sagte ich. »Sie müssen dich tatsächlich mögen.«

»Und wie sie das tun«, sagte Simon, »das ist doch nur natürlich. Sie lieben mich zu Tode. Aber leider heißt es bei mir nur rums, bums und tschüs, meine Liebe. Nicht wie bei dir. Wie lange bist du schon verheiratet? Fünfzig Jahre?«

»Achtzehn«, sagte ich.

»Achtzehn!« sagte Simon, ging über den Flur und öffnete eine weitere Tür. »Achtzehn! Na, wenn wir jemals aus dem Dschungel zurückkommen, dann schaffst du es vielleicht noch bis zur Silberhochzeit – wenn Belinda blöd genug ist, auf dich zu warten –, und ich könnte dir eine schöne dicke Teekanne schenken, mit einer ganz langen Tülle.«

Wir linsten in das Zimmer.

»Das ist die Spielwiese«, sagte Simon.

Ein sehr junges Mädchen schlief auf dem Doppelbett. Sie war halb mit einem Laken bedeckt und hatte sich wie ein Fötus zusammengerollt. Drei Siamkatzen drängten sich in der Höhlung zwischen Po und Fersen aneinander. Ihr gelbes Haar fiel über das Kissen.

»Sie ist hübsch«, sagte ich, als wir wieder hinuntergingen.

»Die Katzen, ja«, sagte Simon.

»Magst du sie denn nicht?«

»Paß mal auf«, sagte Simon. »Erzähl mir keinen Scheiß. Sie arbeitet im Kasino. Ich bin für das Personal zuständig.

Ich mache keine Witze, Redmond. Ich habe die Nase voll von hübschen Mädchen. Sie machen mich fertig. Manchmal glaube ich, mein Pimmel gehört nicht mehr mir.«

Wir setzten uns an den Tisch des Zimmers, das Simon als die Küche bezeichnete. Es sah eher wie ein Raumschiff aus.

»Du bist ein glücklicher Mann, Simon.«

»Das gehört einfach zu meinen Problemen«, sagte er und langte eine Flasche Château-Neuf-du-Pape aus einem Regal. »Ich wollte jemand haben, der regelmäßig herkommt und sich um mich kümmert. Deshalb habe ich im örtlichen Anzeigenblatt inseriert. ›Unglaublich häßliche Putzfrau gesucht, hohe Bezahlung für eine richtige alte Hexe. Bewerbungen unter sechzig zwecklos.‹ Zwei Wochen lang sah ich mir die Kandidatinnen an und suchte mir eine echte Schreckschraube aus. Mrs. T. Sie ist das richtige für mich. Ein Schatz. Sie ist die Beste. Ich glaube, ich hab mich verliebt. Wirklich, ich glaube, demnächst muß ich ihr einen verpassen.«

»Was ist in den anderen Zimmern?« fragte ich, als Simon zwei überdimensionale Weingläser füllte.

»Nix. Die gehörten meiner Frau. Da geh ich fast nie rein; ich habe sie noch nicht zurückerobert. Im hinteren Zimmer zum Garten raus ist eine vollständige Ausgabe der ›Großen Bücher der Welt‹ von der Encyclopedia Britannica. Die habe ich für sie gekauft. Die sind alle noch eingeschweißt. Verdammte Unzucht. Da fällt mir ein – wenn wir unterwegs sind, wenn wir in diesem ollen Dschungel stecken, dann mußt du mich erziehen.«

»Dich erziehen?«

»Ja. Ich will mein Leben ändern. Wirklich. Du sagst mir, welche Bücher ich lesen muß – und ganz nebenbei, warum gehen wir überhaupt auf diesen Trip? Warum bist du nicht mehr Professor in Oxford, du fetter Depp? Ein besseres Leben gibt's doch gar nicht. Portwein umsonst, soviel du willst, der vor Hunderten von Jahren eingekellert wurde. Alte Knacker beglücken dich den ganzen Tag mit ihrem geschraubten Akzent. Um dich herum lauter junge Studentinnen.«

»Das war nur auf Probe«, sagte ich. »Und ich brachte meinen Studenten das falsche Jahrhundert bei, direkt vor ihrem Examen. Es war scheußlich.«

»Scheiße«, sagte Simon, ernstlich in Sorge. »Ich dachte, mit dir könnte man fahren. Ich dachte, man könnte sich auf dich verlassen.«

»Den Fehler haben sie auch gemacht; es war nicht ihre Schuld.«

»Jesus«, sagte Simon und öffnete die nächste Flasche.

»Mach dir keine Sorgen«, sagte ich. »Wir nehmen eine Route aus dem 19. Jahrhundert. Und in dem Jahrhundert kenne ich mich aus. Ich denke, wir folgen Humboldt den Orinoko hinauf und durch die Casiquiare-Region. Dann schließen wir uns Spruce und Wallace auf dem Rio Negro an, fahren runter nach Manaus zu Bates, und dann vielleicht den Purus hinauf. Ich bin jeden Morgen in unserem Wäldchen herumgerannt. Ich bin besser in Form als je.«

»Den Teufel bist du«, sagte Simon und goß sich noch ein Glas ein. »Du trinkst zuviel.«

»Apropos Leben ändern«, sagte ich, »bei deinem Verbrauch mußt du doch früher oder später die richtige Frau finden. Der ideale Weg, dein Leben zu ändern.«

Simon lehnte sich entspannt in seinem Stuhl zurück.

»Na ja, wie es so spielt, vielleicht habe ich die richtige

Frau gefunden, du Mistkerl. Und vielleicht hat es sogar etwas mit dir zu tun. Ich glaube, das gefällt ihr – Stockton der Forscher und Fotograf. Jawoll. Sie weiß nicht, daß ich bei meiner Arbeit nur selten das Tageslicht gesehen habe, ganz zu schweigen vom Dschungel. Sie ist eine richtige Schullehrerin. Ihr Mann ist tot. Sie hat drei niedliche Kinder. Ich mag Kinder. Vielleicht mache ich mit ihr Ernst. Tatsächlich, soweit es mich angeht, ist sie genau das richtige.«

»Aber du hast nur noch zwei Wochen.«

»Macht doch nichts«, sagte Simon, »sie kommt, um mich zu verabschieden. Und wenn es erst mal soweit ist – du bist ein Scheißkerl.«

»Was soll denn das nun wieder?«

»Wie machst du das bloß?« sagte Simon und sah plötzlich sehr wild aus. »Wie kannst du deine Frau und deine Tochter zurücklassen? Belinda ist kaum aus dem Krankenhaus raus. Die Kleine ist zwei Wochen alt. Dich sollte man erschießen. Auch nur daran zu denken!«

»Das ist schon seit einem Jahr geplant«, sagte ich und schaute weg, auf eine Fotografie in einem Rahmen auf dem Tisch. »Ich wußte nicht, daß es so laufen würde. Es geht entweder jetzt oder erst nächstes Jahr. Wir müssen die Regenzeit erwischen. Wir werden vielleicht ein paar sehr kleine Flüsse hinauffahren müssen.«

»So spricht ein Psychopath«, sagte Simon.

»Wer ist dieses Mädchen?« sagte ich und nahm die Fotografie auf. Simon schaute aus dem Bild, mit einem silbernen Spazierstock und einem Blazer, eine Kreissäge auf dem Kopf, hoher Kragen, Seidenhemd mit Rüschen und Seidenkrawatte. An seinem Arm hing ein dunkelhaariges

Mädchen in einem Kleid aus den zwanziger Jahren und einem breitkrempigen Hut mit Straußenfedern; sie trug einen zusammengefalteten Regenschirm.

»Der flotte Knabe mit der Kreissäge bin ich«, sagte Simon, »und das Häschen in dem Kleid bin ich auch. Das ist meine Weihnachtskarte vom letzten Jahr. Scharf, was? Hast du noch nie Damenschlüpfer anprobiert?«

Als ich später am Abend nach Oxford zurückfuhr, dämmerte mir, daß jetzt nichts mehr zu ändern war. Ich ging nicht einfach so in den Dschungel – ich ging mit Simon in den Dschungel.

2

Ich überließ Simon der Lektüre von ›Stolz und Vorurteil‹ in dem Apartment, das ich im Zentrum von Caracas gemietet hatte, und nahm ein Taxi zum Country Club, um Charlie Brewer Carias zu treffen.

Charlie Brewer, der große Erforscher und Fotograf Venezuelas, läßt sich gern per Hubschrauber auf Dschungelbergen wie dem Autana oder dem Sarisarinama absetzen und seilt sich dann in die Höhlen und Kavernen ab. Das ist sein Hobby. Früher war er Zahnarzt, aber inzwischen hat er sechs illustrierte Bücher über die Berge und Pflanzen seines Landes geschrieben; er hat so viele wissenschaftliche Expeditionen ins Landesinnere geführt, daß inzwischen dreizehn Pflanzenarten, eine Pflanzengattung, eine Vogelart, eine Vogelunterart und ein Wasserinsekt (Tepuidessus breweri) seinen Namen tragen. Jeder Taxifahrer in Caracas kennt Charlie Brewer und wird dir von seiner Amtszeit als Jugendminister erzählen:

Um Venezuelas Anspruch auf ein Stück Land geltend zu machen, das jetzt zu Guyana gehört, sammelte Charlie eine Bande junger Verehrer um sich und fiel in das Gebiet ein. Guyana mobilisierte seine Armee und Luftwaffe. Charlie schraubte an einem Grenzpfosten ein altes Kupferschild ab, auf dem *British Guiana* stand, und zog sich wieder zurück. Die kommunistische Regierung von Guyana fand das nicht komisch. Die kapitalistische Regierung von Venezuela fand es auch nicht komisch. Charlie verlor seinen Job.

Ich traf ihn an einem Tisch unter einer Arkade des Innenhofes, umgeben von Blumen; er nippte an einem Glas Wasser.

»Lust auf 'ne Stunde Training?« fragte Charlie und strich über seinen enormen herabhängenden Schnurrbart.

»Ganz bestimmt nicht«, sagte ich in Panik. »Könnten wir uns nicht bei einer oder zwei Flaschen Wein unterhalten?«

»Das wäre gar nicht gut für Sie. Eine ganz schlechte Idee. Sie müssen die Finger ganz vom Alkohol lassen. Die Indianer haben sich nie daran gewöhnt. Sie dürfen auch keinen mitnehmen. Die Amazonas-Region, Redmond, ist keine besonders freundliche Gegend.«

»Hören Sie – seit meiner Schulzeit war ich in keiner Turnhalle mehr.«

»Dann eben jetzt«, sagte Charlie und stand auf. »Sie müssen was gegen Ihre Wampe tun. Jeder sollte Sport treiben.« Er nahm seine Sporttasche, warf sie sich über die muskulöse Schulter und wies auf einen Lederbeutel auf dem Tisch.

»Nehmen Sie das mit«, sagte Charlie, »und geben Sie es mir, wenn es Ärger gibt. Kommen Sie. Vor dem Essen haben wir noch eine volle Stunde Zeit.«

Der Beutel war sehr schwer; ich zog den Reißverschluß halb auf und schaute hinein. Eine große, schwarze Browning Automatic.

»Jesus«, sagte ich.

»Da draußen wollen mich alle umbringen«, erklärte Charlie. »Von der Regierung von Guyana bis hin zum letzten Trottel. Erst letzten Monat kam irgendein bekiffter Wahnsinniger in einem Vorort an meinen Wagen, als ich vor einer Ampel hielt, und sagte, er hätte sich seit Jahren jeden Tag vorgenommen, mich zu erschießen, aber sein Arzt hätte es ihm ausgeredet. ›Toll. Danke. Prima Neuigkeiten‹, sagte ich. ›Sagen Sie mir Bescheid, wenn Sie Ihre Meinung ändern.‹«

Im Umkleideraum zog sich Charlie Shorts, Socken und Turnschuhe an. Ich zog Hemd und Schuhe aus und schnallte meinen Hosengürtel ein Loch enger. Wir nahmen uns zwei Handtücher und gingen in die Turnhalle.

Ein riesiger Mann lag auf einer kleinen Bank flach auf dem Rücken und stemmte über der Brust eine Hantel hoch, deren Gewichte auf der einen Seite etwa drei Bussen und auf der anderen einem kleinen Haus zu entsprechen schienen. Unter seinen Muskeln konnte man gerade noch seinen Kopf erkennen. Jeder Atemzug klang wie ein startendes Düsenflugzeug.

»Außer mir kann das hier niemand«, sagte Charlie und stemmte sich auf dem Barren auf und nieder, wobei er seine Knie küßte. Er wies mit dem Kopf auf junge Männer, die kopfüber von Wandleitern hingen und an Trapezen durch die Luft flogen. »Ich bin sechsundvierzig. Aber die haben einfach nicht die Kraft und die Gelenkigkeit zugleich.«

»Also was halten Sie von meiner Route?« fragte ich. Meine Füße wurden taub unter einem Paar Beingewichte, die ich nicht bewegen konnte.

»Nicht jetzt«, sagte Charlie, »sprechen Sie nicht mit mir, wenn ich meine Übungen mache. Ich konzentriere mich jeden Tag auf verschiedene Muskelkomplexe. Wenn ich einem Mann, der in einer Stromschnelle ertrinkt, ein Seil zuwerfe, muß ich einfach stark genug sein, um ihn ans Ufer ziehen zu können.«

»Ich würde gar nicht mit ihm reden«, sagte ein ölglänzender Brocken neben mir mit einem überdeutlichen Augenzwinkern (wahrscheinlich trainieren sie hier sogar ihre Augenlider, dachte ich). Er pflegte seine Armmuskeln mit Gewichten wie Achsen von Eisenbahnwagen. »Sie müssen, äh, stark werden. Ich selbst bin Chirurg, aber im Krankenhaus habe ich eine ganze Menge Dschungelkrankheiten kennengelernt. Wenn Sie meinen Rat hören wollen, bleiben Sie in Caracas.«

»Der Plan ist lächerlich«, rief Charlie unter seiner kalten Dusche neben mir.

»Nächste Station«, sagte er und drängte mich in den Hitzeraum. Wir setzten uns zu einer Reihe von Männern, die unter Heizstrahlern schwitzten und Witze rissen. Ich bin an dieses Klima einfach nicht gewöhnt, sagte ich mir, und: Nur wegen dieser Reihe Pimmel auf der Bank brauchst du dich nicht minderwertig zu fühlen.

»Diese Flüsse«, sagte Charlie. »Ich habe darüber nachgedacht. Sie sind so groß wie das Meer. Es gibt nichts Langweiligeres. Da sind Leute sogar schon mit einem Hovercraft drübergefahren. Aber Sie gefallen mir. Sie sind verrückt. Sie sind hier hilflos. Sie geben mir Ihre alten Bände Spruce und Wallace – ich habe diese Bücher noch niemals gebunden gesehen –, und ich mache Ihnen Fotokopien davon und verrate Ihnen ein eigenes kleines Projekt von mir, eine Sache, die seit dem 17. Jahrhundert nicht mehr versucht worden ist.«

»Abgemacht«, sagte ich schwitzend.

»Dann wollen wir nach nebenan gehen«, sagte Charlie. »Das ist der Regenwald des Clubs.«

Im Dampfraum beschlugen meine Brillengläser. Charlie, der auf und ab schritt, verschwand und erschien im wirbelnden Dunst.

»Es hat keinen Sinn, wie Humboldt und Bonpland den Casiquiare hinunterzufahren«, sagte seine körperlose Stimme. »Sie würden Ihre Vögel und Tiere nicht finden. Aber es gibt einen anderen kleinen Strom, der ebenfalls den Orinoko und den Rio Negro verbindet – den Maturaca. Er ist auf den Karten verzeichnet, aber er entspringt einem verästelten Delta, einem Inlandsumpf südwestlich des Neblina. Wir wissen nicht genau, wo. Das müssen Sie selbst herausfinden; aber es ist eine wilde Gegend. Die Bäume halten den ganzen Weg über das Licht ab, und die Flüsse sind voller umgestürzter Stämme. Sie müssen sich Ihren eigenen Weg hindurchhauen. Zuletzt hat es die Grenzkommission versucht; sie sind 1972 zwei Monate lang darin herumgeirrt und gaben dann auf. Das Gebiet ist so abgelegen, daß selbst der Neblina, der größte Berg Südamerikas außerhalb der Anden, erst 1953 entdeckt wurde.«

Wir nahmen noch eine kalte Dusche.

»Kommen Sie mit in mein Apartment«, schrie Charlie aus seiner Kabine. »Ich habe Radar- und Infrarotsatellitenaufnahmen der NASA von dem Gebiet. Das ist so mein kleines Hobby.«

In seinem Acht-Zylinder-Chevrolet befahl Charlie dem Fahrer, uns in seine Wohnung zu fahren. Eine Wand hing voller Blasrohre, eine andere verschwand hinter einem Schrank mit flachen, breiten Schubladen für Karten und Kästen für Fotografien. Bücher und Papiere lagen überall herum. Ein Nebenraum mit Metallregalen enthielt ein Maschinengewehr, eine Hasselblad, ein kombiniertes Kugel-Schrot-Gewehr, eine 7 x 8 Pentax mit hölzernem Tragegriff, eine Schrotflinte Kaliber 12, eine Linhof Panoramic, eine Schrotflinte Kaliber 16 und einen Kasten mit Objektiven. Auf dem Boden stand ein großer Radiosender. Auf einem freien Platz des Tisches lagen verschiedene Teile eines Messers nebst Gebrauchsanweisung.

»Das«, sagte Charlie und nahm ein vollständiges Messer aus einer Schublade, »ist das Brewersche Expeditions- und Überlebensmesser. Es hat eine sechzehn Zentimeter lange Klinge aus rostfreiem Stahl, mit einer Rockwell-Härte von 56 bis 58, und eine Sieben-Zentimeter-Säge vom Griff bis zur Spitze. Hier links ist ein 180-Grad-Klinometer, um die Höhe von Bergen zu berechnen; rechts Instruktionen für fünf Boden-Luft-Signale und ein Sechs-Zentimeter-Lineal. Dieses kleine Loch in der Klinge ist natürlich zum Zielen, wenn man die Klinge als Signalreflektor benutzt; das große rechteckige Loch wird zu einem Drahtschneider, wenn man es zusammen mit diesem T-Einsatz an der Scheidenspitze benutzt. Mit einem anderen Spezialinstrument von mir läßt es sich in eine Harpune verwandeln. Diese Kappe läßt sich abschrauben, und im hohlen Griff ist ein Kompaß und ein wasserdichter Behälter, auf dessen Wand die Morsezeichen gedruckt sind; in dem Behälter sind sechs Angelhaken, eine einfaserige Nylon-Angelschnur, zwei Senkbleie, ein Schwimmer, ein Messer zum Ausnehmen, zwei Nähnadeln, drei Streichhölzer, ein Feuerstein und eine Nadel zum Nähen von Wunden mit Material dazu. Es wird von Marto in Toledo hergestellt und von Gutmann für hundertfünfzig Dollar in die USA importiert. Aber Sie und Simon können eins haben. Es ist gut, um Alligatoren abzuhäuten. Und wenn die Yanomami hinter Ihnen her sind, können Sie sich gegenseitig die Pfeillöcher zunähen.«

»Die Yanomami?«

»Ja. Die wildesten Menschen der Welt. Manche Anthropologen denken, sie waren die ersten Menschen, die aus dem Norden nach Südamerika kamen. Sie haben sehr helle Haut und manchmal grüne Augen. Sie sind die größte unberührte Indianergruppe im Regenwald. Die anderen Indianer haben große Angst vor ihnen. Mein Freund Napoleon Chagnon hat sein Buch über sie ›The Fierce People‹ genannt. Ich gebe Ihnen ein Exemplar, und von Jacques Lizots Buch auch, ›Tales of the Yanomami‹. Es ist alles ganz einleuchtend – sie bauen ein paar Bananen an, aber in der Hauptsache sind sie Jäger und Sammler, und es gibt nicht viel Nahrung in diesen Wäldern. Wenn die Zeiten schwer sind, töten sie deshalb die neugeborenen Mädchen. Folglich gibt es nie genug Frauen, also kämpfen sie um sie. Sie haben formalisierte Duelle und schlagen sich gegenseitig mit drei Meter langen Keulen auf den Kopf. Sie überfallen auch andere Stämme, um Frauen zu rauben, und töten die Männer mit zwei Meter langen Pfeilen, deren Spitzen in Kurare getaucht sind. Und obendrein können sie sich einen natürlichen Tod gar nicht vorstellen; wenn also jemand am Fieber stirbt, dann war für sie ein feindlicher Schamane mit bösem Zauber am Werk, und der Tod muß gerächt werden.«

Ich stand dumm da, in der Hand das riesige Brewersche Expeditionsmesser.

»Und das geht immer noch so?« fragte ich.

»Gerade eben bringen sie sich gegenseitig um«, sagte Charlie.

Er zog eine der Kartenschubladen auf, nahm eine große Fotografie heraus und breitete sie auf dem Teppich aus. Auf einem tiefroten Untergrund erschienen weiße Flecken und lange schwarze Schnörkel.

»Dies ist die Infrarot-Aufnahme an einem schönen Tag mit minimaler Bewölkung. Sie werden in Puerto Ayacucho am Orinoko ein kleines Flugzeug chartern und nach Süden fliegen – hierhin« – ein winziges weißes Kreuz und ein Fleck, das einzige Anzeichen einer Siedlung im ganzen Gebiet außer dem größten Schnörkel – »nach San Carlos am Rio Negro.«

Charlies schwieliger, muskulöser Finger tippte energisch auf den Punkt. Er wurde ganz aufgeregt.

»Dort werden Sie meine Männer anwerben. Das wird ihr einziger Job sein in diesem Jahr. Sie werden den Indianern acht Dollar am Tag zahlen und Galvis, dem Funker und Koch, zehn. Die Hälfte im voraus. Sie fahren los, wenn sie wieder nüchtern sind. Dafür können Sie eine Woche rechnen. Chimo ist ein alter Mechaniker mit ungeheuer viel Erfahrung, und er behauptet, daß er diese Route kennt. Valentine ist ein alter Bootsmann; Pablo ist sehr stark und gut mit der Axt. Ich besorge Ihnen die beste Mannschaft in Venezuela. Sie werden meine beiden Außenbordmotoren mieten und zwei von Chimos Einbäumen. Heute abend rufe ich San Carlos über Funk an, wenn es keine atmosphärischen Störungen gibt.«

»Zwei Einbäume?«

»Redmond, Sie gehen an einen der einsamsten Orte der Welt. Wenn Sie mit einem Boot an einem Baumstamm havarieren, kommen Sie niemals zu Fuß aus dem Sumpf.«

»Meinen Sie, wir können das schaffen?«

»Das ist Ihr Problem«, sagte Charlie mit einem verärgerten Kopfschütteln. »Sie werden nach Norden den Rio Negro hinaufreisen und dann nach Osten in den Casiquiare einbiegen; dann nach Süden schwenken, den Pasimoni hinauf, der kurz hinter der Einmündung des Yatua zum schmaleren Baria wird.« (Der Schnörkel wurde blasser.) »Fast sofort werden Sie alle Arten von Affen sehen, zwei Arten Otter, Faultiere, Anakondas, Tapire, Nabelschweine, Jaguare, Hirsche, Ozelots, alles. Und hier«, Charlie spreizte die Finger und ließ sie nach Südosten wandern, »teilt sich der Baria in tausend Arme und verschwindet völlig unter dem Rot – im Wald. Dem Sonnenlicht können Sie dann adieu sagen. Glauben Sie mir, ich bin über Teile davon im Hubschrauber geflogen, und man kann die Flüsse aus der Luft nicht sehen. Aber Sie werden in der Regenzeit reisen. Es wird genug Wasser geben. Sie sollten bis nach Brasilien durchkommen können.«

»Warum wollen Sie das dann nicht selbst machen?« fragte ich argwöhnisch.

»Ich habe hiermit alle Hände voll zu tun«, sagte Charlie und zeigte auf eine Masse umwölkter Felsen und Gipfel in der südöstlichen Ecke des Fotos. »Ich führe Expeditionen zum Neblina, für das Amerikanische Museum für Naturgeschichte und die Venezolanische Stiftung für Wissenschaftsförderung. Wir fliegen mit dem Hubschrauber in mein Basislager und dann zum Gipfel. Dort oben sind 250 Quadratkilometer unerforschte Welt – 98 Prozent der Pflanzen sind neue Arten: Neblinaria, zum Beispiel, wie eine Artischocke; neue Orchideen; Bromeliazeen; Moose. Die Tepuis sind Inseln des Lebens, die voneinander durch den Dschungel abgeschnitten sind und vom Dschungel durch 3000 Meter hohe Felsen. Es sind Überreste des Guayana-Schildes, 100 Millionen Jahre alte Sandsteinblöcke, aus der Zeit, bevor Afrika und Südamerika auseinanderdrifteten. Wir haben so viele Ergebnisse, müssen so viele neue Arten beschreiben, daß ich allein dafür beim Smithsonian eine neue Zeitschrift herausgebe. Ich habe sehr viel zu tun.«

Charlie packte die Fotografie wieder fort. In der Küche machten wir uns eine Käse-Tomaten-Pizza warm. Charlies Verlobte Fanny kam kurz nach Hause, um ein paar Bücher, einen leidenschaftlichen Kuß und ein Stück Pizza einzusammeln. Klein, dunkel und schön, noch an der Universität; sie trainierte rhythmische Gymnastik für einen Platz in Venezuelas Team bei den Olympischen Spielen.

»Außerdem arbeitet sie für ihr Examen«, sagte Charlie, »und daher vergönnt sie mir ihre Anwesenheit zur Zeit nur nachts.«

Er bereitete einen Guavensaft.

»Übrigens können Sie versuchen, auch den Neblina über den Baria zu erreichen. Folgen Sie einfach der stärksten Strömung, dann kommen Sie hin. Sie können in meinem Basislager rasten und dann den Canyon hinauffahren. Sie wären die ersten, die es über den Baria schaffen. 1953 nahmen Bassett Maguire, William und Kathy Phelps die Route über den Siapa-Fluß.«

»Und wo sind die Yanomami?«

»Ach, die«, sagte Charlie grinsend. »Denen begegnen Sie nicht am Neblina. Das Gebiet ist völlig unbewohnt und war es wahrscheinlich immer – die Yanomami bringen Sie erst um, wenn Sie ein Stück vom Maturaca hinter sich haben.«

»Also, was machen wir nun?« fragte ich und versuchte gelassen zu wirken.

»Machen Sie sich keine Sorgen«, sagte Charlie, bewegte seine gewaltigen Schultern und massierte sich mit der rechten Hand den Nacken. »In Brasilien, im Süden ihres Gebiets, bringen sie ab und zu den einen oder anderen Pelzjäger oder Goldgräber um, aber es steckt kein System dahinter. Ich habe mich 1975 übrigens selbst da unten herumgetrieben, zusammen mit meinem Freund Julian Steyermark. Wir wollten rauskriegen, aus welchen Pflanzen Yoppo hergestellt wird.«

»Was ist denn das nun wieder?«

»Es ist eine Droge, die sie sich mit einem meterlangen Rohr gegenseitig in die Nase blasen. Es löst periphere Sehstörungen aus und ermöglicht den Schamanen, ihre Hekura, ihre Schutzgeister, heraufzubeschwören. Außerdem verursacht es schwere Schocks im Hals-Nasen-Ohren-Bereich, und der Schmerz reißt einem fast den Kopf ab. Julian und ich haben es niemals ausprobiert. Die anderen Indianer schwören, daß es das Gehirn angreift. Aber wahrscheinlich ist es harmlos. Sie müssen es mal ausprobieren, wenn Sie die Chance kriegen.«

Charlie ging hinüber zu einem anderen Aktenschrank.

»Hier, Sie können einen Sonderdruck unseres gemeinsamen Artikels für ›Economic Botany‹ haben. Unsere speziellen Yanomami benutzten Justicia pectoralis, Virola elongata und die Rinde des Baumes Elizabetha princeps.«

Ich sammelte die Messer ein und griff nach meinem zweiten Geschenk aus Venezuela, einer kleinen grünen Broschüre mit dem Titel ›Halluzinogene Schnupfdrogen der Yanomamo Caburiwe-teri am Cauaburi-Fluß, Brasilien‹.

»Jetzt muß ich Sie leider rausschmeißen«, sagte Charlie und brachte mich zur Tür. »Ich muß noch arbeiten. Morgen früh hole ich Sie Punkt zehn Uhr in Ihrem Apartment ab. Wir müssen drei verschiedene Minister besuchen. Sie werden ein ganzes Bündel offizieller Briefe an den regionalen Militärgouverneur brauchen. Mit mir wird es eine Woche dauern, vielleicht auch zwei. Ohne mich kämen Sie niemals hin. Nicht den Hauch einer Chance. Das ganze Gebiet ist gesperrt. Die Guardia wird Sie für einen Spion oder einen Goldsucher halten. Zufällig bin ich aber Sonderberater der venezolanischen Armee für ihr gesamtes Dschungeltraining. Ich kann jeden Soldaten zusammenscheißen, der Ihnen Ärger macht. Aber denken Sie dran, Redmond, die Grenzposten sind nicht zum Spaß da. Auf Sie kommt es dabei überhaupt nicht an. Aber es ist schlecht für die Indianer, wenn die Sie umbringen. Es ist schlecht für die öffentliche Meinung. Da kann nicht einfach jeder rein, damit er sich mit Pfeilen spicken läßt wie ein Stachelschwein.«

Im Apartment lag Simon auf dem Sofa und sah sich ein Fußballspiel im Fernsehen an, ›Men Only‹ ausgebreitet über den Knien. Auf dem Tisch neben ihm standen ein Glas und eine halbleere Flasche chilenischer Wein, eine weitere leere Flasche lag auf dem Fußboden neben drei leeren Marlboro-Päckchen, ›Playboy‹, ›Penthouse‹, ›Fiesta‹ und ›Stolz und Vorurteil‹.

»GoooooAAAl!« brüllte Simon. »Wenn ein Tor fällt, schreien sie GoooooAAAl!«

»Ich dachte, du wolltest dich bilden.«

»Tu ich ja«, sagte Simon und ließ kein Auge vom Fernseher. »Ich habe hier viel Neues über erogene Zonen mitgekriegt. Finde die richtige Stelle. Mach sie wild.«

»Und was ist mit Jane Austen?«

»Die ist großartig. Gefällt mir gut. Ich spare sie mir auf. Gerade wenn man denkt, man blickt durch, dann ist es in Wirklichkeit doch der entfernte Vetter von jemand anders, der mal ins Heu will.«

»Der Plan ist ein bißchen abgeändert«, sagte ich.

»Jaja«, sagte Simon und sah weiter fern. »Ich habe darüber nachgedacht. Wenn dein alter Freund dich in die Karibik einlädt, laß deinen Bikini zu Haus, sage ich.«

Ich nahm eins von Charlies Messern aus seiner schwarzen Metallscheide und legte es aufs Sofa. Die dicke, glänzend polierte Klinge mit der gezackten Sägespitze und den eingravierten Helikoptersignalen (V = Hilfe + Medikamente) blitzte im Lampenlicht.

»O Gott«, sagte Simon, »das ist ja schrecklich. Da bekäme ja sogar Hitler Gänsehaut.«

»Es ist ein Geschenk von Charlie«, sagte ich und setzte mich. »Diese Planänderung – wir werden versuchen, als erste den Neblina, den höchsten Berg Südamerikas außerhalb der Anden, über den großen Baria-Sumpf zu erreichen. Dann fahren wir einen Fluß hinab, den seit dem 17. Jahrhundert niemand mehr befahren hat, um ein wildes Volk zu finden, die Yanomami. Angeblich hauen sie sich im Duell drei Meter lange Keulen über den Kopf und jagen einander mit zwei Meter langen Pfeilen.«

»Herzlichen Dank«, sagte Simon und hörte endlich zu. »Geh mir aus den Augen. Besten Dank, daß du mir das alles schon in London erzählt hast. Ich wollte schon immer einen Pfeil im Arsch haben und dann eins mit 'nem Prügel auf die Birne kriegen.«

3

Drei Wochen später, sehr früh am ersten Tag unseres Aufenthalts in der kleinen Grenzstadt San Carlos, erwachte ich in meinem Raum in der Hütte, die als Forschungsstation für das Instituto Venezolao de Investigaciones Científicas Centro de Ecología Proyecto Amazonas diente, und fahndete nach der Herkunft eines schrillen, metallischen Schnatterns – eine Ecke unter dem Dach. Ich lag in der Hängematte, knipste meine kleine Taschenlampe an und ließ ihren Strahl wandern: drei sehr schwarze, sehr glänzende, sehr pelzige Fledermäuse erstarrten im oberen Viertel der grob verputzten Wand. Sie stellten ihre Konversation ein, erholten sich von dem Schreck, bewegten sich rückwärts zu den Rinnen unter dem Wellblechdach und verschwanden. Ich hob das Moskitonetz, schwang die Beine aus dem Bett und trat in einen von zwei hübsch geformten, recht trockenen und überraschend großen Kothaufen der Rohrkröte.

Fred, die Kröte, die sich für gut getarnt hielt, versteckte sich unter dem Metallrahmen meines Rucksacks. Auf eine sehr warzige Weise wirkte sie schuldbewußt. Ich rieb meine Socke sauber und wischte mit einem weggeworfenen Stück Millimeterpapier auf. Alle dreißig Sekunden blinzelte Fred.

Ich ging über den Betonfußboden des Vorraums in die große, hohe Küche mit dem angeschlossenen Lagerraum. Sofort klapperten Töpfe. Teller klirrten. Aufgehängte Drahtkörbe mit Brot und Reisbeuteln schaukelten an ihren Ketten, und das metallene Moskitogitter, das die obere Hälfte der beiden Rückwände ausfüllte, summte wie die Saiten eines Tennisschlägers. Ich leuchtete mit der Taschenlampe zwischen die Dachbalken und bewunderte das Gewusel weißer Bäuche und brauner Rücken, die wimmelnde Hast der Ratten auf dem Rückzug zu ihren Nestern irgendwo zwischen den Kästen und zurückgelassenen Ausrüstungsteilen auf dem obersten Regalbrett neben der Tür; ihre Schwänze flippten hinter ihnen her.

Draußen im Garten war es schon fast hell. Eine einsame Eidechse raschelte durch die Blätter unter den beiden Orangenbäumen davon. Um diese Zeit waren sie noch unbeholfen; gegen Mittag sind sie weitaus eindrucksvoller, richten sich auf wie Dinosaurier und gehen auf den Hinterbeinen in Deckung. Der Hauptwassertank war leer, also verschaffte ich den Schaben im Toilettenhäuschen mit dem Loch im Fußboden eine Zusatzmahlzeit. Dann erwachte in der Stadt der Generator zum Leben, und zugleich auch die Motorpumpe am Fluß (zwei Stunden morgens, zwei Stunden abends); ein Offizier schrie Befehle für die Morgengymnastik der Soldaten im nahe gelegenen Lager; die Mädchen im Bungalow gegenüber beeilten sich, den ersten venezolanischen Schlager des Tages abzuspielen. Ich ging wieder hinein, um Kaffee zu kochen.

Juan Saldarriaga kam aus seinem Zimmer. Juan, dunkel, klein und drahtig, bärtig und immer besorgt, war ein kolumbianischer Ökologe, den ich auf der Landebahn von Puerto Ayacucho getroffen hatte – der Hauptstadt der Provinz Amazonas. Nach einer fünfminütigen Unterhaltung bat ich ihn, uns zu begleiten; und er lud uns in die Forschungsstation ein. Simon hatte ihn von Anfang an verabscheut.

Juan schob den Riegel der Vordertür zurück, die auf die grasbewachsene Straße vor dem Haus führte. Seine schnellen, abgehackten Bewegungen wirkten, als sei er ständig von unterdrückter Wut erfüllt. Ein Truthahn stolzierte vorbei.

»Frühstück?« fragte Juan. »Porridge? Erdnußbutter und heißes Brot?«

Er öffnete rattensichere Dosen mit Haferflocken und Zucker und Milchpulver.

Er war vielleicht der einzige Mensch in Südamerika, der einen guten Grund hatte, sich uns anzuschließen. Persönlich und beruflich war er von seiner Theorie besessen, daß der Regenwald nicht das stabile System sei, für das man ihn gewöhnlich hielt. Er wollte beweisen, daß während der unregelmäßigen Trockenzeiten praktisch jeder Fleck irgendwann einmal niedergebrannt war; er glaubte, diese wiederholten kleinen Verwüstungen seien verantwortlich für das ökologische Problem der außerordentlichen Artenvielfalt. So mußte er in den entlegensten Waldgebieten Bodenproben entnehmen, um Kohle zu finden, die mit einiger Wahrscheinlichkeit nicht von der wandernden Landwirtschaft der Indianer stammten – dem Abbrennen und Lichten kleiner Dschungelstücke für den Anbau von Bananen oder Maniok. Und dazu brauchte er mich. Im Austausch würde er in schwierigen Fällen dolmetschen und mir sein gesamtes Wissen zur Verfügung stellen.

Simon erschien; er wirkte etwas gereizt.

»Deine Freunde vom SAS«, sagte er, »sind das Pygmäen?«

»Wieso?«

»Wegen ihrer Hängematten. In denen kann man nicht schlafen, wenn man größer ist als einszwanzig.« Erregt schlug er mit der Zahnbürste auf den Tisch.

»Ihre Hängematten müssen klein sein«, sagte ich. »Alles, was sie bei sich tragen, muß so leicht wie möglich sein.«

»Das ist jedenfalls nicht normal. Ich will ja nicht behaupten, daß ich ein Fachmann für Hängematten bin, aber das kann einfach nicht richtig sein. Es kann doch niemand von mir verlangen, daß ich mit den Beinen in der Luft schlafe, die Knie zusammen und den Zinken praktisch am Hosenboden. Das ist doch das Letzte, aber wirklich.«

»Vielleicht sollst du quer schlafen«, meinte Juan lachend.

»Das hab ich ja versucht. Dann endet man mit dem Kopf auf der Erde und den Eiern in der Luft. Genausogut könnte man einen Fleischerhaken aufhängen und sich dran aufbaumeln.«

»Sei nicht gekränkt«, sagte Juan. »Wir werden eine geeignete Hängematte für dich finden. Die besten kommen aus Kolumbien.«

»Ich bin doch nicht gekränkt«, sagte Simon. »In England sind nur Mädchen gekränkt. Ich haue auf den Putz. In England nennt man das auf den Putz hauen. Und noch was – in dem Moskitonetz kann man nicht atmen. Und außerdem sind da Eidechsen oder so was, die schmeißen auf dem Dach mit Ziegeln rum.«

»Das sind keine Eidechsen«, sagte Juan und goß den Kaffee in die Becher, »das sind Ratten. Das ist schon in Ordnung.«

»Ratten!« sagte Simon.

»Ich habe sie gesehen«, sagte ich. »Sie wirken durchaus gepflegt. Sie benutzen nur das beste Shampoo.«

»Sehr witzig«, sagte Simon.

»Ich hatte eine Katze«, sagte Juan. »Aber einmal hat sie mir in meine getrockneten und abgewogenen Bodenproben geschissen, das hat mich geärgert. Da habe ich sie raus auf die Straße geschmissen. Ich hab sie am Schwanz rausgeschmissen. Wir haben schon seit einem Jahr keine Katze mehr.«

»Reizend«, sagte Simon.

Als der Porridge fertig war, kam Galvis von der Straße herein, groß, schlaksig und mit gewinnendem Lächeln; er hatte einen kleinen Schnurrbart und eine schrille Stimme. Wir schüttelten uns die Hände, und er setzte sich mit uns zum Frühstück.

»Ich habe über Funk mit Charlie gesprochen«, sagte er auf spanisch. »Er schickt einen Ersatzaußenbordmotor und zwei große Zeltplanen. Sie werden in einer Woche hier sein. Aber das Team ist jetzt komplett – Valentine und Pablo sind hier, und Chimo hat seinen Neffen aus Solano mitgebracht. Er heißt Culimacaré, weil so sein Dorf heißt. Er ist ein Curipaco. Chimo sagt, wir brauchen noch einen Mann. Chimo sagt, es würde sehr schwierig. Da wäre noch niemand gewesen. Über die Flüsse sind Bäume gestürzt. Wir müssen uns mit Äxten durchschlagen. Es wird das größte Abenteuer meines Lebens. Die Expedition Maturaca.«

»Es wird das größte Abenteuer meines Lebens«, sagte ich.

Wir schüttelten uns alle noch einmal die Hände.

Die Tür knallte gegen die Wand; der alte Mann, der hereinkam, wirkte härter als jeder Mann, den ich je gesehen hatte. Die Haut seines Gesichts war so dick und ledrig wie die der Sumpfmenschen, die Professor Globs ausgegraben hat – gegerbt von Hunderten von Jahren im Moor. Wo sein Gesicht in den Hals überging, lagen die Furchen in Falten wie die Wamme eines Bullen. Er trug Gummistiefel; Khakihosen umspannten seine knolligen Oberschenkel, ein Khakihemd hielt seinen massigen Bauch im Zaum. Er hatte eine Pfeife zwischen den Zähnen, und auf dem Kopf trug er einen stabilen blauen Bauarbeiterhelm. Er stellte sich vor mir auf. Er roch nach Tabak, ranzigem Männerschweiß und ausgeschwitztem Bier. Er sah mich von oben bis unten an. Er wirkte nicht überzeugt.

»Chimo«, sagte er und streckte die Hand aus. Sie war so rauh wie eine Ananas.

Bemüht zu gefallen, bückte ich mich nervös und zog eine Machete als Geschenk aus dem Bündel, das ich unter dem Tisch bereitgelegt hatte.

Chimo nahm sie in eine Hand, besah sie sorgfältig, nahm seine Pfeife aus dem Mund und spuckte einen kleinen Teich zwei Meter nach rechts. Er zerklatschte sternförmig an der Wand eines Benzinkanisters.

»Danke, Chef«, sagte er auf spanisch, »das Ding kommt aus Brasilien. Das ist die schlechteste Machete, die du kaufen konntest.«

Simon, ungewohnt leise, flüsterte mir ins Ohr: »Das ist der wahre Jakob. Das ist ein echtes Schwergewicht.«

»Ich will meinen Lohn im voraus«, sagte Chimo und stand wie ein Felsblock vor uns, »ich brauche Bier.«

Ich ging in mein Zimmer, scheuchte Fred auf, grub in den Tiefen meines Rucksacks und fand Chimos Umschlag, seinen halben Lohn, dreihundert Dollar in kleinen Bolivar-Noten, die ich am Abend zuvor bereitgelegt hatte. Als ich zurückkam, besah sich Chimo den riesigen Haufen mit

Vorräten an der linken Wand und schüttelte den Kopf. In der Tür stand ein junger Mann, offensichtlich sehr schüchtern.

»Das Benzin reicht nicht«, sagte Chimo.

»Das ist schlecht«, sagte ich. Ich wußte, daß wir Nachschub nur in Puerto Ayacucho kriegen konnten – mit dem Flugzeug. »Wenn wir zum Maturaca kommen, geht es flußab. Wir werden paddeln.«

Chimo grunzte. »Culimacaré«, sagte er und nickte zum Eingang herüber. »Wir brauchen noch einen Mann.«

»Er versucht es einfach«, sagte Simon. »Wahrscheinlich sollst du seiner ganzen Familie Arbeit geben.«

Culimacaré, klein und offensichtlich stark, schaute zu Boden. Ich versuchte, ihm die Hand zu schütteln, aber er riß sie weg. Ein zweiter Daumen ragte in die Höhe, bemerkte ich, unbenutzt und an der Spitze gebogen.

»Du kommst mit«, sagte ich großspurig, »willkommen bei der Expedition Maturaca.«

Chimo schenkte mir ein grandioses Grinsen, ging hinüber zu Culimacaré und legte ihm den Arm um die Schultern. »Jetzt kannst du dir ein Gewehr kaufen«, sagte er.

Ein alter pockennarbiger Indianer mit einem Helm wie Chimo und ein gutgebauter, sehr dunkler Indianer von etwa vierzig Jahren betraten den Raum.

»Valentine und Pablo«, sagte Chimo. »Jetzt sind alle da. Jetzt mußt du zahlen.«

Ich verteilte das Geld, gab jedem eine Machete und Culimacaré und Pablo eine Axt, und wir machten aus, daß wir uns am Morgen treffen wollten. Die eigentliche Reise hatte fast begonnen.

Juan schloß ab, und wir gingen zu dritt mit unseren Handtüchern und drei kleinen Wäschebündeln hinunter zum Fluß zum Schwimmen. Die breiten, grasbewachsenen Straßen, die rechtwinklig zueinander angelegt waren, führten an weißverputzten Bungalows und Lehmhütten vorbei, manche mit Palmwedeln, manche mit Wellblech gedeckt. Die Regierung, sagte Juan, während er in seinen Sandalen voranschlappte, hatte Geld für die neuen Dächer bereitgestellt, außerdem auch für einen jungen Arzt, eine Klinik, eine Grundschule, eine Tischlerwerkstatt und eine landwirtschaftliche Kooperative. Aber es gab nicht viel zu tischlern, keine Landwirtschaft und keine Arbeit. Deshalb heirateten die jungen Männer, spielten Fußball, schwammen und betranken sich jeden Freitag und Samstag bei den Partys (die regelmäßig jede Woche in einem anderen Haus stattfanden). Es gab einen Friedensrichter. Er wurde von der Regierung bezahlt, aber er hatte nichts zu tun. Deshalb saß er den ganzen Tag vor seinem Haus unter einem Palmenvordach in einer kleinen hölzernen Einfriedung und las Kriminalromane, um in Übung zu bleiben. Der oberste Straßeninspektor war einer der drei Stadtbewohner, die einen Toyota-Lieferwagen besaßen, eingeflogen mit der Transport-Hercules; er fuhr den ganzen Tag herum, und deshalb mußten die Straßen ausgebessert werden. Es gab eine Abteilung wehrpflichtiger Marinesoldaten der venezolanischen Marine, aber sie hatten kein Boot. In der Kaserne lebten sechzig Soldaten und warteten darauf, daß die Kolumbianer von der anderen Seite des Flusses in San Carlos einfielen, um den Friedensrichter zu fangen. In Kolumbien sei alles besser organisiert, sagte Juan.

Als wir über den Hauptplatz gingen, auf dem nur ein

paar Frauen saßen oder vor den Türen miteinander sprachen, schien jedoch alles so wohlgeordnet, wie es Wallace im Februar 1851 erschienen war: »Das Dorf San Carlos hat einen großen Platz und parallel laufende Straßen. Das größte Haus, der Convento, wo früher die Priester lebten, wird heute vom Commissario besetzt. Der Platz wird saubergehalten, die Häuser sind getüncht, und insgesamt ist das Dorf viel ordentlicher als die Dörfer in Brasilien.«

Am Ufer saß ein Soldat in einer kleinen Hütte über dem Badeplatz, die Füße auf der Brustwehr, die Maschinenpistole auf den Knien, und bewachte den leeren Fluß. Die Trockenzeit ging zu Ende, und der Fluß führte sehr wenig Wasser. Er verlief tatsächlich, wie Humboldt es beschrieben hatte, »geradeaus von Nord nach Süd, als wäre sein Bett von Menschenhand gegraben«. In der Morgenhitze und dem grellen Licht konnte ich durchaus glauben, daß wir uns, wie Humboldt berechnet hatte, auf einer Breite von 1° 54' 11" befanden; aber nichts in meiner Lektüre hatte mich auf die tatsächliche Farbe des Rio Negro vorbereitet. Seine Schwärze ließ die Vegetation auf seinen Inseln reicher erscheinen; das andere Ufer schien viel weiter entfernt als sechshundert Meter, der klare Himmel von hellerem Blau. Glatte Granitfelsen fielen steil in das Wasser ab. Wir zogen uns bis auf die Unterhosen aus und stiegen in den Fluß; unsere Beine wateten glänzend und marmorfarben durch den seichten schwarzen Kaffee. Wir schrubbten unsere Kleider auf den Felsen.

»Ich kenne das ganze Team«, sagte Juan. »Chimo ist ein berühmter Flußfahrer; er ist Häuptling der Baré in Solano; aber er ist auch ein alter Gauner mit vielen Geliebten und einer großen Familie. Er wird das Benzin klauen. Culimacaré ist ein Curipaco; er ist stark und auch zuverlässig. Valentine ist ein Geral und eigentlich zu alt, um überhaupt mitzukommen. Er ist unglücklich. Er schlägt seine Frau, wenn er betrunken ist; deshalb hat sie ihn aus dem Haus geworfen, und jetzt lebt er bei seinem Sohn. Aber er spricht Geral, deshalb ist er uns vielleicht von Nutzen, wenn wir nach Brasilien durchkommen. Pablo ist stark, aber auch er ist unglücklich. Er hat einen Sohn und eine Tochter, aber seine Frau fischte in ihrem kleinen Kanu, nur ein kleines Stück flußaufwärts, vor acht Jahren, und sie ertrank in einem Sturm. Was Galvis angeht – mit Galvis kriegst du Ärger.«

»Was für Ärger?« fragte ich und fühlte mich bedeutend.

»Er hat es schwer«, sagte Juan. »Wie wir hier sagen: Was er mit den Händen baut, reißt er mit dem Hintern wieder ein. Sein Vater ist ein Doppelmörder; er war Wächter in einer Fabrik in einer kleinen Stadt in Nordvenezuela, und er tötete einen unbewaffneten Dieb. Das war in Ordnung; aber dann eröffnete er einen kleinen Laden, und eines Tages erschoß er einen Kunden, der mit ihm feilschen wollte. Also kam er ins Gefängnis. Galvis trat in die Guardia ein, aber er wurde entlassen, weil er trank. In Caracas nahm er an einem Lehrgang für Hoteleinkäufer teil, aber er brachte ihn nicht zu Ende. Und dann kam er nach San Carlos, ohne Geld, und trieb ein bißchen Handel – und jetzt hat er ein Haus, eine indianische Frau und zwei Kinder, und einmal wollte er sogar Bürgermeister werden. Aber die Leute machten nicht mit.«

»Warum nicht?«

»Sie sagen, er betrügt, wo er nur kann. Die Baré sind vielleicht unwissend, Redmond, aber dumm sind sie nicht. Er steckt in großen Schwierigkeiten. Charlie Brewer ist sein einziger Freund. Chimo sagt, wenn er noch ein einziges Ding dreht, werden sich die Baré an den Provinzgouverneur in Puerto Ayacucho wenden und Galvis aus San Carlos rauswerfen lassen.«

»Affenscheiße«, sagte Simon, sammelte seine nassen Kleider von den heißen Felsen und stopfte sie wieder in seinen Plastikbeutel, »das klingt genau nach mir.«

Wir gingen zurück zum Haus, hängten unsere Kleider zum Trocknen an die Leine im Garten und machten uns dann auf den Weg, um Mariano zu besuchen, den einflußreichsten Baré in der Stadt – vorbei an den Flachbauten der Schule und der gepflegt wirkenden Klinik. Ein gutes Wort von Mariano, sagte Juan, war der erste große Schritt, um unser wichtigstes Ziel zu erreichen: die »Zarpe«, die schriftliche Genehmigung der Guardia, San Carlos im Boot zu verlassen.

Mariano hatte bewegliche, intelligente Augen und schien sehr beherrscht, wie es sich für einen ehemaligen Hauptfeldwebel der Nationalgarde gehörte. Wir saßen in seinem aufgeräumten Vorderzimmer, und seine Frau Jacqueline Eliana brachte uns Kaffee in kleinen Tassen. Eine Wand war mit Plastikpuppen bedeckt, mit einem Porträt des Papstes und einem Bild der Heiligen Jungfrau; an einer anderen Wand stand ein Kleiderschrank, den Familienbilder krönten; aber das ganze hintere Ende des Raumes war, wie ein Schrein, seiner Sammlung von Baré-Gegenständen gewidmet: hölzerne Maniokraspeln, in deren Oberfläche Kiesel in komplizierten Mustern eingelassen waren; Körbe mit einfachen, schwarzgefärbten geometrischen Mustern; Blasrohre und Pfeilköcher in verschiedenen Größen; Kurarebeutel; Bogen und Pfeile; kleine, abgegriffene, stilisierte Zeremonienpaddel mit dünnen Blättern und Griffen wie Speerspitzen; zehn steinerne Axtklingen und Halsbänder aus Jaguarzähnen.

Ja, er war Baré wie die meisten Leute in San Carlos, aber er war ein reinblütiger Baré und stolz darauf, das war der Unterschied. Wir kannten Charlie Brewer? Wir hatten ihn in Caracas getroffen? Er hatte uns seine Männer mitgegeben? Gut. San Carlos war die älteste Stadt am Rio Negro. Die Baré waren die ersten Indianer in der Provinz Amazonas, die zivilisiert worden waren – um 1760. Wenn die Regierung den jungen Männern Arbeit verschaffte, konnte sein Volk noch ein paar Generationen überleben. Wenn nicht, würden sie allmählich in die Slums um Caracas abwandern, und das wäre ihr Ende. Wir wollten zum Neblina? Wir wollten nach Kohle graben? Nicht nach Gold? Gut. Er selbst war dreißig Jahre in der Armee gewesen, in Apure, in Caracas, im Norden; aber er war zurückgekommen. Wollten wir seine Tiere sehen?

Hinter dem Haus hatte er in einem Tank Welse (nichts als Flossen und Barteln), in einem anderen Rotköpfige Schildkröten (von denen Wallace niemals ein Exemplar hatte finden können). Zwei Glattschnabelhokkos, truthahngroße Vögel, wanderten in ihren Käfigen unter den Obstbäumen gewissenhaft hin und her; und hinter dem kleinen Obstgarten lagen drei Tapire schlafend in einer Einfriedung. Sie wachten auf, als wir uns näherten, schnüffelten mit ihren dehnbaren, beweglichen Rüsseln kurzsichtig in unserer Richtung und kamen zum Zaun, um sich den Rücken kratzen zu lassen: niedrig gebaute Eselchen auf Hufzehen mit aufgestellten ovalen Ohren. Die Alten waren grau, mit kurzem, borstigem Fell; aber das Junge hatte noch seine gelbweißen Streifen, seine Tarnung im gebrochenen Licht des tiefen Dschungels. Marianos Sohn hatte die Alten als Babys von seinen Jagdausflügen zum Casiquiare mitgebracht. Wir gratulierten Mariano, daß sie sich in der Gefangenschaft fortgepflanzt hatten, schüttelten ihm die Hand und gingen zurück zur Forschungsstation.

Die Hitze unter dem Wellblechdach war kaum auszuhalten. Es dehnte sich in der Mittagssonne und knackte und knallte über unseren Köpfen, als würfe jemand Steine gegen eine leere Öltonne. Wir aßen jeder eine Dose Sardinen und zogen uns zu einer Siesta zurück.

Es war zu heiß zum Schlafen, deshalb blätterte ich in den Fotokopien meiner Bücher, die Charlie hatte anfertigen lassen, und suchte nach den Stellen über San Carlos. Es fiel nicht schwer, mit Spruce zu sympathisieren, der 1853 gerade rechtzeitig in der Stadt angelangt war, um sich auf der falschen Seite eines geplanten Massakers wiederzufinden: »Ich war gerade erst angekommen und hatte mit niemandem Streit ... aber man warf mir vor, ich hätte weiße Haut und sei Ausländer, und da ich mich mit meinem kleinen Vorrat an Handelsware als der reichste Kaufmann in San Carlos erwies, rechnete man bei der Plünderung meines Hauses mit hübscher Beute.« Er tat sich mit den beiden ansässigen Portugiesen zusammen und

> »zur Stunde des Ave Maria, als alle in der Kirche beteten, begab ich mich zum Treffpunkt, wo mich meine Gefährten bereits mit ihren Familien erwarteten. Unsere Vorbe-

reitungen waren schnell abgeschlossen, und dann warteten wir die Ereignisse ab, legten unsere Waffen in Griffweite. Aber obwohl die ganze Nacht lang Gruppen betrunkener Indianer mit Tamburins und Carizos durch die Straßen zogen, wurden wir nicht angegriffen. Man kann sich unsere Furcht vorstellen; bei meinen Gefährten muß sie noch größer gewesen sein als bei mir, denn sie waren von ihren zitternden Familien umgeben. Jedesmal, wenn sich eine betrunkene Gruppe näherte, unter Schreien, Trommelschlag und gelegentlichen Musketenschüssen, stellten wir unsere Unterhaltung ein, und mit den Händen an den Waffen erwarteten wir den Beginn des Angriffs.

Gegen vier Uhr am Nachmittag des folgenden Tages hatten die Indianer mit dem Trinken aufgehört, obwohl es noch viel Bureche gab und sogar frischer Nachschub in die Stadt gekommen war. Bei Sonnenuntergang war auf den Straßen niemand mehr zu sehen, alles war still wie der Tod. Die Portugiesen, die seit vielen Jahren in San Carlos lebten und den Tag des Heiligen Johannes nie anders erlebt hatten als unter Trinken, Tanzen und Streiten, hatten die Sorge, diese ungewohnte Stille sei das Vorspiel zu einem Angriff und die Indianer hielten sich lediglich nüchtern, um diesen Angriff erfolgreicher zu machen. Wir haben Gründe anzunehmen, daß sie dies wirklich vorhatten, vor allem, weil am Morgen das Trinken etc. wieder einsetzte und auch die folgenden Tage weiterging. Als die Nacht hereinbrach, bemerkten wir zwei Männer, die vor dem Haus auf der Straße auf und ab gingen; sie waren eine Art Späher oder Wachposten und wurden die ganze Nacht lang in kurzen Zeiträumen abgelöst. Die Indianer brachten jedoch niemals genug Mut auf, um einen Angriff zu wagen. Sie wußten von unseren Vorbereitungen und rechneten anscheinend damit, daß viele Männer in den ersten Reihen den Angriff mit dem Leben bezahlen müßten. Am letztlichen Erfolg ihres Angriffs gab es kaum Zweifel, denn sie waren hundertfünfzig gegen drei. Für den Fall des Angriffs war ich fest entschlossen, mich nicht lebendig fangen zu lassen, um nicht hundert Tode sterben zu müssen statt einen.«

Während er auf diesen Angriff wartete, schrieb Spruce tatsächlich in aller Ruhe einen langen Brief an William Hooker, in dem er in allen Einzelheiten über seine Pläne berichtete, die Quelle des Orinoko zu finden; diese Pläne führte er allerdings niemals aus. All seine geplanten Routen hätten ihn zwischen achtzig und zweihundert Meilen zu weit südwestlich geführt, aber er war durch indianische Berichte und Gerüchte bemerkenswert gut informiert. Erst 1950 folgte eine venezolanisch-französische Expedition den letzten hundertzwanzig Meilen des Orinoko bis zu einem Bach, der elfhundert Meter von einem Berg in der Sierra Parima herabfloß, mehr oder weniger dort, wo Spruce auf seiner groben Landkarte die Quelle des Siapa eingezeichnet hatte.

Spruce konnte dieser logischen Route nicht folgen, denn das hätte bedeutet, das Gebiet der »feindseligen Guaharibos« zu betreten (ein früher Name für die Yanomami). Sowohl Spanier als auch Portugiesen gingen bei entlegenen Indianerstämmen gewohnheitsmäßig auf die Sklavenjagd; und Spruce glaubte zu Recht, daß die Guaharibos allen Grund zur Feindseligkeit hatten:

»Kurz nach der Trennung Venezuelas vom Mutterland, während es im Kanton des Rio Negro noch bewaffnete Polizei gab – heute gibt es dort nichts dergleichen –, wurde der Kommandant von San Fernando mit einer beträchtlichen Gruppe bewaffneter Männer ausgeschickt, mit den Guaharibos freundschaftliche Beziehungen anzuknüpfen. Er erreichte mit seiner kleinen Flotte von fünfzehn Pirogen den Raudal de los Guaharibos, und da der Fluß genug Wasser führte, hätten alle den Raudal hinauffahren können, aber das wurde nicht für nötig gehalten, und nur seine eigene Piroge wurde stromauf gezogen, während man die übrigen zurückließ, um auf seine Rückkehr zu warten. Nach kurzer Zeit kamen sie zu einem großen Lager der Guaharibos, von denen sie freundschaftlich aufgenommen wurden; zum Lohn fielen sie des Nachts über die Indianer her, töteten so viele Männer, wie sie konnten, und schleppten die Kinder davon. Eine solche Behandlung soll natürlich die Feindseligkeit dieser Indianer gegenüber den Weißen bekräftigen, und vielleicht ist dies ihre eigentliche Ursache.«

Eine der Routen, die Spruce erwogen hatte, aber niemals in Angriff nahm, war ebenjene, die wir einschlagen wollten: »Der Rio Cauaboris ist von San Carlos aus leicht zu erreichen, indem man den Pasimoni hinauffährt, einen Nebenfluß des Casiquiare, und dann seinen südlichen Arm hinauf, den Baria, von dem aus man über eine kurze Tagesstrecke zum Cauaboris gelangt; aber über diesen Weg läßt sich nichts Schweres befördern.«

Neugierig wandte ich mich der Fotokopie von Humboldt, Band fünf, zu, die ich in Oxford angefertigt hatte. Ja, auch Humboldt hatte davon gewußt: »der Cauaburi (eine Fußnote gab sogar an, »der obere Teil des Cababuri [sic] wird Maturaca genannt«)

> teilt sich in der Nähe seiner Quelle in zwei Arme, von denen der westlichste unter dem Namen Baria bekannt ist. In der Mission San Francisco Solano gaben uns die Indianer die umständlichsten Nachrichten über seinen Lauf. Er verzweigt sich, was sehr selten vorkommt, so, daß zu einem unteren Zufluß das Wasser eines oberen nicht herunterkommt, sondern daß im Gegenteil jener diesem einen Teil seines Wassers in einer der Richtung des Hauptwasserbehälters entgegengesetzten Richtung zusendet. Ich habe mehrere Beispiele dieser Verzweigungen mit Gegenströmungen dieses scheinbaren Wasserlaufs bergan, dieser Flußgabelungen, derer Kenntnis für die Hydrographen von Interesse ist, auf einer Tafel meines Atlas zusammengestellt. Dieselbe mag ihnen zeigen, daß man nicht geradezu alles für Fabel erklären darf, was von dem Typus abweicht, den wir uns nach Beobachtungen gebildet, die einen zu unbedeutenden Teil der Erdoberfläche umfassen.«

Das war alles sehr enttäuschend. Humboldt wußte Bescheid. Spruce wußte Bescheid. Jeder wußte Bescheid. Ich schlief ein.

Simon, verärgert, kam als erster heraus. »Ich fühle mich wie aufgehängt und lebendig gebraten«, schrie er. »Wo gibt es Bier in diesem Höllenloch?«

»Im kolumbianischen Laden«, antwortete Juan aus seinem Zimmer.

»Bring deine Ausrüstung mit«, sagte ich. »Wir wollen Humboldt die Ehre erweisen und seinen Baum ausmessen. 1801, so schreibt er hier, ›fanden wir im Dorf ein paar Juviastämme; es ist dies das majestätische Gewächs, von dem die dreieckigen Nüsse kommen, die man in Europa Mandeln vom Amazonenstrom nennt. Wir haben dasselbe unter dem Namen Bertholletia excelsa bekannt gemacht. Die Bäume werden in acht Jahren zehn Meter hoch.‹«

»Du kannst von mir aus deine eigenen Nüsse ausmessen«, sagte Simon, »aber beeil dich damit.«

Es klopfte an der Tür, und Juan zog den Riegel zurück. Ein zerlumpter alter Mann in Shorts und T-Shirt murmelte etwas; Juan verschwand in seinem Trockenraum und kam mit einem Krug und einer riesigen Spritze wieder heraus. Der Besucher nahm sie und ging.

»Das nenne ich eine Spritze«, sagte Simon, »was jagt der sich damit rein?«

»Es ist nicht für ihn«, sagte Juan. »Es ist Formalin. Seine Tante ist gestern gestorben. Er will den Körper für die Party heute nacht und das Begräbnis morgen konservieren. Man verwest hier sehr schnell.«

»O Gott«, sagte Simon, und wich einen Schritt zurück.

Humboldts Baum, riesig, eichenähnlich, mit knorriger Rinde und kleinen Blättern, überdachte fast den gesamten Garten hinter der Kirche. Im Missionsgebäude daneben scharten sich sehr kleine Kinder um zwei sehr große Nonnen. Der Priester, ein Missionar aus Madrid, beteiligte sich als Spieler und Schiedsrichter zugleich an einem wilden Fußballspiel mit den jungen Männern des Ortes. Wir zogen Juans teleskopartige Meßlatten aus Leichtmetall auseinander: Der Baum war inzwischen fünfundzwanzig Meter hoch. Wir zogen das Bandmaß aus: Seine Krone bedeckte eine Fläche von 22 mal 16,3 Meter, und sein Stamm hatte 1,3 Meter über dem Boden einen Durchmesser von 1,72 Meter.

»Woher willst du wissen, daß es dieser Baum ist?« sagte Simon.

»Beweis mir mal, daß er es nicht ist«, sagte ich gereizt.

Der Kolumbianer in seinem winzigen Gemischtwarenladen an der Uferseite des Platzes bedauerte sehr – er hatte fast alles Bier verkauft und wollte den Rest für sich selbst behalten. Der Fluß führte zu wenig Wasser, als daß Boote von Brasilien hinaufkommen konnten. Bier mußte mit der Hercules-Transportmaschine eingeflogen werden. Aber es gab ja noch Carlos. Er wußte, wo Carlos wohnte. Er würde seinen Laden schließen und Carlos wecken.

»Wecken?« fragte ich. »So wichtig ist es nicht. Wir werden am Morgen wiederkommen.«

»Am Morgen wird er genauso betrunken sein«, sagte der Kolumbianer. »Wartet auf mich in der Bar.«

Die Bar, hinter dem anderen Ende des Platzes, war leicht zu finden. Sie stand auf einem Grasstück über dem Fluß, eine Hütte, die sich für »Las Delicias« ausgab. Am Eingang standen nicht Zwillingssäulen, sondern zwei Öltonnen voll leerer Polar-Bierdosen. Sie lag an einer imaginären Straße, die als die Calle Simon Bolivar ausgeschildert war. Ein räudiger Hund lief hinter uns her.

»Es gab viele Hunde in San Carlos«, sagte Juan, »aber der Sanitäter, weil er betrunken war oder Angst vor einer Epidemie hatte, legte eines Nachts vergiftetes Fleisch für sie aus. Er warf die Kadaver in den Dschungel. Er brauchte den ganzen Morgen. Er hatte eine Schubkarre.«

Der Kolumbianer kam mit Carlos (fett, verzückt lächelnd, zum Sprechen viel zu betrunken; wenn man ihn stützte, konnte er gerade noch gehen) und ließ uns mit Carlos' Schlüssel ein. Der Hund legte sich auf den nackten Boden. Carlos ließ sich in einen Stuhl hinter der Bar fallen, sein Kopf auf einer Höhe mit dem Tresen.

»Dieser alte Carlos«, verkündete Simon, »hat Polar-Bier gehortet.«

Carlos grinste uns an, als der Kolumbianer das Bier aus dem Kühlschrank holte und jedem von uns zwei Dosen in die Hand drückte. Ich lehnte mich über den Tresen und schob Carlos das Geld in die Hemdtasche. Dann gingen wir hinunter zum Fluß, um noch einmal zu schwimmen.

Die Fußballer waren auch da und schwammen in ihren Shorts und T-Shirts. Die jungen Mädchen von San Carlos waren da; groß und sinnlich standen sie in ihren dünnen, nassen, enganliegenden Baumwollkleidern im flachen Wasser. Sie seiften sich mit ruhiger Bestimmtheit ein, fuhren erst mit der einen, dann mit der anderen Hand in ihren weiten Ausschnitt und wuschen sich die Brüste unter dem Kleid, während sie den Fußballern zusahen.

Fünf kleine Jungen neben uns, die sich ein einsitziges Fischerkanu besorgt hatten, eine Curiara, sprangen immer wieder alle zusammen hinein und paddelten wie wild darauf los, bis es unter ihrem Gewicht sank, dann brüllten sie vor Lachen, leerten es wieder aus und begannen von vorn.

Ziegenmelker schossen in der kurzen Dämmerung hin und her, etwa zehn Meter über der Wasseroberfläche.

»Manchmal«, sagte Juan, »kommt der Tonina zu dieser Tageszeit hierher, der Süßwasserdelphin. Sie kommen dicht ans Ufer und blasen beim Atmen.«

Die Leute sammelten sich vor einer weißgetünchten Hütte am linken Ufer der kleinen Bucht. Wir gingen hinüber.

»Es ist die Party für die Familie der toten Frau«, sagte Juan. »Wollen wir mitmachen?«

»Weshalb wollt ihr euch Leichen angucken?« sagte Simon. »Ich gehe zurück und lese mein Buch.«

Vor der Hütte, unter einer Gruppe Zitronenbäume, waren Tische und Bänke aufgestellt. Gruppen von Männern tranken Zuckerrohrschnaps und spielten Domino. Freunde und Verwandte erschienen mit Geschenken – einer Dose Kaffee, einem Korb Maniok. Ein paar Mädchen saßen in einem Kreis und spielten Ringewandern. Kinder dribbelten mit einem Ball in der Höhe unserer Knie, ein bißchen aufgeregt, weil die Leiche auf einem Tisch direkt hinter der Tür lag. Kerzen standen an den vier Ecken, und ein wassergefüllter Topf mit Kräutern und geschnittenen Limonen war auf den Fußboden unter die Leiche gestellt worden, um den Geruch zu überdecken.

»Sie war eine alte Frau von fünfundsiebzig«, sagte Juan. »Sie fiel hin und brach sich den Schädel. Aber es ist kein ganz gewöhnlicher Tod. Sie war die letzte in San Carlos, die die Sprache der Baré noch beherrschte. Professor Manuel Francisco Asabache spricht ein bißchen Baré, aber das ist nicht dasselbe. Die Sprache ist jetzt tot.«

Wir gingen auf einem anderen Weg in der Dunkelheit zurück. Auf halber Strecke nach Hause stolperten wir über einen Körper, der auf dem Pfad lag. Es war Pablo, unser

Axtmann; er schlief fest mit gespreizten Beinen, einen Arm über dem Kopf, den anderen lang ausgestreckt, mit einem Bündel Banknoten in der geballten Faust. Sie waren abgerissen worden, wo sie zwischen Daumen und Zeigefinger hervorragten. Juan fühlte seine Taschen ab. Nichts.

»Seine Freunde warten, bis er betrunken ist«, sagte Juan, »und dann nehmen sie den ganzen Lohn, den du ihm gegeben hast.«

»Was machen wir mit ihm? Nehmen wir ihn mit?«

»Nein, Redmond, er wird nicht wollen, daß wir ihn so sehen. Es ist besser, wenn wir ihn hier liegenlassen. Es wird heute nacht nicht regnen. Er wird vor dem Morgen aufwachen.«

In der Forschungsstation wollten wir gerade in unsere Hängematten kriechen, als die Außentür heftig aufgestoßen wurde.

Chimo stand auf dem Weg. Er schwankte hin und her und stolperte zurück gegen den Zaun.

»Ich wollte dir nur sagen«, sagte er, »daß ich morgen ein zuverlässiger Mann sein werde.«

4

Früh am nächsten Morgen widmete sich Simon seiner selbsterwählten Pflicht, die Vorräte zu überprüfen. Er öffnete Charlies große wasserdichte Dosen, die wir auf dem Markt in Caracas gefüllt hatten, verzeichnete ihren Inhalt auf Millimeterpapier, das wir in der Forschungsstation gefunden hatten – Kaffee, Salz, Mehl, Maniok, Öl zum Kochen, brauner Zucker, Spaghetti, getrocknete Zwiebeln, Linsen, Reis, schwarze Bohnen –, und markierte sie mit einem seiner Leuchtstifte. Er arbeitete voller Konzentration und schwitzte in der aufsteigenden Hitze und bemalte ihre Deckel und Seiten: »Fades Dosenfleisch, mexikanische Furzbohnen, Langweiler-Linsen, scheiß-scheußlicher Maniok.«

Er registrierte seinen Stoß Zigarettenstangen, seinen Karton Feuerzeuge und seine Kiste Tomatenketchup, die Reservezündkerzen, den Beutel Munition. O-beinig in rotweißen Basketballstiefeln, bereit für den Dschungel in seinen braunen, etwas zu kurzen Baumwollhosen aus Armeebeständen und einem grünen, etwas zu großen Holzfällerhemd (zwei Pakete Marlboro sicher in den Brusttaschen verstaut), wirkte er zum ersten Mal seit unserer Landung in Südamerika ausgefüllt und glücklich.

Vielleicht wird ja doch noch alles gut, dachte ich, als mir Charlies ominöse Prognose auf dem Markt in Caracas wieder in den Sinn kam.

In einer der überdachten Gassen hatte Charlie einen Sack Guaven gekauft und jedem von uns eine angeboten.

»Bleiben Sie mir vom Hals damit«, sagte Simon und schaute auf die gelbe, eiergroße, birnenförmige Frucht in Charlies Hand, »solches Zeug probiere ich erst, wenn ich unbedingt muß.«

Als wir ein paar Säcke Maniok zum Wagen trugen, zog mich Charlie beiseite. »Entweder sind Sie bei der Auswahl Ihrer Leute ein vollständiger Amateur«, sagte er und brachte dabei sein Gesicht dicht an das meine, »oder Sie sind ein Sadist. Ich mag Simon. Er amüsiert mich. Aber Sie hätten ihn in London lassen sollen. Biologisch gesprochen, Redmond, ist er ein spezialisiertes Tier: Er taugt nur für das Leben in der Stadt und für sonst nichts. Sie spielen ein sehr gefährliches Spiel. Sie spielen mit dem Leben meiner Indianer.«

»Christus!« sagte Simon und unterbrach meine Gedanken. »Uns fehlen zwanzig Literdosen Motorenöl. Zwanzig Dosen sind weg. Irgendein Mistkerl hat unser Öl geklaut!«

»Das ist normal«, sagte Juan und zählte den Haufen noch einmal selbst nach. »Es könnte der Cessna-Pilot gewesen sein. Es könnte auch die Guardia gewesen sein. Jeder könnte es gewesen sein. Damit mußt du rechnen, Redmon. Schon seit einem Jahr versucht die Regierung, hier eine Empfangsstation fürs Fernsehen zu bauen: Sie wollen den Leuten das Fernsehen bringen, damit die Regierung zu ihnen sprechen kann. Aber jedesmal wenn die Luftwaffe mit der Hercules Zement einfliegt, leiht sich die Guardia in der Nacht die Kanus der Fischer aus und bringt den Zement auf die andere Seite des Flusses nach Kolumbien. In Kolumbien zahlen sie doppelt soviel.«

»Und was machen wir jetzt, Schlaumeier?« fragte Simon.

»Redmon muß zahlen, damit Galvis nach Puerto Ayacucho fliegt, wenn morgen die Cessna kommt. Da kann er Motorenöl und zwei Hängematten und zwei große Zeltplanen kaufen; das wird er gerne tun. Galvis hat eine Freundin in Ayacucho.«

»Das ist ja wirklich irre«, sagte Simon, setzte sich an den Tisch und stützte den Kopf in die Hände. »Hier ein Minister und da ein Minister und Generäle und Provinzgouverneure und gesperrte Gebiete und übel aussehende Sauhunde mit Maschinengewehren, und nachher kriegen wir es mit Verrückten mit Pfeilen zu tun, und jetzt haben wir noch nicht mal Öl. Das ist eine einzige große Scheiße, Dicker. Das ist ein einziger großer Ärger.«

»Es ist okay«, sagte Juan. »Wir können trotzdem in einer Woche losfahren. Morgen, Simon, helfe ich dir, dein Gepäck richtig zu packen. Du mußt alles aufteilen, was du wirklich brauchst, wie die Medikamente gegen Fieber. In jeden Beutel mußt du ein paar hineinpacken. Wenn wir dann in den Stromschnellen kentern und ein paar Beutel verlieren, brauchen wir uns keine Sorgen zu machen.«

»Stromschnellen?« sagte Simon und schaute brüsk auf. »Was für Stromschnellen?«

»Auf dem Casiquiare müssen wir durch eine Reihe von Stromschnellen«, sagte Juan. »Aber hau jetzt nicht auf den Putz. Dort sind bisher nur ganz wenige Leute umgekommen. Sie sind nicht wie die Raudales de Atures bei Puerto Ayacucho. Der einzige Mann in Venezuela, der vor denen keine Angst hat, ist Charlie Brewer-Carias. 1972 führte er bei einem seiner Trainingskurse zwanzig junge Leute dieses Stück des Orinoko hinunter. Der Bugmann geriet in Panik. Sie stießen gegen einen Felsen. Das Boot zerbrach. Achtzehn junge Männer ertranken.«

»Dieser Charlie«, sagte Simon, »hat doch ein Rad ab. Der ist doch jenseits von Gut und Böse. Den sollte man aus dem Verkehr ziehen. Und du, Dicker, machst auch noch alles, was er sagt.«

»Er ist der einzige, der diese Stromschnellen nicht nur hinunter-, sondern auch hinaufgefahren ist«, sagte Juan. »Er brauchte einen Monat, um alle Leichen zu finden. Sie waren unter den Felsen eingekeilt, sie waren flußab unter den Flußufern versteckt. Jede Nacht kam er in das Hotel Amazonas zurück und telefonierte mit den Eltern der Vermißten. Deshalb ist er nicht mehr gern in Puerto Ayacucho.«

»Lieber Gott«, sagte Simon und stand auf. »Ich werde ein bißchen in ›Krieg und Frieden‹ schmökern, und dann gehe ich aus. Wenn Carlos aufmacht, können wir uns zusammen besaufen. Er ist der einzige vernünftige Mensch in diesem ganzen stinkenden Scheißhaus.«

»Es ist schon spät«, sagte Juan zu mir. »Ich muß jetzt meine Versuchsanordnungen kontrollieren. Ich muß zu Pedro.«

»Komm mit, Simon«, sagte ich, »komm, wir gehen in den Wald.«

»Scheiß drauf«, sagte Simon.

Wir holten Pedro, den Sohn des alten Valentine, in seinem Zwei-Zimmer-Lehmhaus hinter dem unbefestigten roten Landestreifen ab und verließen die Stadt. Pedro trug ein weißes T-Shirt, Baumwollhosen und Gummistiefel, er hatte eine Baseballmütze auf dem Kopf und eine Machete in der Hand. Er ging schnell und sagte wenig. Schließlich verließ er den Pfad und ging in den Dschungel hinein.

»Hier ist es nicht wie in Borneo«, sagte Juan. »Ihr werdet enttäuscht sein. Dies ist Tierra-firme-Wald – er wird niemals überschwemmt; aber die Böden um San Carlos gehören zu den ärmsten im ganzen Amazonasbecken. Sie stammen vom Guayana-Schild, den ältesten Gesteinen der Welt, und fast sämtliche Nährstoffe wurden schon vor langer Zeit herausgewaschen. Die natürliche Auslese hat diejenigen Arten begünstigt, die langsam wachsen und nur die allergeringsten Nahrungsanforderungen stellen. Wir haben auf jedem Landstück von neunhundert Quadratmetern bis zu sechsundneunzig verschiedene Baumarten, aber groß werden sie nur selten.«

Dennoch empfand ich selbst in dem relativ ärmlichen Dschungel von San Carlos sofort einen Anflug jenes Entzückens, das Darwin bei seiner ersten Begegnung mit einem brasilianischen Wald im Jahre 1832 in seinem Tagebuch aufgezeichnet hatte:

> »In der Vielfalt läßt sich nur schwer angeben, was am meisten beeindruckt: die Eleganz der Gräser, die Neuheit der parasitischen Pflanzen, die Schönheit der Blüten, das glänzende Grün des Laubes, aber vor allem die allgemeine Üppigkeit der ganzen Vegetation erfüllte mich mit Bewunderung. Ein höchst paradoxes Gemisch von Geräusch und Stille herrscht in den schattigen Teilen des Waldes: Das Geräusch der Insekten ist so laut, daß man es in einem Schiff, welches selbst mehrere hundert Yards

von der Küste entfernt vor Anker gegangen ist, hören kann; und doch scheint in der Abgeschiedenheit des Waldes ein allgemeines Stillschweigen zu herrschen. Für jemand, der Naturgeschichte liebt, bringt ein Tag wie dieser tieferes Vergnügen mit sich, als er je nochmals zu erfahren hoffen kann.«

Wenn es hier irgendwelche Regenwaldblumen gab, dann blühten sie weit über unseren Köpfen im Blätterdach; stumpfgrüne, breitblättrige Dschungelgräser wuchsen nur am Rand von Pedros Pfaden in trockenem Laub; kleine fächerblättrige Palmen und verkümmerte Sträucher drängten sich nur in den Lücken zwischen den dünnstämmigen, moosbedeckten Bäumen; es gab ein paar Lianen, und in zwanzig Minuten kamen wir nur an fünf Waldgiganten mit stützenden Luftwurzeln vorüber. Aber hoch oben am Rand der ersten Lichtung, die wir erreichten, segelte ein riesiger Schmetterling, ein Morpho, und wenn er unregelmäßig wie ein Vogel im Aufwind mit den Flügeln klappte, leuchtete ihre Oberseite in einem irisierenden Blau, heller als der Rücken des Eisvogels.

Die Lichtung war Pedros Conuco, seine Pflanzung, ein elliptisches Stück Land, das mit Baumstümpfen und gefällten, verkohlten Stämmen übersät war; dazwischen baute er Maniok und Ananas an.

»Ich habe sechsundneunzig verschiedene Untersuchungsorte wie diesen, aber von unterschiedlichem Alter«, sagte Juan mit seiner offiziellen, lehrhaften Stimme, als Pedro eine Ananas aufhackte und jedem von uns ein Stück gab. »Die Erholungsdauer bei dieser Art von Brandrodungs-Landwirtschaft im kleinen Maßstab ist am oberen

Rio Negro fünf- bis siebenmal länger als in anderen Teilen Südamerikas, aber in etwa hundertvierzig bis zweihundert Jahren werden hier Untergrund und Biomassenwerte mit denen eines ausgewachsenen Waldes vergleichbar sein.«

Auf dem Weg zum nächsten Untersuchungsort zeigte Pedro auf ein großes, vielbenutztes Loch in einem Baumstamm; er sagte, das sei das Loch eines Tieres, das seine Jungen in einer Falte trüge (wahrscheinlich ein Opossum des Südens). Juan hielt an, um eine Visma apurensis zu bewundern, einen Baum, der durch Fledermäuse befruchtet wird – er sah nicht viel anders aus als alle anderen. Und Pedro machte an einem Baum halt, von dem er behauptete, es sei ein Tabari; er hieb mit seiner Machete ein Stück der hellbraunen Rinde heraus, schlug es an einem Ende mit der Rückseite der Klinge platt, zog ein paar Streifen herunter, zerriß einen zu passender Größe, nahm seinen Tabak aus der Hosentasche und rollte sich eine Rindenpapierzigarette.

Am Untersuchungsort zwei, einem kürzlich verlassenen Conuco, maß Juan verschiedene mit rotem Band markierte Sträucher, zählte die Wachstumsspitzen an ausgewählten Ästen und verglich sie mit Diagrammen in seinem Rucksack. Auf der nächsten Wegstrecke zeigte uns Pedro, der sich mit seiner ungewohnten Rolle als Führer allmählich befreundete, einen großen Baum, dessen Rinde, wenn sie gekocht und der Sud getrunken wurde, Magen- und Muskelschmerzen linderte. Mein Hemd und meine Hosen waren in der schwülen Hitze mit Schweiß getränkt. Ich fühlte mich, als wäre ich vollständig angezogen im Rio Negro geschwommen, und als ich mir gerade wünschte, ich hätte mir selbst ein Stück Rinde genommen (zwei Handbreit, sagte Pedro, brachten auf dem Markt in Ayacucho fünfzig Bolivar), machten wir bei einer Ansammlung sehr eigenartig aussehender Palmen halt.

»Dies ist der Cumare«, sagte Juan. »Manche Einheimische leben vom Sammeln der Fasern. Sie machen daraus Besen, Bürsten, Hängematten und Seile.«

Es war offensichtlich die Palme, die Wallace die Piassaba nennt, die dieser Gegend eigentümlich ist und massenhaft vorkommt:

> »Im ganzen Distrikt des oberen Rio Negro über San Carlos … wächst sie an feuchten Orten und wird etwa sieben bis zehn Meter hoch, mit großen Blättern, federförmig, glänzend und sehr glatt und regelmäßig. Der gesamte Stamm ist bedeckt mit einer dicken Schicht Fasern, die wie grobes Haar herabhängen; sie wachsen an den Grundflächen der Blätter, die am Stamm befestigt bleiben. Große Gruppen von Männern, Frauen und Kindern gehen in den Wald, um diese Fasern zu schneiden … Humboldt spricht von dieser Pflanze unter dem einheimischen venezolanischen Namen Chiquichiqui, aber er scheint sie nicht gesehen zu haben …«

Pedro schnitt mit seiner Machete aus einem Palmenschößling einen Stecken und schlug gegen die buschige Seite der nächststehenden Palme.

»Tritt zurück!« sagte Juan und faßte mich am Arm. »Es ist gefährlich, Redmon. Viele Schlangen leben im Cumare.«

Zu meiner Enttäuschung rührte sich nichts. Keine vier Meter lange Buschmeister kam durch die Luft geflogen.

»Chimo sagt, daß Culimacaré mit zwölf Jahren anfing,

professionell Fasern zu schneiden«, sagte Juan. »Das ist nicht richtig. Von deiner ganzen Mannschaft hat nur Galvis die Schule besucht.«

Ein Stück weiter begann Pedro plötzlich zu laufen, ließ sich zu Boden fallen und bedeckte den Kopf mit den Armen.

»Wespen!« schrie Juan. Dann drehte er sich mit einem triumphierenden Grinsen zu mir um. »Wo wir hingehen«, sagte er, »werdet ihr zehnmal am Tag gestochen werden.«

Pedro rollte sich noch eine Zigarette, und wir setzten uns neben ihn auf eine freiliegende Wurzel.

»Fünf Stiche«, sagte Juan interessiert und zählte die Einstiche auf Pedros anschwellenden Händen. »Er muß einen Ast berührt haben, wo eine neue kleine Kolonie ihr Nest gebaut hat. Normalerweise sind es mehr.«

»Wie bist du Wissenschaftler geworden?« fragte ich.

»Ich arbeite sehr schwer«, sagte er und schaute auf seine Füße. »Ich höre nie auf. Ich habe ein Stipendium für die Universität gewonnen, und dann habe ich Kolumbien verlassen. Ich habe noch ein Stipendium gewonnen für die Universität von Tennessee. Ich arbeite an meiner Doktorarbeit am National Laboratory in Oak Ridge. Meine Frau Mercedes ist eine kolumbianische Kunststudentin in Tennessee. Die Leute halten viel von ihrer Arbeit. Wir schreiben uns nur auf englisch, um besser zu werden. Ich liebe sie sehr, aber ich habe sie seit sechs Monaten nicht gesehen. Und weil ich jetzt die Chance habe, mit euch zu reisen, werden es neun Monate werden, vielleicht zehn. Das ist sehr schwer für uns.«

»Was ist mit deiner übrigen Familie?«

»Ich habe einen älteren Bruder. Aber für ihn war es

anders. Er hat auch hart gearbeitet. Im Wettbewerb um ein Universitätsstipendium wurde er nur Zweiter. Mein Vater hat ein Geschäft für Telefone, aber damals ging es schlecht. Sein Scheck platzte, deshalb mußte mein Bruder die Universität verlassen. Er ging zu einer Bergbaugesellschaft. Er ist sehr links und wurde Gewerkschaftssekretär. Deshalb mußte er auch die Firma verlassen. Er wurde Prospektor auf eigene Rechnung, und er fand Gold.«

»Er ist also reich.«

»Er ist sehr reich. Aber es ist schwer für ihn. Seine Goldmine ist in einem Gebiet mit vielen Guerillas. Er hat geholfen, die Schule am Ort zu bauen, deshalb ist es bis jetzt okay. Aber eines Tages werden sie ihn umbringen.«

»Warum? Weil er der Boß ist?«

»Ja. Und weil wir ein gewalttätiges Volk sind. Ganz Südamerika ist gewalttätig. Schau es dir doch an! Ich weiß die genauen Zahlen nicht, Redmon, aber was soll man machen? Peru hatte nur vier Jahre lang eine demokratische Regierung, Ecuador acht, Brasilien ein Jahr, Uruguay vier Monate. Bolivien hatte hundertachtzig Präsidenten in hundertsechzig Jahren. Selbst Venezuela wurde von 1940 bis in die sechziger Jahre von Diktatoren beherrscht, und hier in Amazonas gab es von 1921 bis 1927 einen wahnsinnigen, grausamen Militärgouverneur, Thomas Funes, der Amazonas zu einem unabhängigen Staat machen wollte. Er verfolgte die Indianer und preßte sie in seine Armee, deshalb flohen sie aus ihren Dörfern und gingen in den Wald, und viele kamen um. Aber wir Kolumbianer sind die Schlimmsten. Zwischen 1946 und 1966 kamen in meinem Land 300 000 Menschen ums Leben. Die Konservativen, die Kirchenpartei, kämpften gegen die Liberalen – die Kirche sagte, alle Liberalen wären Söhne des Teufels und müßten umgebracht werden. Jetzt sind es die Kommunisten, die gegen die Regierung sind. Der militärische Arm der Kommunistischen Partei heißt FARC, Fuerzas Armadas Revolucionaria de Colombia. Sie beschützen die Drogenhändler, und sie sind noch gewalttätiger als die Mafia. Wir leben auch heute noch mit der Gewalttätigkeit. Wir sind daran gewöhnt. In meinem Land sind wir zäh und wachsam. Das müssen wir sein. Vielleicht ist es irgend etwas in unserem Charakter, eine Mischung zwischen dem Spanier und dem Indianer – auch ich habe ein scheußliches Temperament. Ich fühle es in meinem Innern, andauernd. Dein Simon – ich glaube, er kann auch gewalttätig sein. Aber du, du bist sehr englisch, unehrlich. Du zeigst niemals deine Gefühle.«

Juan hatte sich über all diese Gewalt in Wut geredet. Pedro rauchte seine Zigarette fertig, stand auf und durchtrennte mit seiner Machete eine Liane in Kopfhöhe; er hielt das abgetrennte obere Ende an den Mund und trank von dem herunterfließenden Wasser. Als er genug hatte, kamen Juan und ich an die Reihe.

Auf dem Rückweg, in der Nähe seines eigenen Conuco, trank Pedro wieder, indem er sich neben einen kleinen Bach kniete und die Lippen direkt ans Wasser führte. Beim Aufstehen sah er etwas im Unterholz und sprang über den Bach, um es zu untersuchen.

Als wir ihn einholten, grinste Pedro erst uns an, dann einen großen Busch. In einer Astgabel in Brusthöhe lag ein eichhörnchengroßes Tier, pelzig, goldfarben, das zusammengerollt schlief. Das gewaltloseste Stück Leben, das man sich vorstellen kann; sein buschiger Schwanz wand sich wie ein Muff um seine Hinterbeine, die sich an einem der dünnen Zweige festhielten. Seine Vorderbeine waren über dem Kopf gefaltet. Ich streichelte seinen Rücken, denn ich wußte, daß er so wenig aggressiv war, wie er aussah – die gelbe oder weiße Art des Seidigen Ameisenbären, der sich nachts von Ameisen ernährt und von dem Wallace zwar erzählen gehört, den er aber niemals gesehen hatte. Das Fell war dicker, feiner und weicher als bei einem kleinen Kätzchen. Er wachte auf, entrollte sanft seinen Schwanz und wand ihn fest um den anderen Zweig der Astgabel. Er dehnte sich langsam, streckte seinen Rücken und hielt links und rechts von seinem Gesicht die Vorderbeine hoch: bewaffnet mit einer großen und einer kleinen schwarzen gebogenen Klaue, rahmten sie seine winzigen Augen ein und entsprachen mit ihren nackten Innenflächen dem hellen Rosa seiner abwärtsgebogenen Schnauze. Ich kitzelte seinen goldenen Bauch, bis ihm diese unerbetene Zuwendung zuviel wurde; faul zog er den Kopf zurück, zischte und rückte ihn nach vorn, als wollte er spucken. Wir ließen ihn in Frieden.

»Simon!« sagte ich, als wir durch die Tür der Forschungsstation trampelten. »Wir haben einen Seidigen Ameisenbären gesehen!«

»Wirklich?« sagte Simon und blickte von seinem Buch hoch; neben seinem Ellbogen stand eine Kiste Bier. »Warum habt ihr ihn dann nicht bei den Pfoten genommen und hergeschleppt? Hier sind überall Ameisen. Die ganze Küche ist voll. Es ist ausgesprochen ekelhaft. Sie waren sogar an meinem Dosenfleisch.«

»Du mußt es in Wasser stellen«, sagte Juan.

»Verpiß dich«, sagte Simon.

»Und fast hätten wir ein Opossum des Südens gesehen«, sagte ich. »Das wäre was für dich. Sie haben einen gegabelten Penis, und früher dachten die Leute, sie würden sich durch die Nase paaren und dann die Jungen in ihre Taschen niesen.«

»Das tun sie wahrscheinlich auch«, sagte Simon. »Es sollte mich nicht wundern, wenn es hier draußen Dinger gäbe mit Pimmeln wie Heugabeln.«

In den nächsten Tagen machten wir mit dem alten Valentine in seinem Bongo kurze Ausflüge den Rio Negro hinunter, um Charlies Außenbordmotoren zu testen und die paar Orte um San Carlos zu besuchen, wo es indianische Petroglyphen gibt. Auf flachen Granitplatten an der Quelle halbverborgener Bäche und auf Felsen am Flusse selbst, die durch den außergewöhnlich niedrigen Wasserstand freilagen, fotografierten wir die eingeritzten Bildzeichnungen unbestimmten Alters und Ursprungs, die auch Humboldt und Wallace und Spruce beschreiben: Strichmännchen mit vielen Armen oder Kastenkörpern, abstrakte Entwürfe aus Kringeln und Kreisen und Linien, grobe Darstellungen von Leguanen oder Fischen. Spruce glaubte, in solche Kunst sei »unnötig viel hineingeheimnißt worden«, und er berichtet, nachdem er »sorgfältig eine ganze Reihe der sogenannten Bildschriften untersucht hatte, kam ich zu dem Schluß, daß sie von den Vorfahren der Indianer stammen, die auch heute noch die Region bewohnen, in der sie gefunden werden; daß ihre Werkzeuge, ihre Lebensweise etc. denen ähneln, die auch heute noch üblich sind; und daß das Niveau ihrer Zivilisation mit Sicherheit nicht höher – wahrscheinlich niedriger – war als das ihrer heutigen Nachkommen«. Aber mir erschienen sie, als ich da neben Juan stand, den ich gerade erst kennengelernt hatte, und neben Simon, der mir plötzlich fremd war, so rätselhaft wie die riesigen Bäume auf dem hohen Ufer über uns, so undurchdringlich wie das pockennarbige Gesicht des alten Valentine.

Am nächsten Abend kehrten wir flußaufwärts von einer ähnlichen Felsenansammlung zurück. Ich stellte mir gerade vor, wie Galvis betrunken, glücklich und fast ohne Geld in Puerto Ayacucho im Hotel Amazonas mit seinem Mädchen im Bett lag, registrierte zugleich ein Stottern in dem kleinen Yamaha-Außenbordmotor und fragte mich besorgt, warum es selbst mit unserem Bündel offizieller Empfehlungsbriefe so schwierig war, dem Leutnant, dem Militärkommandeur von San Carlos, unsere endgültige Abreiseerlaubnis abzuringen, als wir zwei Hütten am linken Ufer passierten, die vor einer alten Lichtung standen. Ich erkannte die Farm sofort. Vier Stunden flußab von San Carlos war es mit Sicherheit der Ort, an dem sich Spruce auf all seinen Reisen am einsamsten gefühlt hatte. Es war der Conuco seines Führers Pedro Deno; in hundertdreißig Jahren hatte er sich kaum verändert. Spruce litt unter Diarrhöe und hängte seine Hängematte früh auf, während sich seine Baré-Indianer an Bureche betranken. Nachdem er endlose Diskussionen über »Heinali«, den Mann, mit angehört hatte, horchte er genauer hin:

»Ich hörte, wie sie begannen, sich in Wut zu schimpfen, indem sie alle Ungerechtigkeiten aufzählten, die ihnen von den weißen Männern widerfahren waren, weshalb sie glaubten, sie hätten das Recht, sich dafür an mir zu rächen – obwohl ich ihnen in der kurzen Zeit unserer Bekanntschaft nur Güte gezeigt hatte, besonders Pedro Jurebe, dessen kleine Tochter ich kurz zuvor von einer schweren Kolik geheilt hatte, die ihr viele Tage und Nächte lang keine Ruhe gegönnt hatte … Ich hörte, wie sie untereinander flüsterten, ›Iduali! Iduali!‹ (›Jetzt ist es gut – jetzt ist es gut‹), und als Jurebe einen Moment zögerte, stand ich auf und ging gemächlich in den Wald, als folgte ich einem Bedürfnis; aber stattdessen drehte ich mich nach ein paar Schritten um und ging direkt zum Kanu, öffnete die Tür der Kabine und trat ein, und nachdem ich die Öffnung mit einem Papierbündel verbarrikadiert hatte, legte ich mein zweiläufig geladenes Gewehr zusammen mit einem Säbel und einem Messer bereit und wartete so auf den Angriff, mit dem ich noch immer rechnete. In kurzen Abständen konnte ich die wütenden Ausrufe der Indianer hören, die sich fragten, warum ich nicht in meine Hängematte zurückkam; und es läßt sich vorstellen, in welchem Geisteszustand ich die Nacht verbrachte und niemals Augen und Ohren erlaubte, ihre Wachsamkeit auch nur für einen Moment aufzugeben … Für den Rest der Reise achtete ich sorgfältig darauf, daß die Indianer mich niemals unbewaffnet überraschen konnten, und ich habe niemals eine bedrückendere Zeit erlebt.«

Aber schon am nächsten Morgen kam Juan von seinem regelmäßigen Besuch in der Kaserne zurück und brachte das Dokument aller Dokumente, die Zarpe, unsere Reiseerlaubnis, zusammen mit einer venezolanischen Flagge an einem meterlangen Stab, die wir ständig auf dem ersten Bongo hissen sollten. Die Fahne hatte ein paar Schußlöcher.

Zum Feiern fuhren wir über den Fluß an das kolumbianische Ufer und spazierten über die aus Erde und Mauerwerk gebauten Gräben und Bastionen des verfallenen portugiesischen Forts San Felipe, in dem es zu Humboldts Zeit zwei Soldaten und fünfzehn Kanonen gegeben hatte (»von denen die meisten außer Gefecht waren«).

Ein unglaublich fetter Mann mit einem langen weißen Bart kam aus einer Hütte an der Nordmauer. Er trug Badehosen und Sandalen; eine Moschusente watschelte hinter ihm her. Als er hörte, daß Juan Wissenschaftler sei, bat er uns, auf einem Felsen neben seiner Tür zu warten, verschwand in der Hütte und kam mit einer Dose, einem Buch und einem Plastikbeutel wieder heraus. Da sein Bauch doppelt so groß war wie meiner und Simons zusammen, gefiel er mir sofort. Er setzte sich und öffnete das Buch, die Taschenbuchausgabe einer Geschichte Kolumbiens. Auch die Ente ließ die Brust auf die Füße sinken; sie hob den Kopf und beobachtete uns mit einem Auge. Der fette Mann wies mit seinem Zeigefinger auf die konventionelle Darstellung eines von Klippen umgebenen Berges, ein grobes Rechteck mit kurzen geraden Linien, die fächerförmig von seinem Rand ausgingen. Daneben stand »Tafelberg (Uran?)«. Er nahm ein Stück Eisenstein aus dem Plastikbeutel, legte es sorgfältig auf den Felsen, schraubte die Metalldose auf und schüttelte einen Schauer von Eisenfeilspänen heraus. Der Magnet zog die Späne an sich wie die Stacheln eines Igels.

»Sehen Sie!« sagte er. »Ich werde sehr reich sein. Ich habe ein großes Stück Uran wie auf dem Bild in dem Buch.«

Ich schaute in seine erwartungsvollen Augen und hoffte, daß dies nicht der Traum war, der ihn am Leben hielt. Juan klärte ihn sanft über seinen Irrtum auf. Der fette Mann drehte für einen Moment das Gesicht fort und lächelte uns dann an, als sei es nun für alles andere zu spät.

Am folgenden Nachmittag kam Galvis mit dem Öl, den Zeltplanen, zwei Hängematten und einem hellroten Kleid für seine Frau. Chimo kam mit seinem Bongo und mit Culimacaré und allen Werkzeugen Charlies zum Reparieren von Außenbordmotoren. Wir konnten endlich losfahren. Dann kam die Hercules der Regierung mit Nachschub für die Marinesoldaten und die Guardia und mit genug Gratisschnaps für den entlegenen Außenposten San Carlos, um den Tag der Arbeit zu feiern (und daran zu erinnern, am Wahltag für die richtige Partei zu stimmen). Zwei Tage später, als alle wieder nüchtern waren, brachen wir auf.

5

Am späten Vormittag kam der Lieferwagen des Stadtrats, ein alter Toyota mit einem Holzaufbau hinten und der Aufschrift CONCEJO MUNICIPAL auf den Türen, vor die Forschungsstation gerumpelt. Wir luden die Vorräte auf und folgten dem Wagen zur Anlegestelle. Der Soldat mit der Maschinenpistole machte einige Stichproben in unseren Vorratsdosen, auf der Suche nach Aceton, falls wir etwa doch im kolumbianischen Dschungel eine Kokainfabrik aufbauen wollten. Unter seiner scharfen Bewachung rollten wir die Benzinfässer die abfallenden Granitfelsen hinunter, luden sie in die beiden grob behauenen Einbäume und verpackten alles nach Chimos Anweisungen. Simon und ich fanden mit Mühe Platz auf dem Brett in der Mitte von Chimos Einbaum, die Rücken gegen unsere Rucksäcke gelehnt; Galvis und Juan saßen ebenso vor einem Reissack im Boot des alten Valentine. Valentine und Culimacaré hielten jeweils im Bug Ausschau; Chimo und Pablo, die Mechaniker, stakten die Boote mit drei Meter langen Stangen vom Ufer ab, richteten den Bug flußaufwärts, verstauten die Stangen, setzten sich hin und starteten die Außenbordmotoren mit einem Zug an der Schnur. Der Soldat gab seine offizielle Miene auf und sah plötzlich traurig und verlassen aus.

»Viel Glück!« schrie er über das Geräusch der Motoren hinweg. »Und haltet euch von den Yanomami fern!«

Wir hielten uns dicht an den Ufern langer bewaldeter Inseln in der Mitte des großen Flusses, unter dem weiten Himmel. Aber Charlie hatte recht: der Rio Negro war viel zu breit, als daß wir viel hätten sehen können außer großen Bäumen und dicken Lianen, den undurchdringlich wirkenden, Licht liebenden Pflanzen, die sich am Rand des Dschungels über das Wasser drängten. Wir störten nur kleine Schwärme weißgeflügelter Schwalben auf, die auf überhängenden Ästen ausruhten; sie begannen aufs neue ihren Zickzackflug knapp über der gekräuselten Oberfläche des Flusses, um nach Insekten zu jagen; und etwa eine Stunde flußaufwärts scheuchten wir eine andere Art auf, Schwalben mit schwarzen Kragen, die in Paaren flogen. Sie waren ordentlicher und scheuer; sie nisteten auf den abgerundeten Granitfelsen. Simon holte ein kleines Tonbandgerät aus dem Rucksack und begann sein Tagebuch für Liz, die Schullehrer-Freundin.

»Datum: 3. Mai«, intonierte er. »Wir sind unterwegs, Schnuckelchen. Jede langweilige Meile bringt mich dir näher. Ich beiß dich in den Hintern. Simon.«

»So geht das nicht«, sagte ich. »Denk doch mal: Humboldt und Bonpland fuhren am 10. Mai 1801 genauso von San Carlos ab wie wir jetzt – außer daß ihre Indianer paddeln mußten; sie wollten beweisen, daß der Casiquiare wirklich den Orinoko mit dem Amazonas verbindet.«

»Korrektur«, sagte Simon und stellte seine Maschine wieder an, »Redmond sagt, irgendein verrückter Deutscher und sein Kumpel wären hier schon vor hundertvierundachtzig Jahren vorbeigekommen. Vielleicht findest du das komisch. Ich geh dir an die Strapse. Simon.«

Valentine und Culimacaré, die in dem tiefen Wasser nicht auf Baumstämme achten mußten, pflegten ihren Kater und schliefen ein. Simon packte sein Tonbandgerät fort und zog ›Krieg und Frieden‹ hervor. Ein riesiger Vogel mit weißer Brust und schwarzem Bauch stand auf halber Höhe in einem Gewirr von Ästen und Lianen; als wir näher kamen, wurde er immer aufgeregter, hob und senkte seinen schwarzgekrönten, schwarzbefiederten Kopf und arbeitete sich dann auf breiten grauen Schwingen über die Bäume empor und außer Sicht. Ich nahm den ›Führer zu den Vögeln Venezuelas‹ von Schauensee und Phelps aus dem wasserdichten Beutel in der Vordertasche meines Rucksacks und identifizierte ihn sofort – ein Weißhalsreiher. Kurz danach öffnete sich das rechte Ufer auf eine große Wasserfläche. Wir bogen nach Osten ab in den Casiquiare.

Humboldt schätzte den Casiquiare auf »250 bis 280 Toises« Breite, und Robert Schomburgk, der 1838 auf seinem Weg flußabwärts von der Mission Esmeralda dort vorbeikam, nachdem er als erster Europäer die Berge von Britisch-Guyana überquert hatte, schätzte ihn auf 500 Meter. Mir erschien er ebenso breit wie der Rio Negro, aber eher lehmfarben als schwarz. Er floß schnell dahin; sein Wasser bezog er zum größten Teil aus dem von Bergströmen genährten Orinoko, weniger aus den Flüssen des Tieflandes, die – gefärbt vom Tannin aus verwesender Vegetation – das Flußsystem des Negro mit Wasser versorgen.

Während ich an meinen Rucksack gelehnt döste und die großen Bäume endlos vorüberglitten, dachte ich an Schomburgks Reisen und beneidete ihn vor allem wegen eines einzigen Augenblicks. Als er die Berge in Richtung Osten überquerte, traf er

»eine ganze Gesellschaft dieser herrlichen Vögel, der Klippenvögel ... Ich hatte Gelegenheit, den Tanz der Vögel zu beobachten, von dem mir die Indianer häufig erzählt hatten, den ich aber immer für ein Märchen gehalten hatte. Wir hörten in einiger Entfernung die zirpenden Töne, die dem Rupikola so eigentümlich sind, und zwei meiner Führer nickten mir zu, mich vorsichtig mit ihnen an den Ort zu schleichen, der in einiger Entfernung vom Weg den Sammelplatz der tanzenden Vögel bildete. Er war etwa vier bis fünf Fuß im Durchmesser, von jedem Grashalm gereinigt, und der Boden war so glatt, als hätten ihn menschliche Hände geebnet. Auf den benachbarten Gebüschen saßen an die zwanzig bewundernde Zuschauer, Männchen und Weibchen, während die ebene Platte des Blockes von einem der Männchen unter den sonderbarsten Bewegungen nach allen Seiten hin überschritten wurde. Bald breitete der Vogel seine Flügel halb aus, warf den Kopf dabei nach allen Seiten, kratzte mit den Schwungfedern den harten Stein, hüpfte mit größerer oder geringerer Geschwindigkeit immer von einem Punkt aus in die Höhe; dann schlug er mit seinem Schwanz ein Rad und stolzierte mit koketten Schritten wieder auf dem Platz herum. Als er ermüdet schien, stieß er einen von der gewöhnlichen Stimme abweichenden Ton aus, flog auf den nächsten Zweig und überließ einem anderen Männchen seine Stelle. Nach einiger Zeit machte dieser zweite Vogel, nachdem er seine Tanzfertigkeit und Grazie gezeigt hatte, einem dritten Männchen Platz. Wir zählten zehn Männchen und zwei Weibchen; ganz plötzlich erschreckte sie das Brechen eines Holzstücks, auf den mein Fuß unabsichtlich getreten war – und dann flog die ganze Balletttruppe davon.«

Im Halbschlaf sah ich die orangefarbigen Männchen vor mir, die im Süden, in den ältesten Bergen der Welt, auf uns warteten, oder vielleicht, da Schomburgk sie im Februar hatte tanzen sehen, würden wir auch auf ein Weibchen in ihrem Nest aus Schlamm treffen, hoch oben im Gewölbe einer versteckten Höhle.

Etwa eine Stunde später trafen wir in Solano ein, zogen die Kanus auf die Granitplatten der Landestelle und gingen los, um der Armee unsere Pässe vorzuweisen. Vor der Kaserne, einem Beton-Bungalow mit Wellblechdach, saß ein junger Soldat in Arbeitskleidung und einem T-Shirt an einem Tisch unter einem Sonnenschirm und las einen Roman.

»Das ist okay«, sagte er, als er auf die Zarpe sah, »wir sind schon über Funk benachrichtigt, daß Sie kommen. Wir kriegen hier nicht viele Nachrichten.«

»Wonach halten Sie Ausschau?« fragte ich. »Goldsucher? Kolumbianische Kommunisten?«

»Was? Hier? In Solano?« Er sprang auf, schnappte sich seine Maschinenpistole vom Tisch und brüllte vor Lachen.

»Hier passiert überhaupt nichts«, sagte er und setzte sich wieder. »Überhaupt nichts. Wir gucken Chimo zu. Und jeden Abend beten der Chef und ich zur Heiligen Jungfrau, daß wir nach Caracas versetzt werden.«

Er deutete auf zwei lange Schuppen neben dem Bungalow. »Das ist alles, was ich den ganzen Tag tue. Gehen Sie hin und schauen Sie sich alles an. Fühlen Sie sich ganz wie zu Hause. Genießen Sie die einzigen verfügbaren Mädchen von Solano.«

Der erste Schuppen war ein völlig vermistetes Hühnerhaus. Rhodeländer hechelten in der Hitze; ihnen war zu heiß, um zu glucksen. Der zweite war voll großer Hausschweine in tiefem Schlaf.

»Letztes Jahr in der Regenzeit«, sagte Juan, »kam die Hercules monatelang nicht nach San Carlos. Es gab kein Futter für die Tiere. Die Guardia mußte sie alle töten.«

Juan ging mit uns durch das Dorf, vorbei an einem verlassenen, nie benutzten Schulgebäude auf einem Grundstück mit einem zerfallenden Drahtzaun, einer großen Hütte, Teil einer nicht fertiggestellten Palmfaserfabrik, und einer Reihe leerer Regierungshäuser.

»Während des Öl-Booms«, sagte er und wandte sich zurück zum Fluß, »hatte die Regierung große Pläne für Solano und San Carlos – ein großartiges Programm, la conquista del Sur, die Eroberung des Südens. Aber das Geld ging aus. Es ist nie etwas daraus geworden.«

Als wir auf dem Rückweg zu den Booten über die schwarzen Granitfelsen kletterten, paddelten zwei junge Männer in einem Bongo mit einem langen, niedrigen, röhrenförmigen Schutzdach aus Palmzweigen am Heck ans Ufer. Sie trugen T-Shirts und grüne Baseballmützen; sie sagten, sie seien Chimos Vettern und gerade von einem Jagdausflug den Fluß hinauf zurückgekommen.

Im Bug lagen lange Stücke eines besonderen Holzes aufgestapelt, leichter als Balsa, das für die Schwimmer von Angeln benutzt wird, und sie hatten sechzig Schildkröten gefangen – die gewöhnlichen Amazonas-Flußschildkröten mit glatten braunen Panzern, einer schwärzlichen Haut, Schnauzen mit roten Spitzen und einem roten Streifen quer über dem Kopf. Wir kauften zwei für zwanzig Bolivar. Als Juan und ich jeder eine zu unseren Booten zurückschleppten, schoben sie ihre Hälse seitlich unter die Panzer – anders als andere Schildkröten, die ihre Köpfe direkt zurückziehen wie ein Teleskop. Es ist eine primitive Art; sie stammen wahrscheinlich von in der See lebenden Vorfahren ab, die den Amazonas hinaufzogen; beim Brüten benehmen sie sich noch immer wie die Schildkröten der offenen See und kommen nachts massenhaft auf Sandbänken zusammen, um ihre Eier in Gruben abzulegen. Da die Indianer bei dieser Gelegenheit sehr viele Eier einsammeln (sämtliche Naturforscher und Reisende des 19. Jahrhunderts berichten davon), war ich überrascht, daß es noch immer genug gab, um die Jagd lohnend zu machen.

Wir gaben Galvis die Schildkröten, nahmen unsere Rucksäcke mit hinauf zur Gästehütte, einer strohgedeckten Kuppel mit offenen Wänden neben dem Bungalow der Armee, und spannten unsere Hängematten auf. Nach dem Abendessen – Dosenfleisch und Reis – schwang ich sanft unter meinem Moskitonetz hin und her und las meine Fotokopie von Bates, als mich eine Bewegung in einem kleinen Busch auf der anderen Seite des Weges ablenkte: etwas schwirrte von einer roten Blüte zur nächsten. Mit großem Körper, graubraun, die Flügel auf jeder Seite nur ein vager Schemen, war es offensichtlich ein Schwärmer. Nein, dachte ich dann, als es wie eine Hummel davonflog, das ist kein Schwärmer: Es ist mein erster Kolibri. Vielleicht, entschied ich und kam mir nicht mehr ganz so dumm vor, während die Nacht hereinbrach, war es wirklich eine Kolibrimotte von der Art, wie sie Bates ständig aus Versehen für seine Sammlung schoß:

»Diese Motte (Macroglossa titan) ist nur wenig kleiner als gewöhnlich der Kolibri, ihre Art zu fliegen aber und die Art, wie sie sich vor den Blüten in Schwebung hält, indem sie dieselben mit dem Rüssel untersucht, sind ganz so wie bei dem Kolibri, und es bedurfte die Beobachtung mehrerer Tage, ehe ich sie im Fluge voneinander unterscheiden lernte. Diese Ähnlichkeit ist auch der Beobachtung der Eingeborenen nicht entgangen, welche alle, selbst unterrichtete Weiße, überzeugt sind, daß sich die Motte in den Vogel verwandle oder umgekehrt; sie haben die Verwandlung der Raupen in Schmetterlinge beobachtet, und warum sollte sich nicht ebensogut eine Motte in einen Vogel verwandeln können?«

Die Guardia schaltete den Generator ab, das Schnarren der Zikaden ersetzte sein Summen und ahmte es nach. Als ich langsam einschlief, schien mir, in der Amazonas-Region könnte sich fast alles in irgend etwas anderes verwandeln.

In der Morgensonne spiegelten sich die Strähnen hoher Wolken am vorübergehend gold- und purpurroten Himmel in der glatten Oberfläche des Flusses, und wir gingen hinunter zum Schwimmen. Valentine und Pablo, die neben den Bongos geschlafen hatten, um die Vorräte zu bewachen, kochten Wasser über einem Feuer.

»Was ist denn das?« sagte Simon und blieb abrupt stehen.

Aus dem Augenwinkel hatte ich eine Bewegung wahrgenommen: eine Fledermaus auf den Steinen? Ich sah genauer hin: Es war das Ende einer Schildkrötenflosse, die hin und her schlug. Auf einem niedrigen Feuer wurden die Schildkröten, auf dem Rücken liegend, lebendig in ihren Panzern gebraten; ihre schnabelförmigen Mäuler öffneten sich zu einem langen, tonlosen Schrei.

»Um Gottes willen«, sagte Simon und wandte sich ab. Juan rief Pablo etwas zu; der nahm seine Machete, rannte vor und schlug ihnen die Köpfe ab. »Warum zum Teufel bringen sie die nicht erst um?« fuhr Simon Juan an.

»Das ist hier so Sitte«, sagte Juan mit einem kurzen Zucken seiner schmalen Schultern. »Die Indianer kochen sie immer so.«

»Das ist jedenfalls scheußlich«, sagte Simon und ging allein am Ufer entlang davon.

Juan und ich zogen uns bis auf die Hosen aus und wuschen uns, während wir an der Seite des Floßes hingen, auf dem die Wasserpumpe der Guardia stand. Hinter uns, etwas weiter draußen im Fluß, erklang ein lautes *Wuuusch*.

»Tonina!« sagte Juan.

»Ein Delphin!« schrie ich einfältig und drehte mich zu spät um – ich sah nur noch sich ausbreitende Wellenkreise.

Chimo und Culimacaré kamen aus Chimos Haus zum Frühstück; auch Simon kam schweigend von seinem Gang zurück. Wir aßen Schildkröte (schmackhaft, saftig) und Maniok (wie Sägemehl). Simon, der beides ablehnte, öffnete eine Dose Fleisch und setzte sich abseits auf einen Felsen. Galvis, um seinen neuen Freund aufzumuntern, setzte sich zu ihm. »Simon!« sagte Galvis. »No problema!«

»Kein Problem«, sagte Simon. Galvis nahm einen abgetrennten Schildkrötenkopf aus seinem Blechteller, pickte mit einer Gabel das Gehirn heraus, aß es und drehte sich zu Simon um. Er hielt den geschwärzten Kopf vor Simons Gesicht und bewegte die Kiefer.

»Quak!« sagte Galvis. »Quak! Quak! Quak!«

»Wilde«, murmelte Simon. »Lauter Wilde.« Er setzte seine Dose Fleisch ab, rappelte sich auf und ging schnell in die Gästehütte.

Alle außer mir lachten.

»Chef«, sagte Chimo, als wir die Boote wieder beluden. »Ich möchte meinen Schwiegersohn zu seinem Conuco schleppen. Und ich möchte ihm zwei Tankfüllungen Benzin geben.«

»Wenn er fragt«, sagte Juan schnell auf englisch, »dann muß er dich mögen.«

»Das geht in Ordnung«, sagte ich sofort.

»Scheiß drauf«, sagte Simon, »immer dasselbe. Du sagst zu allem ja und amen. Früher oder später mußt du diesen Kerlen mal zeigen, wer hier der Boß ist.«

»So ist es nicht«, sagte ich.

Chimos Schwiegersohn, seine Tochter, vier Kinder, zwei Hunde und eine Sammlung von Kochtöpfen, Körben, Fischspeeren, Äxten und Macheten warteten in ihrem Bongo (mit gestopptem Außenbordmotor und leerem Tank) an einem Bach (offensichtlich Chimos Bach) flußaufwärts. Chimo, Culimacaré und der Schwiegersohn banden die beiden Boote zusammen wie die Zwillingsrümpfe eines Katamarans, indem sie die beiden Stakstangen quer legten und sie vorn und hinten an die Sitzbretter laschten. Pablo löste Chimos Curiara, ein zweisitziges Fischerkanu, aus ihrer Vertäuung an den Felsen und band sie an das Heck seines Einbaums.

Als wir langsam nach Osten gegen den Strom fuhren,

standen Schwärme von zehn bis zwanzig Großen Silberreihern, gebeugte Gestalten von blendendem Weiß, reglos auf ihren langen schwarzen Beinen im Blättergewirr der Bäume oder auf Lianensträngen; als wir näher kamen, hoben sie sich in die Luft, bildeten eine lange Reihe und flogen hinter uns flußabwärts davon. Zwei Papageien (vielleicht rotschnäbelige) flogen hoch über unseren Köpfen mit schnellen, flachen Schlägen ihrer sehr breiten, sehr grünen Flügel über den Fluß. Und später störten wir einen Anhinga auf – er mußte auf unserem Kurs gefischt haben –, ein Vogel wie ein Kormoran, aber mit viel längerem und dünnerem Hals, Kopf und Schnabel, und mit einem langen, fächerförmigen Schwanz. Er erhob sich spritzend und flügelschlagend von der Oberfläche, als bereitete es ihm große Mühe, und flatterte und segelte dann vor uns her, glänzend und grünschwarz im Sonnenlicht, die Flügel weiß gestreift wie Vogelmist auf einem Zweig. Unserer Verfolgung müde, ließ er sich etwa dreißig Meter links von uns in den Fluß hinab, ließ seinen Körper unter Wasser sinken und beobachtete uns, während wir vorbeifuhren; nur der Kopf und ein kurzes Stück Hals waren sichtbar, schlangenähnlich über dem Wasser.

Zwei sehr eigenartig aussehende Seeschwalben mit schwarzen Flügelspitzen und riesigen gelben Schnäbeln saßen zusammen am Ende einer Sandbank.

»Guanaguanare!« rief Chimo, als er mich durch das Fernglas blicken sah.

Die Großschnabel-Seeschwalbe, sagte Schauensee, als ich im spanischen Index nachschlug. Offensichtlich kannte sich Chimo mit seinen Vögeln aus. Der Häuptling von Solano war ein Ornithologe. Das Leben konnte nicht besser sein.

»Simon«, sagte ich, »ich habe meine ersten Papageien gesehen, meinen ersten Anhinga, das da sind Großschnäbelige Seeschwalben, und wir haben doch eben erst angefangen!«

Simon legte ›Krieg und Frieden‹ beiseite, zog den Reißverschluß des wasserdichten Kamerabehälters zu seinen Füßen auf und holte eine Minolta-Kamera und ein langes Objektiv heraus. Er schaltete sein Tonbandgerät an.

»Schnuckelchen, ich beginne jetzt mit meiner neuen Karriere. Ich setze mein 500er auf die beste Kamera. Ich werde einen Vogel mit einem Riesenzinken fotografieren. Vielleicht macht mir das sogar Spaß. Mit dem Messer von SS-Mann Charlie schnippel ich dir die Schlüpfer auf. Simon.«

Wir kamen auf ein gerades Flußstück; vor uns am rechten Ufer erhob sich senkrecht ein Block aus grauem Granit, etwa hundert Meter über dem Blätterdach des Waldes: der Fels Culimacaré, von dessen Fuß aus Humboldt seine Position bestimmt hatte: zwei Grad null Minuten 42 Sekunden (etwas zu weit nördlich); er sah noch genauso aus, wie Spruce ihn 1853 gezeichnet hatte. Ihm zur Seite lag eine kleinere, chaotische Anhäufung von Felsen, zerborstenen Türmen, niedergebrochenen Zinnen, aufeinandergetürmten Blöcken. Weiter flußaufwärts, an der Außenseite einer Biegung, die den Casiquiare nach Südosten lenkte, kamen wir am Dorf Culimacaré vorbei. Vom Wasser aus konnte ich nur einen kleinen Landesteg sehen und zwei nahe gelegene Hütten, deren Fenster, wie es schon Humboldt beschrieben hatte, mit Gittern aus Palmgeflecht in Bambusrahmen gegen Moskitos geschützt waren.

»Jetzt werde ich euch ein paar Felsmalereien zeigen!« rief Chimo und lenkte die Boote zu einer der vielen kleinen Inseln in der Mitte des Flusses.

Nahe unserer Landestelle ragte ein toter Ast aus dem Wasser, und als die Bootsrümpfe gegen die Felsen scheuerten, brach eine Wolke winziger Fledermäuse aus ihm hervor wie die Sporen aus einem alten Bovist. Sie schwirrten über das Wasser, hinüber zu den hochstehenden Wurzeln eines anderen Haufens Treibgut – und verschwanden. Als ich das Fernglas einstellte, konnte ich sie gerade noch ausmachen, zusammengeknäult an den Seiten des bloßen Holzes, wie Flechten.

Chimo führte uns zu einem großen Granitfelsen. An seiner einen flachen Seite (als wäre ein Stück in der Hitze abgeplatzt) war er dicht mit Gravierungen bedeckt – ein sitzender Affe mit einem gebogenen Schwanz; ein Leguan mit drei Beinpaaren, um deutlich zu machen, daß er rannte; und Reihen viereckiger, länglicher und penisförmiger Tabletteinsätze für Maniokföfen (so etwa hatte sich jedenfalls Spruce ähnliche Zeichnungen von seinen Baré-Führern deuten lassen), jeder voller Maniokkuchen. Wer immer diese Zeichnungen in den Fels geritzt hatte, kannte den Hunger. Pablo lenkte sein Bongo an den Strand, und Juan kam zu uns herüber. Er holte ein Stück Kreide aus seinem kleinen Rucksack, weißte die Linien im Stein, und wir fotografierten.

»Sie waren hungrig«, sagte ich.

»Bald werden wir alle hungrig sein«, sagte Juan mit einer übertriebenen Betonung, als spräche eine geheime Angst aus ihm. »In England, Redmon, gibt es immer etwas zu essen. Und in Borneo auch, wo der Regenwald voller Hügel ist. Aber hier kommt die Regenzeit. Und dann treten die Flüsse über ihre Ufer und überfluten die Bäume auf Hunderte von Kilometern. Die Fische leben im tiefen Wasser und sind schwer zu fangen. Dann haben die Baré und Curipaco kein Protein, und die jungen Menschen verlieren ihre Zähne. Deshalb haben Chimo und Pablo und Culimacaré so wenig Zähne – wenn du in der Regenzeit Fleisch haben willst, mußt du ein richtiger Jäger sein, ein Yanomami.«

»Wenn ich meine Beißer verliere«, sagte Simon düster, »flippe ich aus. Wirklich. Du kriegst den Maniok, und ich halte mich ans Dosenfleisch.«

»Das Dosenfleisch ist auch mal alle«, sagte Juan und ging weiter, um eine andere Reihe von Felszeichnungen zu fotografieren.

Simon und ich wanderten über die glatten Felsen. Kümmerliche Büsche mit kleinen Blättern wuchsen in jeder Spalte, wo sich Erde gesammelt hatte, und unter einem von ihnen störten wir eine Familie von Nachtschwalben auf. Etwa zwanzig Meter flogen sie mit steifen, gestelzten Flügelschlägen vor uns her, als wollten sie im vollen Sonnenlicht am liebsten überhaupt nicht fliegen, und ließen sich dann auf den Felsen nieder. Wahrscheinlich waren es Sandfarbene Nachtschwalben; ihre Rücken waren von der Farbe hellen Leders, schwarz gesprenkelt und geschnörkelt, und wenn sie ihre langen, spitz zulaufenden Flügel zusammengefaltet hatten, kreuzten und gabelten sich die Spitzen hinter ihnen. Durch das Fernglas konnte ich die nach vorn sprießenden Borsten um ihre Schnäbel deutlich erkennen. Wir scheuchten sie mehrfach auf und folgten ihnen langsam rund um die Insel, bis sie zurückflogen zu ihrem Lieblingsplatz, luftig, immateriell, geräuschlos wie Motten.

Wir ruhten uns auf einer heißen, fast flachen Felsplatte aus und warteten, daß Chimo endlich damit fertig würde, unser kostbares Benzin in den Außenbordmotor und die Zwanzig-Liter-Reservekanister seines Schwiegersohns zu kippen, und schauten derweil auf den einschläfernden Lauf des Flusses unter dem Blättergewirr, das am anderen Ufer in den Himmel stieg.

Raak! Raak! Raak! rief irgend etwas, wie eine Aaskrähe mit einem Megaphon.

»Guacamayo azul y amarillo«, sagte Chimo sehr langsam, damit ich es verstand; er blickte auf aus seiner gebückten Haltung über dem Motor und zeigte mit seiner freien Hand.

Hoch über uns kamen zwei große, orangegelbe Vögel in Sicht; ihre langen Schwänze wehten hinter ihnen her, die Oberseiten ihrer Flügel glänzten bei jedem der tiefen, regelmäßigen Flügelschläge in einem hellen Himmelblau. Ich erwischte sie kurz mit dem Fernglas: Ihre großen gekrümmten Schnäbel waren jettschwarz, als sie auf uns herabsahen, ihre Gesichter schwarz gezeichnet wie von den Runzeln hohen Alters. Sie flogen gemächlich über uns hinweg und verschwanden dann hinter den Bäumen.

»Unsere ersten Blaugelben Aras.«

»Na, wenn schon«, sagte Simon, streckte sich auf dem Stein aus, verschränkte die Hände hinter dem Kopf und schloß die Augen.

Ich hörte ein schwaches Geräusch, ein hochtönendes Keifen, wie ein Feld voller Spitzmäuse, die alle miteinander im Gras kämpfen. Es kam von der Felskante neben mir, und ich kniete mich hin, um genauer zu hören. Es gab dort einen neun oder zehn Zentimeter breiten Schlitz, eine dunkle

Höhlung, zwischen der Unterseite unserer Felsplatte und dem nächsten Felsen weiter unten. Als ich hineinschaute, konnte ich nur kleine dunkle Flecken von einem intensiveren Schwarz erkennen, die vom Eingang zurückkrabbelten. Es roch ofenheiß und nach Moschus.

»Simon, es ist ein Fledermausnest.«

»Ist ja großartig«, sagte Simon und sprang auf. »Hier sitze ich, gerade ist mir mal friedlich zumute, und ich döse ein bißchen vor mich hin – und die ganze Zeit habe ich einen Haufen Vampire unter dem Arsch.«

»Das sind keine Vampire«, sagte Juan lachend und kletterte in Valentines Bongo. »Es ist einfach eine andere Art kleiner Fledermäuse. Wir haben Hunderte von Fledermausarten. Von allen Säugetieren im Regenwald haben Fledermäuse die größte Biomasse. Das Gewicht der Fledermäuse ist höher als das jeder anderen Gattung.«

»Na gut«, sagte Simon gekränkt, »die sollen sich verpissen und woanders nisten.«

Wir machten wieder halt, um die Boote voneinander zu lösen, bevor wir in die Stromschnellen kamen – an einem Streifen offenen, kärglichen Landes, vielleicht einem verlassenen Conuco. Ein akazienähnlicher Baum mit flacher Krone wuchs in seiner Mitte, hinter einem hüfthohen Klumpen irgendwelcher purpurroten Orchideen, und von seinen Ästen hingen sieben Meter lange, dicht gewebte Nester; einige hingen so nahe nebeneinander, daß ihre Seiten sich berührten. Drosselgroße Vögel, gelb und schwarz, flogen hin und her, pfiffen in der Luft und glucksten von den Ästen neben ihren Nestöffnungen böse gegen uns an.

»Haltet euch auf Distanz«, sagte Juan, als er zu uns kam. »Chimo sagt, sie nisten mit Wespen zusammen.«

Und in diesem Moment heulte es neben meinem Ohr wie ein überdrehtes Moped: Die Luft war voller Hornissen. Durch die Linsen konnte ich zwei unauffällige, pergamentfarbene, umgekehrte Kegel sehen, die neben dem dichtesten Klumpen der Vogelnester unter den Blättern hingen. Wir zogen uns zu den Booten zurück. »Gelbrumpf-Stirnvögel«, sagte Schauensee. »Die Nester ... hängen in hohen Ästen in der Nähe von Wespennestern.«

Die Stromschnellen waren nur eine Reihe sanfter Stufen in dem flachen Granitbett des Flusses, der Wasserstand war viel zu niedrig, als daß sie hätten gefährlich werden können. Valentine (zu alt), Galvis (Koch), Simon (»Ich fotografiere euch«), Juan (»Diese Art Kraft habe ich nicht«) und die Frauen und Kinder sahen von einem Felsen aus zu, als Chimo, Pablo, Culimacaré, Chimos Schwiegersohn und ich die Bongos durch das knietiefe Wasser zogen, eins nach dem anderen, eine Stunde lang.

Wir verabschiedeten uns von Chimos Verwandten, deren Lichtung irgendwo in der Nähe lag, und Chimo und Pablo gaben Gas. Der Fluß war breit und so gerade wie ein Kanal; und in dem flachen Stück Himmel darüber erschienen dann plötzlich verschiedene Arten von Papageien, die schnell über den Bäumen am einen Ufer auftauchten und viel zu rasch wieder hinter der Baummasse am anderen Ufer verschwanden. Bis zu zwanzig Papageien mit orangefarbenen Flügeln, immer paarweise, kreischten auf uns hernieder: *quiekquiekquiek*; Schwärme von bis zu fünfzig Gelbscheitel-Amazonen (ebenso grün, rundlich und schnell, aber mit scharlachroten Flügelflecken) flogen über uns hinweg und bellten wie aufgeregte Spaniels: *bauwauwau, bauwauwau*; und der etwas größere, aber sonst identische Mealy-Papagei ließ sich mit einem gutturalem *Cho-oke, cho-oke* vernehmen.

Es gab bemerkenswert wenig Moskitos. Humboldt, fand ich, mußte übertrieben haben: Seine Reise auf dem Casiquiare, berichtet er, sei die schlimmste in beiden Amerika gewesen – die tückischen Wolken beißender Insekten hätten ihn und Bonpland so gequält, daß sie tagsüber unter ihren Netzen geschlafen hätten und nur nachts gereist seien. Uns belästigte lediglich eine glänzende, dunkelgrüne, hartnäckige Fliege, so groß wie eine Pferdebremse und mit einem ähnlichen Biß.

Gelegentlich flogen Großschnabel-Seeschwalben und die viel kleineren Gelbschnabel-Seeschwalben niedrig und sehr weiß vor den Bäumen vorbei; über dem Fluß glitten ihre Spiegelbilder über das Wasser und vereinten sich abrupt mit der Wasserfläche, wenn sie nach kleinen Fischen tauchten. Und an einem felsigen Uferstück kamen wir an einem schwarzen, adlerähnlichen Vogel vorbei, der uns überhaupt nicht beachtete, gedankenvoll auf langen gelben Beinen einherging und ab und zu anhielt, um seine Schultern hochzuziehen, den Kopf zu senken und irgend etwas Hochinteressantes vor seinen Füßen genauer zu inspizieren.

»Chimo!« schrie ich, drehte mich um und zeigte hin. »Was ist das?«

»Aguila negra«, sagte Chimo unbeeindruckt, aber dann heiterte sich seine Miene auf, er räusperte sich und spuckte über Bord. »Der ißt gut«, fügte er hinzu, als das Ufer und der große schwarze Habicht hinter uns verschwanden, »er ißt wie Chimo. Er ißt, was ihr mit Chimo essen werdet. Eidechsen, Frösche und junge Alligatoren.«

Am späten Nachmittag erschien in der Mitte des Horizonts eine Reihe von Bäumen; die Vegetationslinien links und rechts begannen auseinanderzulaufen: Der Casiquiare teilte sich sanft in zwei gleiche Hälften.

Wir hielten uns rechts und fuhren in den Flußarm, der aus dem Osten kam. Unser altes linkes Ufer hinter uns nahm seinen neuen Partner auf und bog ab nach Norden.

»Der Pasimoni«, verkündete Chimo feierlich. Nach vorne blickend, das Steuer in der rechten Hand hinter sich, stand er auf, stellte seinen rechten Fuß auf das Freibord (das Fleisch seiner Hüfte hing herunter wie der Bauch einer Sau), angelte mit der linken Hand seinen Penis aus den Shorts und pißte, indem er unter dem erhobenen Bein hindurchzielte, einen beeindruckenden Strahl nach Steuerbord.

»Es ist eine große Ehre, einen solchen Onkel zu haben«, sagte Culimacaré im Bug, »weil sein Pinga so groß ist.«

»Das kommt, weil er so viel arbeiten muß«, sagte Chimo und verstaute ihn. »Ich habe sechzehn Kinder, Reymono. Neun von meiner eigenen Frau und sieben von anderen Frauen. Ich bin siebenundsechzig Jahre alt, aber wo ich auch hingehe, irgend jemand macht es mir immer bequem. Ich schieße so genau wie ein junger Mann – mit meinem Gewehr und mit meinem Pinga.«

»Jajaja«, sang Culimacaré, nahm seine Baseballmütze ab und schwenkte sie durch die Luft. (Er kannte das alles schon.)

Seine Bewegungen scheuchten einen Geringten Eisvogel von einem niedrigen Zweig auf einem Baum vor uns auf: So groß wie eine Holztaube, ein gefiederter Strahl aus Blaugrau, Weiß und Kastanienbraun mit einem bajonettförmigen Schnabel, flog er flußaufwärts und kreck-kreck-kreckte seinen Alarmruf wie eine Rassel; dann ließ er sich auf einem kleinen Busch über dem Ufer nieder. Als wir näher kamen, zog Simon die Kamera mit dem Spiegelobjektiv aus ihrem Behälter und fotografierte ihn.

»Der ist schön, Dicker, das muß man ihm lassen«, sagte er und holte ein Notizbuch und zwei fluoreszierende, wasserdichte, schwerkraftunempfindliche Astronautenfüllfederhalter aus der Beintasche seiner Armeehose. »Hier könnte ich fast glücklich werden.« In die entsprechenden, säuberlich markierten Spalten trug er in Orange das Datum ein (5. Mai), den Gegenstand (Vogel), die Filmnummer (400/I) und in Purpurrot den Kommentar (prima Bild). Dann verstaute er seine Kamera, lehnte sich gegen seinen Rucksack, erschlug eine Bremse auf seinem Arm, lächelte ein richtiges Lächeln und gönnte sich die achtundzwanzigste Zigarette des Tages.

Der Pasimoni, erst breit, träge und schwarz, begann sich dramatisch zu verengen; die gewaltigen, hoch aufragenden Stämme wurden abgelöst von kaum zwanzig Meter hohen Bäumen und struppigem, dünnblättrigem Gesträuch, und kleine Schwärme von Groß-Anis, elsterähnlichen Vögeln, deren schwarzes Gefieder im Sonnenlicht purpurn, blau und bronzefarben changierte, stoben vor uns von Busch zu Busch, bis es ihrem Anführer zu weit ging und sie meckernd, in kollektiver Verärgerung, kehrtmachten und davonflogen.

Eine solche Schar einträchtig fluchender und streitender Anis sollte eigentlich ausreichen, einen an seine Freunde zu erinnern, dachte ich, und schon diese absurden Vögel allein hätten Humboldt vor seinem anderen, tieferen Unbehagen in diesen Gegenden bewahren müssen – dem in ihm aufsteigenden Verlustgefühl, der gleichförmigen Leere, die sein – außergewöhnlich robustes – Selbstbewußtsein auszuzehren und zu verschlingen drohte. Zunächst einmal, empfand er,

»daß im selben Maße, in dem wir uns einem Gegenstand nähern, den wir schon von ferne gesehen haben, unser Interesse daran zu wachsen scheint. Die unbewohnten Ufer des Casiquiare, mit Wald bedeckt, ohne Zeichen vergangener Zeiten, fesselten dann meine Einbildung ... In jenen inneren Regionen des neuen Erdteils gewöhnten wir uns fast daran, Menschen als unwesentlich für die Ordnung der Natur zu betrachten. Die Erde ist voller Pflanzen, und nichts behindert ihre freie Entwicklung. Eine riesige Schicht Moder zeugt von der ununterbrochenen Aktivität der organischen Kräfte. Die Krokodile und Boas sind Herren der Flüsse; Jaguar, Peccari, Tapire, Affen durchstreifen furcht- und gefahrlos den Wald; dort wohnen sie wie in ihrem Eigentum seit altersher. Dieser Aspekt der beseelten Natur, in der der Mensch nichts ist, enthält etwas Fremdartiges und Trauriges. Damit versöhnen wir uns unter Schwierigkeiten auf dem Ozean und in den Wüsten Afrikas; obwohl wir auf diesen Schauplätzen, auf denen uns nichts an unsere Felder, Wälder und Ströme erinnert, nicht so über die gewaltige Einsamkeit staunen, durch die wir ziehen. Hier, in einem fruchtbaren Land mit ewigem Grün, suchen wir vergeblich nach den Spuren menschlicher Macht; wir scheinen in eine Welt versetzt, ganz anders als die unserer Geburt.«

»Diese Eindrücke«, fügte er bedeutungsschwer hinzu, »werden um so mächtiger, je länger sie dauern.«

Etwa gegen vier Uhr entschied Chimo, es sei Zeit zu lagern. Er gab Pablo im Boot hinter uns Zeichen, und sie lenkten die beiden Kanus an einer langen Felsplatte am Rande einer Lagune ans Ufer.

Wenige Meter waldeinwärts hackten wir die kleinen Stämme und Büsche zwischen den größeren Bäumen um und räumten mit unseren Macheten eine kleine Lichtung, die für unser gemeinsames Schutzdach ausreichte. Chimo wählte die richtige Lianenart zum Zusammenlaschen, eine Mamure-Ranke, riß ein Stück herunter, schnitt es in passende Stücke, und dann banden er und Pablo vier Querstangen zusammen, an denen wir unsere Hängematten und Moskitonetze aufhängen konnten. Ein junger Stamm wurde zwischen zwei größere Pfosten an den beiden Enden des Rechtecks gebunden, und fertig war der Rahmen; Culimacaré kletterte hoch und breitete Charlie Brewers große, schwere Zeltplane als Dach darüber aus. Wir sicherten sie an ihren Ringen an Seiten und Ecken und stützten sie mit Stöcken ab, um sie hochzuhalten und Wassersäcke zu vermeiden.

Valentine und Galvis hackten Holz für das Feuer, Chimo saß auf einem Baumstamm und rauchte seine Pfeife, und ich überredete Culimacaré und Pablo, sie sollten Simon, Juan und mich um die Lagune paddeln. Simon kauerte sich hinter Culimacaré in den Bug, sein langes Objektiv hielt er bereit; Juan saß neben mir in der Mitte; und Pablo im Heck bewegte mit seinem großen herzförmigen Paddel sanft das Wasser.

Hinter der Einfahrt öffnete sich die Lagune zu einer stillen, weiten Wasserfläche, deren Ruhe nur durch die wilde Betriebsamkeit zweier seeschwalbenähnlicher Vögel gestört wurde. Oben schwarz, unten weiß, flogen sie auf langen spitzen Flügeln knapp über dem Wasser, mit den Köpfen nach unten, und pflügten mit ihren großen roten Schnäbeln die Oberfläche. Ab und zu erzitterten sie, als hätte sie ein elektrischer Schlag getroffen, und ihre schnurgerade Kiellinie machte einen kleinen Schwenk. Durch das Fernglas konnte ich sehen, daß der Unterkiefer ihrer halbgeöffneten Schnäbel größer war als der obere: Jede Richtungsänderung markierte das Heraufschaufeln eines kleinen Fisches. Als wir um eine Uferbiegung herum näherpaddelten, brachen sie plötzlich aus dem Wasserspiegel hervor, bohrten sich steil in den Himmel und flogen hakenschlagend, mit scharfem Gebell zum Hauptfluß hinüber.

»Fast alle diese Bäume gibt es nur hier – in Gebieten, die vom Wasser überflutet werden«, sagte Juan und schaute auf das grüne, über die Ufer quellende Dickicht, das hier und da von einer Explosion roter oder purpurner oder orangefarbener Blüten gefleckt war. »Sie blühen jedes Jahr, wenn der Regen einsetzt. Sie müssen ihre Früchte abwerfen und ihre Samen verteilen, bevor die Regenzeit anfängt. Es gibt eine große Vielfalt. Sie sind sehr anpassungsfähig. Sie überleben fünf Monate Überschwemmung, wobei manchmal nur ein paar Blätter über dem Wasser bleiben. Im Inland, auf der Tierra firme, werden sie durch andere Arten ersetzt. Dort blühen die Bäume vielleicht nur einmal in vier oder fünf Jahren. 1982 war ein sehr trockenes Jahr. Alle Bäume der Tierra firme erwarteten den Tod. Deshalb blühten sie alle zusammen und verteilten ihre Samen. Ein einziges Mal, Redmon, nur einen Moment lang war der Hochwald voller Farbe.«

Ein Paar großer schwarzer Moschusenten flog vorüber

und ließ die weißen Flecken auf ihren Schwingen blitzen, und in dem flachen Wasser am Ende der Lagune durchforschten sechs Grüne Ibisse den Schlamm mit ihren langen, gebogenen Schnäbeln. Auch sie erhoben sich in die Luft, mit steifen, schnellen Flügelschlägen und einem schnellen, würgenden Ruf: *cho-ola, cho-ola, cho-ola.* Wir kehrten um.

Die Nacht brach herein, als wir am Feuer unser gebratenes Dosenfleisch mit Reis aßen; die Zikaden raspelten und zirpten blindwütig; die Baumfrösche (dafür hielt ich sie jedenfalls) piep-piep-piepten, und die Frösche im Fluß quakten wie ein ganzer Hof voller Aylesbury-Enten. Ich griff meine Taschenlampe und Simon seine Kamera und sein Blitzlicht, und dann gingen wir langsam die abfallenden Felsen am Ufer entlang. Schlafende Kaulquappen hingen reglos aufgereiht im Wasser, das sanft gegen den Granit schwappte; und etwas höher auf dem Felsen, wo die ersten breitblättrigen Waldgräser wuchsen, näherten wir uns einem besonders hartnäckigen Gepiepse. Wir krochen vorwärts und verständigten uns flüsternd über die genaue Stelle, und dann knipste ich die Lampe an.

»Keine Bewegung!« schrie Simon. »Hier ist die Polizei!«

In dem hell erleuchteten Kreis toter Blätter war zunächst nichts zu sehen – dann erhob ein winziger Frosch mit granitfarbenem Rücken und einem Bauch von der Farbe toter Blätter in großer Verwirrung den Kopf. Simon drückte auf den Knopf, und das Blitzlicht explodierte. »Prima Bild«, sagte ich.

»Makro-Zoom«, sagte Simon. »Ich bin der Profi. Und

wenn das ein Baumfrosch ist, Dicker, dann bin ich ein Alligator.«

Wir jagten die Entenfrösche, aber das Quaken kam von immer anderen Orten, wenn wir die Köpfe wandten – es echote von den Felsen, aus dem Wasser, aus den Bäumen.

»Fliegende Frösche«, sagte Simon. »Fickende Furzer.«

Wir gaben auf und gingen zurück zum Feuer. Ich öffnete meinen Schauensee und fand die seeschwalbenähnlichen Vögel, die das Wasser pflügten: Schwarze Scherenschnäbel. Chimo beugte sich von seinem Baumstamm herüber und schaute sich die Zeichnung an, deshalb blätterte ich zum Bild eines der Vögel, die ich besonders gern sehen wollte: des Hoatzins.

Das Hoatzinjunge, mit blauem Gesicht und roten Augen, sieht so alt aus wie ein Dinosaurier und erreicht später etwa die Größe eines Fasans. Seine Flügelstruktur ähnelt sehr weitgehend der des prähistorischen Archäopteryx, des ältesten bekannten Vogelfossils. Das erste Archäopteryx-Skelett, komplett mit den Abdrücken seiner Federn im Stein, wurde 1861 im Ottmann-Steinbruch in Bayern gefunden – genau zwei Jahre nach der Veröffentlichung von ›Über den Ursprung der Arten‹. Deshalb hielt man es für Darwins fehlendes Bindeglied zwischen den Reptilien und den Vögeln. Und die Jungen des Hoatzins haben, wie auch der Archäopteryx, zwei große Klauen an jedem Flügel, die durch besondere Muskeln bewegt werden und mit denen sie sich durch die Zweige hangeln wie ein kletterndes Reptil. Ich spürte schon, wie Marlow auf dem Kongo, in Joseph Conrads ›Herz der Finsternis‹, daß wir in diesem Land, wo die Vegetation rebellierte und die großen Bäume Könige waren, nur um eine Flußbiegung fahren mußten, um einen

Ichthyosaurus im Bade zu überraschen – und der Hoatzin schien mir genau der passende Vogel für einen solchen Ort.

»Nein, nicht hier«, sagte Chimo und schüttelte den Kopf, »sie leben weiter flußaufwärts. Sie zischen wie Schlangen.«

Na gut, dachte ich beim Einschlafen – immer wenn Chimo sich umdrehte, kam das ganze Schutzdach ins Wanken, und wir alle wurden in unseren Hängematten durchgeschüttelt –, selbst wenn wir dem Hoatzin nicht begegnen, werden wir vielleicht am Baria ein Rudel der seltenen amphibischen Buschhunde sehen; oder vielleicht stattet uns ein Jaguar in der Nacht einen Besuch ab oder ein Ozelot (eine Nummer kleiner) oder ein Marguay, eine Zwergtigerkatze (noch eine Nummer kleiner) – oder sogar (das wäre allerdings ein bißchen viel Glück) ein Kinkajou oder Wickelbär, ein friedlicher, goldbrauner, dreißig Zentimeter langer, pelziger Verwandter der Pandas mit einem knapp halbmeterlangen Greifschwanz, der den ganzen Tag in hohlen Baumstämmen schläft und nachts hervorkommt. Er bewegt sich vorsichtig durch die Baumspitzen, mit großen Augen, kleinen Ohren und stumpfer Nase, und schnüffelt nach Früchten.

Am nächsten Tag begannen sich riesige Wolkenberge im Süden zu türmen. Und als wir an den bündelweise aufragenden, bleichen und dünnen Stämmen der Bäume vorbeitrieben, die auf Luftwurzeln oder an den Rändern der Lagunen standen, wirkten die Flutmarken – fünfzehn Meter hoch an den Stämmen, direkt unter den Kronen mit ihren knorrig gewundenen Ästen und ihren kleinen Blättern – wie eine Drohung. Wenn das Wasser wirklich eine solche Höhe erreichte: Wo sollten wir kampieren?

Zu Mittag machten wir halt an einem der seltenen Streifen felsigen Ufers, um Kaffee zu kochen und Maniok mit Wasser zu essen, und ich ging von den Booten hinauf zu einer Stelle mit ein paar hohen Grasbüscheln, um zu pinkeln. Als mein Urin in die Halme plätscherte, gab es ein trockenes, raschelndes Geräusch – und heraus rannten sieben wütende Baby-Kaimane, die sich auf den Weg zum Fluß machten. Pablo sprang aus seinem Bongo, trieb zwei hinter einem Felsen in die Enge und ergriff sie bei den Schwänzen. Sie protestierten mit lauten, mechanisch klingenden Gicksern und ruderten mit ihren langen Fingern und Zehen. Ganz schwarz, abgesehen von grauen Streifen auf den Schwänzen, wirkten sie neu und glänzend und hyperaktiv, und das Innere ihrer kleinen Mäuler war von zartem Rosa. Als Pablo sie am Felsen absetzte, rannte einer direkt zum Wasser, aber der andere – ganze zwanzig Zentimeter lang – drehte sich um und stürzte sich auf Pablos Fuß. »Du hast ein Temperament wie Juan«, murmelte er, nahm ihn wieder hoch und warf ihn in den Fluß. Er versank im dunklen Wasser und verschwand.

Wir fuhren den ganzen Nachmittag mit Motorkraft, begleitet von großen, sich ablösenden Schwärmen von Anis; vereinzelten Riesenreihern; dem Gerassel der Geringten Eisvögel; dem *Tschad-tschad-tschad* der großen grünen Amazonas-Eisvögel; und dem Flügelschlag der Anhingas, die vor uns davonflatterten, die Hälse in einer eigenartigen, abwärts gerichteten Kurve leicht zum Kropf zurückgebogen.

Als der Abend kam, wurde klar, warum Chimo es so eilig gehabt hatte: Wir erreichten das erste Stück hohen, baumlosen Ufers an diesem Tag. Wir lagerten zwischen niedrigen, moosbedeckten Bäumen, die fast frei von Lianen waren, und Chimo und Pablo packten zwei Angelschnüre aus, versahen die großen Haken mit verwestem Schildkrötenfleisch und warfen sie aus, genau hinter den Wirbeln am Ufer. Fast sofort strafften sich die Schnüre. Pablo und Chimo holten sie schnell ein, das Wasser kräuselte sich, irgend etwas blitzte dunkelblau und silbern, und dann wanden sich zwei kräftige, halbmeterlange Fische auf dem Fels. Sie hatten rote Ringe um die Augen; ihre Mäuler lagen sehr weit unten auf der steilen Kurve ihrer gekrümmten Köpfe. Sie gaben eigenartige Geräusche von sich, halb zischend, halb kreischend.

»Zurück!« sagte Chimo, als ich mich niederkniete, um sie anzusehen. »Caribe nimmt dir die Finger weg.«

Pablo schlug sie mit der Rückseite seiner Machete fest auf den Kopf, ihre Schwänze trommelten einen Wirbel auf den Steinen, und dann lagen sie still.

Simon kam herüber und zündete sich eine Zigarette an.

»Stocky«, sagte ich. »Das sind Piranhas! Sie sind viel größer, als ich dachte.«

»Große weiße Elritzen«, sagte Simon und blies Rauch zwischen die Fliegen um seinen Kopf. »Dschungelhaie.«

»Ich glaube, das ist alles übertrieben – sie greifen dich nur an, wenn du blutest.«

»Klasse«, sagte Simon. »Ich glaube dir jedes Wort.«

Pablo hob einen auf, öffnete sein Maul und nahm den Haken heraus. Große, flache dreieckige Zähne mit sehr scharfen Spitzen standen im Zentrum des Unterkiefers und wurden nach beiden Seiten hin immer kleiner.

»Dicker«, sagte Simon und schaute genauer hin, »du schwimmst als erster. Ich habe meine Tage.«

Pablo klappte das Maul des Piranhas wieder zu und zog ihm die Lippen zurück, um die Zähne zu entblößen. Die einander gegenüberliegenden Dreiecke in Ober- und Unterkiefer paßten genau zusammen.

»Er hat große Muskeln und viele Zähne«, sagte Pablo und grinste, wobei sich seine zahnlosen Kiefer vergleichsweise kümmerlich ausnahmen. »Er schneidet so sauber wie mein Rasiermesser.«

Chimo holte ein Klappmesser aus seiner Hosentasche und schlitzte die silbernen Bäuche der Piranhas auf. Er zog eine Handvoll Eingeweide heraus und drapierte die weiche Masse sorgfältig um eine aus dem Wasser ragende Wurzel einige Meter flußaufwärts. Pablo hackte die Fischköpfe ab, spießte sie auf die Haken, und mit jedem Wurf fingen er und Chimo einen weiteren Piranha.

Juan, der seine Ausrüstung fertig ausgeladen hatte, überredete Pablo, es ihn auch einmal versuchen zu lassen; er warf Haken und Gewicht ins Wasser (etwa halb so weit wie Pablo) und zog einen besonders schönen Fisch heraus, größer als die anderen und von einem dunkleren Blau.

»Redmon!« rief er und freute sich wie ein Kind. »Ich fange meinen ersten Fisch! Ich habe vorher noch nie einen Fisch gefangen!«

Pablo säuberte Juans immer größer werdenden Haufen Piranhas; mit dem Charlie-Messer nahm ich Chimos Piranhas aus und warf die Eingeweide zurück in das wirbelnde Wasser. Als wir fünfundzwanzig hatten, machte Chimo ein Ende. Galvis holte fünf für ein Fisch-Stew; und Valentine baute aus jungen Stämmen ein Gerüst über einem niedrigen Feuer, um die übrigen zu räuchern.

Nach Einbruch der Dunkelheit saßen wir um das Feuer

und lutschten sorgfältig das weiße Fleisch von den scharfen kleinen Knochen, und ich erinnerte mich an mein Schutzinstrument gegen jenen anderen Wasseralptraum, den Candiru. Ich ging mit meiner Fackel zum Bongo und fand es in dem Beutel, den Simon in fluoreszierendem Blau mit »Gemischtes« gekennzeichnet hatte. Meine Reserve-Rumflasche für Notfälle lag daneben, eingewickelt in ein paar lange Unterhosen. Simon, das wußte ich, hatte seine Flasche in seinen Rucksack umgelagert und nahm jeden Morgen heimlich einen Schuß im Kaffee. Deshalb beschloß ich spontan, eine Ein-Flaschen-Party zu geben.

Ich steckte den Kricket-Tiefschutz in die Tasche meiner SAS-Hosen und ging mit der Flasche zum Feuer.

»Eh, do do«, sagte Chimo, und seine Miene hellte sich auf.

Ich goß jedem einen mittelgroßen Schluck in die Becher und reichte sie in die Runde.

»Eh, do do«, wiederholte Chimo und stand beiläufig auf, als wollte er zum Pinkeln ins Dunkle gehen, aber dann trat er geschickt in das Licht des Feuers zurück und hinter mich, nahm die Flasche in seine riesige Faust und schleppte sie zurück zu seinem Sitz auf einer Maniokdose.

»Reymono«, sagte er, goß den Rest Rum in seinen riesigen Becher und schüttelte sein Löwenhaupt, als wollte er klarmachen, ihm persönlich liege gar nichts daran, aber es gebe nun einmal bestimmte Pflichten, die mit seiner Stellung als erfahrenster Bootsführer auf dem Rio Negro verbunden seien. »Ich brauche eine leere Flasche für das Maschinenöl.« Er nahm einen enormen Zug, als tränke er Bier, stellte seinen Becher umgedreht hin, um zu zeigen, daß er das Richtige getan hatte, und entließ einen majestätischen Rülpser.

»Da graust's die Sau«, sagte Simon bewundernd.

Ich holte mein Anti-Candiru-Instrument heraus und hielt es hoch. Alle guckten verblüfft.

Ich erklärte, daß im Inneren Borneos guterzogene Einheimische nur in den Fluß machten, daß ich hier jedoch festgestellt hätte, daß alle hinter die Büsche gingen – war das wegen des Zahnstocherfisches? Kannten sie irgend jemanden, der seinen Penis verloren hatte? Und außerdem (rein wissenschaftliche Neugier riß mich hin) – kannten sie jemanden, dem ein Fisch in den Arsch gekrochen war?

Schockiertes Schweigen. Selbst Culimacaré sah mich seltsam an. Chimo zog verwundert die Augenbrauen hoch.

»Bei euch daheim«, sagte er schließlich, »scheißt ihr da in eure Flüsse? Scheißen alle Engländer in ihre Flüsse?«

»In England«, kam mir Juan zu Hilfe, »ist es viel zu kalt, um im Fluß auf die Toilette zu gehen.« Redmon sei offensichtlich ein bißchen verrückt, sagte er und schaute mich gütig an, und wenn er, Juan, auch nie davon gehört habe, so glaubten die Engländer jedenfalls, es gäbe einen sehr kleinen Wels in diesen Flüssen, der normalerweise in den Kiemen größerer Fische lebte, der aber manchmal, wenn ein schwimmender Mann seine Hose herunterlasse, in die Irre schwimmen könne.

Chimo krümmte sich, fiel von seiner Maniokdose und heulte vor Lachen.

»Galvis!« stieß er hervor und schlug sich auf die Schenkel, »Galvis! Deshalb hat er eine Stimme wie eine Frau! Galvis hat einen Fisch als Pinga! Das weiß doch jeder! Deshalb haben wir ihn ja auch nicht gewählt! Man kann keinen Bürgermeister brauchen, der als Pinga einen Fisch hat!«

Die Heiterkeit steigerte sich. »Eh, do do!« riefen Pablo und Valentine und begannen rhythmisch zu klatschen.

Chimo sprang mit verblüffender Geschwindigkeit auf, griff sich den Kricket-Tiefschutz, hielt ihn mit einer Hand vor sich und tanzte – die andere Hand um eine imaginäre Partnerin gelegt – etwas Walzerähnliches um das Feuer. Bei jeder Drehung sang er, begleitet von gezierten Schritten und einem lüsternen Augenzwinkern, mit Falsettstimme einen Vers. Roh übersetzt, ging er etwa so:

Eh, do do,
eh do do,
ich warte auf dich,
eh do do,
ich platze gleich,
eh do do,
ich bin naß, ich bin naß, vor Geilheit bin ich naß,
eh do do,
ich weiß, ich weiß, o ja, ich weiß,
eh do do,
ich bin das größte Mädchen in der Stadt,
eh do do,
aber nur für dich allein,
eh do do,
zieh ich meine Hosen aus.

Alle, einschließlich Galvis, klatschten und johlten, und Chimo, sehr mit sich zufrieden, stellte seine Maniokdose wieder auf und setzte sich.

»Reymono«, sagte er und grinste mich zahnlos an, »das ist mein Lied. Ich habe es erfunden.«

»Wunderbar«, sagte ich.

»Dann kannst du jetzt noch eine Flasche holen. Und ich erzähle dir etwas über den Pinga-Fisch.«

»Mehr Rum ist nicht da. Der war nur für den Notfall.«

»Chef«, sagte Chimo, plötzlich feierlich, »jede Nacht ohne Rum ist ein Notfall.«

»Was ist mit den kleinen Fischen?« fragte Juan.

»Du findest sie in toten Körpern«, sagte Chimo. Er hatte das Interesse verloren und gab den Kricket-Tiefschutz zurück. »Wenn du einen toten Mann aus dem Fluß ziehst und er ist schon lange tot, dann findest du die kleinen Fische in seinen Ohren und in seinen Nasenlöchern und in seinem Arschloch und vermutlich auch in seinem Pinga, aber ich bin kein Mädchen wie Galvis, deswegen habe ich nie nachgesehen.«

Am Morgen gingen Juan und ich los, um nach Holzkohle zu graben; Simon ließen wir lesend auf einem Felsen zurück, Galvis wusch sich am Fluß die Haare, Valentine und Chimo beluden die Boote; Culimacaré trug zwei kleine Klapptische mit Siebeinsätzen, Pablo einen Spaten mit langem Stiel und Juan seinen Rucksack. Etwa hundert Meter waldeinwärts fand Juan zwischen den niedrigen, dünnen Bäumen einen freieren Platz, der ihm gefiel; mit seinem Zollstock maß er ein kleines Rechteck ab. Culimacaré stellte die beiden Tische auf; Pablo grub nach Juans Anweisung an verschiedenen Stellen und schüttete Spatenladungen in die Siebe. Juan trug den Ort und die Umgebung (»Niedriger Igapo-Wald, häufig überflutet«) in sein Notizbuch ein, und dann siebten er und Culimacaré die leichte, sandige Erde. Sie war voll harter kleiner Klumpen Holzkohle, die Juan in eine Reihe kleiner Plastikbeutel füllte, die er sämtlich etikettierte; zwischen dreißig und vierzig Zentimeter Tiefe wurden Stücke von braunen Tonscherben sichtbar.

»Hier haben Indianer gelagert«, sagte er befriedigt, »vermutlich Baré, vor annähernd dreihundert Jahren. Wir sind immer noch zu nahe an den großen Flüssen. Aber in der Nähe des Neblina, Redmon, werde ich meine These beweisen. Ich werde meinen Doktor kriegen. Niemand kann in diesen Sümpfen leben, nicht einmal die Baré.«

Dreißig kohlefreie Zentimeter tiefer begann sich die Grube mit Wasser zu füllen; wir packten die Ausrüstung zusammen und kehrten zu den Booten zurück.

Flußaufwärts fiel die Temperatur, die schweren grauen Wolken senkten sich sanft auf die Bäume nieder und wälzten sich über den Fluß. Chimo zog seine olivfarbene, venezolanische Armee-Ölhaut mit Kapuze über, und wir anderen nahmen Charlies weiße Umhänge, auf deren Rücken in großen roten Buchstaben »Yamaha« gemalt war. Der Nieselregen wurde allmählich dichter. Wir kauerten unter unseren Plastikumhängen, kalt und durchgeweicht, Stunde um Stunde; der Regen fiel senkrecht und schwer und schloß uns in unsere eigene kleine Welt ein; das Geräusch versetzte uns in einen tranceartigen Zustand ausgewaschener Leere. Es gab nichts zu sehen außer dem gelegentlich durchschimmernden, nahe gelegenen Ufer und dem kleinen Kreis weißgefleckter Flußoberfläche, den wir mit uns zu ziehen schienen. Simon und ich schöpften schweigend mit unseren Bechern.

Am späten Nachmittag wurde der Regen dünner und hörte dann auf; die Wolken hoben sich, die Luft wurde klarer, und wir landeten bei einer großen Gruppe runder, moosbedeckter Felsen auf dem rechten Ufer.

»Es ist ein altes Dorf«, sagte Chimo und lud die Zeltbahn aus. »Unsere Vorfahren lebten hier. Sie kämpften gegen Funes mit Bogen und Pfeil und dem Blasrohr. Aber die Soldaten brachten sie alle mit Gewehren um.«

»Culimacaré ist sehr gut mit dem Blasrohr«, sagte Juan, als wir im Dickicht hinter den Felsen einen Platz für das Lager säuberten. »Es ist sehr interessant. Alle Indianer benutzen das Blasrohr, außer den Yanomami. Sie benutzen nur Pfeil und Bogen und unterscheiden sich auch sonst von allen anderen. Vielleicht sind sie älter. Sie haben eine ausgefallene Blutgruppe. Sie sind Diego-positiv, Redmon, und niemand sonst ist Diego-positiv.«

»Ich wette, du bist Dago-positiv«, sagte Simon mit japsendem Lachen.

Juan machte sich mit schnellen, bösartigen Schwüngen seiner Machete über einen Haufen junger Bäume her.

Wiiiiiiii-wiiiii-piiiio pfiff irgend etwas und trug zur Spannung bei.

»Der Minero«, sagte Chimo und schlug einen Eckpfosten in den weichen Grund. »Er sieht alles. Er treibt einen in den Wahnsinn.«

Ich legte meine Machete nieder, setzte mich auf meinen Rucksack und zog den Schauensee aus der Vordertasche. Ein scheuer, grauer, drosselähnlicher Vogel, der ruhig auf Tafel 26 saß, trug seinen Namen zu Recht: der Kreischende Piha. Ich stellte mir vor, daß er genauso friedlich da oben im Blätterdach saß und dann plötzlich, um ein bißchen Stimmung zu machen, zwei graue Klauen in den Schnabel steckte und seinen gehirnzerfetzenden Piha-Pfiff losließ.

Wiiiii-wiiii-wiiii-piiio, pfiff der echte Vogel wieder und wieder, in unregelmäßigen, kurzen Abständen: *Wiiiii-wiiiii-wiiii-piiiio, wiiii-piiiio wiiii-piiio.*

»Jesus Christus«, spuckte Simon, als wäre es meine Schuld, »das hat uns gerade noch gefehlt.«

Culimacaré nahm Chimos alte brasilianische Schrotflinte vom Kaliber 16 – der Einzellauf an den Schaft gebunden, der gesprungene Griff mit Draht umwickelt – und verschwand zwischen den Bäumen; Simon ging zum Fluß, um Galvis zu helfen, die abendliche Ration Reis und Corned beef und geräucherten Piranha aus dem Boot zu holen; der alte Valentine, müde von einem Tag, an dem er ständig unter dem vorbeiströmenden Wasser nach verborgenen Felsen gespäht hatte, zog sich zu einem Nickerchen in seine Hängematte zurück; Pablo angelte Piranhas; und Chimo, Juan und ich gingen ein paar Schritte.

»Wir Baré sind ein tapferes Volk«, verkündete Chimo, der uns führte, die Pfeife im Mund; Wolken von brasilianischem Alligatortabak, dem stärksten Tabak der Welt, standen hinter ihm in der Luft.

Wir kamen zu einem steilen, fünf Meter tiefen Einschnitt, der sich in einem Bogen zwischen den Bäumen fortsetzte.

»Sie bauten einen Graben, um sich zu verteidigen, und füllten ihn mit Pfählen«, sagte er stolz. »Und sie steckten auch Pfähle in den Fluß. Aber es half nichts. Die Soldaten töteten die Männer und nahmen die Kinder und Frauen mit.«

Wir überquerten den Graben – ein paar verwitterte Stümpfe standen noch auf seinem Grund – und folgten ihm rund um das zugewachsene Lager. An seinem Ende, flußabwärts, genau dort, wo er auf den Fluß traf, waren Seiten und

Boden zu Schlamm zertrampelt; wir sahen kuhähnliche Trittsiegel und Rutschspuren.

»Der Danta kommt hierher zum Trinken«, sagte Chimo.

»Der Tapir«, sagte Juan. »Die Leute sagen, er schmeckt wie der beste junge Stier. Für sie ist der Tapir die wertvollste Jagdbeute überhaupt.«

Auf einem nahe gelegenen Felsen sahen wir säuberlich versammelt fünf große, leicht gedrehte Kothaufen.

»Was ist das?« fragte ich. »Es ist zu fest für einen Pflanzenfresser. Buschhund? Riesenotter?«

»Ja, ja«, sagte Chimo, hielt an, um zu schauen, und nahm seine Pfeife aus dem Mund. Sein Bauch begann vor unterdrücktem Gelächter zu wackeln. »Gute Arbeit, Reymono. Ein Engländer mußte kommen, um ihn zu entdecken.« Er beugte sich vor und lachte, bis auch seine Schenkel bebten. »Du kannst mir glauben, Reymono, mein Naturalista – dies ist ein Schatz, ein ganz großer Fund. Dies ist der Scheißhaufen des Pablo-Riesenbuschhunds!«

»Redmon«, sagte Juan auf englisch, mit einem zagen Lächeln, und nahm zartfühlend meinen Arm, als ich fragte, warum Pablo nicht unseren riesigen Vorrat an Klopapier benutzte, »mach dir keine Sorgen. Die Indianer sind nicht sehr subtil. Ihr Sinn für Humor ist immer etwas grob.«

»Naturalista!« sagte Chimo mit breitem zahnlosem Grinsen und klopfte mir auf den Rücken. Zum ersten Mal spürte ich Wärme in mir, empfand mich den anderen zugehörig.

»Pablo!« rief Chimo, als wir ins Lager zurückkehrten. »Der Naturalista Reymono sagt, du scheißt Haufen wie ein Buschhund!«

»Was? Was?« sagte Valentine aufwachend und krabbelte aus seiner Hängematte.

Pablo grinste.

»Hier gibt es keine Piranhas«, sagte er und ignorierte Chimo wie ein Gentleman; seine Lippen vorstülpend, wies er auf eine Reihe Fische zu seinen Füßen. Er hatte sechs Pavon (Pfauenfische) gefangen, hechtförmig, mit weißen Bäuchen, goldenen Schuppen am Rücken und drei breiten, schwarzen Querstreifen an den Seiten; und sieben Bocachico (Kleines Maul), purpurn mit Rennstreifen wie eine Makrele und regelmäßigen, diamantförmigen Schuppen.

»Die Bocachico kommen den Fluß hoch, um ihre Eier zu legen«, sagte Chimo. »Die Regenzeit ist da. Bald werden die Termiten schwärmen. Ab jetzt, Reymono, werden wir für jeden Sonnentag vier Tage Regen haben.«

Pablo und Chimo nahmen die Fische aus, und dann schnitt Galvis sie einfach in Stücke, schob sie von seinem Hackbrett in den großen brodelnden Topf zu der Suppe mit geräucherten Piranhas, fügte zwei Würfel konzentrierte Hühnerbrühe hinzu und kehrte zu seiner Lektüre des ›Reader's Digest‹ zurück. Vielleicht war Pavon ebenso gut wie Seebarsch. Es war schwer zu entscheiden.

Culimacaré kam zurück, sehr mit sich zufrieden; er hielt drei große schwarze Vögel an den Hälsen in der rechten Hand und Chimos Gewehr in der linken.

»Pauji«, sagte er und legte mir den größten der drei vor die Füße; die beiden anderen gab er Pablo. Es war offensichtlich eine Art Baumhuhn, verwandt mit dem Glattschnabelhokko, den wir in Marianos Garten gesehen hatten, aber mit rotem Schnabel und roten Beinen, und tief kastanienbraun am Bauch, an den Flanken, den Deckfedern unter dem Schwanz und in einem Streifen an der Schwanzspitze selbst. Samthokko, sagte Schauensee. Chimo bückte sich, zog eine Schwanzfeder heraus, richtete sie sorgfältig mit seinem Klappmesser zu, steckte sie in sein rechtes Ohr, drehte sie und wiederholte dann das Ganze mit geschlossenen Augen im linken.

Die beiden anderen Vögel waren kleiner, von Hühnergröße, gehörten aber offensichtlich der gleichen Familie an. Sie hatten lange Hälse und Schwänze, weißgestreifte Flügelfelder, zerzauste weiße Schöpfe und rote Beine; aber am auffälligsten war das aufeinander abgestimmte glänzende Kobaltblau an ihren Schnabelspitzen, den Hautlappen an ihren Hälsen und an ihren Kehlen.

»Pava«, sagte Pablo und machte eine Pause beim Rupfen, um fünf hohe Pfeiftöne von sich zu geben, einer höher als der andere – vermutlich eine Nachahmung ihres Liedes; dann rollte er sich eine Rindenpapierzigarette. »Schakuhuhn« hieß er im Schauensee.

Pablo und ich rupften und säuberten die Vögel und verstauten sie unter der Zeltbahn in der Mitte von Valentines Bongo neben Galvis' geheimnisvoll verschlossener Medikamentenkiste. Was war darin so kostbar? Morphium? Zyankalipillen? Pläne für die Revolution in San Carlos?

Am Abend kam der Mond nur gelegentlich in Wolkenlücken zum Vorschein, und zum ersten Mal hörten wir den hohlen, dumpfen Ruf eines weiteren Mitglieds der Familie Baumhuhn, des Schopfhokkos, eine einfache Reihe sechs gleichbleibender Töne, *hum hum di di di hum*, eine Baß-Variation des Pfiffs des Kreischenden Piha mit zwei zusätzlichen Noten, von einer tiefen, resonanten Beharrlichkeit, die seinen Partner vor Lust wahnsinnig machen soll und dich nur schlicht verrückt macht.

»Was für ein scheußlicher Ton«, sagte Simon und stellte sein Kochgeschirr hin. »Und was für ein gräßliches Essen.«

Culimacaré, bemerkte ich, saß etwas abseits wie immer, zurückgezogen außerhalb des Feuerscheins, er aß mit dem Rücken zu uns und verbarg seinen Extradaumen im Schatten.

In meinem wirren Traum paddelte ich vorne im Faltboot meines Vaters auf dem Fluß Avon, über dem Wehr bei Kellaways, zurück in sicherer Kindheit. Aber als ich mich umdrehte, saß nicht mein Vater hinter mir, sondern Simon; seine großen braunen Augen weit aufgerissen, seine Pupillen erschreckt geweitet, auf irgend etwas vor uns fixiert. Wir gehen über das Wehr, dachte ich, aber nein, das war hinter uns. Simon, ohne die Richtung seines Starrens zu ändern, langte herunter und hob Chimos Schrotflinte von den Bilgenbrettern. Er steckte den Lauf sehr langsam in den Mund; an seiner rechten Hand, die sich um den Abzug schloß, sah ich gleichzeitig einen Extradaumen wachsen. Die Schockwellen des Knalls hoben mich sanft aus dem Boot und legten mich mit dem Rücken auf die Oberfläche des Wassers; und als ich aufwachte, war ich noch immer naß und kalt, und das Gewehr feuerte wie eine Haubitze. Die Donnerschläge über uns und die weißen Lichtblitze in der Lichtung um uns folgten einander fast ohne Unterbrechung.

»Lach doch mal da drüber«, sagte eine vertraute Stimme, und Simons Gesicht erschien hinter seinem Moskitonetz links von mir.

»Gott sei Dank bist du am Leben«, rief ich.

»Nur die Ruhe«, sagte Simon. »So gut war der Witz ja nun auch nicht.«

Der Regen trommelte auf die Leinwand, als sei jeder Tropfen hinter uns persönlich her. Er prallte von den Blättern und Stämmen ab und schnitt in tausend verschiedenen Winkeln in unseren Unterschlupf. Zerteilte Tropfen spritzten über das Bodentuch. Culimacaré, von Blitzen beleuchtet, sein T-Shirt und seine Hose an den Körper geklebt, Haar und Gesicht von Wasser überströmt, ging an der Reihe der Hängematten entlang und stieß mit einer Stange die Wasserpfützen aus der Dachzeltbahn.

»Das ist ein Held«, sagte Simon und zündete sich eine Zigarette an.

»Es dauert nicht lang, Doktor«, sagte Culimacaré und legte mehr Holz auf das zischende Feuer.

»Ziemlich komisch, wenn man Doktor genannt wird«, sagte Simon, als sich der Sturm allmählich entfernte und der Regen seine hysterische Kraft verlor. »Sag mal«, meinte er plötzlich, »glaubst du, ich könnte meine Gefühle besser kontrollieren, wenn ich eine bessere Bildung hätte?«

»Natürlich nicht«, sagte ich verdutzt. »Du solltest mal einige von den Dozenten in Oxford sehen. Und nebenbei – Tolstoi zum Beispiel konnte seine Gefühle ganz bestimmt nicht kontrollieren. Er war hinter allen Frauen und Töchtern seiner Leibeigenen her – in seinen Scheunen und Heuschobern und überall. Schließlich war seine arme Frau so verzweifelt, daß sie sich selbst als Bäuerin verkleidete und in einer Scheune wartete, und fast wäre er auch über sie hergefallen, bloß erkannte er sie gerade noch rechtzeitig.«

»Das meine ich ja gar nicht«, sagte Simon angeregt.

»Okay, dann nehmen wir Dostojewski. Das war so einer von deinen Zockern. Er nahm seiner Frau das Haushaltsgeld ab, damit er in den Kensington Sovereign von St. Petersburg gehen konnte – zurück kam er dann gewöhnlich im Morgengrauen, völlig verrückt vor Erregung, schlug die Bettdecke zurück, lutschte an den Zehen seiner Frau und machte sich dann weiter nach oben, so langsam wie er konnte, und küßte sie überall ab. Er beschreibt es in einigen seiner späteren Briefe an sie – sie strich diese Zeilen raus, aber mit Infrarot-Fotografie können wir es lesen.«

»Das meine ich auch nicht«, sagte Simon und zündete sich noch eine Zigarette an.

»Nun – Proust schrieb sein Meisterwerk mit einem Gramm Stier-Adrenalin, um sich für die ganze Nacht aufzuputschen, und einem Gramm Veronal, um am Tag ruhig zu bleiben. Und Painter berichtet, er habe nur dann eine Erektion bekommen können, wenn er zusah, wie jemand Ratten mit einer Hutnadel durchbohrte, durch die Stangen ihres Käfigs. Was hältst du davon? Und er liebte seine Mutter so sehr, daß er nach einer harten Arbeitsnacht eine riesige Fotografie ihres Kopfes auf dem Boden ausrollte und darauf schiß.«

»Sei doch ein einziges Mal ernsthaft«, sagte Simon langsam. »Versteck dich doch nicht immer hinter deinen blöden Witzen. Es ist dieser Ort, der mich fertigmacht – ich dachte, der Dschungel würde sich jeden Tag ändern. Du hast mir nie erzählt, daß es immer und ewig gleich weitergeht. Du hast mir nie gesagt, daß wir hier draußen allein sein würden mit diesem kolumbianischen Mistkerl, der uns schulmeistert wie Zehnjährige. Irgend etwas Schreckliches wird passieren. Ich weiß das einfach. Ich fühle es schon die ganze Zeit.«

»Schlaf wieder ein«, sagte ich lahm. »Du schläfst nicht genug. Morgen früh sieht alles anders aus.«

»Was ist denn das für eine Antwort!?« sagte Simon wütend und schnippte seine Zigarettenkippe in den Regen. »Warum kannst du mich nicht wie ein menschliches Wesen behandeln?«

Die Dämmerung milderte lediglich die Strähnen fallenden Wassers von Grauschwarz zu Grau, und durch die Lücke am Ende meiner Hängematte konnte ich nur zehn, zwölf Meter weit sehen. Ich wickelte mich aus meiner SAS-Plane – ein Schutz gegen die großen beißenden Fliegen, deren Stechrüssel, wie ich entdeckt hatte, Baumwollhemden und Hängematten und Hosen ohne Schwierigkeit durchdringen, aber an Leinwand scheitern; ich setzte mich auf und sog einen tiefen Atemzug nasser, ranziger Luft ein. Fast völlig mit mikroskopisch kleinen Algen und Pilzen überzogen, begannen die Hängematte und das Moskitonetz und ich und alle anderen nach verdorbener Butter zu riechen.

Ich zog schnell meine trockenen Kleider aus, verstaute sie in ihrem Plastikbeutel in meinem Rucksack, sammelte meine nassen Kleider von der Wäscheleine aus Fallschirmkordel ein, die über unseren Köpfen unter der Zeltbahn aufgespannt war, und schüttelte die Ameisen heraus. Wenn alles naß ist, versetzt ein nasses Hemd dem Körper den geringsten Schock, deshalb zog ich das als erstes an.

Simon, der das nächtliche Gespräch anscheinend vergessen hatte, steckte den Kopf aus seinem Nest und knipste seinen Recorder an.

»Datum: 9. Mai. Pasimoni. Liebste, hier die Nachrichten:

Redso spielt wieder Zinnsoldat. Er ist gerade in sein nasses (und naß heißt wirklich naß) Hemd geschlüpft, das jetzt seine obere Hälfte bedeckt – und das ist auch gut so, weil Redso noch unappetitlicher aussieht, als du dir vorstellen kannst. Und warum? Weil er mit großen roten Pickeln übersät ist, von seinen freundlichen Nachbarn, den Bremsen und Moskitos. So, und jetzt geht's weiter – jetzt kommen die nassen blauen Unterhosen. Nein. Korrektur: Erst wringt er sie noch aus. Jetzt kommen sie dran. Über Schläger und Bälle. Jawohl, ich habe wieder recht – er steckt schon kopfüber in seinem Zinnsoldatenrucksack. Er ist hinter seinem Puder her. Da hat er ihn. Eine Handvoll aufs Hemd. Ein schneller Blick. Noch 'ne Handvoll aufs Hemd. Als nächstes die Dschungelmischung über den ganzen Bauch und Arme und Knöchel – jawoll, er will, daß ich dir erzähle, was für ein guter Junge er ist. Weißt du, Engelchen, er möchte einfach von jedem geliebt werden. Deshalb hat er hier alles unter Kontrolle. Und wie er das hat. Und jetzt die nassen Höschen. Eine Pause für einen Hauch Canesten-Creme zwischen die kleinen Zehlein. Und dann zwei Paar nasse Socken. Herrgott, wie scheußlich. Und so die ganze Zeit, Schnuckelchen. Während dein Stocky, wie du weißt, vier Garnituren von allem hat, weil er nämlich die ganze Zeit trocken bleiben will.«

Hinter einem Busch unter meinem Umhang zusammengekauert, von oben überschüttet (aber frei von Moskitos), bewunderte ich, wie die jungen Stämme um mich herum die ungeheuren Wassermassen ablaufen ließen, die sich über sie ergossen. Obwohl die meisten ganz verschiedenen Gattungen angehören mußten, waren ihre Blätter fast alle von gleicher Form – lange Ellipsen mit einer kleinen zugespitzten Rinne am vorderen Ende, einer Tülle, die das Wasser von ihrer Oberfläche wie in einen Kanal zog. Als ich die winzigen Wasserfälle an einem besonders großen Blatt beobachtete und mich fragte, ob – wie ich irgendwo gelesen hatte – die Tüllen wirklich dazu beitrugen, die Blätter von Algen, Pilzen, Flechten und Briophyten frei zu halten, und mir selbst ein paar Tüllen wünschte, stellte ich fest, daß das Wasser auf ein Stück Holz klatschte, das sich von dem übrigen Schutt auf dem Boden in der Farbe unterschied. Ich beugte mich vor und hob es auf. Es war ein geschnitztes Stück jenes Holzes, das leichter als Balsa war, eine grobe Statuette, etwa fünfzehn Zentimeter lang, mit einem runden Kopf, vertikalen Augenschlitzen, einem plumpen Körper und Keulenbeinen (ein Bein war abgebrochen), ganz ähnlich wie einige der Figuren auf den Felszeichnungen. Vermutlich hatte es ein Indianer auf einem Angelausflug geschnitzt und liegengelassen. Da ich einem angebotenen Talisman oder einem im Weg liegenden Fetisch nicht widerstehen kann, steckte ich ihn in die Tasche.

Es schien hoffnungslos, an solch einem Tag zu reisen.

»Okay, Chef«, sagte Chimo mürrisch, »wenn du das so willst, ist es okay, uns ist es egal.«

Pablo, Culimacaré und Valentine befestigten die Reservezeltplane an vier Bäumen neben Galvis' Kochfeuer. Chimo nahm die Kerosinkanne und einen Armvoll Holz und entfachte sein persönliches Nachtfeuer, das er in den beiden letzten Nächten nahe dem Kopfende seiner Hängematte angelegt hatte.

»Nimm nicht zuviel von dem Kerosin«, rief Juan. »Wir werden alles brauchen, was wir haben.«

Chimo ging, die Kanne noch in der Hand, zurück zu den anderen in den geschützten Halbkreis vor dem Kochtopf. Er zog seine Maniokdose heran und setzte sich, die Kanne zu seinen Füßen.

»Es muß eine Flamme geben«, sagte er langsam. »Besonders nachts. Aber auch dann, wenn es so naß ist wie jetzt und niemand weit sehen kann – denn dann ist die Anakonda hinter dir her.«

Galvis, der einen Brei aus Fisch mit Hühnerbrühe und Maniok in unsere Schüsseln schöpfte, ließ sein hohes Kichern hören. Juan lachte ebenfalls, ohne von seiner Suppe aufzusehen.

Chimo stand auf und rollte sein sackähnliches Hosenbein hoch. »Seht ihr das?«

Man sah vier große Narben, zwei auf jeder Seite seines Schenkels, unmittelbar über dem Knie.

»Ihr Wissenschaftler glaubt uns nicht«, sagte Chimo und setzte sich wieder, »aber ihr fischt ja auch nicht stundenlang auf kleinen Flüssen in einer Curiara, nur um etwas zu essen zu kriegen. Das solltet ihr mal versuchen! Ihr würdet bald im Bauch der Culebra de agua landen. Sie hängt mit dem Schwanz von einem Baum und zieht euch unter Wasser und frißt euch auf, wenn ihr ertrunken seid. Genau das tut sie. Sie sagt nicht, tut mir leid, Doktor Juan, vielen Dank, Doktor Juan, hätten Sie die Güte, Doktor Juan, aber ich würde Sie gern verschlucken, wenn es Ihnen nichts ausmacht. Sie tut es einfach. Sie ist zwar groß – aber sie ist so schnell wie eine Ratte. Und ihr seht ihren kleinen braunen Kopf in dem großen braunen Wasser erst, wenn sie euch zwischen den Kiefern hat. Beide Male, als sie mich an den Knien aus der Curiara zog, wo ich zum Paddeln im Heck sitze – beide

Male retteten mich meine Söhne. Sie behielten die Ruhe. Sie drehten sich mit ihren Macheten um und schlugen ihr auf den Kopf; beim ersten Mal war es Alfredo, mein Ältester, und beim zweiten Mal war es Bernardo. Der alte Joaquín Conde, der mit den Franzosen zur Quelle des Orinoko ging – sein Sohn war dicht am Ufer beim Essen, als die Anakonda ihn holte.«

»Uns tut sie nichts«, sagte Galvis. »Wir sind zu viele.«

»Angeber wie dich erwischt es zuerst«, sagte Chimo.

Galvis zuckte die Achseln.

»Außerdem«, sagte Chimo und begann seine Fischsuppe zu essen, wobei er Gräten mit professioneller Leichtigkeit ausspuckte, »gibt es nicht nur die Anakondas. Was ist mit den Jaguaren? Ich habe in meinem Leben viele Jaguare gesehen. Und warum, denkt ihr, lebe ich noch, he? Weil ich weiß, was ich ihnen sagen muß. Es ist ganz einfach – beim ersten Mal, wenn du einen Jaguar siehst, mußt du ihn wirklich anschreien –, du mußt ihm fast alle Schimpfworte an den Kopf werfen, die du kennst. Aber nicht alle. Denn beim zweiten Mal, wenn du denselben Jaguar triffst – am nächsten Tag, an einer anderen Biegung des Flusses –, dann ist er wirklich gefährlich. Dann mußt du ihn wieder anschreien – aber wenn er schon alle deine Schimpfworte gehört hat, kennt er sie. Und dann hat er keine Angst. Dann bringt er dich um. Er beißt dich in den Kopf – und trägt dich etwa hundert Meter fort – und frißt dich auf.«

Galvis lachte laut heraus.

»Okay«, sagte Chimo, »wenn du so schlau bist – warum, meinst du, sind Jaguare in der Nähe von Städten so gefährlich?«

»Keine Ahnung«, sagte Galvis.

»Weil sie dort bereits alle Schimpfworte gehört haben, die es überhaupt gibt«, sagte Chimo triumphierend.

Als die Dämmerung kam, hatte der Regen aufgehört, und wir brachen unter einem verhangenen grauen Himmel auf. Die Lagunen wurden seltener; der Fluß verengte sich immer mehr, und als wir um eine Biegung kamen, überraschten wir einen Buschhund, der auf allen vier Beinen plump im flachen Wasser am Ufer stand. Er drehte sich um und schwamm einige Meter neben dem Bongo her, wobei er uns aus flinken schwarzen Augen beobachtete, und dann krabbelte er auf seinen kurzen Beinen eine schlammige Böschung hinauf, hielt an, um das Wasser aus seinem steifen Pelz zu schütteln, und trottete hinter einem Büschel Farne davon, wobei er mit seinem kurzen Schwanz wedelte.

»Ein Buschhund!« schrie ich aufgeregt. »Perro de monte!«

»Perro de agua«, sagte Chimo fest. »Das war ein Otter.«

»Er hatte einen Schwanz«, murmelte ich enttäuscht. »Das war ein Schwanz und kein Ruder, das war ein Buschhund.«

»Dein Wort steht gegen das von Chimo«, sagte Simon mit einem häßlichen Grinsen.

Gegen Mittag lenkten Chimo und Pablo die Bongos in einer kleinen Lagune ans Ufer, und Galvis verteilte Schüsseln mit Maniok und machte Kaffee auf seinem Primus-Kocher, den er in einer Keksdose zu seinen Füßen aufgebaut hatte. Durch das Fernglas beobachtete ich eine Moschusente mit fünfzehn Entlein hinter ihr, die sorgsam ihren Weg über die Mitte des kleinen Sees suchte. Auf der anderen Seite flogen zwei größere gelbköpfige Geier schwerfällig in enger werdenden Kreisen über den Bäumen. Groß und schwarz, Geier des tiefen Waldes, jagten sie offensichtlich nach dem Geruch und kreisten um etwas, das in den Zweigen oder auf dem Boden des Dschungels verweste – und da die Wolken so niedrig hingen, überlegte ich, würden sie vermutlich ihre gelben Köpfe in das Aas des Affen oder des Hirsches oder des Tapirs stecken und in Frieden fressen können, unentdeckt von dem noch größeren Königsgeier, der an einem sonnigen Tag hoch über dem Dschungel auf Sicht jagt, ihnen folgt und sie von ihrer Beute vertreibt.

Einige Stunden flußaufwärts scheuchten wir einen Coatimundi auf einem Ast am rechten Ufer auf. Pelzig schwarzbraun, wahrscheinlich ein einzelnes Männchen, suchte er auf der Rinde nach Nahrung und steckte seine bewegliche Schnauze in Büschel von Bromeliaceen, um nach Insekten zu fahnden. Als er uns sah, setzte er sich auf sein Hinterteil, die Vorderbeine schlaff, und schaute uns eine, zwei Sekunden an, wobei sein langer, schwarzgeringelter Schwanz hinunterhing – und dann streckte er ihn hinter sich gerade in die Luft, galoppierte zurück zum Hauptstamm und verschwand.

»Baria!« verkündete Chimo und wies gestikulierend zum Hauptstrom vor uns. »Yatua!« fügte er hinzu und lenkte das Kanu in einen Fluß, der aus dem Osten einmündete.

»Reymono«, sagte er, zog den Reißverschluß seiner Hose auf und pißte nach Steuerbord. »Hier wird der Pasimoni zum Yatua und zum Baria. Heute nacht bringe ich euch zu einem kleinen Hügel. Heute nacht wird euch Chimo den Neblina zeigen. Wir werden ihn aus weiter Entfernung sehen, von so weit, wie ein Mann sehen kann.«

Zwei Stunden später, die Wolken hoben sich stetig, kamen wir zu einer langen, schräg abfallenden Klippe aus braunem Granit und zogen die Boote an Land.

Während die anderen das Lager aufschlugen und Galvis ein Baumhuhn-Stew in Angriff nahm, folgten Juan, Simon und ich Chimo am Ufer entlang. Vor sich hinsummend, seine Pfeife in der linken und seine Machete in der rechten Hand, wandte er sich bei einer Felsspalte scharf ins Unterholz und schlug nach den wenigen niedrigen Büschen, die unseren Weg behinderten. Zwei kleine, sehr dunkle Nachtschwalben umflatterten uns. Sie flitzten und kurvten von Fels zu Fels und ließen sich einen Moment zwischen den kärglichen, drahtigen Sträuchern und den Büscheln der Schneidesegge nieder; ihre Federn waren schwarz und grau gesprenkelt, mit einzelnen weißen Flecken am Hals; und sie betrachteten mich fast ebenso intensiv wie ich sie, bevor sie wieder davonflitzten: *tschick tschick tschick*.

»Komm schon, Reymono«, sagte Chimo und begann den nächsten nassen, schlüpfrigen Felsen zu besteigen, »das sind nur Aguaitacamino negruzco.«

Er verstaute seine Pfeife und seine Machete in einer Höhlung und stieg auf allen vieren aufwärts, seine massiven Hinterbacken so rund gegen den Himmel wie der Felsen selbst. Auf dem Gipfel waren wir nicht höher als siebzig Meter, aber dennoch erstreckte sich – jenseits von drei großen Palmen und zwei Waldriesen vor uns, deren dunkelgrüne Kronen über den Dschungel hinausragten – der Wald in fast allen Richtungen unter dem grauen Himmel, wobei das helle Grün des Vordergrunds allmählich in das Blau der Ferne überging. Im Norden verdunkelten hohe Bäume das Land in Richtung des Casiquiare. Von der nackten Krone eines toten Baumes pfiff ein Falke nach uns, schrill und klar; er hatte einen grauen Rücken, eine braun und weiß gestreifte Brust und einen bedrohlichen Schnabel. Aber unmittelbar im Südosten erhob sich der Cerro Avispa, der Wespenhügel, sanft über den Dschungel; und ganz weit im Süden, östlich von einer Reihe kleiner Tepuis, stieg ein großer Berg steil in den Himmel, lang und grau, an seinem östlichen Ende hoch und mit abgeflachtem Gipfel, geborsten in der Mitte, niedriger, flacher und länger nach Westen hin. Wir starrten auf den Neblina.

6

Wieder im Lager, identifizierte ich die Nachtschwalben (Schwarzweiße Nachtschwalben) und den Raubvogel (ein Langschnabelmilan) und wandte mich dann meiner Fotokopie von Spruce zu – es war, wie ich vermutete: Wir hatten auf dem Hügel gestanden, den er auf seiner Kartenskizze mit »Cerrito« markiert hatte und den er auf seinem Rückweg von einer botanischen Sammelreise den Pasimoni hinauf erstiegen hatte. Er bezeichnete den Avispa als »Tibiali« und den Neblina als »Imei«, aber es bestand kein Zweifel, daß er dieselben Berge gesehen hatte; auch er war »erstaunt von der großartigen Szenerie, die sich vor mir ausbreitete ... besonders des Imei in seiner gesamten Länge«. Aber nachdem er zwischen den Bäumen hinter derselben schräg abfallenden Granitklippe kampiert hatte, hatten er und seine Paddler sich auf den Weg zurück nach San Carlos gemacht. Morgen würden wir auf dem Baria weiterfahren. Dort würde ich meinem letzten schattenhaften Begleiter, Richard Spruce, adieu sagen müssen, und auf gewisse Weise – die wohl nur für mich eine Bedeutung hatte – wäre ich dann allein.

Ein lautes Summen wie von einer gigantischen Hummel lenkte mich von solch morbiden Gedanken ab; ich sah gerade noch rechtzeitig auf, um einen Kolibri vor dem Knoten schwirren zu sehen, mit dem Galvis sein leuchtendrotes Hängemattenseil an den Rahmen des Schutzdachs gebunden hatte. Mit dem dunkelgrünen Rücken, dem langen gebogenen Schnabel und den gelben Streifen vom Kopf abwärts war er vielleicht ein Grüner Schattenkolibri – jedenfalls erkannte er, daß das Seil keine Blüte war, und summte fort.

Die ganze Nacht regnete es gleichbleibend heftig; aber am Morgen zog die Sonne langsam den Dunst von der Wasseroberfläche fort und zwischen den Stämmen der Bäume hinauf in das Blätterdach; und sobald wir den Zusammenfluß des Yatua, des Pasimoni und des Baria wieder erreicht hatten, war der Himmel so blau und die Hitze so gnadenlos wie auf dem Casiquiare.

Wir lenkten die Boote in den Baria. Chimo begrüßte ihn auf die übliche Weise, und über mehrere hundert Meter spielten fünf oder sechs Delphine um die Boote. Die aus ihren Blaslöchern strömende Luft klang, als stöhnten und gurgelten sie vor Behagen; und ihre grauen Rücken erhoben sich in regelmäßigen Abständen überall um uns herum in schnellen und graziösen Kurven, als tanzten sie in dem schwarzbraunen Wasser von der Oberfläche des Flusses bis hinab zu seinem Bett Ringelreihen. Als die primitivsten der Delphine sind sie eng verwandt mit dem Squalodon (der vor fünfzehn Millionen Jahren ausstarb), aber sonst weiß man nicht viel über sie. Sie leben in kleinen Familien; sie jagen Fische (darunter auch Piranhas); sie stöbern auf dem Grund mit ihren schnabelähnlichen Schnauzen nach Hundsfischen und Süßwasserkrabben; und in trübem Wasser halten sie Fühlung, indem sie sich beim Schwimmen mit den Flossen berühren.

Der Himmelsstreifen zwischen den näher rückenden Bäumen wurde schmaler. Wir sahen kreisende Große Gelbkopf-Geier, gelegentlich auch ein Paar großer schwarzer Adler; und direkt über dem Dschungel sahen wir unsere ersten Schwalbenweihe, eine Dreiergruppe. In der Luft sind sie die elegantesten aller Vögel, ihre Köpfe, Bäuche und die Vorderkanten ihrer langen Flügel sind von makellosem Weiß im Sonnenlicht, ihre Schwungfedern und ihre langen, spitz zulaufenden gegabelten Schwänze von glänzendem Schwarz. Sie blieben ein oder zwei Minuten bei uns, kreisend und gleitend, herniederschießend und scheinbar mühelos wendend, auf der Jagd nach den Schwärmen fliegender Termiten, die sich in dunklen Wolken aus den Bäumen erhoben.

Scharen Blaugelbe Aras kreischten und keckerten über uns und fluchten auf uns herab, während sie den Fluß überquerten. Von beiden Ufern begleitete uns unaufhörlich das Pfeifen des Kreischenden Piha. Ab und zu kamen wir an Schwärmen von Mealy-Papageien vorbei, die in einem früchtebeladenen Baum gluckten und plapperten; und später am Tag – möglicherweise weil ich erst jetzt die einzelnen Noten der Kakophonie besser unterscheiden konnte – bemerkte ich einen neuen Klang: ein Bellen wie von einer Meute Beagles auf einer Fährte.

»Piapoco!« sagte Chimo und wies nach vorne zu einer einsamen Manacapalme am rechten Ufer. Fünf Tukane tanzten dort herum, wo die Früchte wie Trauben von den Palmwedeln hingen. Durch das Fernglas beobachtete ich einen. Er rief vom obersten Ast, nickte mit dem Kopf auf und ab, warf den Schwanz hoch und schleuderte seinen absurden Schnabel bei jeder Note von einer Seite zur anderen. Der Schnabel selbst war schwarz; seine schwarze Kurve setzte sich in Rücken und Schwanz des Vogels fort, aber vom Schnabelansatz bis zum Bauch waren seine Farben Blau, Weiß, Gelb und Rot, in dieser Reihenfolge.

Ich schlug den Schauensee bei der Bildtafel auf, die mir aus meinen Oxforder Phantasien vertraut war: Dotter-Tukane. Wir näherten uns ihrem Baum, und sie kamen – einer nach dem anderen – zu dem Schluß, man könne uns nicht trauen; ein Sprung von der Palme, einige schnelle Flügelschläge, und es hatte den Anschein, als würden sie von ihren Schnäbeln herab- und über den Fluß gezogen, Raketen, die ihren Spitzen folgten, und jeder Vogel erreichte das Blätterwerk am gegenüberliegenden Ufer in einem niedrigen, wilden Gleitflug.

Es wurde Zeit zu lagern. Chimo, der die Stunden und halben Stunden nach dem Sonnenstand unfehlbar angeben konnte (und an bedeckten Tagen fast ebensogut nach der Lichtintensität), lenkte zu einer kleinen Felsklippe am linken Ufer.

Simon war den ganzen Tag zu sehr mit sich selbst beschäftigt gewesen, um auch nur ein Wort zu sprechen; nun warf er plötzlich ›Krieg und Frieden‹ vor uns auf die Zeltplane.

»Fertig!« sagte er. »Ein irres Buch. Ich bin in Natascha verliebt.«

»Natürlich. Und dann all dies Gerede. Du kannst mich nicht täuschen – in Wirklichkeit bist du ein Gangster mit Kultur.«

»Ich hab ungefähr so viel Kultur«, sagte Simon, »wie ein Brathähnchen aus Kentucky.«

Wir banden die Einbäume mit langen Seilen an einen Baum, erklommen die abschüssige Granitrampe, die zu der kleinen Klippe führte, und errichteten unser Schutzdach im Wald dahinter. Riesige Fliegen mit zebragestreiftem Hinterteil zickzackten herum und landeten überall; und winzige, gelbbraune Fliegen ließen sich auf unseren Händen und Gesichtern nieder, krochen in unsere Augen und Nasenlöcher und ballten sich an unseren Mundwinkeln. Schweißbienen, sagte Juan, und aus irgendeinem Grund machten sowohl die Bienen als auch die Fliegen Simon verrückt. Mir aber gefiel es, daß sie nicht wie die langbeinigen Moskitos und die grünen Pferdefliegen hinter unserem Blut her waren. Die Zebragestreiften waren nur scharf auf verwestes Piranhafleisch und Chimos Hängematte; die Schweißbienen schienen nur am Geschmack von Schweiß, Tränen, Spucke und Rotz interessiert.

Um unsere Ankunft auf dem Baria zu feiern und die Schweißbienen auf Distanz zu halten, packte ich die Pfeifen aus, die ich bei Savory's in Oxford gekauft hatte, und schenkte jedem eine, zusammen mit einer Dose Balkan-Sobranie-Tabak. Chimo steckte die Geschenke ohne ein Wort in seine Hemdentasche und angelte weiter Piranhas; Galvis verließ sein Kochfeuer und trug seine Pfeife zur Medikamentenkiste im Bongo; Culimacaré und Pablo stopften ihre Pfeifen mit dem Tabak, zündeten sie an, nahmen Chimos Gewehr, machten sich in dem kleinen Angelkanu auf den Weg und verschwanden flußaufwärts, Rauchwolken ausstoßend wie ein Trampdampfer mit zwei Schornsteinen. Der alte Valentine hingegen setzte sich eine Weile auf die Kante seiner Hängematte, streichelte seine neue Pfeife und fuhr mit seinem vernarbten, gebrochenen und schlecht gerichteten Zeigefinger immer wieder über die Außenseite des glattpolierten Kopfes.

»Vielen Dank, Reymono«, sagte er. »Ich habe mir immer eine Pfeife gewünscht. Ich habe mir immer eine Pfeife gewünscht wie die, die Charlie Chimo geschenkt hat.«

Eine Pfeife war übriggeblieben – und als ich sie wieder in ein Paar Reservesocken einwickelte und in einem Beutel mit Medikamenten, Salben und Verbänden vergrub, fragte ich mich, wem ich sie geben würde: einem Yanomami-Häuptling? Dem Chef eines unbekannten Stammes, der ruhig im unerkundeten Delta des Baria lebte? Oder einfach Yamadí, dem großen Dämon, der verantwortlich war für alle unerklärlichen Geräusche des Waldes und für jedes Unglück im Walde?

In diesem Moment schlenderte Simon mit den ›Brüdern Karamasow‹ in der Hand über die offene Fläche des Abhangs hinter der kleinen Klippe und schloß sich Juan an. Der saß am Fluß und schrieb wie gewöhnlich seine Kohlennotizen aus der Grabung des Morgens nieder. Meine Gedanken an Yamadí lenkten den Gott offensichtlich von wichtigeren Pflichten ab, denn Simon schrie plötzlich vor Schmerz, ließ sein Buch fallen und dann auch seine Hosen.

Chimo, Valentine und Juan schrien vor Begeisterung und hauten Simon auf die Schulter, als er mit gefesselten Knöcheln herumtanzte.

»Schweinehunde« sagte Simon, zog eine große Biene aus seiner Hose und trampelte auf ihr herum. »Ihr solltet nicht über Leute lachen, die Schmerzen haben. Das ist nicht komisch.«

Juan stand auf und inspizierte den Leichnam.

»Es ist nur eine Biene«, sagte er.

»Es ist eine Wespe«, sagte Simon, zitternd vor Wut. »In England haben wir auch Wespen. Es ist eine Wespe.«

»Ihr habt auch wilde Bienen in England«, sagte Juan, an sich haltend.

»Es gibt keine wilden Bienen in England«, sagte Simon knapp. »Ich sollte das wissen. Ich lebe dort.«

»Es tut mir leid«, sagte Juan plötzlich und wandte sich wieder seinen Notizen zu. »Du hast Schmerzen. Ich habe mich geirrt.«

Simon nahm sein Buch auf, humpelte zu seinem Rucksack, fand sein Anthisan und bedeckte seine rechte Hinterbacke mit Salbe.

»Du schlauer Hund, Dicker«, sagte er, »Jetzt weiß ich, warum du deine Hosenbeine in zwei Paar Socken stopfst.«

»Natürlich gibt es Bienen in England«, sagte ich lachend.

»Der denkt, er weiß alles«, sagte Simon und kletterte schwerfällig in seine Hängematte – und sprang mit einem Entsetzensschrei wieder heraus. Er griff mit beiden Händen nach seinem Hals. »Helft mir!« schrie er.

Die größte Ameise, die ich je gesehen hatte, jettschwarz, mindestens drei Zentimeter lang, hatte sich in seinen Nacken gekrallt; ich zog sie heraus und zertrat sie auf dem blätterbedeckten Untergrund mit meinem Stiefel. Ameisen liefen die Querstange des Schutzdachs entlang, an Simons Hängemattenseilen herunter und in allen Richtungen über seine Hängematte.

Valentine, mit ernstem Gesicht, voller Mitleid, schnippte sie auf den Boden und schlug mit der flachen Seite seiner Machete auf sie ein. »Die Veintecuatro«, sagte er, »ihr Biß schmerzt vierundzwanzig Stunden lang. Ihr Gift kann einen Mann ohnmächtig machen. Schlimmer ist nur die Catanare, die Feuerameise.«

»Ohne Spaß«, sagte Simon und setzte sich auf seine Maniokdose. »Ich will nach Hause.«

Culimacaré und Pablo kamen mit einem Baumhuhn zurück, Chimo mit einem Haufen Piranhas; und Galvis kochte für Simon gebratenes Corned beef mit Reis – als Pflaster für seine Wunden.

Ich rieb schmieriges Autan in alle Hängemattenseile, um die Ameisen abzuschrecken, und wir machten uns im orangefarbenen Licht von Chimos Feuer und dem grünen Licht der umherflitzenden Glühwürmchen bettfertig.

Als ich meine nassen Tageshosen auszog und sie auf die Leine aus Fallschirmkordel hängte, fiel die kleine indianische Figur aus meiner Tasche und landete neben Simons Hängematte.

»Was zum Teufel ist das?« sagte Simon und beleuchtete sie mit seiner Taschenlampe.

»Eine indianische Schnitzerei«, sagte ich. »Ich habe sie vor ein paar Tagen gefunden. Ich nehme sie mit nach Hause. Wenn wir je nach Hause kommen. Und dann kommt sie in meinen Fetischraum.«

»Fetischraum?« sagte Simon alarmiert und lehnte sich aus seiner Hängematte, während ich meine trockenen Hosen anzog, das Figürchen wieder aufhob, mich in das Laken wickelte und unter das Moskitonetz manövrierte.

»Mein ein und alles«, sagte ich. »Er ist voller Kram. Und an den Fenstern hat er doppelte Vorhänge aus schwarzem

Samt und ein großes schwarzes Ledertuch wie der Flügel eines Archäopteryx.«

»Was für Kram?« fragte Simon und vergaß die Schmerzen an seinem Hals.

»Vogeleier. Ein Hermelin und ein Wiesel und ein Rebhuhn, die ich als Junge ausgestopft habe. Stierhörner. Wertvolle Bücher. Meine ersten Vogelbücher. Mein erstes Schrotgewehr. Und der Fuß eines Freundes in einer Maxwell-Kaffeedose.«

»Was?«

»Douglas Winchester. Er war ein Schulfreund von mir. Wir wohnten im Internat im selben Haus und waren in der gleichen Biologieklasse – und mit seinem Frettchen wilderten wir Kaninchen im Wald von Savernake und sammelten überall Pilze. Die Pilze probierten wir erst an unserem Mitschüler Forbes aus. Er konnte bald ganz gut zwischen einem Schopftintling und einem Knollenblätterpilz unterscheiden – er wurde sehr schnell zu einem richtigen Fachmann. Einmal nahm ich Douglas mit auf meiner 250er Royal Enfield Crusader, um in einer kleinen Kneipe auf dem Land zu saufen und Bier und Zigaretten zu kaufen. Der Zündunterbrecher ging kaputt, als wir zurückkamen, und der Werklehrer erwischte uns, als wir das Motorrad ins Versteck hinter der Turnhalle zurückschieben wollten. Der Hausaufseher verprügelte uns, weil wir alle Regeln auf einmal gebrochen hatten. So etwas machte ihm Spaß. Er trug sackartige Flanellhosen, und wenn man sich bückte, konnte man in den Falten seine Erektion sehen. Jedenfalls, nach Ende der Schulzeit fuhren wir auf einer alten BSA 650er Flash mit einem riesigen Seitenwagen durch ganz Europa, und dann gingen wir zusammen nach Oxford. Douglas sollte eigentlich Physiologie studieren, aber er erbte einiges Geld und verließ die Universität, weil er glaubte, er wolle Maler werden. Wir wohnten zusammen – am liebsten malte er Stiere, dann kamen tote Füchse und dann, wie bei jedem anderen, nackte Mädchen. Er ging immer ins Schlachthaus und holte sich einen abgetrennten Kopf und brachte ihn heim und malte ihn. Ich weiß noch, wie ich eines Nachts das Licht in seinem Zimmer ausschaltete, als er irgendwoanders hingegangen war. Klick, klick, klick machte etwas in der Dunkelheit. Also knipste ich das Licht wieder an und überprüfte alle Anschlüsse nach einem Kurzschluß. Ich guckte in den Paraffinofen. Dann schaute ich zufällig auf den Stierkopf. Maden krabbelten aus seinen Augäpfeln, klick, klick, klick, und fielen auf einen Bogen Zeichenkarton auf dem Tisch.«

»Laß uns über etwas anderes sprechen, ja?« sagte Simon und verschwand unter seinem Moskitonetz. »Sprechen wir zur Abwechslung mal über was Angenehmes, ja?«

»Er heiratete und hatte ein Kind und bekam Zwangsvorstellungen von seinem eigenen Verfall – und wie häßlich er wäre und wie sinnlos alles erschien an einem grauen Tag um drei Uhr nachmittags, also fuhr er seine Egli Vincent in den Holland Park, ging zu einer Lichtung in einem Gestrüpp hinter einem der Teiche, wo er sich wohl fühlte, kratzte einen Haufen Blätter zusammen, tränkte ihn und sich selbst mit zwanzig Litern Benzin, legte sich hin und zündete ein Streichholz an. Dann kamen seine vordatierten Briefe bei mir an und erklärten mir alles, wie leid es ihm tue und daß er gegangen sei, um Platz zu machen, schrieb er. Also gingen Belinda und ich in den Park. Der Wächter war aus Ceylon. Er hatte buddhistische Mönche gesehen, die sich verbrannt hatten. Angeblich versuchen alle im letzten Moment fortzukriechen, aber Douglas hat einfach nur dort gelegen. So fand ich den Ort und hob ein Stück verbranntes Fleisch auf, ungefähr an der Stelle, wo sein Fuß gelegen haben mußte. Ich packte es in meine Maxwell-Kaffeedose; und ich habe noch zwei genau gleiche Dosen, die daneben stehen und warten – falls noch einer meiner Freunde so etwas tut.«

»Seht mal!« sagte Juan, der mit seinen eigenen Gedanken beschäftigt war, und sprang auf der anderen Seite von mir aus seiner Hängematte. »Ich habe ein Glühwürmchen gefangen.« Es leuchtete mit drei hellen grünen Lichtern, einem auf jeder Seite des Rumpfes und einem am Bauch. »Chimo!« rief er und lief mit seiner Beute die Reihe der Hängematten entlang. »Sieh dir das an. Wie nennst du das?«

In der Dunkelheit entstand eine Pause. Und dann: »Du verrückter Hund«, sagte Simon, »meinen Fuß kriegst du nicht.«

7

Der Baria ist nicht die bequeme Wasserstraße, für die Spruce ihn hielt. Nach vier Tagen in seinem verzweigten Delta erschien er mir als der unwirtlichste Ort auf Erden. Die kläffenden Tukane, die großen Amazonas-Papageien, die in Paaren fliegenden Aras, der klirrende Schrei des geringten Eisvogels, die Riesenreiher, die Schlangenhalsvögel, die Schwalbenweihe – alle Vögel des offenen Flusses waren längst verschwunden. Selbst die großen blauen Morphoschmetterlinge und die Fledermäuse, die winzigen grauen Fledermäuse, die wie hochgeblasener Holzrauch in Schwärmen von einem abgestorbenen Ast zum nächsten flatterten, wenn wir uns näherten – selbst sie waren nicht mehr da. Die Bäume in diesem Labyrinth trafen sich über unseren Köpfen, durch Lianen verknüpft, das Blattwerk verdichtet durch schmarotzende Orchideen und regenschirmblättrige Bromeliazeen. Die Sonne erreichte die schwarzen Wasserkanäle des Baria nur, wenn Sturm, Alter oder ein zusammenbrechendes Ufer einen Baum gefällt und eine Lücke in das Blätterdach gerissen hatte.

Um 4.30 Uhr morgens von der einzigen noch funktionierenden Uhr geweckt, einem billigen Classa-Wecker, den ich in einem Plastikbeutel aufbewahrte, ließ ich meine Taschenlampe über das tote Laub wandern und merkte mir sorgfältig die Positionen zweier Skorpione. Klein, gemein und schwarz, mit einem bedrohlich aussehenden, peitschenartig eingesetzten Stachel – ich hatte mir ausgerechnet, daß unter jedem elften Blatt ein Skorpion zu erwarten war. Auch sie, gefangen vom steigenden Wasser, mußten mit uns zusammen auf Inseln lagern, die selten größer waren als zehn mal zwanzig Meter. Wir teilten diese kleinen Rettungsinseln mit allen Flüchtlingen aus dem Dschungel. Ich zog schnell meine trockenen Kleider aus, überprüfte beim Schein der Taschenlampe meine Stiche, zog meine nassen Kleider an und stellte mich dem ersten persönlichen Trauma des Tages. Wäre es nach mir gegangen, hätte ich nur in einer Bleikammer eine halbe Meile unter dem Erdboden geschissen, geschützt vor jedem feindlichem Zugriff. Zwei Meter von Simon entfernt, fünf von Chimo – das war nicht einfach. Ich hielt mich mit einer Hand an einem jungen Baum fest, knipste meine Lampe aus, ließ die Hosen herunter und kauerte mich über das schwarze, wirbelnde Wasser.

»Schaut nicht her«, sagte ich.

»Wen interessiert das schon?« sagte Simon, lehnte sich aus seiner Hängematte und richtete seine Taschenlampe direkt auf mich.

»Feste drücken!« schrie Chimo.

»Ziemlich sämig heute«, sagte Simon.

Die Dämmerung brach herein. Frösche und Zikaden begannen zu rufen. Die Moskitos versammelten sich. Und als wir die nassen Zeltbahnen zusammenfalteten, hörten wir vier laute Töne aus einer Pfeife, gefolgt von einem saugenden Geräusch, dann einem Schnalzen der Mißbilligung.

»Viudita carablanca«, sagte Chimo, legte die Finger an

die Backen, hielt den Atem an und machte seinerseits saugende und schnalzende Geräusche. Es kam keine Antwort. Irgendwo da oben in dem grünen Gewirr beobachtete uns ein Trupp weißgesichtiger Sakis.

Chimo, Culimacaré und Pablo schnitten frische Stangen, und wir brachen auf, indem wir die schweren Kanus langsam vorwärtsstakten. Es war nicht leicht, einen Halt für die drei Meter langen Stangen zu finden – die Kanäle, obwohl nie breiter als zwei bis fünf Meter, waren viel zu tief, als daß wir den Boden hätten erreichen können; so stießen wir uns von überfluteten Ästen oder Wurzeln am weichen Ufer ab. Die meiste Zeit konnten wir überhaupt nicht staken, sondern zogen die Boote vorwärts, bis zur Hüfte oder zum Hals im Wasser; wir standen auf überfluteten Ästen, zerrten den Rumpf des Bootes über umgestürzte Bäume, hackten einen Weg durch ihre dichten, aufrecht stehenden Triebe.

Bei diesen Gelegenheiten, wenn wir aus dem Wasser herausschauten, waren die größte Unannehmlichkeit die Ameisen – nicht die gefährlichen Veintecuatro und Catanare, die sich auf klar umgrenzte Gebiete auf festem Boden zu beschränken schienen, und auch nicht die Wanderameisen, sondern einfach Tausende ganz ordinärer beißender Ameisen (ich zählte vierzehn verschiedene Arten), die sich über Kopf und Hals hermachten und sich unter dem Hemd in den Rücken krallten. »Hormiga! Hormiga!« schrie Culimacaré, wenn er auf einen besonders ameisenreichen Busch gestoßen war, aber man konnte nicht viel dagegen tun. Dann wieder kauerten wir uns nieder und zogen die Einbäume unter größeren umgestürzten Bäumen durch, die von ihren gebrochenen Ästen noch immer über Erdboden und Fluß gehalten wurden; sie bildeten Brücken für die Blattschneiderameisen. Ich fand Gefallen an diesen Insekten, die Menschenfleisch verschmähen, weil sie ständig vollauf mit ihrer Ernte beschäftigt sind: sauber ausgeschnittene Blattstücke wurden, aufrecht gehalten, wackelnd über unseren Köpfen fortgetragen.

Eine Gattung Wespen und eine Gattung Hornissen in kleinen getrennten Kolonien hängten ihre Nester an Zweige oder klebten sie auf über dem Wasser hängende Blätter. Wenn wir uns mit unseren Macheten einen Weg freischlugen, war es unmöglich, ihre gelbbraunen, aufrecht stehenden Tütennester zu entdecken. Das Zittern eines Astes, ein Schlag in ihrer Nähe, und schon schossen sie aus dem Nest und stürzten sich mit unglaublicher Geschwindigkeit und Konzentration auf uns. Der Schrei »Avispa!« ließ deine Glieder buchstäblich erstarren: Wo du auch warst, du sprangst ins Wasser und hieltest deinen Hut über das Gesicht, um die Augen zu schützen. Ein Wespenstich auf dem Rücken war erträglich, einer im Nacken sehr schmerzhaft; fünf Wespenstiche auf dem Rücken kamen einem Hornissenstich auf dem Rücken gleich. Simon, der das kalte schwarze Wasser verabscheute und versuchte, seine Kleider jeden Tag so lange wie möglich trocken zu halten, bewegte sich einen Bruchteil langsamer als wir übrigen, und als letztes verfügbares Ziel wurde er häufig in den Hinterkopf gestochen.

Auf dem Wasser gab es eine überraschende Zahl von Jagdspinnen, im ganzen nicht größer als eine Handfläche, die über die Oberfläche sprangen. Winzige Baumfrösche von einem glänzenden, durchsichtigen Grün, als wären sie aus Glas, einige mit kleinen roten Augen und Füßen, lösten sich aus dem Blattwerk, wenn wir vorüberkamen, fielen in das Boot oder in die Strömung, und nach einer kleinen Pause, wenn sie sich besonnen hatten, hüpften oder schwammen sie ans Ufer; und etwa zwanzigmal am Tag sahen wir die Cazadora, die Jägerin, die lange dünne grüne Rankenschlange, den schlanken Kopf über dem Wasser, ein V aus kleinen Wellen hinter sich.

In Augenhöhe quälten wir uns an einer anscheinend endlosen Vielfalt von Baumarten vorbei; die Stämme waren in Lianen gehüllt und mit Flechten bepelzt, die Rinde glatt oder zerfurcht oder gerippt, und auf dem Erdboden wurden sie gestützt von Wurzelmatten oder Stelzwurzeln oder Pfahlwurzeln wie Wigwamrahmen oder Vogelkäfige; gelegentlich waren sie abgestorben oder im Griff eines hohlen, parasitischen Feigenbaums gefangen, der aus einem Samen wächst, den ein Vogelschnabel an irgendeinem hochliegenden Zweig abgewischt hat; er läßt seine Wurzeln langsam herab wie Riesenfinger und erwürgt seinen Gastgeber.

Etwa zweihundert Meter flußabwärts von unserem Lager, nach einer Reise von eineinhalb Stunden, trafen wir auf unser erstes ernsthaftes Hindernis: ein Baumstamm quer über dem Flußarm – so groß, daß seine Masse etwa sechzig Zentimeter unter die Wasseroberfläche reichte und sich über einen Meter darüber erhob. Der Baum war erst vor kurzer Zeit umgestürzt, so daß im Blätterdach noch eine Öffnung klaffte. In der plötzlichen Wärme begannen unsere Kleider leicht zu dampfen. Unsichtbar rief ein Kreischender Piha – wie er es den ganzen Tag tat, jeden Tag.

»Und das ist auch so was«, sagte Simon, der auf unserer gemeinsamen Ruderbank lag, unter der Zeltplane gegen das Gepäck gelehnt, in der Sonne ausgestreckt und die Hände auf die Ohren gepreßt, »wenn dieser Idiotenvogel endlich mal aufhört, die ganze Nacht *hum-hum-hum* zu machen, dann fängt dieser Trottel mit dem Pfeifen an.«

»Das ist der Sex«, sagte ich, »sie sagen den Mädchen, daß sie ihnen auf der Spur sind.«

»Laß mich in Ruhe«, sagte Simon, »du wirst ja weich in der Birne.«

Pablo brachte den zweiten Einbaum heran, und Culimacaré begann die Triebe und Zweige am einen Ende des Baumstammes abzuschlagen, während sich Chimo und Pablo am anderen Ende zu schaffen machten.

Ein winziger blauschwarzer Kolibri, vielleicht eine Gabel-Thalurania, erschien plötzlich über uns; er flirrte hin und her wie Löwenzahnsamen im Aufwind und ließ sich dann, offenbar neugierig, vor uns nieder.

»Schnell, Simon, wo hast du deine Kamera?« sagte ich.

Simon zog die Kamera mit dem langen Objektiv aus einem Plastikbeutel unter der Zeltplane, und der Vogel flog davon wie eine Hummel.

»Mira!« schrie Chimo und deutete auf die Blätter vor uns. »Mira! Mira!«

Pablo und Culimacaré hielten ein. Es war ein erregendes Bild: eine kurze, gefährliche, wütende Korallenschlange, hellrot und schwarz bebändert, um ihre Jäger zu warnen, ein Muster, das sogar nachts jedem verrät, wie tödlich sie ist. Sie hing herab an ihrem um einen Ast gewickelten Schwanz, den Kopf erhoben, den weißen Rachen offen, zischend.

»Um Gottes willen, nimm das auf!« sagte ich.

Simon warf sich förmlich zurück gegen die Zeltplane, die Kamera zum Schutz an die Brust gepreßt.

»Ich mach keine Scheißbilder von Scheißschlangen!« schrie er. »Die jagen mir Angst ein.«

Valentine rannte vor und stieß die Schlange mit einer Stakstange in den Fluß.

Culimacaré, Pablo und Chimo wechselten sich bei ihrer Arbeit am Baumstamm ab. Ich ging mit meiner Machete voraus und hackte auf die dünnere Vegetation ein. Innerlich fühlte ich mich zerfressen von kleinen weißen Maden der Wut.

Zwei Stunden später, als wir auf einer relativ freien und geraden Strecke zusammensaßen, langte Simon in einen anderen Plastikbeutel und zog seinen Kassettenrecorder hervor. Er drückte auf den Knopf und hob das Gerät vor den Mund:

»Datum: 14. Mai. Ort Baria-Fluß. Was ist neu? frage ich mich. Kein Regen heute, das ist neu, sage ich mir. Hör dir das an« – er hielt den Recorder über Bord – »stimmt's? Keine endlos herabdonnernden Eimer voll Pisse, die mir den ganzen Tag auf den Kopf platschen. Du kannst es mir glauben, Schnuckel, morgen fängt die ganze gespenstische Scheiße von vorne an. Bilanz bis zu dieser Minute: heute morgen nur drei Wespenstiche. Lächerliche zehntausend Ameisen. Keine Hornissen. Gott sei's getrommelt, könnte man sagen. Und eins noch, bevor ich mich in meine Lieblingskneipe verziehe: Der Dicke ist sauer auf mich, weil ich irgendeine scheußliche Schlange nicht fotografieren wollte. Und woher weiß ich, daß der Dicke sauer auf mich ist? Ich weiß, daß der Dicke sauer auf mich ist, weil er zwei ganze Stunden kein Wort zu mir gesprochen hat.«

Die Wut ließ nach. Ich lachte. Ich muß gegen diesen Zorn ankämpfen, dachte ich; solche Gefühle waren hier ebenso gefährlich, wie sie es in einer Gefängniszelle wären. Dieses Aufzeichnungsgerät war eine wirksame Waffe. Lieber wäre es mir gewesen, der Schimmel hätte sich darin ebenso gründlich breitgemacht wie in seinen Kameras. Es war nicht nur amüsant, an die letzte Nacht zu denken, als er in das Gerät diktiert hatte und ich zu schlafen vorgab: »Ehrlich gesagt, Engelchen«, hörte ich ihn leise sagen, »um ganz ehrlich zu sein, Redmond ist ein egoistischer Sauhund. Er tut so, als gefiele es ihm hier. Die Indianer, die armen Schweine, wissen es natürlich nicht besser. Und dieser Juan ist einfach ein ekelhafter kleiner Spanier, der mich wie einen Trottel behandelt. Gute Nacht. Ich beiße dir in den Hintern. Du fehlst mir. Simon.«

Der normale dumpfe, faulige Geruch des Flußufers – oder eher der endlosen Reihe kleiner Inseln und dazwischen fließender Bäche – wurde ersetzt durch den kräftigen Moschusgeruch von Ottern und ihrem Kot und Urin. Wir passierten ein schlammiges Stück festen Grundes, groß genug, um darauf zu lagern; es war vollständig von Trieben und den üblichen Pflanzen mit dicken, wie zugespitzte Schaufeln geformten Blättern gesäubert – solchen Hinweisen auf Riesenotter begegneten wir drei-, viermal am Tag.

»Der Gestank von diesen Burschen«, sagte Simon, »ist so ungefähr das einzige, was Behaglichkeit auch nur ein bißchen nahekommt. Viel mehr ist hier wirklich nicht im Angebot.«

Wir fuhren um eine Biegung in einen kleinen Teich hinein, wo sich vier kleine Bäche trafen, und dort versperrten uns die Otter selbst den Weg. Fünf große, dunkelbraune, dichtbepelzte Köpfe, oben abgeflacht, standen in einer Reihe aus dem Wasser. *»Ha! Ha! Uh! Uh! Oof!«* sagten sie.

Chimo imitierte ihr Geschnatter; sie wurden ganz aufgeregt, sahen erst einander und dann die Boote an, tauchten unter und direkt neben uns wieder auf.

»Jesus«, sagte Simon, »hör auf damit, ja, Chimo? Die sind ja riesig. Hier ist nicht genug Platz. Ich will mir nicht die Eier abbeißen lassen.«

Sie hatten kleine, zurückgelegte Ohren, große braune Augen, weiße Flecken auf ihrer gewaltigen Brust und sehr bedrohlich wirkende Zähne. Wassertropfen hingen von ihren langen Schnurrbarthaaren.

»Weg mit euch, Jungs«, sagte Simon und wedelte mit den Armen, »verpißt euch und fangt einen Fisch.«

Die Otter tauchten und erschienen wieder in einem Bach zur Linken.

»Christus«, sagte Simon und holte seine Zigaretten aus dem Plastikbeutel.

»Sie werden bis zu zwei Meter lang«, sagte ich.

»Das soll mich nicht überraschen«, sagte Simon und inhalierte.

»Sie sind einfach nur neugierig«, sagte Juan lachend. »Sie haben niemals zuvor Menschen gesehen.«

»Deshalb haben sie uns für Fische gehalten«, sagte Simon.

Wir aßen unseren Maniok mit Wasser auf einem Streifen sandigen Schlamms unter einer weiteren plötzlich aufgetretenen Lücke im Blätterdach, wo ein Legumenbaum über dem Fluß lag; er mußte in den Stürmen der letzten Tage gefallen sein, weil seine überaus großen, saubohnenähnlichen Samenbehälter noch frisch waren. Jeder außer Simon sammelte Händevoll davon, wischte die Ameisen ab und öffnete mit dem Daumen die langen, grünen, knubbeligen Behälter; wir saugten den süßen, weißen, schützenden Pelz von jeder Bohne und spuckten die Bohne selbst aus.

»Kein Wunder, daß ihr die Scheißerei habt«, sagte Simon und wandte sich ab, um in den Sand zu pinkeln.

Mehrere gelbe Schmetterlinge mit runden Flügeln ließen sich auf seinem leicht dampfenden Urin nieder; und gleich darauf schloß sich ihnen ein einzelner Schwalbenschwanz an, der sich zur Mitte des Flecks vorarbeitete. Seine dreieckigen Flügel waren von einem durchscheinenden Weiß und schwarz an den Rändern; über die Adern zogen sich schwarze Linien von unterschiedlicher Länge, einige scharlachrot gesäumt, einige hellgrün, einige von der Vorderkante bis hin zu dem bogenförmig gezackten hinteren Teil verlaufend und weiter die langen Klingen seiner beiden schwertähnlichen Schwänze hinab.

»Ein bißchen wie du«, sagte Simon und setzte sich auf einen abgebrochenen Ast, rieb die Stiche in seinem Nacken und beobachtete den Schmetterling mit Mißfallen. »Auf den ersten Blick sieht er ganz nett aus – du würdest nie glauben, daß er so widerliche Gewohnheiten hat. Das würdest du ihm nie zutrauen, daß er Vogeldarmsuppe mit Schaum drauf frißt, oder Pisse oder so was.«

Der Schwalbenschwanz saugte die warme Flüssigkeit mit seinem Rüssel auf und preßte sie dann in kleinen Spritzern aus seinem After wieder heraus. Er war so schutzlos, eine so leichte Beute für jeden vorbeikommenden Ameisenvogel oder Mückenzaunkönig oder Tangar, daß ich mich fragte, ob seine Warnfarben irgendeine giftige, pflanzenfressende Art kopierten; vielleicht übte er sich im Bluffen – in der Batesschen Mimikry, die Bates auf seinen Reisen in das südliche Amazonasgebiet entdeckt hatte.

Culimacaré, Pablo und Chimo, die sich abwechselten, brauchten eine Stunde, um sich mit der Axt durch den Legumenbaum zu hacken und den Weg in den schwarzen Tunnel vor uns freizuräumen. Und drei Bäume später, am frühen Abend, als Chimo vergeblich nach einer Insel in dem schwarzen Stromgewirr suchte, auf der wir lagern könnten, kamen wir ohne Vorwarnung auf einen offenen Fluß.

»Hab ich's doch gesagt!« log Chimo und war so zufrieden mit sich selbst, daß er seinen rituellen Gruß vergaß. »Der Maguarinuma!«

Wieder im Freien, beim Anblick von Himmel, Wolken und einem Land mit richtigem Horizont, wurden wir still und erlaubten unseren Augen zu schweifen. Ein Paar Schwalbenweihen glitt niedrig über die Palmen auf dem linken Ufer; acht schwarze Geier kreisten über uns, der höchste kaum noch sichtbar. Wir legten unsere Stangen auf die Zeltbahnen; Chimo und Pablo ließen die hochgeklappten Motoren wieder ins Wasser, zogen am Anlasser und gaben Gas. Wir kamen um eine Reihe von Biegungen – und dann, genau vor uns, sahen wir die schwarzen, abfallenden Cañon-Flanken des Berges, zu drei Vierteln in Wolken gehüllt.

Das Licht begann zu schwinden; die Büsche und dann auch die Bäume am Ufer verdunkelten sich. Die Wolken, die wie langsame Dampf-Eruptionen an den gewaltigen Gipfeln zu unserer Rechten klebten, färbten sich an den Unterseiten rosa und breiteten ihre Spiegelbilder über das

Wasser. Zur Linken wurden die hohen Klippen und die durchfurchten Abhänge purpurrot, schienen sich zu vergrößern und bewegten sich, als die Nacht hereinbrach, auf uns zu, bis ihr Schatten schließlich den Dschungel und den Fluß in dichter Schwärze verschlang.

8

Culimacaré knipste Chimos große Taschenlampe an und winkte die Einbäume zu einem Landeplatz am rechten Ufer. Da gab es hölzerne Stufen mit einem Geländer. Wir hatten Charlies altes Basislager erreicht.

Das Kanu schwankte wild. Ein großer Bauch kam hinter der Ladung hervor und stieß mich auf das Sitzbrett zurück. Chimo schnappte sich seine Taschenlampe von Culimacaré und kletterte die Treppen hoch, als wären Hornissen hinter ihm her. »Da gibt es Essen!« schrie er. »Da gibt es Essen aus Nordamerika!«

Simon warf seine Zigarette ins Wasser, sprang an Land und rannte hinter ihm her. »Warte auf mich!« rief er.

»Gott und der Heiligen Jungfrau sei Dank!« rief Chimo aus der Dunkelheit. »Ich warte auf niemanden!«

Als ich die oberste Stufe erreichte, konnte ich sehen, wie Chimos Taschenlampe in einem offenen Schuppen zur Rechten hin und her tanzte. Als ich bei ihm ankam, war der Lichtstrahl zur Ruhe gekommen. Chimo und Simon standen voller Bewunderung vor einem Regal mit einer Reihe von Dosen und Paketen – Essen für etwa zwei Tage.

»Vegetarisches Menü Nummer vier«, sagte Simon und legte den Beutel in eine Eßmulde auf den Tisch hinter sich.

»Würstchen«, sagte Chimo mit tiefer Befriedigung und studierte ihr Abbild auf einer Dose.

Die anderen kamen herein und drängten sich um uns.

Der alte Valentine legte eine Hand auf meinen Arm. »Charlie brachte uns in Hubschraubern hierher«, sagte er stolz. »Wir arbeiteten für die Nordamerikaner. Wir bauten die Hütten. Wir aßen gut, Reymono, und wir lagen jede Nacht im Trockenen. Wir wurden behandelt wie Wissenschaftler.«

»Ich war der Koch«, sagte Galvis, langte in eine Packkiste und reichte Löffel, Schüsseln, Becher und drei Dosenöffner herum. »Ich kochte für alle.«

Aber diesmal brauchten wir keinen Koch. Chimo hatte seine Dose bereits geöffnet. Er wedelte mir mit zwei bleichen, krummen Würstchen vor dem Gesicht herum und stopfte sie dann beide zugleich in den Mund. Culimacaré und Pablo schlangen Hände voll süßen Mais herunter. Simon hatte die Backen voller Ananas. Ich nahm einen Büchsenöffner, um eine Dose italienische Tomaten aufzumachen. Galvis, den Mund voll gebackener Bohnen, holte zehn Kerosinlampen herunter und zündete sie alle an. Eine Eule rief, ein ständiges *Boo-boo-boo*, aber ich war zu beschäftigt, um darauf zu achten.

Schließlich, von Übelkeit befallen, vollgestopft mit Mais, gebackenen Bohnen, Tomaten, Frankfurter Würstchen, Markerbsen und mehreren Dosen Sardinen für jeden, griffen wir jeder eine Lampe und folgten Chimo auf eine Inspektionstour. Drei lange Hütten mit Wellblechdächern, erhöhten Fußböden aus aufgereihten jungen Bäumchen und halben Wänden aus aufrecht zusammengebundenen Stämmen standen parallel zum Fluß. Die dem Wald am nächsten liegende Hütte war offensichtlich das Feldlaboratorium. Rohe Tische mit Baumscheiben als Hockern standen an den Seiten. Ein Brett an einem der Tragepfeiler verkündete: Amer. Mus. Nat. Hist. Dept. Herpetology – Bienvenidos. An einigen Stellen, wo der Wind kleine Äste auf das Dach geweht hatte, war es eingesackt, aber das Innere der Hütte erschien bemerkenswert trocken – und bemerkenswert attraktiv. In allen Ecken lagen Haufen zurückgelassener Ausrüstung: Plastiktücher und -beutel, Plastikcontainer mit Chemikalien zur Konservierung einzelner Exemplare, Behälter, Nadeln, Aufbewahrungskästchen für Insekten und Pflanzen, abgelegte Kleider und Schuhe, Haufen von Papier (einfach weiß, mit Karos und Millimeterpapier) und neue gelbe Gummistiefel. Selbst die braunen Plastikbecher erschienen begehrenswert.

»Mira!« sagte Chimo scharf und hielt seine Lampe so, daß sie in die entfernteste Ecke leuchtete.

Eine große Spinne mit erhobenen Fängen wich zurück von ihrem Eierhaufen auf einer Plastikplane. Hunderte winziger Nachkommen, soeben geschlüpft, waren um sie verstreut.

»Die Affenspinne«, sagte Juan. »Bleibt hier. Sie ist sehr giftig. Sie spritzt euch an.«

Chimo sprang vor, ergriff den nächstliegenden Zipfel der Plane und warf sie mit einer geschmeidigen Bewegung aus der Türöffnung. Wir applaudierten und setzten die Plünderung fort. Culimacaré stieg in ein Paar zerrissener Levis und eine dazugehörende Jacke, beide zehn Nummern zu groß; er fand ein passendes Paar Gummistiefel und stelzte darin herum, wobei er stolz auf seine hellgelben Füße schaute. Chimo zog ein Paar riesiger Hüftstiefel an und begann einen kleinen Tanz auf den Bodenstämmen, mit dem er die Hütte erzittern ließ. Selbst der alte Valentine, langsamer als die anderen, entdeckte Stiefel, die ihm gefielen. Galvis wühlte in einem Berg Kisten herum, schrie vor Aufregung und raffte Seifenstücke zusammen.

»Es ist eine Ehre, hier zu sein«, sagte Juan, der plötzlich von Gefühlen übermannt wurde. »Dies ist ein sehr berühmtes Lager. Danke, Redmon. Hier wurden viele gute wissenschaftliche Leistungen erbracht. Die Zoologen und Ökologen vom Amerikanischen Museum für Naturgeschichte flogen in Charlies Hubschrauber auf die Spitze des Neblina und sammelten Hunderte von neuen Arten. Ich werde an vielen Stellen nach Holzkohle graben – und vielleicht hält Charlie auch etwas von meiner Arbeit, vielleicht veröffentlicht er meine Ergebnisse in seiner Zeitschrift.«

Wir holten unser Gepäck aus den Einbäumen und hängten unsere Hängematten in den Schlafhütten auf – an festen Pfosten, im Trockenen, ganz ohne Hornissen, ohne Wespen, Skorpione, Ameisen, Moskitos, ohne Schwarze Fliegen, Bremsen und Zecken.

Am Morgen schaute ich aus unserer Hütte durch eine Lücke in den Bäumen auf die hochliegende Schulter des Neblina-Massivs gegenüber; der braune Fluß lag sonnenüberflutet unmittelbar unter uns, und hinter den hohen, schlanken Palmen und Waldriesen (einer breitete seine Äste wie eine Schuppentanne über der Dschungeldecke aus) erblickte ich das große graue Felsenbollwerk. Durch das Fernglas konnte ich sehen, daß es viel weiter entfernt war, als es zunächst geschienen hatte. Die Flechten auf den unteren Abhängen waren Bäume; und der winzige gelbweiße Streifen Vogelkot zwischen den hohen Klippen war ein Wasserfall. Sobald wir uns ausgeruht haben, sagte ich zu mir, gehen wir hin. Dort konnten wir offensichtlich erwarten, den reinweißen Vogel zu finden (»Hochregenwald an den Abhängen der Tepuis«, sagte Schauensee), von dem Wallace geträumt hatte: den Zapfenglöckner, mit einem acht Zentimeter langen schwarzen Kehllappen und seinem klingenden Ruf, den man meilenweit hören konnte.

Ich bündelte meine nassen Hosen und mein Hemd und stieg die lange Treppe zum Fluß hinunter, um zu schwimmen und die Kleider zu waschen. Rechts vom tiefen Wasser am Landeplatz lag nahe am Ufer eine kleine Insel, und zwischen ihr und dem eigentlichen Ufer gab es einen Strand mit weißen Kieseln an einem Rinnsal voll runder Steine, das vom Hauptfluß durch die Insel getrennt war. Kleine braune Schmetterlinge mit stumpfroten Hinterflügeln flatterten flink zwischen den Spritzern dahin, von einem nassen Felsen zum nächsten und wieder zurück. Ein glänzend grüner Helikonide und ein großer Schmetterling, oben schwarz und türkis, unten gelb, braun und orange gefleckt, mit eigenartigen Auskerbungen an den Rändern der Hinterflügel, als hätte ihn jemand angeknabbert, flitzten zwischen den trockeneren Kieseln herum. Charlie hatte für sein Basislager den richtigen Ort ausgesucht.

An den nächsten vier Tagen wiederholte ich mein Morgenritual – außer wenn der Regen so dicht fiel, daß er auf dem Rücken schmerzte; und dann, während Simon die ›Brüder Karamasow‹ las oder in der Laboratoriumshütte Patiencen legte, während Juan und Pablo nach Holzkohle gruben und Chimo auf die Jagd ging, wanderte ich mit Culimacaré zum einen oder anderen der kleinen Hügel, die sich hinter dem Lager über den Dschungel erhoben.

Dort durchquerten wir die große, freigeschlagene Lichtung, wo die Hubschrauber gelandet waren (beim ersten Mal war Charlie am Ufer gelandet), vorbei an dem Haufen leerer orangefarbener Benzintonnen, auf denen mit einer Schablone »Kerosina Charles« geschrieben stand; in der Morgenhitze dehnten sie sich aus, in der Abendkühle zogen sie sich wieder zusammen – so gaben sie den ganzen Tag Geräusche wie Geschützfeuer von sich und hielten automatisch Wache über das Lager.

In dem hohen, reichen Tierra-firme-Wald überraschten wir einen Hirsch mit brauner Decke, einer schwarzen Nase und zwei kleinen Spitzen als Gehörn. Er wedelte mit seinen großen Ohren, warf den kleinen Schwanz hoch, weiß wie ein Kaninchenbauch, schoß fünfzehn Meter davon, stand wieder still und beobachtete uns, bis wir verschwanden. Ich beschloß, ihn für einen Braunen Mazama zu halten. Wir fanden das Nest einer Scharlachtaube (zwei flügge gewordene Junge saßen verwirrt und freundlich auf einem abgebrochenen Baumstumpf); Ozelotspuren neben einer großen Pfütze; mehrere Kurare-Ranken. Und als wir einen Hügel hinaufstiegen, der so voller Lorbeer und Legumen und Farnen und Lianen stand, daß an eine Aussicht nicht zu denken war, grummelte Culimacarés Magen bei jedem Schritt, und seine Därme gaben Töne von sich wie ein Waschbecken kurz vor dem Leerlaufen. Nein, sagte er, er habe keine Diarrhöe, das seien Riesenwürmer unter uns, in ihren Höhlen; jeder so dick wie ein Ei und armlang und gut zu essen in schlechten Zeiten. Als ein Sturm aufzog, störten wir zwei kleine schwarze Affen mit langen Schwänzen auf, die über uns wie Katzen auf einem Ast entlangmarschierten. Gelbhändige Springaffen (»Viudita!« flüsterte Culimacaré) – sie starrten auf uns herunter mit besorgten kleinen schwarzen Gesichtern, ein Streifen weißer Pelz an der Kehle schien ihre Furcht zu betonen. Wir schlichen davon.

An den Abenden nahmen Simon und ich einen der Einbäume und ließen uns, mit Pablo im Heck und Culimacaré im Bug, sanft von der Strömung flußab treiben. Es war nichts zu hören außer dem gedämpften Zirpen der Zikaden und dem Quaken der Frösche am Ufer, dem Geschrei der Dotter-Tukane, dem Pfeifen der Kreischenden Pihas und dem gelegentlichen Platschen von Pablos Paddel – bis wir dem Olivenfarbenen Stirnvogel begegneten: ein krähengroßer Vogel, gelb, oliv- und rostfarben, der gewöhnlich auf der Spitze einer Manacapalme saß. Wenn er uns sah, öffnete er seinen scharfen Schnabel und machte ein Geräusch wie Kastagnetten; er ließ den Kopf hängen, als wäre ihm nicht gut, gluckerte wie eine Weinkaraffe, die plötzlich auf den Kopf gestellt wird, plusterte seine Federn auf und gewann dann seine Fassung wieder, als wäre überhaupt nichts passiert.

Es war eine gewisse Beruhigung, unter den Schwärmen gleich aussehender, rundflügeliger, schnellfliegender Grüner Papageien auch einmal ein Paar einer kleineren Gattung herauszufinden, schwarz gegen den Himmel: den Dämmerungspapagei. Und auf den Stämmen toter Bäume, deren Krone die Stürme fortgerissen hatten, die um den Neblina heulen, suchten große, schwarze, rotschöpfige Spechte nach Nahrung; eifrig kletterten sie zwischen den Stümpfen auf und ab und hielten nur gelegentlich inne, um auf der Rinde einen lauten Trommelwirbel zu schlagen. Wenn die Abenddämmerung hereinbrach, startete Pablo den Außenbordmotor; wir kehrten ins Lager zurück und vertrieben die Anhingas von ihren Nistplätzen.

»Immer mit der Ruhe«, sagte Simon, als er durch das Fernglas auf den weit entfernten Wasserfall schaute, »natürlich komme ich.«

Die Blaukronen-Sägeracke, Chimos Lieblingsvogel (er nannte ihn Huduri), der schönste Vogel des Waldes, mit einem türkisfarbenen Kopf, gelber Brust, grünen Flügeln und einem langen braunen Schwanz mit einem Ende wie ein Tennisschläger, sang irgendwo nahe im Unterholz seinen weichen Frühmorgenruf: *Hudu-hudu-hudu*.

Wir leerten unsere Rucksäcke bis auf die Medikamente, einen Satz trockener Kleidung für jeden, Hängematten und Moskitonetze; Culimacaré und Pablo versahen zwei leere Reissäcke mit Verschlußschnüren aus Rinde; Simon teilte Dosenfleisch und Maniok für drei Tage aus; Chimo fuhr uns über den Fluß, und dann machten wir uns auf, den Berg zu ersteigen.

Das dichte Blattwerk des Ufers wich augenblicklich der hohen Dämmerung des Tierra-firme-Urwalds. Culimacaré ging wie gewöhnlich mit schnellem, leichtem Schritt; gelegentlich hieb er Äste eines kleinen Baums oder Strauchs ab und markierte so den Pfad. Ich versuchte, dicht hinter ihm zu bleiben, gerade außer Reichweite seiner Machete, und hielt nur an, um Wasser aus einer der Flaschen an meinem Gürtel zu trinken oder mir mit dem Hemdsärmel den Schweiß von der Brille zu wischen. Simon, von Pablo begleitet, folgte in einigem Abstand. Wir überquerten viele Bäche mit Hochwasser, und dann begann der Boden anzusteigen.

»Marimonda! Marimonda!« zischte Culimacaré, blieb stehen und wies in das Blätterdach.

Vier große, schwarze, langhaarige Spinnenaffen, spillerig

wie Gibbons, nur Arme und Beine und Schwänze, schauten fasziniert auf uns herunter. Der Affe unmittelbar über uns hielt ein Bündel Blätter zur Seite, um besser sehen zu können; mit seiner anderen Hand klammerte er sich an einen nahen Ast, mit beiden Füßen an einen Ast weiter hinten, und seinen meterlangen Schwanz hatte er um einen Ast über sich gewickelt.

»Sie schmecken gut«, sagte Culimacaré sehnsüchtig.

Der Spinnenaffe bewegte den Kopf von einer Seite zur anderen, studierte uns mit glänzenden schwarzen Augen und ließ seine breite schwarze Nase zucken: Seine Nüstern lagen an den Seiten und öffneten sich nach außen. Wir waren Primaten aus der Alten Welt, Catarrhines (mit nahe zusammenliegenden Nasenlöchern, die sich nach unten öffnen); er war ein Primate der Neuen Welt, ein Platyrrhine. Ich war froh, daß wir das Gewehr im Lager gelassen hatten.

Pablo kam an, grinsend und mit den Lippen auf eine Öffnung in den Büschen hinter sich deutend. In den Blättern über uns raschelte es; die Spinnenaffen ließen sich, einer nach dem anderen, sieben Meter in die Äste des nächsten Baumes fallen und schwangen sich Hand über Hand davon.

Simon erschien in der Lücke, die Nase gebläht wie die eines Platyrrhinen, das Gesicht gelbweiß und mit Schweiß bedeckt. Er lehnte sich an einen Baum; sein ganzer Körper zitterte, als er in großen Zügen die feuchte Luft einsog.

Sein Atem beruhigte sich langsam, seine verzerrten Züge entspannten sich allmählich, und er sah immer wütender aus. Als er endlich wieder sprechen konnte, wandte er sich an mich.

»Nach alldem«, keuchte er, »will ich dir nur eins klarmachen – mit dir gehe ich nirgends mehr hin, nirgendwohin, nie, kein einziges Mal. Okay? Ist das klar? Nirgendwohin.«

»Tut mir leid, ich wollte einfach nur mit Culimacaré Schritt halten.«

»Deine bescheuerten Helden reichen dir noch nicht«, sagte er und hielt inne, um auszuspucken und nach seinen Zigaretten zu langen, »Spielzeugsoldaten; ein Haufen toter Deppen, die hier vor hundert Jahren herumgekrochen sind; dieser Faschist Charlie Brewer mit seinem Hitler-Messer; und nun auch noch dieser Haufen von indianischen Armleuchtern, die mit dir machen, was sie wollen.«

»Wir werden langsam gehen. Wir werden viele Pausen machen.«

»Und wenn wir schon dabei sind, kannst du auch gleich diesen Verrückten von der SAS ausrichten, daß ihr Rucksack Mist ist. Das müssen ja Sadomasochisten sein, daß sie so ein Ding tragen. Ohne Frage. Der würgt am Hals, die Gurte klemmen die Arme ab, und wenn du dich bewegst, tritt er dich in den Hintern.«

Ein paar Straußwachteln, irgendwo am Boden verborgen, ließen plötzlich im Wechselgesang ihren Alarmruf erschallen. *Goro-goro-goro*, schrie das Männchen, *wado*, fügte das Weibchen hinzu, *goro-goro-goro*, schrie das Männchen, *wado*, wiederholte das Weibchen; der Lärm schien uns einzukreisen.

»Klingt wie die Sirene bei einem Luftangriff«, sagte ich.

»Wenn es einen Luftangriff gibt«, sagte Simon und atmete tief ein, »dann will ich bei den Angreifern sein.«

Sechs lange Stunden später lagerten wir hoch oben an einem kleinen Bach. Wir knieten auf den Steinen und hielten unsere Köpfe in das rauschende Wasser, um den

Schweiß abzuwaschen; Pablo und Culimacaré entzündeten ein kleines Feuer, um die Jaguare fernzuhalten; wir aßen Dosenfleisch und Maniok; und ohne auf die Nacht zu warten, fielen wir in die Hängematten.

Wir hörten ein lautes, schrilles *Miiiaauu*, wie eine Katze auf der falschen Seite einer geschlossenen Tür.

»Gallito de las rocas!« sagte Pablo, setzte sich in seiner Hängematte auf und zeigte. »Reymono – el macho!«

Aber Simon und ich waren zu langsam, um ihn noch zu sehen.

Wir sollten uns nichts daraus machen, sagte Culimacaré aus seiner Hängematte neben dem Feuer; wenn man den Klippenvogel sehen wolle, müsse man nicht hierherkommen, zum großen Berg am Ende der Welt. Sein Bruder halte einen als Haustier, und am besten finde man sie direkt bei Culimacaré, über dem Fluß, gegenüber von seinem Haus. Es gebe auch viele Alligatoren im Culimacaré-See, und erst letztes Jahr habe ein Jaguar in seinem Dorf zwei Schweine getötet. Seine Mutter baue süßen und bitteren Maniok an, Ananas, Süßkartoffeln, Cashewnüsse; und sie halte Hühner, Enten, Schweine, aber keine Kühe. Es gebe keine Kühe in Culimacaré. Ich schlief ein.

Beim ersten Licht ließen wir unser Gepäck zurück und machten uns wieder an den Aufstieg. Wir bahnten uns den Weg zwischen großen Sandsteinblöcken, oben abgerundet, an den Seiten abgeschliffen, am Boden zu flachen Höhlungen verwittert, die ganze Oberfläche mit stumpfgrünen Flechten bedeckt. Die Bäume wurden dünner und kleiner; viele hatten weiße, unregelmäßig braungefleckte Stämme wie Silberbirken. Die Lianen wurden seltener, und eine adlerfarnähnliche Pflanze ersetzte die breitblättrigen Sträucher.

Es wurde merklich kühler, wir schwitzten weniger, und die Bäume waren mehr und mehr in Moos gehüllt. Sie wurden noch kleiner, noch gebeugter, die Stämme verkrümmt und verbogen, als würden sie von den schweren Vorhängen des immer dichter werdenden Mooses auf den felsigen Grund herabgezogen. Niedrige Palmen und Farne wurden häufiger, und das Blätterdach senkte sich weiter, bis es kaum noch fünf Meter über unseren Köpfen war. Die Dschungelgräser wurden durch tiefe Teppiche aus dunkelgrünem Moos ersetzt, und wir stiegen über große moosbedeckte Felsblöcke. Ich folgte Culimacaré buchstäblich auf dem Fuße und imitierte jeden seiner Handgriffe und Fußstapfen, als er sich die kleinen, zum Licht drängenden Baumstämme hinaufzog, flach an den Felswänden mit feuchtem Moos entlang. Die Blätter auf den Bäumen wurden winzig; purpur- und dunkelrote Epiphyten wuchsen in jeder Ritze; und wo das Moos abgestorben war und sich braun verfärbt hatte, durchzogen es silbergrüne Flechten. An einigen Stellen, wo Culimacaré – klein, leicht und geschmeidig – mühelos eine Lücke überquerte, die gelben Gummistiefel in ständiger Bewegung, bohrten sich meine schweren plumpen Füße durch die Moosfasern und Epiphytenwurzeln, und durch das Loch blickte ich in schwarze Abgründe, die bodenlos schienen. Es wäre nicht sehr klug, dachte ich, mir so weit von zu Hause ein Bein zu brechen; aber gerade als ich zur Umkehr entschlossen war und mir einredete, ich hätte doch wenigstens den Wolkenwald gesehen, und wir wollten doch vor allem den Maturaca finden und nicht in einer moosverdeckten Schlucht versinken – da wandte sich Culimacaré nach links, ich folgte ihm, und wir kamen hinaus auf blanken Felsen, im strahlenden Sonnenlicht.

Wir standen auf einem Vorsprung neben dem Wasserfall, direkt unter der hochaufragenden Felswand der Hochebene. Nach Südwesten, zweitausend Meter tiefer, erstreckte sich der brasilianische Dschungel ununterbrochen bis zum weit entfernten Horizont. Im Vordergrund, direkt gegenüber, vereinten sich die scharfen Kanten der südlichen Schulter des Neblina hinauf zum dreitausend Meter hohen Gipfel, halb verborgen zwischen Federwolken. Vom Massiv aus leicht westlich erhob sich in mittlerer Entfernung ein kleiner Tepuis über der flachen Weite des Waldes, und dahinter lag, noch verschwommener, der Umriß der Sierra Amori; irgendwo in dieser ungeheuren Weite, unter den Bäumen verborgen, bahnte sich der Maturaca seinen geheimen Weg in den Westen des kleinen Tepuis und wandte sich dann nach Osten, zwischen der südlichsten Flanke des Neblina und dem nördlichen Abhang des Amori hindurch, bevor er wieder nach Süden floß, um in den Cauaburi-Fluß zu münden. Auf der Karte sah es soviel einfacher aus, so hübsch wie von Menschen erdacht. Riesige Kumulonimbuswolken bewegten sich über den Himmel zum Neblina; sie zogen ihre Schatten hinter sich her, und im Vorbeigleiten tauchten sie Hunderte von Quadratmeilen hellgrünen Waldes in flüchtige Dunkelheit.

Ich sah mich nach Culimacaré um – er kletterte die Schlucht hinauf zu dem dreihundert Meter hohen Wasserfall; um sich auf den nassen Felsen besseren Halt zu verschaffen, hatte er seine gelben Gummistiefel ausgezogen, sie zusammengebunden und um den Hals gehängt; nur ein barfüßiger Curipaco oder Sir Edmund Percival Hillary mit Steigeisen konnte ernsthaft einen so steilen Hang in Angriff nehmen.

Hier und da wuchsen kleine Lorbeerbüsche mit dunkelgrünen Blättern aus dem Geröll in den breiten, steilen Rampen und Steinstufen. Rosa Blüten mit schlaffen Blättern wuchsen direkt aus den Stengeln. An den Rändern des Wasserfalls, bevor der Mooswald begann, standen verstreut große purpurfarbene und rote orchideenähnliche Blumen, und ein Gras, einem Igelkolben ähnlich, blühte gelb. Wo der Fluß selbst in der Mitte seines Bettes herabschäumte, war der purpurne und graue Felsen schwefelgelb gefleckt; und an den Rändern der Pfützen weideten riesige Kaulquappen von Fröschen oder Kröten die Algen ab. Dichter Nebel senkte sich von der Hochfläche über uns, verhüllte den Wasserfall und wälzte sich langsam auf den Ausgang der Schlucht zu.

Von unten erscholl ein mächtiger Ruf. Siebzig Meter tiefer stand Simon auf den Felsen, einen Arm um Pablos Schulter, den anderen mit geballter Faust in einer Geste des Triumphs erhoben; all seine Leiden waren vergessen.

»Zauberhaft!« rief er herauf, »einfach zauberhaft, alter Kumpel!«

Als wir ins Lager zurückkamen, war Chimo gerade dabei, einen kleinen Braunen Mazama-Hirsch abzuhäuten, den er am Nachmittag im Wald geschossen hatte. Juan, Valentine und Galvis waren eben von ihrer Grabung zurückgekommen; sie standen um den Tisch und tranken Kaffee.

»Redmon, es gibt Ärger«, sagte Juan, sobald er mich sah,

bevor ich etwas sagen konnte, bevor ich ihm von den Spinnenaffen, dem Mooswald, den Bergen erzählen konnte. »Die Indianer wollen mehr Essen. Sie sagen, sie haben Hunger, es gibt nicht genug zu essen.«

»Es gibt haufenweise Essen«, sagte Simon unerwartet und drängte sich vor, ehe ich antworten konnte. »Es gibt Megatonnen von ekelhaftem Essen. Es gibt genug für fünfzehn Tage.«

»Sie glauben dir nicht«, sagte Juan und wich einen Schritt zurück.

»Sie können mich kreuzweise«, sagte Simon. »Und du auch. Ich bin für die Vorräte verantwortlich, ich habe sie selbst gepackt. Es steht alles in meinem Notizbuch.«

»Du mußt ihnen zeigen, daß die Vorräte reichen. Wenn du die Wahrheit sagst, mußt du es ihnen zeigen. Galvis und Valentine sind nicht zufrieden. Sie wollen nach San Carlos zurück.«

»Dann können sie laufen«, sagte Simon und nahm seinen Rucksack ab, setzte sich darauf und holte eine Packung venezolanischer Zigaretten heraus. So ist es recht, dachte ich und war stolz auf ihn.

»Ich habe nachgedacht«, sagte Juan. »Wir sollten umkehren.«

»Los, Dicker«, sagte Simon und stand wieder auf. »Wir holen den ganzen Kram aus den Booten und packen ihn in Säcke. Fünfzehn Säcke. Fünfzehn Tage.«

So trugen wir mit der Hilfe von Chimo, Pablo und Culimacaré alle Säcke und Charlies Vorratsdosen hinauf zum Tisch im Lager, und Simon begann, das restliche Dosenfleisch, das Mehl, den Reis, den Kaffee, Zucker und Maniok in Haufen aufzuteilen.

Alle versammelten sich. »Ich sage, es ist nicht genug«, verkündete Galvis, »und Valentine meint das auch. Was passiert, wenn wir kein Essen haben? Was, wenn wir schwach sind, wenn uns die Yanomami auf dem Maturaca erwischen? He? Was ist dann? Jeder weiß, daß sie dich umbringen. Wir sind schon alle dünner geworden.«

Das stimmte. Nur Chimo hatte nicht abgenommen.

Es folgte ein langes Schweigen.

Chimo zwinkerte mir zu und wandte sich majestätisch an die versammelte Gesellschaft. »Wir sind Männer, oder nicht?« sagte er. »Wir können jagen.«

»Bis jetzt«, sagte Galvis, »hast du gerade genug gejagt, um ein paar Hunde zu füttern.«

»Galvis ist ein Weib«, sagte Chimo und nahm die Pfeife aus seiner Hemdtasche, »aber wir anderen sind Männer. Galvis wird uns jeden Tag zum Frühstück zwei Pfannkuchen backen. Wir lassen uns eine Stunde fürs Essen. Jeden Nachmittag um drei Uhr halten wir an und lagern, so daß ich und mein Neffe und Pablo jagen und fischen können. Wir werden halten, was wir versprochen haben.«

»Morgen werden wir den Canyon hinaufgehen«, sagte ich, während mir die Erleichterung warm den Rücken hinunterzulaufen schien. »Und dann brechen wir sofort zum Maturaca auf.«

Die ganze Nacht tobte ein Sturm, der Donner entfernte sich und kam dann aus einer anderen Richtung zurück, der Regen prasselte wie Gewehrfeuer auf die Wellblechdächer; und bevor ich einschlief, zählte ich fünf getrennte Serien explodierender Donnerschläge, gefolgt von einem anhaltenden Prasseln kleiner Entladungen und dumpfer Reißgeräusche, wenn große Bäume im Walde umstürzten.

Am Morgen war der Fluß so angestiegen, daß er den Schmetterlingsstrand bedeckte, aber der Tag war klar. Wir aßen jeder zwei Pfannkuchen und einen Napf mit gekochtem Fleisch und Maniok; wir packten Chimos Einbaum aus und ließen nur Vorräte für drei Tage darin; und dann brachen wir auf, den Maguarinuma hinauf in das Herz des Cañons.

Wir kamen an mehreren Inseln und langen Uferstreifen mit abgeschliffenen Steinen vorbei und störten ein Paar gelbgestreifter Tukane auf (kleiner als Cuviers Tukane, mit einem orangegelben Band über dem Rumpf), die auf einer Manacapalme saßen. Sie krächzten, statt zu kreischen. Ein Schwarm von etwa fünfzehn kleinen Bergseglern flog dicht über uns; sie zeigten ihre weißen Kehlen und gekerbten Schwänze und machten ein Geräusch, als würden fünfzehn Wecker aufgezogen.

Bei den ersten drei Stromschnellen sprangen wir einfach bis zur Hüfte hinein und zogen das Boot die Felsen hinauf; aber die vierte war ein richtiger Katarakt zu beiden Seiten einer Insel und sah unmöglich aus – auf der einen Seite zu seicht und viel zu wild auf der anderen. Chimo untersuchte sie sorgfältig und gab dann seine Anweisungen; Pablo und Culimacaré griffen das lange Bugtau, wateten weit hinauf, legten das Seil über einen überhängenden Ast am höchsten Punkt der wirbelnden Flußstrecke, nahmen das Ende des Seils fest in die Hand, stemmten ihre Füße gegen einen Felsen unter Wasser und zogen, sich zurücklehnend, mit aller Kraft. Wir übrigen, bis zur Brust im weißen, gegen das überhängende Blattwerk schäumende Wasser, zerrten am

Freibord. Als ich den Kopf hob, weil ich mir den Hals überdehnt hatte, sah ich einen großen schwarzen Adler, vielleicht einen Einsiedleradler, der über uns hing, fast körperlos mit seinem abnorm kleinen Kopf und dem kurzen weißen Band seines Schwanzes, ein großer schwarzgeflügelter Schatten zwischen den schwarzen Wänden des Cañons, die von seinen kurzen, durchdringenden Schreien widerhallten.

Im nächsten Augenblick spritzten mir sechs Hornissen ihr Gift zwischen die Schulterblätter; jetzt schrie ich selbst. Kopflos sprang ich vorwärts, tauchte unter, ließ den Einbaum los und wurde unter Wasser mitten in die massiven, gummiartigen Windungen einer lauernden Anakonda geschwemmt; als ich wieder an die Oberfläche kam, entpuppte sich die Anakonda als Chimos ausgestreckter rechter Arm und sein Bein. Durch Zufall hatte ich noch immer meine Brille auf, und Chimo hielt meinen Hut. Alle lachten.

»Das geschieht dir recht«, sagte Chimo und gab mir den Hut zurück. »Du solltest besser auf das Bongo aufpassen. Das ist mein Bongo. Es gibt viele Adler am Himmel, Reymono, aber Chimo hat nur ein gutes Bongo.«

Wir hievten das Boot genauso die nächste Stromschnelle hinauf, aber kurz bevor wir sie überwunden hatten, zeigte Chimo nach vorn auf das klare Wasser.

»Mira! Danta!« rief er. »Culimacaré – nimm das Gewehr!«

Culimacaré klammerte sich mit der einen Hand an einen Felsen, mit der anderen an ein Seil; er konnte sich nicht einmal umdrehen, und so erreichte der Tapir, den hellgrauen Kopf mit den gerundeten Ohren und der langen Schnauze in einem Winkel über dem Wasser, ungehindert das Ufer, kletterte überraschend gelenkig an Land und verschwand.

»Kein Mann ist ein Jäger, bevor er einen Danta erlegt hat«, sagte Chimo feierlich. »Culimacaré ist mein eigener Neffe, aber er hat noch nie einen Danta erlegt. Er ist nur mit uns gekommen, Reymono, weil ich ihm sagte, er könne einen Danta jagen. Kein anderes Fleisch ist so gut.«

Nach fünf Serien kleiner Stromschnellen und einem geraden Flußstück, aus dem sich zwei plumpe, festungsähnliche Felsmassive vor uns über das Niveau der Klippen erhoben, brachte Chimo den Einbaum an einer steinübersäten Uferstrecke an Land.

»Das ist meine Stadt«, verkündete er und stieg an Land. »Charlie hat sie nach mir benannt.«

Er nahm seinen blauen Helm ab, fuhr sich mit der großen Hand durch das Haar, setzte den Helm wieder auf, zog seine Pfeife aus der Hemdtasche, füllte sie und setzte sich schwer auf einen Stein.

»Eines Tages, wenn die Zeit gekommen ist, werde ich Puerto Chimo richtig gründen«, sagte er und inhalierte ein ganzes Freudenfeuer Alligatortabak. »Sein Beschützer, Reymono, wird die Heilige Jungfrau sein – und hier werde ich mein Haus bauen«, er zeigte mit der Hand auf eine gelichtete Fläche einige Meter weiter flußaufwärts, »und rechts von meiner Eingangstür, dort, werde ich das Bordell gründen, und links von meiner Tür, dort, werde ich die Bar hinstellen. Ich werde jeden Morgen daran denken, zuerst nach rechts zu gehen. Und du solltest auf Chimo hören, denn der kennt sich aus – nach einem Bordell ist für einen Mann eine Bar sehr nützlich, Reymono, aber ein Bordell nach einer Bar taugt überhaupt nichts.«

Wir schauten über den Fluß, der hier nur noch dreißig oder vierzig Meter breit war, und aßen unser gekochtes Wild mit Maniok. Zwischen den Strudeln und Wellen schnell fließenden Wassers standen zwei hohe Felsen, fast vertikal von Gesteinsschichten durchzogen. Sie gehörten zu einer der ältesten Felsformationen der Welt, dem Guayana-Schild; zuletzt hatten sie vielleicht ungestört und horizontal gelegen, als Südamerika noch mit Afrika zusammenhing, als der Niger der obere Amazonas war, der Amazonas umgekehrt durch seine heutige Mündung floß, die Kontinente sich noch nicht bewegt hatten und daher auch die Bugwelle der Anden noch nicht entstanden war.

Galvis und Valentine nahmen den Eimer mit dem restlichen Wildfleisch, paddelten Chimos Bongo zu den Felsen und breiteten die Fleischstreifen aus, um sie in der offenen Sonne zu trocknen; Culimacaré nahm Chimos Gewehr auf die Schulter und machte sich auf in den Wald, um zu jagen.

»Komm schon, Simon«, sagte ich, »gehen wir den Cañon hinauf.«

»Du kannst laufen, bis dir die Eier abfallen«, sagte Simon und spannte seine Hängematte auf, »aber ich komme nicht mit. Nie mehr. Ich habe gemeint, was ich gesagt habe. Von heute an machst du deine Spaziergänge allein. Ich werde lesen. Und wenn du zurückkommst, kriegst du von mir ein Ordensbändchen für deinen Anorak, einen Spielzeugorden – darauf bist du doch scharf, oder nicht?«

Pablo und ich kletterten etwa eine halbe Meile über die Steinblöcke am Fluß, Wolken winziger Schmetterlinge mit glänzendgelben, schwarzgeränderten Flügeln flatterten um unsere Füße. Selbst hier, fast am oberen Ende des Cañons, war das Wasser dunkelbraun wie sehr alter Portwein. Die

Zuflüsse zum Maguarinuma, die auf dem wassertriefenden, wolkenbedeckten Plateau von tausend Wasserfällen gespeist werden, waren bereits durch genug Dschungel geflossen (technisch gesehen ein Sandgürtelwald), um so viele Tannine und Phenole und all die anderen giftigen Chemikalien aufzunehmen, mit denen die Bäume auf nährstoffarmen sandigen Böden ihre Blätter gegen Tiere schützen, daß ihre Wasser fast so dunkel waren wie die des Rio Negro.

Die nassen Kiesel waren mit glänzenden Flecken und Spritzern in Grün und Rosa bedeckt wie die Eier des Strandläufers, und hier und dort glitzerten Fragmente eingelagerten Glimmers. Kleine Stücke Treibholz, vom Fluß verformt und sandgestrahlt, lagen eingeklemmt zwischen Felsen und angeschwemmt am Ufer.

In dem überraschend hohen, an Lianen reichen Wald erschreckten wir ein rotbraunes Eichhörnchen. Es schoß vor uns über das tote Laub, wedelte mit seinem buschigen Schwanz und verschwand hinter dem Stamm eines Baums auf Pfahlwurzeln. Wir hielten an, um unsere Hemden und Taschen mit Yucos zu füllen, großen, gelbbraunen Früchten mit harter Schale, die weit verstreut unter einem Yucobaum lagen – seine Äste begannen in solcher Höhe, daß ich noch nicht einmal die Form der Blätter erkennen konnte. Pablo öffnete ein paar Yucos mit seiner Machete: Innen war eine große faserige Nuß, von fleischigem, orangerotem Mark umhüllt. Du ißt das Mark, das zunächst süß und cremig schmeckt, wie Karamel, bis du bei der dritten Nuß merkst, daß irgendeine Chemikalie dir die Haut von den Lippen beißt, von der Zunge, aus der Kehle. Dann ist es Zeit aufzuhören.

Als wir das Lager erreichten, regnete es in Strömen.

Chimo und Valentine hatten eine Landschildkröte mit schwarzen und gelben Beinen und eine kleine Flußschildkröte mit rosa Beinen gefangen, hatten sie mit einer Ranke an einen Rahmen aus vier Stöcken gebunden und sie an Simons Hängemattenpfosten gehängt.

»Dicker«, sagte Simon »wenn du es auch nur ein einziges Mal schaffst, diesen Kerlen zu sagen, was sie tun sollen – sag ihnen, sie sollen diese armen kleinen Scheißer freilassen, um meinetwillen. Okay?«

»Morgen früh«, sagte ich unsicher, während ich in meine trockenen Kleider stieg. »Nicht jetzt, wo sie sie gerade gefangen haben. Nicht nach all diesem Gerede über die Jagd.«

Culimacaré, über und über naß, kam unter den Bäumen hervor und trug ein Schwarzes Baumhuhn. So groß wie ein Truthahn, von schimmerndem Purpurschwarz, unterschied es sich von unserer normalen Beute, dem kleinen rasierschnäbeligen Baumhuhn: Bauch und Schenkel und die Federn unter dem Schwanz waren seidenweiß, der Ansatz des Schnabels und die Wachshaut – die wachsähnliche Membrane hinter dem Schnabel – waren gelbrot, und die kurzen Federn seines Schopfes, nach vorne gewellt wie gegen den Strich gebürstet, zogen sich über den ganzen Kopf bis in den Nacken.

Valentine begann die Yucofrüchte mit einem Stock in den wassergefüllten Kochtopf zu stoßen, und Galvis machte sich daran, das Baumhuhn zu rupfen.

»Heilige Mutter!« sagte Chimo plötzlich und blickte zum Fluß. »Das Wildfleisch!«

Große schwarze Wellen kamen den Fluß herunter, ausgelöst von irgendeinem Sturm in den Bergen, und brachen sich in steigenden Halbkreisen aus Schaum an den beiden Felsen. Pablo, Chimo und Culimacaré sprangen in das Bongo, nahmen ihre Paddel und fuhren zu dem schnell verschwindenden Felsen, wo die Fleischstreifen lagen. An jedem Ende des tanzenden Bootes hielten sich Pablo und Culimacaré am Gestein fest, während Chimo in der Mitte das Fleisch zurück in den Eimer sammelte. Für einen Moment wurde das Bongo seitwärts in die Strömung geworfen und füllte sich schnell mit Wasser; fast kenternd, brachten sie es zurück an Land, schöpften es aus und banden es vorn und hinten an zwei großen Bäumen fest. Wir räumten unsere verstreuten Beutel und Dosen und Stakstangen von dem kleiner werdenden Uferstreifen und hofften, der Wald sei wirklich so tierra firme, wie es den Anschein hatte.

»Redso«, sagte Simon an diesem Abend, als wir unter dem Klang donnernden Wassers einschliefen, »heute nacht hast du den größten feuchten Traum deines Lebens.«

Aber am Morgen war der Wasserspiegel leicht gefallen, obwohl der Regen noch immer in unverändertem Rhythmus herabprasselte. Wir aßen gekochtes Wild und Mingao de yuco, Yuco-Mus, das mir so dick und süß wie Haferbrei mit Sirup vorkam; und Simon sagte, es sei so ekelhaft wie alles andere auch.

Juan und Valentine bauten sich einen Schutz aus Zeltbahnen für ihre Kohlengräberei. Culimacaré ging auf die Jagd. Weil ich wußte, daß dies unser letzter Tag in Puerto Chimo war, und hoffte, der Regen würde nachlassen, machte ich mich mit Pablo auf den Weg; wir wollten so weit wie möglich flußaufwärts gehen.

Wir trugen unsere Umhänge, und ich stolperte drei Stunden lang hinter Pablos weißem Plastikrücken durch den Wald am Fluß; die Cañon-Wand war hinter Wolken verborgen.

Dann sagte er: »Reymono«, und drehte sich um, »sag mir – was sollen wir hier sehen? Deine Vögel und Tiere sind in ihren Löchern; und wenn es so regnet, sollten wir auch in unseren Löchern sein.«

Ein Gedanke kam ihm, und er grinste. »Aber vielleicht willst du den Pez Buey sehen, wie er durch die Bäume schwimmt, was?«

Ich hatte eine absurde Vision von der Manatee, der Seekuh, dem Ochsenfisch, wie er seinen drei Meter langen schwabbligen Körper aus dem Fluß schleppt, im Regen auf seiner Schwanzflosse steht, mit seinen stumpfen und stoppeligen Lippen an den Blättern der jungen Bäume knabbert, die Vegetation mit seinen nachwachsenden Mahlzähnen zerkaut (die ganze Zahnreihe wächst im Monat einen Millimeter) und die zerkleinerten Blattstücke in seine fünfzig Meter langen Därme fließen läßt.

Ein Stück weiter wies Pablo mit den Lippen auf den Dschungelboden: Bohnengroße Samen, hellrot und schwarz wie handgemalt, lagen über die verwesenden Blätter gestreut. Wir sammelten jeder zwei Taschen voll (»für unsere Freundinnen«, sagte Pablo) und machten uns zurück auf den Weg ins Lager.

Und bei meiner Rückkehr erhielt ich tatsächlich eine Art Orden, wenn auch nicht von Simon. »Da bist du ja«, sagte Chimo, groß und wohlwollend wie eine Manatee, und hielt etwas auf der flachen Hand. »Es ist ein Vogel – für dich. Es ist ein Vogel aus Puerto Chimo.«

In einem kleinen Stück angetriebenem Hartholz, verwittert zur Form eines Schwanzes und zweier hochschlagender Flügel, steckte ein Wurzelfragment als Kopf und Schnabel. Ich wickelte die kostbare Gabe in eine Socke, steckte sie in einen Plastikbeutel und verstaute sie in meinem Rucksack. Der alte Mann lächelte.

Culimacaré kam mit leeren Händen zurück; aber dennoch war Chimo einverstanden, die Schildkröten freizulassen. Mit einem von Juans dicken Filzstiften schrieb Galvis »Expedición Maturaca Ingleses Venezolanos Columbiano« auf ihren Panzer und setzte die eine in das Unterholz, die andere ins Wasser.

Kurz nach der Abenddämmerung, als wir schon in unseren Hängematten lagen, hallte ein leises, dumpfes Husten achtmal von der anderen Seite des Flusses herüber.

»Das«, sagte Chimo ruhig, »ist der Großvater aller Jaguare.«

Er stand auf und häufte einen Armvoll Treibholz auf sein Feuer, bis die Flammen emporschlugen; bei ihrem Licht konnten wir sehen, daß er sich mit halb geschlossenen Augen konzentrierte und sehr schnell eine Art Beschwörung vor sich hin murmelte.

9

Zurück auf dem Baria, schlugen wir nach zehn Tagen unser Lager auf einer kleinen Insel auf, einem Flecken aus dunklem Schlamm, der sich kaum über das Gewirr der Wasserläufe erhob. Ein Schopfhokko rief früher als üblich: *hum hum hum hum de hum hum.*

»Schon wieder dieser Vogel«, sagte Simon, der seine Hängematte aufhängte und dann eine Pause machte, um sich eine Zigarette aus seiner letzten Packung anzuzünden. »Ich halte das nicht aus.«

»Ist doch in Ordnung«, sagte ich. »Morgen finden wir einen Strom, der nach Süden fließt. Wir sind schon fast da. Wir schaffen es.«

»Wird auch langsam Zeit. Ich hab's mir ausgerechnet – seit dreißig Tagen hänge ich hier drin. Aber wenn es fünf Tage den Maturaca runter sind, noch mal fünf den Cauaburi runter, drei in einem Passagierschiff den Rio Negro runter – in dreizehn Tagen könnte ich in Manaus sein. Direkt zum Flughafen. Einen Tag Flug. In zwei Wochen wäre ich bei Liz in London. In zwei Wochen könnte ich Beef essen und Yorkshire-Pudding und Pfirsich-Melba, ich könnte Rotwein trinken und sie dumm und dämlich bumsen, rundrum.«

»Wir müssen inzwischen schon in Brasilien sein. Du hast versprochen, du kämst den Purus mit rauf.«

»Das muß ein Witz sein.«

Simon war viel dünner geworden; er sah hager aus und rot um die Augen. Ich machte mir Sorgen; manchmal hatte er einen abwesenden, leeren Ausdruck, wie ich ihn zuletzt bei Douglas gesehen hatte, ein paar Wochen bevor er sich umbrachte. Und in letzter Zeit hatte er noch etwas mit Douglas gemeinsam – seine Bewegungen waren entweder angespannt und schnell, straff wie ein gespannter Draht oder unnatürlich entspannt. Er hatte sich angewöhnt, abends in seiner Hängematte zu liegen und wortlos in die Bäume zu starren.

Ich setzte mich neben ihn auf eine Maniokdose, blies ab und zu einen sehr kleinen Moskito, einen Blanquin, aus Mund oder Nase und fing an, ein Schakuhuhn zu rupfen.

»Das ist ekelhaft mit anzusehen, wie du das machst«, sagte er und lehnte sich rauchend gegen einen Baum zurück. »Das regt mich auf. Wirklich.«

»Was ist denn? Ißt du keine Hühner?«

»Ich kauf sie fertig verpackt. Und dann geb ich sie meinen Katzen. Ich kriege mein Fleisch vom besten Metzger in West Drayton.«

»Und wo ist dein Problem? Du mußt doch schon mal ein Huhn gerupft und ausgenommen haben, oder ab und zu einen Hasen abgezogen?«

»Rupf dich selbst. Den Teufel hab ich – ja genau, so mach ich das, morgens eine kalte Dusche, dann einem Hasen das Fell abgezogen, und hinterher mit der Sekretärin kuscheln, so mag ich das. Hör zu, alter Junge – was glaubst du eigentlich, wie viele Leute in London schon mal ein Huhn gerupft haben? Ich glaube, du hältst das für ganz normal, daß jeder in der Stadt rumläuft und Hasen das Fell abzieht, die Eingeweide aus dem Fenster schmeißt und ihre kleinen Ohren in Blumentöpfe steckt, was? Hasen bin ich bloß im Playboy-Club begegnet, denen hab ich das Fell abgezogen. Bin ihnen unter die Pelzschwänzchen gegangen.«

»Bei Hasen«, sagte ich, »heißt das nicht Schwanz, sondern Blume.«

»Blume, Bluse, ist doch scheißegal«, sagte Simon, zündete sich noch eine Zigarette an und kratzte die Stiche auf seinem angeschwollenen Nacken. Er wandte sich ab, legte seinen Arm gegen den Baum und lehnte sich mit dem Kopf dagegen; er starrte hinab zum Wasser, wo es zwischen den Blättern dahinfloß. »Das hier ist die Hölle«, sagte er. »Das hier ist der Arsch der Welt.«

Am nächsten Morgen ließ Valentine, der am Ufer eine neue Stakstange zurechtschnitt, seine Machete in das tiefe, schwarze, kalte Wasser fallen. Galvis, der die Kochtöpfe und das Geschirr in seinem Einbaum verpackte, zog sich bis auf die Hosen aus, stellte sich in den Bug und sprang hinein. Blasen kamen hoch, und dann tauchte er triumphierend wieder auf, die Machete in seiner ausgestreckten rechten Hand.

»Gut gemacht, Galvis«, sagte Chimo widerstrebend.

Vier umgestürzte Bäume später wandten wir uns nach rechts in einen Kanal, der etwa einen Meter breiter war als das Geflecht von Wasserläufen, in dem wir uns in dieser Woche bewegt hatten.

»Maturaca!« verkündete Chimo, grinste stolz und zog den Reißverschluß seiner Hose auf.

Simon, plötzlich voller Lebenslust, griff zu seiner Machete und kam zu uns ins Wasser, als wir, auf Ästen unter

Wasser stehend, auf das Zweiggewirr einschlugen. Als ich mitten im Strom eine Liane durchschlug, fiel ein kleiner, aus Pflanzenfasern gewebter Korb herunter, der mit seinem gebogenen Griff an einem Zweig gehangen hatte: das Nest des zaunkönigähnlichen Schwarzkopf-Ameisenvogels. Es enthielt zwei purpur-olivfarbene Eier, wie Nachtigalleneier. Sie waren warm, deshalb zog ich mich an einem Zweig entlang und hängte den Korb an einem anderen Trieb wieder auf, der über das Wasser hing – stark genug für eine Familie von Ameisenvögeln, aber zu schwach, wie ich hoffte, für eine Schlange. Und ein bißchen weiter kamen wir an einer groben Plattform aus Stöcken vorüber, wie von einer Holztaube; es war das Nest eines Grünen Ibis, das etwa einen Meter über dem Strom in eine kleine Astgabel gebaut war – ein sicheres Zeichen, dachte ich, daß das endlose feuchte Labyrinth sich nun bald öffnen und hinter uns zurückbleiben würde. Der Vogel selbst saß ganz ruhig, bis wir direkt unter ihm waren, und flog dann mit seinem kollernden Alarmruf *kulla kulla kulla* zwischen den Lianen davon. Zwei halberwachsene Junge steckten ihre Gesichter über den Rand des Nests. Sie betrachteten uns sorgfältig – erst mit dem einen, dann mit dem anderen Auge – und schwenkten ihre langen gebogenen Schnäbel sehr ernsthaft von einer Seite zur anderen.

Wir bahnten uns mit der Axt den Weg durch zwei weitere Bäume und erreichten eine offenere, kurvenreiche Strecke. Als ich um eine der Biegungen stakte, starrte ich in zwei riesige gelbe Augen. Eine bussardgroße Eule saß etwa fünf Meter vor mir auf einem niedrigen Ast, selbstbewußt, reines Weiß gegen das stumpfe weißbepelzte Grün der Blätter, eine schwarze Federmaske um Augen und Schnabel ließ ihr Starren noch intensiver wirken. Sie sah uns einen Augenblick an, dann stellte sie sich auf ihre befiederten Beine, drehte sich um, als machte ihr jede Bewegung große Mühe, und glitt dann leicht auf ihren braunen, abgerundeten Schwingen durch das Unterholz davon.

»Es ist eine Eule«, sagte ich dumm.

»Weißer Mann nicht spricht mit gespaltener Zunge«, sagte Simon.

»Lechuzon de anteojos«, sagte Chimo, wies mit dem Zeigefinger auf seine eigenen Augen und nickte mit dem Kopf.

Ich nahm den Schauensee aus meinem wasserdichten Beutel: Da war die Eule, eine rein schematische Darstellung des Tiers, auf Tafel IX, ein noch junger Brillenkauz, noch ohne die »schokoladenbraune Oberseite und den breiten Brustring«.

Dann passierte etwas. Der Einbaum war zum Stehen gekommen. Ich blickte auf. Culimacaré hatte den Bug gegen das Ufer gleiten lassen. Chimo stützte sich auf seine Stakstange und starrte nach vorn. Simon legte plötzlich seine Arme um den Kopf und beugte den Körper nach vorn zwischen die Knie.

»O Gott, o Gott«, sagte er. Er wiegte sich vor und zurück. »Lieber Gott.«

Wir waren in einen anderen Kanal eingebogen. Aber überall waren Axtspuren. Der Kanal war freigeschlagen worden. Die Vegetation war über die gesamte Länge des Stroms heruntergeschlagen. Irgend jemand war vor uns hier gewesen. Wir würden nicht die ersten sein, die den Maturaca wiederentdeckten. Man war uns zuvorgekommen, und alles war zu spät. Ich spürte einen kalten Schauer auf meinem Rücken, mein Kopf war dumpf und leer, ich fühlte mich abgespannt, alt.

»Wer ist das?« fragte ich.

»Wer das ist? Wer das ist?« antwortete Simon mit einem erstickten Keuchen. »Du Idiot, wir sind das. Wir haben das gemacht.«

Ein kleines Stück weiter links erkannte ich den Stamm eines großen roten Hartholzbaumes wieder.

»Ist schon gut«, sagte ich. »Wir sind im Kreis gefahren. Wir werden einfach von vorne anfangen müssen.«

Simon warf sich gegen die Zeltplane. »Wir haben uns verirrt«, sagte er und schlug mit der Faust gegen seinen Packen. »Das dauert Monate. Wir haben uns verirrt.«

Der zweite Einbaum kam heran. Galvis rief seinen üblichen formelhaften Gruß: »Simon! No problema!«

»Ein Scheißproblem«, murmelte Simon, ohne zu lächeln. Er starrte auf die Bilgenbretter und fuhr sich mit der rechten Hand über die Stirn, als müßte er Spinnweben abzupfen. »Du mußt mich gehen lassen, Redmond. Ich traue mir selbst nicht mehr. Ich werde irgendwas Schreckliches anstellen. Du mußt mir ihren Einbaum geben und mich nach San Carlos zurückkehren lassen. Galvis wird mit mir kommen. Er hält das auch nicht mehr aus. Und Valentine – er ist so alt, daß er überhaupt nicht hätte mitgehen dürfen.«

»Reiß dich zusammen«, sagte ich und kam mir plötzlich absurd vor. »Ohne Chimo würdest du es nie schaffen. Und außerdem brauchen wir zwei Boote, um zum Maturaca durchzukommen. Was ist, wenn an diesen Stämmen ein Boot zerbricht?«

Simon schloß die Augen, legte sich auf die Zeltplane zurück und wandte sich ab.

Simon saß da und starrte auf das Wasser, das am Boot vorbeiglitt. Er weigerte sich zu sprechen. Wir stakten schnell und schweigend unseren Weg zurück; wir kamen fast auf gleiche Höhe mit einem jungen Otter, der am Ufer irgend etwas fraß, bevor er sich – stämmig auf kurzen Beinen – umschaute, uns ansah und zwischen den dünnen Bäumen verschwand. Culimacaré stakte zum Ufer und hob eine tote Paca auf, ein großes, früchtefressendes Nagetier von etwa einem Meter Länge. Es hatte Vorderzähne wie eine Ratte, lange Schnurrhaare und ein orangebraunes pelziges Fell wie eine junge falbe Hirschkuh. Bauch und Brust waren weiß; es hatte zwei Zitzen zwischen den Vorderbeinen und zwei zwischen den Hinterbeinen. Die breite Nase und das Maul waren mit Schaum bedeckt. Die Paca war offensichtlich ertränkt worden; der Otter hatte sie aus dem Fluß heraus gepackt und unter Wasser gezerrt. Der Otter hatte am Nacken zu fressen begonnen.

»Es ist eine Gabe Gottes«, sagte Chimo, »und Pech für den Perro de agua.«

Wir landeten früh an einem unserer alten Lagerplätze, einer Insel am Zusammenfluß zweier schmaler, tiefer Kanäle. Wir machten Feuer, setzten Wasser zum Kochen auf, um das Pacafell abziehen zu können, und holten unsere Zeltplanen und Hängematten. Pablo nahm Chimos Gewehr und paddelte in der Curiara los zur Jagd.

Simon zog sich in seine Hängematte zurück. Er hatte nur noch zwei Zigaretten, und auch seinen Stapel Taschenbücher hatte er fast durch; ausgerechnet heute abend, sah ich, machte er sich endlich an das ›Herz der Finsternis‹.

Frösche piepten wie Buchfinken, quakten wie Wildenten, krächzten wie Krähen. Ich ging völlig angezogen im kalten

Wasser schwimmen, um mich und meine Kleider gleichzeitig zu waschen. Ich trocknete mich unter meinem Moskitonetz ab, stäubte mir den Schritt mit Zink-Talkum-Antipilzpulver ein (Juan, der solch unmännliches Gehabe verachtete, hatte inzwischen Schwierigkeiten beim Gehen), schmierte Anthisan auf die Bisse des Tages, Savlon auf die Schnitte und Canesten-Creme auf meine Füße, die zu faulen begonnen hatten. Ich bedeckte meinen ganzen Körper mit klebriger Jungle-Formula, die alles mögliche abschrecken soll, und dachte voller Bewunderung an Humboldt und Wallace und Spruce, die keinerlei fetischistischen Komfort dieser Art besessen hatten.

In einiger Entfernung hörten wir einen Schuß – obgleich die Entfernung schwer zu schätzen ist, wenn alle Töne, selbst die Klangwellen einer Explosion, sofort gebrochen, gedämpft und erstickt werden. Valentine und Chimo legten die Paca auf ein Bett aus Palmblättern, gossen kochendes Wasser darüber und begannen das Fell abzukratzen. Sie schlitzten den Bauch auf, warfen die Eingeweide ins Wasser und zerlegten das Fleisch. Die Blase trieb langsam davon und wurde schließlich von Piranhas unter Wasser gezogen.

Ich nahm wieder meine Karten heraus. Codesur glaubte den Zugang zum Maturaca im Nordwesten; laut Charlies Diagramm waren wir am rechten Ort; eine Karte, die ich in London gekauft hatte, riet wild drauflos und siedelte im Norden einen Sumpf an; dafür warnte sie Piloten östlich vom Neblina: »Hier sollen steile Felshänge sein. Flughöhe unter 4.000 m gefährlich.«

Ein fröhlicher Ruf erlöste mich aus meiner Verwirrung. Pablo kam heran, das kleine Kanu sank fast unter dem Gewicht eines riesigen Kaimans. Wir hoben ihn heraus und maßen ihn: fast genau ein Meter achtzig. Sein Rücken, knotig und gerippt, hatte exakt die gleiche Farbe wie das schwarzbraune Wasser; sein Schwanz war marmoriert mit hellen Flächen wie matte Flecken gefilterten Sonnenlichts. Wir legten ihn mit dem weißen Bauch nach oben auf den schlammigen Boden. Chimo tastete in der Mitte kurz vor seinen Hinterbeinen und zog einen schlanken weißen Penis aus einer gepanzerten Tasche. Er persönlich, meinte Chimo, hätte gegen so etwas nichts einzuwenden. Das Leben würde dadurch viel einfacher. Das Schwimmen würde zum Vergnügen. Wir stimmten alle zu. Chimo zeigte auf den Vorderfuß des Kaimans: Er hatte alle seine Klauen verloren, wahrscheinlich in einem Kampf in seiner Jugend. Richtig große Kaimans griffen einen viel eher an als ein Alligator, sagte Chimo, und sie wären im Wasser viel schneller.

Valentine begann eine Plattform zu bauen, um das Fleisch zu räuchern; Galvis hatte die Pacasuppe fast fertig, Pablo und der Otter hatten fürs erste die ständige Sorge um die Nahrung vertrieben. Vielleicht konnten wir doch noch den Maturaca finden. Vielleicht würde sich Simon in einer oder in zwei Wochen erholen. Wir drehten den Kaiman um, und Pablo öffnete ihn mit Axtschlägen entlang der Wirbelsäule: Anders als Alligatoren und Krokodile besitzen Kaimane eine Reihe miteinander verbundener Knochenplatten, die den Bauch schützen. Wir schnitten das feste Fleisch in Stücken heraus und legten es auf Valentines Plattform: Charlies Messer wirkte gar nicht mehr so übertrieben. Ich schlitzte den aufgeblähten Bauch auf und setzte einen scheußlichen Gestank frei.

»Jesus«, sagte Simon, der unbemerkt hinzugekommen war, um zuzusehen.

Ich zog etwas heraus, das in Pelz und Schleim gehüllt war. Es war ein kleiner Affe mit großen runden Augen; er war unversehrt bis auf den Schwanz, die kleinen Hände und Füße noch an ihrem Platz.

»Nein, nein«, sagte Simon, lehnte sich an einen Baum und hielt sich die Hand vor die Nase. »Versprich mir eins, Redmond. Versprich mir, daß du das da nicht auch noch essen willst.«

»Mono de las noches«, sagte Chimo.

Es war ein Nacht- oder Eulenaffe – Humboldt hatte ihn als erster beschrieben –, der einzige wirkliche Nachtaffe der Welt; er kommt eine Viertelstunde nach Sonnenuntergang hervor, sicher vor jedem Raubtier außer der großen gehörnten Eule und, scheinbar nur, dem Kaiman. Er lebt monogam: Mutter, Vater und die Babys (eins im Jahr, und sie verlassen ihre Familie mit zweieinhalb Jahren) suchen zusammen nach Früchten, Insekten, Nektar und geeigneten Blättern. Ein einsames Männchen, das nach einer Gefährtin ruft, schreit wie eine Eule, aber nur bei Vollmond. Was war geschehen? Hatte ein Zweijähriges einen Sprung verfehlt? Ich warf den dichtbepelzten kleinen Körper ins Wasser. Galvis erklärte die Pacasuppe für fertig. Für Simon hatte Galvis etwas Reis gekocht und eine Dose Fleisch aufgemacht.

»Komm schon, Galvis«, sagte Simon und schlug mit seinem Löffel auf seinen Blechteller, »es ist der achte Tag – wo ist mein Tomatenketchup?«

Juan übersetzte. »Galvis sagt, er ist im Boot. Und heute ist erst der siebente Tag. Du hast die Vorräte selbst eingeteilt. Es ist deine eigene Regel. Daran mußt du dich halten.«

»Es ist der achte Tag«, sagte Simon stur und klopfte weiter auf den Teller. »Und ich will, daß Galvis meinen Tomatenketchup holt.«

»Warum holst du ihn nicht selbst?« fragte ich.

»Halt du dich da raus«, sagte Simon.

»Es ist nur eine Flasche Tomatenketchup«, sagte ich.

»Genau«, sagte Simon.

»Hör zu«, sagte Juan, zitternd vor Wut, Kinn und Bart spitz nach vorne geschoben, »hier sind wir, verirrt in diesem Sumpf. Jeder versucht fröhlich zu sein, auch wenn wir alle Angst haben. Wir wissen nicht, wo wir sind. Wir haben nichts zu essen außer einer halben Paca und einem Kaiman. Der Reis und die Fleischdosen, die uns vor dem Verhungern schützen sollten, sind fast aufgegessen. Du hast sie aufgegessen. Und jetzt beschwerst du dich wegen einer Flasche Tomatenketchup.«

»Nur ruhig«, sagte ich.

Simon drehte sich zu mir um, die Augen wild, das Gesicht starr.

»Ich werde diesen kleinen Scheißer umbringen«, sagte er. »Ich warne dich. Ich schlage ihm die Zähne ein.«

»Nicht hier«, sagte ich und fühlte mich plötzlich erschöpft. »Schlagt euch woanders, wenn ihr unbedingt müßt, aber nicht hier. Tut mir den einzigen Gefallen.«

»Lieber Gott«, sagte Simon, warf seinen Teller und seinen Löffel auf den Boden und schlug sich wie in einem Krampf mit der rechten Faust gegen den Oberschenkel.

Vornübergebeugt ging er zum Rand der Insel, an das schwarze, immer noch steigende Wasser, und sah hinauf in die dunklen Bäume. Dann warf er den Kopf hoch und nach hinten, wie ein Hund.

»Wo ist mein Tomatenketchup?« schrie er in sechs Millionen Quadratkilometer Dschungel hinein: »Wo ist mein Tomatenketchup?«

Die weichen Blätter gaben kein Echo.

10

Fünf Tage und Nächte fiel pausenlos der Regen; sein monotones Trommeln auf dem Blätterdach, sein Niederprasseln durch die Bäume wurde nur von einer Reihe von Gewittern unterbrochen. Chimo, ungewöhnlich ruhig – sein Stolz war verletzt, weil er den Maturaca nicht hatte finden können; vor seinen Freunden stand sein Ruf als der beste Navigator auf dem Rio Negro auf dem Spiel –, beharrte darauf, wir sollten auf unseren Spuren zurückgehen und jede mögliche falsche Abzweigung überprüfen, jeden Fluß untersuchen, dessen Strömung nach Süden zu weisen schien.

Aber das Wasser hatte so viele Inseln überflutet, so wenige Landbuckel erhoben sich noch verschlammt über die dahinfließende Schwärze, daß zwischen jedem Paar Bäume eine andere Strömung zu wirbeln schien.

Nach drei Tagen solcher Suche beschloß Chimo, das Lager auf dem höchsten Stück Land aufzuschlagen, das wir finden konnten; und mit dem Gewehr und Culimacaré als Schutz gegen Anakondas paddelte er jeden Tag in der Morgendämmerung los, um seinem Instinkt zu folgen. Am sechsten Tag ließ der Regen nach und hörte dann ganz auf; der Kreischende Piha ließ sich wieder hören; die Rinnsale, die an den Baumstämmen herunterliefen, wurden langsam dünner und versiegten.

Wir hatten längst das feste weiße Fleisch des Kaimans

aufgebraucht (eine Mischung zwischen Heilbutt und Kaugummi), und nun fischte Pablo jeden Tag, bis er fünfzehn oder zwanzig Piranhas an Land gezogen hatte. An jenem Morgen kauerten Juan und ich gerade neben ihm und nahmen die Fische aus, als irgend etwas – groß und fahl, breit wie die Adlerflügel im Cañon – im Schatten am Ende seiner Leine auftauchte; Pablo gab einen unfreiwilligen Schrei der Furcht oder der Überraschung von sich; der Schatten bewegte sich einmal in einer Welle von Flügelspitze zu Flügelspitze und sank in die Dunkelheit zurück.

»Ein Stachelrochen!« schrie mir Juan ins Ohr. »Sie schlagen dich mit dem Schwanz, Redmon, und vergiften dich mit ihrem Stachel. Die Wunde infiziert sich. Die Heilung dauert Monate, manchmal ein Jahr.«

»Er hat meinen Haken mitgenommen«, sagte Pablo düster und zog die leere Leine ein.

Nach einem schweigsamen Mittagessen mit gekochtem Piranha und Maniok saßen Valentine und Pablo auf leeren Konserveneimern und schnitzten mit ihren Macheten an zwei neuen, bereits halbfertigen Paddeln; Galvis hatte sich mit seinem ›Reader's Digest‹ auf einer Wurzel niedergelassen; Juan saß auf seinem Platz in Valentines Bongo, fern den Moskitos, und gab sich leichter eskapistischer Lektüre hin: der zweiten Auflage von T. C. Whitmores ›Tropical Rain Forest of the Far East‹; und Simon und ich kletterten in unsere Hängematten, er mit dem ›Herz der Finsternis‹ und ich mit Humboldt.

»Warum zum Teufel hast du nicht mehr Bücher mitgenommen?« sagte Simon. »Wir hätten einen ganzen Sack Taschenbücher mitnehmen können.«

»Woher sollte ich wissen, daß du so schnell liest? Ich dachte, du würdest jedes Wort mit dem Finger verfolgen und dabei die Lippen bewegen.«

»Du Bastard«, sagte er inbrünstig. Und dann: »Ich kann mir so richtig vorstellen, daß du immer hier lebst. Leute ärgern. Ab und zu ein Bootsrennen.«

»Bootsrennen?«

»Bootsrennen – rotzpennen«, sagte Simon und machte der Unterhaltung ein Ende.

Sein Buch, das er sich, auf dem Rücken liegend, vor die Augen hielt, verriet das leichte Zittern seiner Hände, das vor kurzem begonnen hatte, vielleicht als Auswirkung des Nikotinentzugs. Als ich ihn so sah, wie er in seiner Hängematte litt und zum dritten Mal das ›Herz der Finsternis‹ las, mochte ich ihn plötzlich sehr und fühlte mich dann ebenso plötzlich schuldig, voller Gewissensbisse. Wie aus einer anderen Welt fiel mir wieder ein, was ich ihm versprochen hatte: die Chance, sein Leben zu ändern, der Spaß, den wir haben würden, die preisverdächtigen Vogelfotos, die er aufnehmen würde.

»Es tut mir leid«, sagte ich. »Vielleicht ist es doch nicht ganz so lustig, wie wir dachten. Ganz so haben wir es uns nicht vorgestellt.«

Simon setzte sich auf, als hätte ihn etwas in den Rücken gestochen.

»Du verfluchter Lügenmeister«, sagte er und starrte mich an, daß das Weiße seiner Augen sichtbar wurde. »Ich habe dein Buch über Borneo gelesen. Du hast geschrieben, es hätte Spaß gemacht, und ich hab's dir geglaubt. Du hast gesagt, das hier würde Spaß machen, und ich hab's dir geglaubt. Jetzt kann ich mir nicht einmal mehr vorstellen, was Spaß überhaupt ist, nirgends. An keinem Ort der Welt.«

Er warf den Conrad auf den Boden seiner Hängematte, legte sich hin und schloß die Augen.

Bei Einbruch der Nacht kamen Chimo und Culimacaré mit dem Angelkanu zurück.

»Es ist hoffnungslos«, sagte Chimo und kletterte an Land. Er hob einen geräucherten Piranha auf und zog einen Fleischstreifen von den Knochen. »Reymono, mach dir keine Sorgen«, sagte er zwischen einzelnen Bissen, »wir werden andere Probleme für dich finden. Letztes Jahr kam ein Chori nach Solano. Wenn wir den Mann finden könnten – und ich glaube, er lebt am Siapa –, dann könnte er uns zu den Choris bringen, die im Inneren leben. Wir könnten den Emoni hinauffahren. Wir könnten dahin gehen, wo wir noch nie gewesen sind.«

»Das ist ein gutes Angebot«, sagte Juan zu Simon und mir. »Sie nennen sie Choris, was auf Yanomami Freunde bedeutet, weil jeder vor den Yanomami Angst hat. Sie sind ein nacktes Volk. Sehr gefährlich.«

»Sie schlagen dich mit Stangen auf den Kopf«, sagte Simon.

»Denk an die Fotos«, sagte ich.

»Scheiß auf die Fotos«, sagte Simon.

In jener Nacht suchte mich der ständig wiederkehrende Traum heim, der mich verfolgte, seit ich wußte, daß wir uns verirrt hatten. Ich war acht Jahre alt, wieder auf einem Familienausflug auf dem Avon. Wir trugen das zweisitzige Faltboot durch den Steinbogen der alten Farmgebäude aus ockerfarbenem Stein, über zwei abgeerntete Felder mit abgenutzten hölzernen Zauntritten in den Hecken, und ließen es in den Fluß. Meine Mutter ging wie gewöhnlich zum Schwimmen im Teich über dem Wehr, mein älterer Bruder angelte mit seiner neuen kurzen Rute und seinem Blinker nach Hechten. Mein Vater saß auf dem hinteren Sitz des Faltboots, ich saß vorn, und wir paddelten mit unseren Doppelpaddeln flußauf. Ein Teichhuhn machte sich vor uns zu schaffen, sein Kopf bewegte sich auf und ab, sein weißer Schwanz zuckte und verschwand in einem Klumpen von Wasserpflanzen. An der vierten Biegung flog ein Paar Krickenten auf. An der fünfzehnten Biegung kam durch eine Lücke in den Binsen die Eisenbahnbrücke in Sicht, vom Anlegeplatz und dem Picknickkorb hinter uns unvorstellbar weit entfernt. Wir drehten um, und ich fühlte mich wie immer unglaublich enttäuscht. Wenn ich nur ein einziges Mal bis zu der Brücke käme, wenn ich nur einmal sehen könnte, was dahinter kam, wäre ich geborgen in einem geheimen eigenen Königreich – ich wäre befreit vom Geruch frischer Politur und meiner einsamen groben Decke auf dem Bett im Schlafsaal, befreit von der kalten Dusche jeden Morgen, von Kricketbällen, die ich nicht treffen, von Zahlen, die ich nicht dividieren, von Seilen in der Turnhalle, an denen ich nicht hochklettern konnte; und vor allem würde ich niemals wieder Mr. Macrae sehen müssen, den Direktor mit der kleinen flachen Latte, die er sich selbst gemacht hatte und in seinem Regal exklusiv für die Jungen unter zehn verwahrte.

Drei Tage später kamen wir auf unserem alten Weg auf den Pasimoni zurück, wo unmittelbar hinter der Einmündung des Baria Delphine um die Boote zu spielen begannen, und wir sahen unsere erste Schwalbe, eine mit schwarzem Kragen. Wir kampierten an unserem alten Lager, das nun praktisch nicht mehr zu erkennen war, weil der Fluß etwa zehn Meter gestiegen war und die Felsen überspülte und gegen den oberen Rand des Ufers schlug. Culimacaré nahm das Angelkanu und Chimos Gewehr und paddelte schräg über den Fluß, um flußaufwärts das andere Ufer zu erreichen, wieder überzusetzen und, leise auf unserer Seite zurücktreibend, ein Baumhuhn zum Frühstück zu schießen. Wir anderen aßen Piranha und Manioksuppe, spannten unsere Hängematten auf, zogen trockene Kleider an und bereiteten uns aufs Schlafengehen vor, als wir fünf Schüsse nacheinander hörten, gefolgt von einem Hilferuf aus weiter Ferne.

»Er ist von Indianern angegriffen worden!« sagte Galvis. »Er hat einen umgebracht.«

»Er hat fünf Nabelschweine erlegt!« sagte Chimo. »Ich kriege eins ganz für mich allein!«

Alle außer Simon und Galvis stürzten in die Boote, und wir fuhren den Fluß aufwärts, bis Chimo die leere Curiara sah, an einen Baum gebunden.

Juan blieb bei den Einbäumen, während wir übrigen an Land sprangen. Das Wasser im Wald reichte mir bis zur Hüfte. Wir fanden Culimacaré in der Dämmerung in einem Sumpf; aufgeregt hielt er das Gewehr über der Wasseroberfläche, und ein toter Tapir trieb zu seinen Füßen.

»He! He! Lo maté!« rief er. »He! He! Ich hab ihn getötet!«

»Gut gemacht«, sagte Chimo und legte ihm einen Arm um die Schultern, um ihn zu beruhigen. »Gut gemacht. Heute nacht zerlegen wir ihn und salzen ihn ein, und dann haben wir genug Fleisch, um jeden in deinem und meinem Dorf zu ernähren.«

Kompakt und stromlinienförmig, um durch dichtes Unterholz brechen zu können, etwa zwei Meter lang, aber schwer gebaut, wie er war, mußten Chimo, Pablo, Culimacaré, Valentine und ich anpacken, um den Tapir aus dem Fluß zu heben. Große, dunkelgrüne Zecken hingen überall an Bauch, Hals und Genitalien. Der Penis hatte ein Kreuzstück wie der eines Rhinozeros. Der Tapir ist nicht nur das größte Säugetier in Südamerika, sondern auch eins der ältesten der Welt, noch älter sogar als die Delphine im Fluß; sein Skelett unterscheidet sich nicht von dem seiner fossilen Vorfahren vor zwanzig Millionen Jahren; wie die Felsen von Puerto Chimo hatte auch der Tapir schon seinen Platz auf dem alten Kontinent Gondwanaland.

Wir brachen den Kadaver auf, aßen die Leber, schütteten unseren gesamten Salzvorrat über die Fleischstreifen und -stücke, verstauten sie in unserer größten Vorratstonne, und um vier Uhr morgens, unter dem Kreuz des Südens, brachen wir auf zum Dorf Culimacaré.

11

In Culimacaré erschien uns die Ein-Raum-Gästehütte mit ihrem Palmdach und ihren Wänden aus Schlamm und Rohr als Gipfel der Bequemlichkeit: Es war Luxus, eine Hängematte an die Dachbalken zu knüpfen und dem Nachmittagssturm zu lauschen, wie er draußen in schlammige Pfützen und Wasserläufe platschte. In einem Augenblick absurder Euphorie bildete ich mir gar ein, drei Tage im Trockenen könnten die Algen und Pilze auf unseren Hemden und Hosen und Hängematten umbringen und uns so von dem ständigen und vertrauten Geruch der Verwesung befreien.

Als der Regen nachließ, gingen wir hinunter zu dem schlammigen Abhang, der kurz vor der Biegung des Casiquiare als Anlegeplatz diente, und brachten unseren letzten vollen Benzinkanister und den Rest unserer Ausrüstung aus den Kanus zur Hütte. Kleine schwarze Fliegen schwärmten überall; sie hingen in Wolken über der Wasseroberfläche, sie stiegen auf und nieder in den kleinen Luftströmungen unter den Dachtraufen der Hütten, sie wirbelten jedesmal herein, wenn wir die Tür aus Drahtgeflecht öffneten. Zunächst mochte man kaum glauben, etwas so Winziges, Mückenartiges könnte so schmerzhafte Bisse austeilen. Meine Hände schwollen zu Klumpen mit großen Beulen an, alle mit Blutflecken in der Mitte.

»Du gewöhnst dich daran«, sagte Juan. »Ich werde jetzt

nackt im Fluß schwimmen. Ich will so stark wie die Indianer werden. Diese Fliegen sind Jejénes. Ich glaube, ihr nennt sie Schwarze Fliegen. Sie brüten im Mai und Juni.«

»Noch so ein verdammter Vortrag«, murmelte Simon und setzte sich schwer in seine Hängematte, schwang die Beine herauf, die Stiefel noch an den Füßen, und drehte das Gesicht zur Wand. »Vorträge, Vorträge, die ganze Zeit. Den ganzen verfluchten Tag lang.«

»Ich mag Vorträge«, sagte ich, »und ich mag Juan.«

»Ich könnte ihn erwürgen«, sagte Simon.

»Mich würdest du auch gerne umbringen«, sagte ich und wühlte in meinem Rucksack nach einer neuen Flasche Insektenspray.

»Du bist zu fett zum Erwürgen«, sagte Simon.

Chimo und Pablo, die von den Schwarzen Fliegen hineingetrieben worden waren, stellten in einer Ecke der Hütte unseren Primuskocher auf und begannen, die Streifen Tapirfleisch zu kochen. Ich zog einen Holzklotz-Hocker an den Tisch der ehemaligen Mission und stellte mir zum Vergnügen vor, alle beißenden Fliegen wären noch immer in anständiger akademischer und historischer Entfernung. Eine Passage bei Humboldt war mir einmal amüsant erschienen. Er und Bonpland, während ihrer Reisen auf den Schwarzwasserflüssen von Moskitos relativ unbehelligt, hatten feststellen müssen, daß »unsere Leiden von neuem begannen, sobald wir in den Casiquiare kamen«. Und ganz allgemein:

»Wer die großen Ströme des tropischen Amerikas, wie den Orinoko und den Magdalenenfluß, nicht befahren hat, kann nicht begreifen, wie man ohne Unterlaß, jeden Augenblick im Leben von den Insekten, die in der Luft schweben, gepeinigt wird, und wie die Unzahl dieser kleinen Tiere weite Landstrecken fast unbewohnbar machen. So sehr man auch gewöhnt sein mag, den Schmerz ohne Klagen zu ertragen, so lebhaft einen auch der Gegenstand, den man eben beobachtet, beschäftigen mag, unvermeidlich wird man immer wieder davon abgezogen, wenn Moskitos, Zancudos, Jejen und Tempraneros einem Hände und Gesicht bedecken, einen mit ihrem Saugrüssel, der in einen Stachel ausläuft, durch die Kleider durchstechen, und in Nase und Mund kriechen, so daß man husten und niesen muß, sobald man in freier Luft spricht.«

Und beruhigend war auch die Erinnerung, daß sogar Spruce zeitweise unter eben diesem Fluß gelitten hatte. Wie er aus San Carlos am 19. März 1854 an Sir William Hooker schrieb:

»Ich hatte für die Reise den Casiquiare aufwärts einen Monat eingerechnet, aber nachdem wir an der Mündung des Vasiva-Sees vorbeigekommen waren, nahmen die Moskitos so überhand, daß meine Indianer bei jedem Halt sehr ungeduldig wurden. Solange wir in Bewegung blieben, sammelten sich nur verhältnismäßig wenige Moskitos in der Piragua, aber wenn wir anhielten, um zu kochen oder Pflanzen zu sammeln, wurden sie fast unerträglich, und besonders die Kabine ähnelte fast einem

Bienenstock. Sie werden leicht verstehen, daß mein Enthusiasmus als Naturforscher mich zwar für Leiden und Beschwernisse fast unempfindlich machen mag, ich aber dennoch gelegentlich die Empfindungen meiner Matrosen nur allzu gut nachvollziehen konnte ...«

Ins Freie getrieben vom Dunst des Fleischdampfes, der die ohnehin schon heiße und feuchte und schweißgetränkte Luft erfüllte, machte ich einen Gang durch das Dorf und beschloß, Simon mit Juan und Chimo auf eine Zweitagereise nach San Carlos zu schicken, um neue Vorräte zu holen; diese Zeit wollte ich für mich nutzen, um mit Culimacaré jenseits des Flusses nach den Felsenhähnen zu suchen, und sobald Simon zurückkam, würden wir die Flüsse Siapa und Emoni hinauffahren, um die bisher unentdeckte Gruppe der Yanomami zu finden.

Früh am nächsten Morgen, noch in der Dunkelheit, kroch ich hinter unsere Hütte in die Yucca-Pflanzung, um zu scheißen; ich knipste meine Taschenlampe an und begann mit der üblichen umfassenden Untersuchung meiner erogenen Zonen – und dann schaute ich noch einmal genauer hin. In der kalten Dämmerung hatte mich der geheime Alptraum schließlich eingeholt: Die große Furcht war Wirklichkeit geworden. Mein Penis war grün. Wenn ich ihn berührte, fühlte er sich an wie eine herabhängende Weintraube. Angeschwollene Tapirzecken, so groß wie das oberste Daumenglied, saugten an ihm. »Bleib ruhig«, sagte ich laut; und dann machte ich mich über sie her, zog sie heraus, warf sie auf den Boden und zertrat sie unter meinem Stiefel, vor Schmerzen keuchend. Sie bedeckten meine ganze Leistengegend und die Hüften; Blutstropfen rannen an mir herunter. Ich schmierte mich mit einer halben Tube Savlon aus meiner Gürteltasche ein, und als ich, alle Schließmuskeln vom Schock verkrampft, in die Hütte zurückging, machte ich mir leicht in die Hosen.

Ja, sagte Chimo und lachte über seinem Frühstück aus Fleisch und Maniok, das wußte doch jeder, Tapirzecken krochen einem Mann immer die Hosen hinauf und quetschten sich zwischen Gürtel und Bauch hindurch – es zog sie dorthin, wo noch jede Frau, die er, Chimo, in seinen sechzig Jahren kennengelernt hatte, immer mit den Fingern hingewollt habe. Die Zecken waren daran gewöhnt. Dort lebten sie. Das war die einzige Stelle seines Körpers, die ein Tapir niemals gegen einen Baum rieb.

Nach dem Frühstück machte ich einen Gang durch das Dorf. Der Boden dampfte leicht, und an dem klaren Himmel hoch über dem Casiquiare schwebte ein Königsgeier; sein weißer Bauch und die Vorderkanten seiner Flügel glänzten in der Sonne, seine schwarzen Schwungfedern waren ausgebreitet. Nahebei versuchten kleine Jungen, Schildammern (geschwätzige, spatzenähnliche Vögel mit gelben Kehlen) mit dem Blasrohr aus einer Palme herunterzuholen; und in der Mitte des unebenen Platzes spielten ihre älteren Brüder bereits Fußball mit einer Art Blase. Drei Mädchen, vermutlich Culimacarés Schwestern, schauten von einer Bank am Eingang seiner Hütte zu. Alle trugen Shorts, T-Shirts und Turnschuhe, die sie im kolumbianischen Handelsposten am Zusammenfluß des Casiquiare mit dem Rio Negro im Austausch für Palmfaserbündel aus dem Dschungel (aus denen Besen gemacht werden) gekauft hatten.

Eine alte Frau, den Rücken unter einem riesigen Korb Feuerholz gebeugt, Kopf und Nacken fast parallel zum Boden gegen das Stirnband gepreßt, murmelte im Vorbeigehen einen Gruß. Sie verschwand in einer großen Hütte am Anlegesteg, deren Wände aus Rohrmatten bestanden.

Hinter einer Hütte neben unserem eigenen Quartier tauchte Galvis auf und kämpfte sich durch einen Hühnerschwarm.

»Reymono!« rief er mit seiner schrillen Stimme. »Schnell! Komm und sieh dir das an! Es ist eine Matamata!«

Er nahm einen Korb aus Rohrgeflecht von einem Stützpfosten unter dem niedrigen Palmdach und ließ ihn mit offensichtlicher Anstrengung auf den Boden herab. Irgend etwas Großes und Braunes bewegte sich leicht darin. Culimacarés kleiner Hund Rombo, eine Kreuzung aus Collie, Retriever und irgendeiner südamerikanischen Rasse, kroch von hinten an mich heran, um sich an meinem rechten Bein zu befriedigen. Galvis löste den Deckel des Korbs und kippte seine schwere Last aus: eine Schildkröte aus prähistorischer Zeit, mit einem massiven Hals, an dem zu beiden Seiten Hautfalten herunterhingen, von unermeßlichem Alter zerfurcht, von ganzen Kolonien von Warzen bedeckt. Ihr zurückgesetzter Panzer erhob sich zu drei parallelen Wülsten, ein jeder von vier verkrümmten Höckern gekrönt; zwei winzige Augen lagen weit auseinander über dem Rand eines verkrusteten Mauls, und dazwischen schob sich wie ein kleiner kurzer Wurm eine Nase hervor. Sehr langsam streckte das Tier seine Hinterbeine, hob die Schale und begann sich vorwärts durch den Schlamm zu wühlen. Rombo hörte mitten im Orgasmus auf und floh in die Pflanzung.

Juan kam von seinem langen Bad zurück, nur in Shorts und mit dem Handtuch über der rechten Schulter. Jeder bloße Fleck seines Körpers war mit weißen Striemen bedeckt, als wäre er mit einer neunschwänzigen Katze geschlagen worden.

»Du bist verrückt«, sagte ich, »du wirst dir ein Fieber holen.«

»Jetzt tut es noch sehr weh«, sagte Juan, »aber in einer Stunde wird es schon vorbei sein. Dann sind da nur noch einzelne Blutflecken. Ich ziehe mich jetzt an. Und dann«, er zeigte auf zwei gekerbte Pfosten neben der Hütte, »erkläre ich dir zur Entspannung, wie Maniok gemacht wird, wenn du willst.«

»Du verrückter Wissenschaftler«, sagte ich. »Das hätte ich sehr gern.«

»In diesem Fall«, sagte Juan und wandte sich zum Gehen, »werden wir auch über die Früchte dieser Menschen reden. Wir werden Chimo fragen.«

»Er behandelt uns wie Kinder«, murmelte Galvis auf spanisch, als wir die Matamata wieder einfingen und in ihren Korb steckten und uns abmühten, ihn wieder an seinem Haken unter dem Dach aufzuhängen. »Er denkt, er wäre etwas ganz Besonderes. Nur weil er in Nordamerika auf der Universität war und Englisch gelernt und alles studiert hat. Er ist trotzdem nur ein Kolumbianer. Er sollte über den Fluß zurückgehen, in sein eigenes Land. Er verlangt, daß ich Löcher für seine Holzkohle grabe. Ich habe gesagt, du bist der Chef, nicht er. Du hast mich eingestellt, um zu kochen; ich grabe keine Löcher! Ich lasse mir doch von einem kleinen Kolumbianer, der hier nichts zu suchen hat, nicht sagen, was ich zu tun habe! Ich gehe zurück nach San Carlos!«

Juan kam zurück, und Galvis stapfte durch den Schlamm davon, daß es spritzte; die Krise war noch nicht vorbei.

»Also erzähl mir was darüber«, sagte ich und fuhr mit der Hand über die abgegriffene, gekerbte Oberfläche eines brusthohen Pfostens. Ein weiterer Pfosten stand etwa drei Meter entfernt; er hatte statt Kerben eine senkrechte Reihe von Löchern.

»Das ist eine interessante Geschichte«, sagte Juan und nahm zwei lange Stangen auf, die auf dem Boden lagen. »Dies ist ein Sebucán. Man kann sich gar nicht vorstellen, wie die Indianer den Maniok entdeckten. Die Wurzel von einer der Yucca-Arten, die sie benutzen, ist giftig. Sie steckt voller Zyanid. Das ist tödlich – wenn du sie essen willst, mußt du sie vorher einweichen und schälen und zermahlen und mit Wasser mischen. Dann nimmst du das hier«, er zeigte auf einen langen, dicht geflochtenen, spitz zulaufenden Schlauch mit Schlingen oben und unten, der an einem Haken hing, »tust die nasse, zermahlene Yuccawurzel hinein, schiebst die eine Stange durch die obere Schlinge und in die obersten Positionen der beiden Pfosten, schiebst die andere durch die untere Schlinge und in ein Loch in dem einen Pfosten und in eine Kerbe am anderen; und dann drückst du mit aller Kraft von Kerbe zu Kerbe herunter und quetschst so das Gift heraus. Aus dem Korb tropft es in eine Schüssel; den Inhalt der Schüssel mußt du weit forttun, damit die Hühner und die Hunde nicht herankönnen. Es ist sehr stark. Wenn Kühe es trinken, sterben sie. Dann nimmst du die Masse aus dem Korb und röstest sie, um den Rest des Giftes herauszutreiben. Komm mit und sieh es dir an. Komm mit mir. Die Leute hier haben nichts dagegen.«

Wir gingen um die Hütte herum nach vorn und scheuchten einen Gelbrumpf-Stirnvogel auf, der in einem Korb an der Tür saß. In der Hütte, einem einzigen Raum, war es dunkel und rauchig und unerträglich heiß. Zum Schutz gegen Schwarze Fliegen und Moskitos gab es keine Fenster. In einer Ecke stand eine große flache Pfanne auf Steinen über einem Feuer. Zwei Mädchen knieten daneben; das eine legte Holz nach, das andere rührte und schob in der Pfanne ständig ein grobes Sägemehl aus Maniokspänen und Flocken herum.

»Hierauf wird die Yucca zermahlen«, sagte Juan und nahm ein dickes Brett auf, das neben der Lehmwand lag, »die Wurzel wird immer wieder gegen diese kleinen Steine gerieben, die in das Holz eingelassen sind. Das hier ist ein schlechtes Exemplar, aber manchmal sind sie sehr alt. Manchmal liegen die Steine in Mustern, in Bildern von Tieren aus den Mythen und Erzählungen dieser Menschen.«

Als sich meine Augen an die Dunkelheit gewöhnten, bemerkte ich eine ältere, sehr magere Frau, die hinten in der Ecke saß und uns ganz ruhig beobachtete. Zwei kleine Jungen, einer mit einem kleinen Bogen und Pfeil, spielten mit einer angebundenen Eidechse zu ihren Füßen. »Sie hat Malaria«, sagte Juan. »Chimo hat's mir erzählt. Wir müssen es den Ärzten in San Carlos sagen. Sie werden helfen.«

Ein weiteres Feuer brannte rechts von der Tür; der Rauch stieg durch eine Rohrplattform, auf der Hals, Schwanz und drei Beine eines Kaimans lagen. An der rechten Wand stand ein Tisch aus Rohrgeflecht mit einem Haufen T-Shirts, Shorts und Röcken aus Baumwolle. Zwei terrierähnliche Welpen schliefen darunter.

»Wir werden jetzt die Früchte dieser Leute sehen«, verkündete Juan und nickte den Mädchen zum Abschied zu. »Wir suchen jetzt Chimo.«

Chimo saß noch immer auf dem Hocker in der stinkenden Gästehütte, wo wir ihn verlassen hatten, in seine eigenen Gedanken versunken; er hob gesalzene Streifen Tapirfleisch mit einem Stock aus einer alten Öltonne, ließ sie in einen Kessel mit kochendem Wasser gleiten und tat die gebrühten Stücke in eine zweite Tonne.

»Wenn du rohes Fleisch mit den Händen berührst«, sagte Chimo vertraulich inmitten des Verwesungsgestanks, »wird es schlecht.«

»Komm schon«, sagte Juan, »du bist hier fast fertig. Komm und erzähl uns was über die Pflanzen.«

Chimo stellte den Primuskocher ab und kam mit uns hinaus.

Neben der Yucca-Pflanzung und auf dem Platz hinter den Hütten standen Kokosnußpalmen und Mangos und Cashewnuß- und Brotfruchtbäume und Guama- und Orangen- und Zitronen- und Pflaumenbäume; es gab Manaca- und Pijiguanopalmen; da waren Pfeffersträucher und Poma-rosa- und Tamarinden- und Guaven- und Cucura-Bäume. Hinter der Gästehütte selbst stand ein kleiner, stacheliger Strauch, dessen Blätter, wie Chimo sagte (wobei er sich mit einem Finger schneuzte), gemahlen und gekocht wurden, und in diesem Sud erhielten die neugeborenen Kinder des Dorfes ihr erstes Bad. Auf dem Feld bei der Hütte nächst dem Anlegesteg, neben einem Hühnergehege aus Schilfrohr und Palmwedeln, fanden sich ein dunkelgrüner, brusthoher Strauch, eine Art Hülsenfrucht, Varsvaco genannt; seine aufgelösten Blätter wurden benutzt, um Fische zu vergiften; ein kleiner Flecken mit wucherndem Mais (Juan sagte, der Boden von Culimacaré müsse außergewöhnlich fruchtbar sein); ein Lorbeerstrauch, dessen Stiele für die Manioksiebe benutzt wurden; ein Baum, mit dessen Rinde die Löcher in Kanus verstopft wurden; und ein Camasa, eine kürbisähnliche Pflanze, aus deren reifen Früchten Wasserbehälter gemacht wurden.

Neben Culimacarés Haus (eine Hütte mit vier Räumen, die größte im Dorf) wuchsen Ahuyama, ein gurkenähnliches Gemüse; eine grasähnliche Citronella, ein Kraut gegen Bauchschmerzen; Tupiropflanzen, für Salate; und ein Onotobusch voller Früchte, die wie kleine zusammengerollte Igel aussahen und aus deren Samen die glänzendrote Farbe gemacht wird, mit der Gesichter und Körper und Körbe und Kleider gefärbt werden. Culimacarés Mutter (groß und warmherzig) röstete Maniok in einem riesigen Budare, einer meterbreiten Backpfanne, und schob die Körner mit einem hölzernen Spatel hin und her; sie arbeitete über ihrem Feuer unter einem offenen Dach, ein ganzes Stück vom Haus entfernt.

»So ist es sicherer«, sagte Chimo. »Aber sie ernährt nicht nur ihre Familie, sondern auch die Moskitos und die Zancudos. Sie bäckt Maniok, und sie gibt ihr Blut.«

An der Hintertür des Hauses hing ein kleiner Käfig aus Rohrgeflecht, und darin saß der Vogel, nach dem wir vergeblich beim Aufstieg zum Neblina gesucht hatten: ein junger, olivbrauner, männlicher Klippenvogel mit glänzenden Augen, sein Kamm bereits erkennbar, aber erst zu einem Viertel entwickelt; er wuchs aus einem Bogen, der sich von seinem Hinterkopf bis zum Auge spannte und über seinen Schnabel herabfiel. Bald würde er hellorange werden, wie der Vogel, den Wallace 1850 in einem Dickicht auf der brasilianischen Seite des Rio Negro bewundert hatte, »der glänzte wie eine Masse strahlender Flammen«.

»Chimo, wo haben sie den gefunden?«

»Die Vögel leben hier«, sagte Chimo, und sein großes runzliges Gesicht verzog sich zu seinem zahnlosen Lächeln. »Sie leben auf der anderen Seite des Flusses bei dem großen Felsen. Culimacaré wird wissen, wo.«

An jenem Abend saßen wir auf den Bänken in der Gästehütte, aßen ein Stew aus Maniok und Tapirfleisch und machten Pläne. Culimacaré und sein Bruder erklärten sich bereit, mich am Morgen zu den wilden Felsenhähnen zu führen. Simon (der unsere letzte Dose Fleisch und einen Teil unseres letzten Pakets Reis aß) sagte zu, Juan und Chimo und sechshundert Pfund in kleinen Bolivar-Noten mitzunehmen, um in San Carlos, eine Tagereise entfernt, Vorräte einzukaufen. Wir entschieden, daß wir Kaffee brauchten, Zucker, Salz, Maismehl, Haferflocken, Spaghetti, Reis, Fleischdosen, Öl zum Kochen, Tomatenketchup, Dosen mit Trockenmilch, Dosen mit Margarine, Taschenlampenbatterien, Feuerzeuge, Patronen, Motorenöl, Kerosin und Benzin; und für den unwahrscheinlichen Fall, daß wir tatsächlich die Yanomami finden sollten, Stücke roten Tuchs (keine andere Farbe kam in Frage), Schachteln mit Angelhaken, Angelschnur, Kämme und Spiegel; und (Chimo bestand darauf) für die Curipaco von Culimacaré (und ihn selbst) mußten wir große Mengen Bier, Rum und Zuckerrohrschnaps für die Abschiedsparty besorgen, bevor wir dem Tod in die Arme liefen.

Wir schliefen ein unter dem leisen Summen der Zikaden in der Pflanzung, dem Gepiepse kleiner Frösche am Anlegesteg und dem Plätschern des Regens auf das Palmblätterdach.

Am nächsten Morgen schien die Temperatur um zwei oder drei Grad gefallen; der Himmel war dunkelgrau, die Wolken hingen niedrig, und ein feiner Nebel lag unbeweglich in der Luft.

»Es ist ein Aparo-Tag«, sagte Chimo, als wir unsere beiden Außenbordmotoren zu den Einbäumen trugen. »Der Aparo ist ein Frosch, der seine Jungen auf dem Rücken trägt. Heute ist uns kalt, weil der Aparo von Süden nach Norden wandert. Im nächsten Monat wird uns wieder kalt sein, weil der Aparo von Norden nach Süden geht.«

»Können wir einen finden?« sagte ich.

»Nein«, sagte Juan. »Noch niemand hat den Aparo gesehen. Er ist eine Legende dieser Menschen.«

»Als ich jung war«, sagte Chimo, »hätten wir die alten Männer nach dem Aparo fragen können. Aber jetzt sind sie tot. Heute kann niemand mehr sagen, wohin der Aparo geht.«

Chimo, Juan und Simon brachen auf, den Casiquiare hinab, dem Rio Negro und allen Vergnügungen von San Carlos entgegen. Simon, überwältigt von einem seiner plötzlichen Anfälle von Lebenslust, winkte, bis er außer Sicht war. Ein Paar aufgestörte Papageien mit orangefarbenen Flügeln überflog den Fluß von rechts nach links, sie flogen sehr schnell und blieben eng zusammen, und jeder schnelle, steife Schlag ihrer abgerundeten Flügel ließ einen Flecken Orange-Scharlach durch den Nieselregen blitzen.

Culimacaré, sein jüngerer Bruder und ich brachten an unserem zweiten Einbaum den kleinen Yamaha-Motor an. Culimacaré – stolz in frisch gewaschenem T-Shirt und Hosen – nahm das Steuer, und wir setzten über und fuhren ein Stück flußab zu dem großen Felsen am anderen Ufer.

Wir landeten bei einem kleinen Pfad, der zu einem offenen Unterstand mit einem Palmblätterdach führte.

»Hier ruhen wir uns aus, wenn wir herkommen, um Palmfrüchte zu sammeln«, sagte Culimacaré und hielt an, um sich mit seinem Bruder in Curipaco über den Weg zu beraten.

Der Pfad wand sich hinauf, über moosbedeckte Felsblöcke und zwischen ihnen hindurch, bis zum Fuß der Klippe. Der Felsen war in Millionen Jahren von Regenstürmen glattgeschliffen und mit eigenartigen, schmutzigweißen Flecken bedeckt. Von einem Sims auf halber Höhe jagten zwei Vögel mit hellkastanienbraunen Bäuchen nach Insekten. Drosselgroß, mit schweren Schnäbeln, flogen sie wie kleine Falken auf langen, gebogenen Flügeln; sie machten schnelle Ausfälle von den Felsen und kehrten zum gleichen Platz zurück; ich erkannte sie, weil sie in den frustrierend ähnlichen Reihen von Fliegenschnäppern im Schauensee hervorgehoben waren: Klippenfliegenschnäpper. Und wenn man schon als Fliegenschnäpper geboren war, dachte ich und kratzte an den Stichen der Schwarzen Fliegen (die inzwischen sämtlich Blasen geworfen hatten), dann gab es wahrscheinlich keinen besseren Platz für sie, um eine Praxis aufzumachen.

Wir stiegen weiter hinauf, zwischen Farnen und kleinen

Palmen; der Pfad wand sich zwischen großen Steinblöcken hindurch, die mit einem holzigen Geflecht verhängt waren, heruntergewachsen von den dickblättrigen Aronstäben auf ihren Kuppen – das mußten, wie mir klar wurde, eben die Pflanzen sein, die Spruce hier »in solchen Mengen« gefunden hatte, »daß man kaum durch ihre frei hängenden Wurzeln hindurchkommt«.

Culimacarés Bruder machte unter einem enormen Überhang aus massivem Fels halt. Schaute man heraus, war der Unterstand eingerahmt von steinernen Riefen, umgekehrten Zinnen, kopfstehenden Brustwehren – ausgewaschen von dem Wasser, das ungleichmäßig über den Rand strömte. Der Boden war nackt und fast trocken, verglichen mit der schwammigen Masse draußen aus Blättern und Wurzeln. Auf der einen Seite lag ein vereinzelter, grünlicher, sitzhoher Stein, glattpoliert, in dessen Mitte ein handbreiter ringförmiger Kanal eingegraben war. Die Brüder sprachen auf Curipaco miteinander, und dann wandte sich Culimacaré zu mir und wies mit gekrümmtem Zeigefinger nach vorn.

»Dies ist ein sehr alter Ort«, sagte er. »Andere Indianer lebten hier, bevor wir kamen. Schau her«, er stieß das gebogene Ende seiner langen Machetenklinge mit der rechten Hand in den Boden und warf die Erde auf, »schau her, hier finden wir ihre Töpfe, mit denen sie auf dem Feuer kochten.«

Ich bückte mich und durchwühlte den kleinen Haufen aufgeworfener Erde, fand zwei schwere Fragmente grober Töpferware. Ich steckte sie ein, für Juans Sammlung.

Weiter oben kamen wir zu einem Spalt auf der Rückseite des Hauptfelsens und rechts davon zu einem anderen höhlenähnlichen Überhang, vor dem das Gelände zehn bis fünfzehn Meter abfiel, hinab zu weiteren Felsen. Culimacarés Bruder kauerte sich ruhig hin und deutete in die Dunkelheit. Wir folgten ihm und schauten auf die rauhe Rückwand. Als sich meine Augen darauf eingestellt hatten, ließ sich hoch oben ein felsenfarbiges Schlammnest erkennen, anscheinend direkt an den Granit geklebt. Zwei glänzende Flecken gespiegelten Lichts starrten uns an. Darüber stand ein kurzer stumpfer Schopf, und dahinter erhob sich ein dunkler, viereckiger Schwanz.

»Komm schon«, flüsterte Culimacaré und grinste in zahnlosem Triumph, »mein Bruder findet noch einen.«

An hängenden Wurzeln schwingend, unglaublich leicht über die zerklüfteten Felsen kletternd, verschwanden die beiden Curipaco in dem Spalt. Ich folgte, so gut ich konnte, stieß mich an den engen Wänden, blickte besorgt auf die überhängende Felsmasse hoch über unseren Köpfen. Mit einigen Abschürfungen kamen wir schließlich auf einer kleinen offenen Plattform über einer halbrunden Klippe heraus. Eine dünne Palme, deren Wedel direkt über unseren Köpfen hingen, wuchs auf dem Boden darunter. Ihr Stamm war etwa eineinhalb Meter entfernt, gerade außer Reichweite. Die Curipaco sprangen einer nach dem anderen auf sie hinüber, ohne sich umzusehen, und ließen sich geschickt an Händen und Füßen zur Erde herab. Ich erinnerte mich daran, daß in solchen Augenblicken das Denken nicht besonders hilfreich ist, und sprang. Der Baum krümmte sich, schwang um seine Achse und stieß mich in die Leiste. Die Felsen tanzten um mich herum. Der Boden kam herauf und trat mich in den Hintern.

»Still«, zischte Culimacaré; er wirkte verärgert. »Wir wollen doch den Vogel sehen.«

Ich stand auf, fuhr mit der Hand in meine Hosentasche, um zu überprüfen, ob ich noch intakt war, und folgte den anderen. Meine Stiefel schlappten beim Gehen. Sie fielen bereits auseinander und waren beide am Spann aufgerissen. Ich gratulierte mir, daß ich noch ein Reservepaar im Gepäck hatte.

In einer Höhle zur Linken war noch ein Nest. Auch dieses klebte hoch oben an der rückwärtigen Wand, aber es gab mehr Licht, und wir konnten näher herankommen. Das Vogelweibchen war erregt, vermutlich ebenso aufgebracht wie ich nach meiner Behandlung durch die Palme. Es war schwärzlichbraun und klapperte mit seinem gelbbraunen Schnabel, als wir näher kamen. »Werden wir auch das Männchen sehen, wenn wir warten?« flüsterte ich.

»Nein«, sagte Culimacaré, »das Männchen ist ein schlechter Ehemann. Es spielt im Wald. Es kommt nie zum Nest.«

Wir zogen uns leise zurück, ohne daß das Weibchen von seinem Nest aus Lehm und Palmfasern und Klippenvogelspucke hätte auffliegen müssen, und stiegen in einen anderen, etwas breiteren Spalt. Fast sofort begannen uns Fledermäuse zu umflattern; eine von ihnen, vermutlich verwirrt von den starken Echosignalen, die sie von den Granitwänden an beiden Seiten empfing, krachte gegen meinen Kiefer. Benommen krallte sie sich einen Moment an mein Hemd, das Fell schwarz und dick, dicht und glänzend. Sie war viel größer als die kleinen grauen Fledermäuse, die uns auf dem Baria-Fluß begleitet hatten.

»Halt den Arm vors Gesicht«, sagte Culimacaré. »Hier haben die Fledermäuse ein großes Dorf.«

Culimacarés Bruder blieb vor einem schwarzen Loch im

Felsen stehen und warf einen kleinen Stein hinein. Während er noch hinunterklapperte, füllte sich die Luft mit Fledermäusen, die im Zickzack aus dem Eingang und dem Spalt herunterschossen; als sie an uns vorbeiflatterten, klangen ihre Flügelschläge wie lose Segel in starkem Wind. Wir bahnten uns unseren eigenen Weg durch einen kleineren Spalt, kletterten über die Felsen und durch den dichten Bewuchs am Ufer, vorbei an den dornenbewehrten Stämmen von Palmen und Bäumen auf Pfahlwurzeln, über die schwammigen Klumpen der Wurzeln an der Oberfläche und zwischen den verfilzten Lianen hindurch, die sich dem Licht entgegenrankten, und kamen an der Stelle heraus, wo unser Boot angebunden lag.

An jenem Abend lag ich nach einem Mahl aus Tapirfleisch in meiner Hängematte und las noch einmal Teile aus Charlies Fotokopie von Napoleon A. Chagnons ›Yanomamo: The Fierce People‹ (1968). Mir gefiel die Beunruhigung, die das Vorwort von George und Louise Spindler auslöste:

> »Dies ist wirklich ein Buch über ein wildes Volk. Die Yanomamo-Kultur verkehrt die Bedeutungen von ›gut‹ und ›wünschenswert‹, wie sie in den Idealforderungen der judäisch-christlichen Tradition zum Ausdruck kommen. Ihre Neigung zu plötzlichen Wutanfällen, ihre Bereitschaft, Gewalt einzusetzen, um die eigenen Ziele zu erreichen, gelten als erwünschte Charakterzüge. Das Verhalten des Yanomamo läßt sich in den wertbeladenen Begriffen unseres eigenen Vokabulars weitgehend als brutal, grausam, heimtückisch bezeich-

nen. Die Yanomamo selbst jedoch ... scheinen keineswegs alle bösartig und verräterisch. Als Individuen erscheinen sie als Menschen, die ihr eigenes kulturelles Spiel spielen, mit inneren Empfindungen, die sich manchmal recht deutlich von den Anforderungen ihrer Kultur unterscheiden.«

Ich würde, dachte ich, sobald ich von zwei Meter langen Pfeilen durchbohrt im Dschungel läge (und das Kurare die Muskeln von Zwerchfell und Herz entspannte, ihnen nach all den Jahren eine Rast gönnte), mich daran erinnern müssen, daß der individuelle Yanomami es nicht böse meinte. Und außerdem konnte keine Warnung klarer sein als Chagnons Zusammenfassung:

»Am stärksten beeindruckte mich die Bedeutung der Aggression in ihrer Kultur. Ich konnte zahlreiche Vorfälle beobachten, die individuelle Rachsucht einerseits und kollektive Kriegslust andererseits zum Ausdruck brachten. Sie reichten von gewöhnlichen Vorfällen wie dem Verprügeln von Frauen und Auf-die-Brust-Schlagen bis zu Duellen und organisierten Kriegszügen mit dem Ziel, Männer aus feindlichen Dörfern aus dem Hinterhalt zu überfallen und umzubringen.«

Ich hatte auch Charlies Fotokopie der Übersetzung von Jacques Lizots ganz anderem, aber ebenso eindrucksvollem (und beunruhigendem) Bericht über das Leben und die Mythen der Yanomami dabei, ›Le Cercle des Feux: Faits et dits des Indiens Yanomami‹ (1976). Anders als Chagnon hält sich Lizot aus seinen anthropologischen Beschreibungen heraus. Und der düstere Nachhall der Erklärung für dieses Schweigen erfüllte mein Gehirn:

»Natürlich hätte ich auch auf meine eigene Lebenserfahrung bei den Indianern eingehen können, aber aus rein persönlichen Gründen wollte ich über anderes sprechen: Ich bin noch nicht imstande, über den furchtbaren Schock zu reden, der diese Erfahrung für mich gewesen ist ... Vielleicht werde ich niemals dazu imstande sein, solange ich an für mich sehr schmerzvolle Dinge würde rühren müssen ...«

Nun, wie Lizots schreckliche Erfahrungen auch ausgesehen haben mögen, dachte ich, die Indianer haben mehr gelitten. Humboldts Bericht über die Taten des Missionars von San Fernando können für sie alle stehen, vorher und danach. 1797 begab sich dieser Mönch mit seinen bekehrten Indianern auf eine Seelenrettungsexpedition zu den Ufern des Rio Guaviare:

»Man fand in einer Hütte eine Mutter vom Stamm der Guahibos mit drei Kindern, von denen zwei noch nicht erwachsen waren. Sie bereiteten Maniokmehl. An Widerstand war nicht zu denken; der Vater war auf dem Fischfang, und so suchte die Mutter mit ihren Kindern sich durch die Flucht zu retten. Kaum hatte sie die Savanne erreicht, so wurde sie von den Indianern aus der Mission eingeholt, die auf die Menschenjagd gehen, wie die Weißen auf die Neger in Afrika. Mutter und Kinder wurden gebunden und an den Fluß geschleppt. Der Ordensmann saß in seinem Boot, des Ausgangs der

Expedition harrend, die für ihn sehr gefahrlos war. Hätte sich die Mutter zu stark gewehrt, so wäre sie von den Indianern umgebracht worden; alles ist erlaubt, wenn man auf die ›Eroberung von Seelen‹ auszieht, und man will besonders der Kinder habhaft werden, die man dann in der Mission als Poitos oder Sklaven der Christen behandelt. Man brachte die Gefangenen nach San Fernando und meinte, die Mutter könne zu Land nicht wieder in ihre Heimat zurückfinden. Durch die Trennung von den Kindern, die am Tage ihrer Entführung den Vater begleitet hatten, geriet das Weib in die höchste Verzweiflung. Sie beschloß, die Kinder, die in der Gewalt des Missionars waren, zur Familie zurückzubringen; sie lief mit ihnen mehrere Male von San Fernando fort, wurde aber immer wieder von den Indianern gepackt, und nachdem der Missionar sie unbarmherzig hatte peitschen lassen, faßte er den grausamen Entschluß, die Mutter von den beiden Kindern, die mit ihr gefangen worden, zu trennen. Man führte sie allein den Atabapo hinauf, den Missionen am Rio Negro zu. Leicht gebunden saß sie auf dem Vorderteil des Fahrzeugs. Man hatte ihr nicht gesagt, welches Los ihrer wartete, aber nach der Richtung der Sonne sah sie wohl, daß sie immer weiter von ihrer Hütte und ihrer Heimat wegkam. Es gelang ihr, sich ihrer Bande zu entledigen, sie sprang in den Fluß und schwamm dem linken Ufer des Atabapo zu. Die Strömung trug sie an eine Felsbank, die noch heute ihren Namen trägt. Sie ging hier ans Land und lief ins Holz; aber der Präsident der Missionen befahl den Indianern, ans Ufer zu fahren und den Spuren der Guahiba zu folgen. Am Abend wurde sie zurückgebracht, auf den Fels gelegt und mit einem Seekuhriemen, die hierzulande als Peitschen dienen und mit denen die Alkalden immer versehen sind, unbarmherzig gepeitscht. Man band dem unglücklichen Weibe mit starken Mavacureranken die Hände auf den Rücken und brachte sie in die Mission Javita.

Man sperrte sie hier in eine der Karawansereien, die man Casas del Rey nennt. Es war in der Regenzeit und die Nacht ganz finster. Wälder, die man bis da für undurchdringlich gehalten, liegen 112 km in gerader Linie breit, zwischen Javita und San Fernando. Man kennt keinen anderen Weg als die Flüsse. Niemals hat ein Mensch versucht, zu Lande von einem Dorfe zum anderen zu gehen, und lägen sie auch nur ein paar Meilen auseinander. Aber solche Schwierigkeiten halten eine Mutter, die man von ihren Kindern getrennt, nicht auf. Ihre Kinder sind in San Fernando am Atabapo, sie muß zu ihnen, sie muß sie aus den Händen der Christen befreien, sie muß sie dem Vater am Guaviare wiederbringen. Die Guahiba in der Karawanserei war nachlässig bewacht, und da ihre Arme ganz blutig waren, hatten ihr die Indianer von Javita ohne Vorwissen des Missionars und des Alkalden die Bande gelockert. Es gelingt ihr, sie mit den Zähnen vollends loszumachen, und sie verschwindet in der Nacht. Und als die Sonne zum viertenmal aufgeht, sieht man sie in der Mission San Fernando um die Hütte schleichen, wo ihre Kinder eingesperrt sind. ›Was dieses Weib ausgeführt‹, sagte der Missionar, der uns diese traurige Geschichte erzählte, ›der kräftigste Indianer hätte es sich nicht getraut, es zu unternehmen.‹ Sie ging durch die Wälder in einer Jahreszeit, wo der Himmel immer mit Wolken bedeckt ist und die Sonne tagelang nur auf wenige Minuten zum Vorschein kommt. Hatte sie sich nach dem Lauf der Wasser gerichtet? Aber da alles überschwemmt war, mußte sie sich weit von den Flußufern, mitten in den Wäldern halten, wo man das Wasser fast gar nicht laufen sieht. Wie oft mochte sie von den stachligen Lianen aufgehalten worden sein, welche um die von ihnen umschlungenen Stämme ein Gitterwerk bilden! Wie oft mußte sie über die Bäche schwimmen, die sich in den Atabapo ergießen! Man fragt das unglückliche Weib, von was sie sich vier Tage lang genährt; sie sagte, völlig erschöpft habe sie sich keine andere Nahrung verschaffen können als die großen, schwarzen Ameisen, Vachacos genannt, die in langen Zügen an den Bäumen hinaufkriechen, um ihre haarigen Nester daran zu hängen. Wir wollten durchaus vom Missionar wissen, ob jetzt die Guahiba die Ruhe des Glücks habe genießen können, um ihre Kinder zu sein, ob man doch endlich bereut habe, daß man sich so maßlos vergangen? Er fand nicht für gut, unsere Neugierde zu befriedigen; aber auf der Rückreise vom Rio Negro hörten wir, man habe der Indianerin nicht Zeit gelassen, von ihren Wunden zu genesen, sondern sie wieder von ihren Kindern getrennt und in eine Mission am oberen Orinoko gebracht. Dort wies sie alle Nahrung von sich und starb, wie die Indianer in großem Jammer tun.«

Als ich am folgenden Abend, mit Insektenspray eingeschmiert, vor unserer Hütte saß, meine Pfeife rauchte und Chagnon las, unterbrach Culimacaré das Fußballspiel mit seinem Bruder und seinen drei Schwestern.

»Da ist ein Motor«, sagte er und zeigte nach Westen. »Sie kommen zurück.«

Eine halbe Stunde später hörte ich das Geräusch selbst.

Simon, wie umgewandelt, saß aufrecht und eifrig in der Mitte des Einbaums und rief schon, als Chimo das Boot ans Ufer brachte. »Wir haben fast alles gekriegt! Das war der schönste Abend meines Lebens!«

»Also was ist passiert?« fragte ich, als wir Kisten mit brasilianischem Zuckerrohrschnaps und Rum und Bier ausluden, dazu alle möglichen Nahrungsmittel, die mir plötzlich selten, exotisch und aufregend vorkamen, wie zum Beispiel Haferflocken.

»Wir haben Lebensmittel von der Guardia gekauft«, sagte Simon; seine Züge wirkten weniger angespannt unter seinem struppigen Bart, seine Augen weniger eingesunken und verquält. »Wir haben sogar Gemüse gekriegt, Kartoffeln und Zwiebeln. Und es gibt zwei neue Assistenzärzte in der Ambulanz in San Carlos. Und sie sprechen englisch. Und einer ist ein Mädchen. Und sie ist das schönste Mädchen, das ich je gesehen habe. Und sie haben uns zum Essen eingeladen. Und wir haben auf Stühlen gesessen und richtiges Huhn gegessen und Bier getrunken und Musik gehört. Bach und so. Alle mögliche Musik. Und ich hab geredet und geredet mit anderen Menschen.«

»Worüber habt ihr geredet?«

»Über dich«, sagte Simon mit einem plötzlichen Grinsen, »darüber, wie verrückt du bist.«

Nach Einbruch der Dunkelheit, nachdem wir den Rest unseres Tapirfleisches an alle Familien im Dorf verteilt hatten, veranstalteten wir in Culimacarés Haus eine Party. Es war die größte Hütte und hatte ein Extrazimmer zum Empfang von Gästen, leer und kahl, mit einem Tisch in einer Ecke und Bänken entlang den Wänden. Nach Chimos Anweisungen reihte ich unsere Flaschen mit Zuckerrohrschnaps mitten auf dem Tisch auf; sie glänzten bösartig im Licht unserer Paraffinlampe, und ihre Etiketten verkündeten rot auf gelb CANINHA TATUZINHO, unter einem schwarzen, stilisierten Nasenbär, der seine Schnauze blinzelnd in ein Büschel Zuckerrohr steckte.

Die Curipaco glitten aus der Dunkelheit in den Raum, die Männer saßen auf der Bank am Eingang, die Frauen neben der Tür zum inneren Raum. Ich füllte unsere Becher mit Schnaps; die Indianer reichten sie von Hand zu Hand, auch an die Frauen, die gierig den klaren Branntwein schluckten. Chimo, riesig, würdig, gütig, die geschenkte Pfeife zwischen die Zähne geklemmt, saß mit gespreizten Beinen in der Mitte der Hauptbank; in der linken Hand hielt er einen Becher für sich selbst, mit der rechten gab er die Becher für die anderen weiter, aus denen er ebenfalls trank.

Culimacaré holte den riesigen Kassettenrecorder, den er in dem kolumbianischen Laden von seinem Vorschuß für die Reise gekauft hatte, und legte sein einziges Band ein: venezolanische Popsongs. Zu ihren Rhythmen drehten sich Galvis und Culimacarés jüngste Schwester in einem hüpfenden walzerartigen Tanz. Chimo zog zwei Löffel aus der Tasche, stand auf, stellte ein Bein auf die Bank, nahm die Löffel in eine Hand und schlug zwischen seinem Knie und seiner freien Handfläche den Takt. Ich tanzte zuerst mit der alten Frau, die mit ihrer schweren Ladung Feuerholz an mir vorbeigekommen war. Ihr Rücken war sogar im Ruhezustand gebeugt, ihre Hände in den meinen so grob und zerklüftet und schwielig wie die Haut eines Kaimans; sie blickte einmal auf, wobei ein breites Grinsen ihre Falten teilte.

»Chimo«, sagte ich, als wir uns an die zweite Kiste Zuckerrohrschnaps machten und das Band sich zum fünfzigstenmal drehte, »gibt es keine Curipaco-Lieder?«

»Nicht hier«, sagte Chimo mit roten Augen; er schneuzte sich mit einer Hand, schlenkerte den Rotz auf den Boden und trocknete seine Finger, indem er sie durch sein Kraushaar zog. »Vielleicht kennen die Curipaco in Kolumbien ein paar Lieder, aber hier sind sie alle vergessen.«

Simon, bemerkte ich, tanzte nicht. Er saß abseits, den Kopf zwischen den Händen, und starrte auf den Boden. Culimacaré, der das ebenfalls bemerkte, ging zu ihm und setzte sich neben ihn.

»Dies ist mein Haus«, sagte Culimacaré, »du bist hier willkommen«, und dann legte er sich auf den Lehmfußboden und übergab sich schnell und reichlich. Seine Schwestern hörten sofort mit Tanzen auf und trugen ihn ins Hinterzimmer. Simon stand auf und ging.

Die Curipaco genossen einen seltenen Tag Ferien von sich selbst, versanken im Vergessen, schliefen in den Ecken ein. Auch ich beschloß, es sei Zeit zu gehen, und marschierte in einem heftigen Regensturm durch den Schlamm des Platzes zurück.

In der Gästehütte saß Juan auf einer Bank und wirkte erregt. Simon lag in seiner Hängematte, neben sich eine offene Flasche Rum.

»Ich dachte, die wollten wir für die Abende aufsparen«, sagte ich, »um uns Mut anzutrinken, wenn wir zu den Yanomami kommen. Damit wir nicht darüber nachdenken, wo wir wirklich sind«, und betrunken, wie ich war, kam es mir unglaublich witzig vor, »morgens in der Yanomarmelade und zum Tee im Yanomarmorkuchen.«

»Herrgott«, sagte Simon, ohne zu lächeln, »was für ein unglaublich blöder Fünftkläßlerwitz.«

»Ich habe schlechte Nachrichten«, sagte Juan zu mir, »du hast einen Fehler gemacht. Du hast diesen Menschen Alkohol gegeben. Sie wissen nicht, wie sie damit umgehen sollen. Sie werden krank. Wir wollten es dir nicht sagen, aber nun muß ich es tun. Als wir in San Carlos waren, kam Pablos Sohn zu uns. Er ist vierzehn. Seine Schwester ist zwölf. Sie sind am Verhungern. Sie haben kein Essen. Das Geld, das du Pablo als Hälfte seines Lohns gegeben hast, bevor wir aufbrachen – du weißt doch noch, Redmond, in der Nacht vor der Abfahrt war er so betrunken, daß er auf dem Boden lag, und dann raubten ihn seine Freunde aus. Deshalb haben wir seinem Sohn und seiner Tochter Geld zum Leben gegeben und haben weniger für deine Vorräte ausgegeben. Und jetzt ist Pablo wieder betrunken. Er liegt draußen im Schlamm. Er will mit uns allen kämpfen, und dann ruft er nach seiner Frau.«

»Seiner Frau?«

»Er ruft oft nach seiner Frau. Manchmal spricht er im Schlaf. Du verstehst diese Menschen nicht. Sie sind Kinder. Sie kämpfen nicht gegen das Unglück. Seine Frau – er ruft immer nach seiner ertrunkenen Frau, wenn er betrunken ist. Pablo kann sich nicht anpassen. Er ist ein starker Mann. Ein guter Arbeiter. Aber all seine Arbeit geht in den Suff.

Und Valentine – der ist ähnlich. Der Grund ist auch das Saufen und seine Frau. Er schlägt sie, wenn er betrunken ist.«

»Okay«, sagte ich, »ich werde es nicht wieder tun. Morgen können sie sich erholen, meinetwegen auch noch übermorgen, und dann fahren wir den Siapa hinauf, dann gibt es nichts mehr zu trinken. Wir haben sowieso nur noch zwei Flaschen Rum und eine Kiste Bier. Bald sind wir bei den Yanomami und können uns nur noch mit Yoppo aufputschen.«

»Es ist bekannt«, sagte Juan, »daß Yoppo das Hirn schädigt.«

»Ich wünsche euch viel Vergnügen«, sagte Simon plötzlich mit besonderer Vehemenz und setzte sich in seiner Hängematte auf, in einer Hand die Rumflasche. »Ich werde nicht dabeisein. Ich komme nicht mit.«

»Was?« sagte ich; mein Bauch schien sich zu einem Knoten zusammenzuziehen.

»Warum zum Teufel sollte ich denn? Warum zum Teufel sollte ich mir das alles antun? Das möchte ich mal wissen! Sag es mir! Ich halte das nicht mehr aus. Ich halte das nicht aus. Warum denn auch? Warum soll ich mich jeden Tag von Ameisen und Wespen und Hornissen und Bienen stechen lassen? Ich habe darüber nachgedacht. Immer nur Regen und Moskitos und immer dieselben scheußlichen Bäume und endlosen Flüsse und ekelhaftes Essen und die ganze Zeit naß. Es gibt keine Kameradschaft. Es gibt keinen Wein und keine Frauen und keine Lieder, und nirgendwo kann man vernünftig scheißen.«

»Es tut mir leid«, sagte ich, »morgen wirst du anders darüber denken.«

»Einen Scheiß werde ich«, sagte Simon, die Augen weiß

in der Dunkelheit, »ich denke ja gar nicht dran! Vier Wochen lang habe ich darüber nachgedacht. Und als ich bei den Ärzten in San Carlos zum Essen eingeladen war, da wurde mir klar, was ich machen werde. Ich bin bloß zurückgekommen, um es dir richtig zu sagen. Es ist nicht, daß ich Angst habe, es ist nicht wirklich deine Schuld. Es ist einfach, daß ich da nicht wieder hingehen kann«, er wedelte mit der Flasche in Richtung des Anlegestegs und des undurchdringlichen Dschungels, »und warum sollte ich auch?«

»Glaubst du, du bist bereits so labil«, sagte Juan so präzise wie möglich, sein Bart im Licht der Kerosinlampe eine Silhouette, die sich fragend nach vorn schob, »wegen des plötzlichen Entzugs von Drogen und Alkohol auf dieser Reise?«

»Du blödsinniger Dago«, sagte Simon verzweifelt, »wie zum Teufel soll ich das wissen?«

»Tu es nicht«, sagte ich. »Später wird es dir leid tun. Ich meine, mich im Stich zu lassen.«

»Redmond«, sagte Simon und entspannte sich, »das erledige ich alles mit dem ersten Glas Cognac.«

»Sei nicht albern. Du wirst es dir niemals verzeihen.«

»Aber natürlich werde ich das. Ich hab es ja schon. Redmond – ich habe als Erwachsener viermal geweint. Einmal, als mein Vater starb; einmal, als meine Frau mich verließ, einmal, als meine Katze Pinky vor meinen Augen überfahren wurde; und jene Nacht, als wir uns in diesem stinkenden Sumpfloch verirrt hatten.«

»Und was ist mit den Yanomami? Was ist mit deinen Fotos?«

»Ich will die Yanomami nicht sehen. Ich kann diese ganze

Armut nicht ertragen. Diese Menschen sind schon schlimm genug. Sie haben überhaupt nichts. Und außerdem sind meine Kameras völlig, aber auch völlig verdreckt mit Schlamm und Pilzen und Parasiten, ab und zu auch noch ein Fisch dazwischen, sollte mich jedenfalls nicht wundern. Ich kann hören, wie die Filme zu Suppe werden, wenn ich sie weiterdrehe. Aber ich habe mir alles ausgerechnet – ich lasse dir die Minolta mit Handaufzug, die ich nicht benutzt habe, in dem versiegelten Beutel; das kleine Zoom; das Blitzlicht; und alle restlichen Schwarz-Weiß-Filme. Dann bist du mit deiner Nikonos für so gut wie alles gerüstet. Für dich ist das alles anders hier. Du hast überhaupt keine Geschmacksnerven. Du hältst alles für wunderbar. Du würdest ein gutes Essen noch nicht einmal erkennen, wenn ich es dir ins Maul ramme. Du bist ein fettes Ekel. Du bist ungefähr so sensibel wie ein Rhinozeros. Und dann bist du außerdem auch noch manisch dazu. Du kriegst jedesmal einen hoch, wenn du einen neuen Vogel siehst. Während ich, ganz ehrlich, Redmond, um ganz ehrlich zu sein, ich denke einfach, na guck mal an, da ist ja noch so ein Scheißvogel.«

»Was wirst du machen«, fragte ich und war plötzlich neidisch, »wenn du nach Hause kommst?«

»Ich werde erstklassigen Wein trinken«, sagte Simon, »in riesigen Mengen, ich werde Liz und die Kinder zu einem Urlaub mit nach Portugal nehmen. Und wenn wir zurückkommen, essen wir sonntags abwechselnd Schweinefleisch und Rindfleisch zu Mittag. Aber ich werde immer die Kartoffeln machen, weil Liz sie nie ganz knusprig kriegt, so richtig mit Kruste, wenn du weißt, was ich meine? Tatsächlich, jetzt, wo ich darüber nachdenke – ich werde sie verdammt noch mal heiraten. Wir kaufen uns zusammen ein anständiges Haus, weit weg von dir. Und ich arbeite wieder im Kasino und schufte wie ein Idiot und werde mich nie wieder über irgendwas beklagen.«

Am nächsten Nachmittag, als sie wieder laufen konnten, brachten Chimo und Pablo Simon den Fluß hinab zum Armeeposten nach Solano, wo die Marinesoldaten ihn mitnahmen nach San Carlos.

12

Wir legten noch einen Ruhetag ein, unter der Aufsicht von achtundvierzig Kuhreihern (reinweiß und absurd sauber); wenn sie aufgescheucht wurden, hoben sie sich mühsam in die Luft, kreisten in geringer Höhe und ließen sich etwa vierzig Meter entfernt wieder nieder. Wir krochen zwischen den Yuccapflanzen herum, hockten zwischen den Ananas, versteckten uns hinter Büschen, deren Namen für den Augenblick völlig uninteressant geworden waren, würgten aus Mund und After, und schlechtes Tapirfleisch oder guter Zuckerrohrschnaps oder auch beide zusammen ließen unsere Eingeweide in wilden und ständigen Krämpfen zucken.

Am Tag danach, immer noch geschwächt, durch Imodium aber schon wieder halb auf dem Damm, reparierten wir die Lecks in den beiden Einbäumen, stopften Fetzen von zwei meiner verrotteten Hemden in die länglichen Schlitze im Holz und dichteten sie mit Chimos Pech ab. Unser Publikum bildeten die Frauen, die ihre Kleider im Fluß wuschen und sie auf einem groben Brett am Landungssteg schrubbten; vier kleine Jungen, die zum Schwimmen kamen; und drei junge Matamatas, zwei Baby-Chipiros (gewöhnlich aussehende Schildkröten mit roten Streifen an jeder Seite des Kopfes) und zwei Tortugas (ebenso, aber mit gelben Streifen) in einem Korb, der halb untergetaucht im flachen Wasser stand.

Am nächsten Morgen banden wir die Einbäume zusammen, luden unsere Vorräte ein, winkten den versammelten Curipaco zum Abschied und machten uns flußaufwärts auf die Suche nach dem Wilden Volk.

»Ich bin sicher, daß wir eines Tages zu den Yanomami kommen werden«, sagte Juan, der neben mir zwischen den beiden mit Zeltplanen bedeckten Gepäckhaufen in der Mitte von Chimos Einbaum saß. »Chimo wird wissen, was zu tun ist. Wir werden Gabriel besuchen, seinen Freund. Gabriel ist ein Caboclo, ein Siedler aus Brasilien. Er hat eine Hütte und eine kleine Lichtung in Porvenir, und er handelt mit den Yanomami auf dem Siapa. Wir werden bei ihm unser Lager aufschlagen.«

Galvis saß uns im anderen Boot gegenüber und arbeitete sich noch immer durch einen alten spanischen ›Reader's Digest‹; Valentine und Culimacaré hockten als Ausguck jeweils im Bug; und Pablo, in seinen blauen, wasserdichten Plastikumhang gehüllt, war neben dem anderen, unbenutzten Motor eingeschlafen. Chimo, der alte Süßwassersegler, auf dem Weg zu einem Fluß, dessen Oberlauf selbst ihm unbekannt war, saß am Steuer, stundenlang ohne Pause, die Pfeife zwischen die Zähne geklemmt, gestopft aus seinem frischen Vorrat an brasilianischem Alligatortabak, der stärksten Mischung, die es gibt.

Selbst unter dem trüben Himmel eines Aparo-Tages erschien der Casiquiare überaus schön. Wir waren wieder unterwegs. Die kleine Heckwelle des tuckernden Motors wanderte hinter uns über den trägen, schmutzigbraunen, angeschwollenen Fluß.

Wir hielten uns nahe am Ufer, um der Hauptströmung auszuweichen, und etwa alle drei oder vier Meilen scheuchten wir einen einsamen Weißnackigen Reiher auf, der unten am Wasser saß.

Nach einigen Stunden schrie Culimacaré plötzlich auf und zeigte hoch in einen Baum vor uns. Chimo nahm Gas weg, so daß die Boote in der Strömung standen. »Pereza!« sagte er.

Ich schwenkte das Fernglas in die Richtung, in die alle schauten. Ein zerzauster, graugrüner Blätterhaufen schien sich im Laub zu bewegen. Aber das Bündel schien auf seiner Unterseite weiße Streifen zu haben – und schließlich kam ein kleines, breites, schwarzes Gesicht mit einer Knopfnase und einem weißen Streifen auf der Stirn ins Blickfeld.

»Es ist ein Faultier!« sagte Juan. »Ein Dreizehiges Faultier!«

»Still!« sagte ich. (Die Zehen, die ich sah, wirkten eher wie Fleischerhaken.)

Das Tier reckte sich nach vorn und nach hinten und verschwand überraschend schnell in der Deckung eines dichten Gewirrs von Bromeliazeen in einer Astgabel.

Früh am Nachmittag kamen wir um eine Biegung an eine gerade Flußstrecke: Dort, auf halbem Wege flußaufwärts, lag Gabriels Siedlung. Auf unserer Codesur-Karte war sie stolz als Porvenir eingezeichnet, aber es war nichts weiter als ein kleiner Landungssteg (an den zwei Einbäume gebunden waren), ein offenes Schutzdach, eine Hütte und zwei Schuppen.

Gabriel, seine Frau (glaube ich jedenfalls), sein Sohn, seine Tochter und dazu vier Kinder kamen zu unserer

Begrüßung heraus. Fünf Mealy-Papageien (groß, grün, mißtrauisch), zwei Hunde (ähnlich wie Whippets, mitgenommen, unterwürfig) und ein Rotgrüner Ara (scharlachrot, blau und freundlich) vervollständigten die Bevölkerung von Porvenir.

Wir luden unseren Ofen und unsere Töpfe und eine Kiste mit Vorräten aus.

»Gabriel«, sagte Chimo, »heute gönnen wir uns ein kräftiges Essen. Wir haben viel zu bereden.«

Gabriel war etwa sechzig, sein Gesicht zerfurcht und sehr dunkel, sein Körper vierschrötig, langsam in seiner Rede und seinen Bewegungen. Ich wühlte in meinem Rucksack herum, fand die letzte Flasche Rum, die ich vor Simon (und allen anderen) versteckt hatte, und überreichte sie ihm. Er fuhr mit seinen großen Händen über die Flasche, hielt sie gegen das Licht, als wollte er ihre Farbe prüfen, und trug sie hinter seine Hütte. Seine Frau ging ihm nach. Die Hütte selbst war eine eigenartige Konstruktion: Dach und Wände waren mit Palmblättern bedeckt; sie lagen in Schichten über einer Palisade aus Pfählen, die so eng nebeneinander in den Boden getrieben waren, daß sie sich berührten. Die Hütte hatte keine Fenster, und auch ihre in Angeln hängende Vordertür war auf diese Weise bedeckt; sie war moskitosicher.

Wir saßen draußen auf Bänken aus zusammengebundenen Stämmchen und schwatzten mit Gabriels Tochter und seinem Sohn Clemente. Die beiden dunkelhäutigen Jungen standen an die Knie ihrer Mutter gepreßt.

»Das sind meine Kinder«, sagte sie. »Mein Mann hat mich verlassen, deshalb bin ich hierher zu meinem Vater zurückgekommen. Die da«, sie nickte zu den beiden hellhäutigen, helläugigen Jungen hinüber, vielleicht fünf oder sechs Jahre alt, die etwas abseits standen, »sind Choris. Die Yanomami, die Siapateris, haben sie zu uns gebracht. Ihre Eltern sind tot. Sie waren nicht erwünscht. Gabi wird sich um sie kümmern. Sie helfen im Conuco.«

Ein Hund schnüffelte an meinen Hosen, und ich streichelte seinen Kopf. Gabriels Tochter nahm mit einer geschmeidigen Bewegung ein Stück Holz auf und schlug es dem Hund über den Rücken. Das Tier heulte schrecklich und hinkte davon, um sich zu lecken.

Gabriel und seine Frau kamen zurück; sie trug eine Schüssel mit Maniok und Wasser, er hielt zwei soeben geschlachtete Hühner an den Hälsen.

»Heute nacht werden wir essen wie der König von Spanien«, sagte Galvis, nahm die mageren Vögel und begann sie zu rupfen. »Es gibt Huhn und Reis und Spaghetti.«

»Und Lao-lao«, sagte Pablo und deutete mit den Lippen auf einen Haufen zylindrischer hölzerner Schwimmer. »Reymono muß den großen Wels probieren.«

»Du gehst mit Chimo und Pablo angeln«, sagte Juan zu mir, »und ich grabe mit Culimacaré und Valentine nach Holzkohle hinter Gabriels Conuco. Aber wenn du den Riesenwels fängst, Redmon, dann paß auf; er kann zwei Meter lang werden. Wenn er im Fluß ist, geht niemand weit vom Ufer baden. Er zieht Kinder auf den Grund und frißt sie dort auf.«

Wir kamen an der großen Holzschüssel mit Maniok vorbei, genehmigten uns jeder einen Mundvoll Sägemehl, luden die Schwimmer in den Einbaum, nahmen einige halbverweste Piranhas aus Clementes Ködervorrat in seinem Kanu (im Austausch versprachen wir, ihn später zu seiner Fischfalle flußabwärts zu fahren) und machten uns flußaufwärts auf den Weg. Pablo saß im Bug, eine Zigarette aus Rindenpapier im Mundwinkel, entwirrte die Schnüre an den Schwimmern, schnitt die Piranhas auf und steckte die Stücke auf die riesigen Haken. Zwei Meilen flußauf brachte Chimo das Kanu hinüber zum linken Ufer, und dann fuhren wir gerade über den Fluß, wobei Pablo etwa alle zwanzig Meter eine seiner Leinen auswarf. Die Schwimmer wippten in der unruhigen Strömung auf und ab, und ihre silbern bemalten Spitzen glänzten. Wir fuhren noch ein Stück weiter flußauf, hielten uns dann in der Mitte und stellten den Motor ab.

Das Boot drehte sich sanft in der Strömung, das Wasser schlug gegen seinen Rumpf. Ein Kreischender Piha rief.

Ein Geringter Eisvogel flog niedrig und gerade und schnell über den Fluß; er änderte seinen Kurs, um uns genauer zu betrachten, und hielt sich über dem Boot, wobei die Spätnachmittagssonne kurz auf seinen kastanienbraunen Bauch schien, bevor er davonflog, blau und weiß.

Wir trieben hinab nach Porvenir, wo Clemente winkend auf dem Anlegesteg stand. Chimo ließ den Motor wieder an, und wir zogen die Leinen ein; fast alle Köder waren verschwunden.

»Nichts als Piranhas«, sagte Pablo und imitierte mit seinen Fingern nagende Zähne. »Die großen Fische schlafen.«

Wir nahmen Clemente an Bord (er trug einen dichtgeflochtenen Korb voll Palmfrüchte und eine lange Harpune mit drei Spitzen) und fuhren flußabwärts zu seiner Fischfalle. Sie lag nahe am linken Ufer unter dem dichten Überhang aus Ästen und Lianen. Stromauf schwimmende Fische, vom Geruch faulender Früchte angelockt, wurden durch einen langen Zaun aus Pfählen vom Ufer weg in ein hölzernes Gehege gelenkt und durch eine schmale Lücke in ein großes halbkreisförmiges Becken eingelassen, auf dessen Oberfläche einladend die reifen Früchte der Morichepalme schwammen, die roten, lederigen Schalen halb weggefault, das käseähnliche Fleisch bloßgelegt.

Clemente stieg vorsichtig auf einen schmalen hölzernen Steg aus zusammengebundenen Baumstämmchen, der etwa sechzig Zentimeter über dem Wasser am Pfahlzaun entlanglief. Er öffnete eine kleine Falltür über der Lücke, hielt sich mit der einen Hand an der Konstruktion fest, die hölzerne Harpune in der anderen haltend, und stach, sich vorbeugend, in das trübe Becken. In der Falle wurde es lebendig. Ein langer, sehniger, graubrauner Schatten stieg von unten auf und schien sich über die gesamte Oberfläche auszubreiten.

»Uiiiiiih!« sang Chimo. »Templador! Halt deinen Pinga fest, Clementine! Wenn du reinfällst, hast du das letzte Mal ein Schwein gefickt!«

Clemente grinste, hakte ein Bein um einen Pfahl und stach mit beiden Händen die Harpune in das Wasser. Schließlich traf er unter wildem Platschen und durchbohrte den Zitteraal hinter dem Kopf. Dann holte er ihn mühsam mit angespannten Muskeln heraus. Er hing gerade herunter vom Ende der Harpune, so dick wie ein Bein und etwa eineinhalb Meter lang, mit winzigen Augen, der Körper ein schleimiger Zylinder mit einer Afterflosse, die von der Schwanzspitze bis zur Kehle lief. Clemente reichte ihn mir noch an der Harpune über den Zaun hinweg; das offene Maul war innen dunkelorange. Ich gab ihn an Chimo im Heck weiter; der ließ den Körper in einen Busch am Ufer fallen und zog die Harpune mit einem scharfen Ruck heraus.

Clemente leerte seinen Korb mit Palmfrüchten in das

Becken; den Korb noch immer in den Händen, sprang er hinterher und verschwand. Mit zwei halbaufgefressenen Piranhas tauchte er wieder auf.

»Der Templador hat unser Essen geholt«, sagte er. Er tauchte noch einmal und brachte zwei schlaffe, elektrisierte, aber unangetastete Piranhas herauf, einen Pavón und einen Bocachico.

Wieder in Porvenir, saßen wir unter dem offenen Schutzdach um Galvis' Kochfeuer. Wir aßen Fischsuppe und Maniok und Reis und Spaghetti; und dann aßen wir Hühnersuppe und Maniok und Reis und Spaghetti.

»Sieht so aus, als träfen wir morgen die Yanomami«, sagte Juan. »Eine Gruppe Siapateri ist hiergewesen. Sie bringen ihre Körbe zu Gabriel, um sie gegen Macheten einzutauschen, und sie helfen ihm auf seiner Pflanzung. Vor drei Tagen sind sie wieder gegangen. Sie haben ein großes schweres Bongo, das sie sehr langsam paddeln. Sie halten an, wenn sie eine Palme mit Früchten sehen oder ein Wildschwein im Wald hören. Sie haben es nicht eilig. Sie haben eine andere Vorstellung von der Zeit, Redmon, als wir. Morgen holen wir sie ein.«

»Und was dann?«

»Dann«, sagte Gabriel, »mußt du ihnen Essen geben und Geschenke aus Perlen. Und Jarivanau, der Häuptling dieser kleinen Gruppe, bringt euch dann zu den Menschen im Innern, weit entfernt, jenseits des Emoni-Flusses.«

»Und wenn sie uns kidnappen?« sagte Galvis.

»Dich würde keiner kidnappen«, sagte Chimo, »deine Titten sind zu klein.«

»Sie haben meine Tante entführt«, sagte Gabriels Tochter nüchtern. »Sie heißt Helena Valero. Sie haben sie zweiundzwanzig Jahre lang bei sich behalten. Sie hatte vier Söhne. Das ist alles bekannt. Aber jetzt haben wir nichts mehr von ihr gehört.«

»Es ist wahr«, sagte Juan. »Ein italienischer Professor hat ein Buch darüber geschrieben. Wenn diese Expedition jemals zurückkommt, wenn ich Caracas noch einmal wiedersehe, dann schlage ich es für dich nach.«

»Mach dir keine Sorgen, Juan«, sagte ich und legte ihm die Hand auf die Schulter. »Was, glaubst du, werden sie dir tun?«

»Begönnere mich nicht«, sagte Juan angespannt mit blitzenden Augen und schob meine Hand weg. »Nur weil du in Englisch-Borneo gewesen bist, glaubst du wohl, daß du diesen Dschungel kennst! Ja, das glaubst du!« (Er schrie fast.) »Du hast keine Ahnung! Die echten, unberührten Yanomami sind keine englischen Gentlemen. Du glaubst, es wäre leicht. Du sagst, wir werden dies tun, Juan, wir werden das tun, Chimo, wir werden die Yanomami finden. Wir geben ihnen Geschenke. Warum sollten sie eure Geschenke wollen? Du weißt überhaupt nichts! In Brasilien nehmen die armen weißen Siedler ihr Land. Sie jagen die Tiere in ihrem Wald. Sie töten die Yanomami wie Wildschweine. Und jetzt haben einige Brasilianer auf dem Cauaburi den Yanomami Schrotgewehre verkauft. Die Pelztierjäger schießen auf sie. Die Missionare vernichten ihre Kultur. Deshalb schießen die Yanomami jetzt zurück. Sie verbergen sich am Ufer ihrer Flüsse und schießen auf die Pelztierjäger. Sie schießen mit Kurarepfeilen und mit Schrotgewehren. Und warum auch nicht? Das ist hier kein freundliches

Land. Mein eigenes Land ist auch kein freundliches Land. Ist es nie gewesen. Hier, Redmon, haben die Yanomami nur zwei Freunde – Jacques Lizot und Napoleon Chagnon. Und die Yanomami auf dem Emoni kennen keinen von beiden – und es gibt keine netten dicken Polizisten aus England auf ihren Fahrrädern, mit Pfeifen und kleinen Knüppeln am Gürtel.«

Es entstand eine Pause. Ich war still.

»Es tut mir leid«, sagte Juan und stand auf. »Ich bin wütend. Ich werde meine Hängematte in Gabriels Raum aufhängen. Ich werde in Gabriels Haus zu Ende essen.«

Das Bankett war beendet. Chimo, Valentine, Galvis und Culimacaré hängten ihre Hängematten an die Pfähle des Schutzdachs um das Feuer in der Mitte. Gabriel nahm meinen Rucksack und führte mich in seine Hütte. Draußen nahm er mich beim Arm. Das helle, schiefe Rechteck des Kreuzes des Südens war ungewöhnlich klar zu erkennen.

»Hör mir zu«, sagte er. »Das geht alles in Ordnung. Jarivanau ist ein guter Freund von mir. Ich kenne die Siapateri gut. Sie besuchen mich, und sie besuchen die Mission in Esmeralda am Orinoko. Früher waren sie Emoniteri, aber es gab Streit im Stamm. Es gab einen großen Kampf um Frauen, und viele Männer wurden getötet. Jarivanau und seine Verwandten zogen zum Siapa hinunter. Sie waren zu wenige, um weiterzukämpfen. Du mußt ihm sagen, daß du Gabi kennst. Dann ist alles in Ordnung.«

In Gabriels Hütte, in seinem Vorderzimmer, schlief Juan schon halb in seiner Hängematte. Eine Öllampe brannte auf einem kleinen Tisch in einer Ecke. Die Pfahlwände waren mit Hunderten von Bildern bedeckt, die aus Magazinen ausgeschnitten waren, lauter Fotografien des Papstes auf seiner Reise nach Südamerika. Auf dem Erdfußboden lagen Körbe herum, von stumpfem Rot, mit runden schwarzen Ornamenten geschmückt. Einige waren wie Helme geformt, andere wie flache Obstschalen.

»Was ist das?«

»Die Yanomami machen sie«, sagte Gabriel. »Sie weben sie aus der Mamureranke. Sie spalten sie mit den Zähnen. Sie tauschen sie bei mir gegen Äxte und Macheten. Mein Bruder bringt mir viele Sachen aus Brasilien in seinem überdeckten Bongo, und im Austausch nimmt er die Körbe mit.«

Gabriel zeigte mir, wo ich meine Hängematte anbringen konnte, und dann zog er sich durch eine schmale Tür mit einem Vorhang aus Streifen zurück zu seiner Familie im inneren Raum.

Ich pustete das Licht aus, kletterte in meine Hängematte und schlief ein; und träumte die ganze Nacht, so glaubte ich jedenfalls, daß ich durch den Dschungel rannte, verfolgt von den Yanomami, jeder bewaffnet mit einem Zitteraal.

13

Ich erwachte vom Geräusch strömenden Regens; draußen begrüßte mich Galvis, der unter den überhängenden Palmblättern Schutz gesucht hatte.

»Ich bleibe hier«, sagte er. »Diese Reise wird sehr gefährlich. Es ist nicht vernünftig. In San Carlos liebe ich meinen Sohn, und ich liebe meine Tochter, und ich mag auch meine Frau; ich will sie alle wiedersehen. Gabriels Bruder nimmt mich mit, wenn er mit seinem Bongo kommt. Und außerdem will ich nicht nach Holzkohle graben. Ich will nicht für Juan arbeiten.«

»Okay. Vergiß die Holzkohle. Kommst du für mich mit?«

»Natürlich nicht«, sagte Galvis.

»Fünfhundert Bolivar?«

»Abgemacht«, sagte Galvis und schüttelte mir die Hand.

Die Papageien waren naß und unglücklich; der Ara war naß und unglücklich; wir waren naß und unglücklich. Wir drängten uns in der Kochhütte und aßen unsere Fischsuppe auf, beluden die Einbäume und machten uns in unseren Plastikumhängen auf den Weg.

Nach zwei Stunden war der Sturm vorüber; die weiße, pockennarbige Oberfläche des Flusses wurde wieder braun wie üblich, und wir fuhren in den Siapa ein. Chimo feierte das auf seine übliche Weise.

»Morgen«, sagte er, »werde ich dich überraschen, Reymono. Ich habe mit Gabi gesprochen. Ich werde dir an einem See etwas zeigen.«

»An einem See?«

»Wart's nur ab«, sagte Chimo und stopfte seine Pfeife.

Als wir langsam flußaufwärts kamen, dicht am linken Ufer (der Siapa ist an seiner Einmündung fast so breit wie der Casiquiare), wurden die Schwärme von Schwarzen Fliegen dichter. Einzeln fast unsichtbar, waren sie so zahlreich, daß sie etwa einen halben Meter über der Wasseroberfläche ein oszillierendes, dunkelgraues Band bildeten.

»Auf diesem Fluß kann man nicht paddeln«, verkündete Chimo, spuckte Insekten aus und gab Gas.

Etwa eine Stunde später zeigten sich über den Bäumen neben uns kurz drei Schwalbenweihen. Wallaces dickbäuchige Palmen wuchsen in Abständen an den Ufern.

Wir fuhren um eine sanfte Biegung in eine gerade Strecke ein, und Culimacaré zeigte sofort nach vorn rechts. »Choris!« sagte er.

»Heilige Jungfrau«, sagte Chimo, »da sind sie.«

Durch das Fernglas sah ich ein großes Bongo mit nackten Menschen an Bord; zwei Mann paddelten im Heck und zwei im Bug. Als wir ihnen langsam näher kamen, standen die Männer auf.

»Whooo!« brüllten sie, ein hoher Schrei von ungeheurer Stärke.

»Choris!« sagte Chimo, als wir auf etwa zwanzig Meter herangekommen waren. »Jarivanau?«

»Jarivanau!« schrie ein stämmiger Mann im Heck, zeigte mit dem Finger auf seine Brust und winkte uns heran. Sein Kopf war glattrasiert, und als er sich vorbeugte, um unsere

Bordwand festzuhalten, sah ich, daß sein Schädel von vier oder fünf riesigen Narben gekerbt und eingedellt war.

In ihrem Boot, einem unglaublich altersschwachen Bongo, waren neun Männer, elf Frauen, zehn Kinder, acht Hunde, eine Katze, ein Papagei und der rechte Hinterlauf eines Gürteltiers. Zwei alte Frauen saßen in der Mitte des Einbaums und flochten Körbe; zu unseren Ehren zog jede von ihnen ein khakifarbenes Männerhemd an (vermutlich bei Gabriel eingetauscht), das sie vorn offen ließen. Die jüngeren Frauen kauerten im Boot, ein oder mehrere Kinder im Arm; fast jede hatte einen Bissen Tabak hinter der Unterlippe, was ihre Münder verzerrte und ihnen irreführend das Profil von Neandertalern verlieh. Sie waren viel hellhäutiger als Pablo oder Culimacaré oder Valentine oder Chimo, tatsächlich noch viel heller, als ich zunächst gedacht hatte. Als ich genauer hinsah, stellte ich fest, daß sie von winzigen Blutspuren übersät waren: Sie hatten unter den Schwarzen Fliegen so schlimm gelitten, daß es nirgends mehr Platz für frische Bisse gab.

Einige der Männer hatten sich schwarze Linien und Kreise auf Stirn und Wangen gemalt, und einer trug zehn Zentimeter lange Pflöcke in den Ohren. Die alten Frauen hatten sich mit einem Färbemittel aus rotem Onotosamen eingerieben. Jarivanau umklammerte, wie ich voller Erregung bemerkte, eine schmale Rohrpfeife, die etwa achtzig Zentimeter lang war und an einem Ende eine kleine schwarze Tülle hatte. Ich erkannte sie nach Chagnons Beschreibung. Es war eine Yoppopfeife, das Gerät, mit dem man sich eine furchterregende Dosis halluzinogenen Stoffs in die Nase bläst.

Ich zeigte darauf und tat so, als hielte ich mir die Tülle an die Nase. Jarivanau grinste und nickte.

»Wenn du das nimmst«, sagte Chimo, als wir unsere Einbäume an ihrem festmachten, »haben wir noch einen bekloppten Engländer.«

»Es schadet dem Gehirn«, sagte Pablo.

»Bevor du weißt, wie dir geschieht«, sagte Chimo, »bindest du dir auch den Pinga mit einer Schnur hoch.«

»Es ist sehr, sehr gefährlich«, sagte Juan. »Es macht süchtig.«

Jarivanau grinste mich breit an und haute sich mit der freien Hand gegen die Stirn. Seine Zähne waren völlig in Ordnung.

Pablo und Chimo warfen die beiden Motoren an, und der neue Konvoi, drei Einbäume nebeneinander, bewegte sich langsam flußauf. Die jungen Frauen im Vorderschiff reichten Galvis einen großen Kochtopf hinüber, und er füllte ihn mit Maniok und Flußwasser. Alle Yanomami tranken und boten mir dann den Rest an. Es war unmöglich, einen solchen Trank aus Sägemehl und Freundschaft abzulehnen. Normalerweise achtete ich darauf, nur aus einer unserer Wasserflaschen mit Chlortabletten zu trinken; nun fragte ich mich irrational (wir waren weit von jeder Siedlung entfernt), wie viele Parasiteneier ich da wohl an meine Eingeweide ließ.

»Jarivanau«, sagte Chimo und zeigte auf eine Frau, die im Heck ihr Kind stillte, und mimte den Beischlaf, indem er sein Becken vor und zurück bewegte, »ist das deine Frau?«

Jarivanau schüttelte den Kopf und legte seine Arme um eine junge Frau und ein kaum zehnjähriges Mädchen, die vor ihm saßen. Dann stand er auf (er trug eine alte schwarze Hose, vermutlich von Gabriel, mehrere Nummern zu groß und an den Knöcheln abgeschnitten) und wies in die Mitte des Bootes. Eine Frau, die wir noch nicht bemerkt hatten, lag dort gegen einen Tragekorb gelehnt, ausgemergelt, teilnahmslos, die braunen Augen riesig in dem eingesunkenen Gesicht. Sie versuchte uns anzulächeln, aber sie mußte husten. Sie wandte das Gesicht ab.

»Malaria«, sagte Juan, »und wahrscheinlich auch Tuberkulose; wenn wir zurückkommen, nehmen wir sie mit.«

Jedesmal, wenn wir an einer Manacapalme mit Früchten vorbeikamen, zeigten die Yanomami hin und schrien, und ihre Hunde heulten; aber Chimo und Pablo fuhren trotzdem weiter.

»Wir werden sie ein schönes Stück fahren«, murmelte Chimo, »und dann kehren wir um. Es sind zu viele. Wenn wir mit ihnen zusammen lagern, verlieren wir alles. Sie ziehen dir im Schlaf die Hosen aus, Reymono.«

Ich nickte den beiden alten Frauen neben mir zu. Sie nickten zurück. Alles in allem, entschied ich, waren sie ein ganzes Stück sauberer als ich.

Einige Zeit später wurde Chimo anscheinend bewußt, daß er ein völlig neues Publikum hatte: Er stand auf und zeigte seine Pinkel-Zeremonie. Die Yanomami schrien begeistert.

»Whooooo!« sangen sie.

»Ich habe lange gebraucht, um das zu lernen«, sagte Chimo zufrieden. »Das kann sonst niemand. Ich hab's mir selbst beigebracht.«

»Das hör ich gern«, sagte ich.

»Hier laß ich sie zurück«, sagte Chimo und lenkte die Einbäume in das Blätterwerk vor dem unsichtbaren Ufer.

Das Bongo der Yanomami, das ein gutes Stück länger war als die unseren, bohrte sich als erstes und am weitesten ins

Gebüsch und zerstörte ein unsichtbares Wespennest. Ihre beiden Bugpaddler sprangen unter Schmerzensschreien (und dem Gelächter aller anderen) ins Wasser und hielten sich die Hände über die Köpfe. Wir duckten uns und zogen die Hüte über die Gesichter, um die Augen zu schützen. Es war gut zu wissen, daß wir und sie auf angreifende Wespen in gleicher Weise reagierten.

Als sich die Insekten zerstreut hatten, zeigte Chimo auf die Sonne, ahmte ihren Untergang und ihren Aufgang nach und stellte pantomimisch unsere Rückkehr am nächsten Tag dar. Jarivanau und die drei anderen Männer nahmen resigniert die Paddel wieder auf, und Chimo und Pablo fuhren uns mit Motorkraft schnell flußab.

Nach halbstündiger Suche fanden wir ein kleines Uferstück, an dem wir lagern konnten.

»Manaca«, sagte Chimo und zeigte auf eine große, fruchttragende Palme ein paar Meter vom Ufer. »Culimacaré, hoch mit dir.«

»Ich hasse das«, sagte Culimacaré, nahm entschlossen seine Machete, riß eine Mamure-Ranke von einem der benachbarten Bäume, schnitt ein Stück ab, legte es zu einer Schlinge zusammen und stellte die Füße hinein. Die Machete zwischen den Zähnen, umfaßte er den Stamm mit den Armen und seinen zusammengebundenen Füßen und zog und schob sich abwechselnd den Stamm hinauf in den Himmel.

»Hormiga!« rief er mit einem erstickten Schrei, den Mund voller Machete, und wand und krümmte sich, als ihn die großen roten Ameisen bissen, weil er sie sich nicht von der Haut pflücken konnte. In etwa zwanzig Meter Höhe erreichte er die Manaca, und wir klatschten Beifall. Von einem dicken

Stengel gehalten, hingen Zweigbündel herab wie die Äste einer Trauerweide, jeder Zweig in ganzer Länge mit dunkelroten, pflaumengroßen Früchten besetzt. Culimacaré klammerte sich mit den Knien an den Stamm und hackte den Stengel durch, rief eine Warnung und ließ die Machete fallen, und dann glitt er in einer Kaskade loser Früchte herab, das schwere Zweigbündel in der rechten Hand.

Während wir den Platz von kleinen Bäumchen befreiten und junge Triebe abschlugen, um unsere Hütte zu bauen, streifte Valentine die Manacafrüchte von den Zweigen und warf sie in einen halb mit Wasser gefüllten Topf; dann schlug er sie mit dem Ende einer Stakstange, um das Fruchtfleisch zwischen Schale und hartem Kern zu lösen. Heute würde es Maniok in bitterer Manacasauce geben.

Die Schwarzen Fliegen umwirbelten uns in dichten Schwaden und bissen überall zu, wo der Schweiß die Jungle-Formula abgewaschen hatte; sie flogen mir in den Mund; sie krochen meine Nasenlöcher hinauf und machten sich auf der Nasenschleimhaut breit; sie drängten sich auf meinen Augenlidern. Juan packte sein Gesichtsnetz aus, und die Indianer wickelten sich ihre Reservehemden um die Köpfe. Mir wurde klar, daß der Siapa viel schlimmer war als der Casaquiare (das Insektenleben des Baria erschien im Vergleich fast ärmlich), und ich verteilte den Rest unseres Insektensprays, drei wertvolle Flaschen pro Mann.

»Diese Stelle ist unerträglich«, sagte Galvis und goß Petroleum auf das Holz seines Kochfeuers und warf zusätzlich Blätter hinein, um Rauch zu erzeugen, »auf diesem Fluß können wir nicht bleiben.«

»Weiter oben wird's besser«, sagte ich leichthin.

»Woher willst du das wissen?« fragte Juan.

»Das steht bei Spruce«, log ich.

»Du und dein Spruce«, sagte Galvis, »der war wahrscheinlich auch verrückt.«

Chimo, den anscheinend noch nicht einmal eine halbe Million Schwarze Fliegen um seinen alten Kopf aus der Ruhe bringen konnten, stand gelassen am Ufer, warf seine Leine mit Welsköder aus und zog sie wieder und wieder ein, jedesmal mit einem Piranha am Haken. Wir anderen bauten das Schutzdach.

Als ich meine Bodenplane unter der Hängematte ausbreitete (damit man herankommende Ameisen und Taranteln sehen konnte), geriet ich mit der Hand zwischen die Blätter auf der Erde. Ein plötzlicher wilder Schmerz schoß mir den Arm hoch und schien sich in meiner Schulter auszubreiten. Ich stand auf und trat die Blätter mit dem Stiefel auseinander. Ein kleiner schwarzer Skorpion lauerte auf dem Boden, die Zangen nach oben, den Stachel über den Rücken nach vorn geschwungen. Ich trat ihn tot.

»Jesus«, sagte ich, »Sind diese Viecher tödlich?«

»Nein«, sagte Juan, der gerade seine Hängematte anbrachte; er sah auf und genoß die Szene. »Aber in meinem Land, in Kolumbien, sind wir nicht wie die Engländer. Wir glauben nicht, daß wir alles und jedes in die Hand nehmen müssen.«

Direkt unterhalb des Handgelenks hatte ich ein sauberes kleines Loch. Ein eigenartiges Zittern, wie das schnelle Flattern von Spatzenflügeln, wenn sie um Futter betteln, durchzog meine Glieder.

»Es tut ein paar Stunden weh«, sagte Juan, »wie ein Biß der Veintecuatro. Manche Leute kriegen davon einen schweren Schock.«

Sofort fühlte ich mich im Schock.

»Reg dich ab«, sagte Chimo, ließ seine Angel liegen und kam herüber, um meine Hand zu inspizieren. »Es ist nur ein Skorpion. Morgen nehmen Culimacaré und ich dich mit zu deiner großen Überraschung.«

Wir hängten unsere Hängematten auf und schlugen dann genug verrottetes Holz, um unser Feuer die ganze Nacht am Brennen zu halten; wir warteten, bis es dunkel wurde und die Schwarzen Fliegen verschwanden, bevor wir uns um den Kochtopf stellten und unsere Piranhasuppe mit Maniok löffelten.

»Wir danken Gott und der Jungfrau für dieses Essen«, verkündete Chimo plötzlich.

»Chimo«, sagte ich, »glaubst du an Gott?«

»Natürlich nicht«, sagte Chimo und spuckte eine Ladung Piranhagräten aus, »aber auf dem Emoni werden wir alle Hilfe brauchen, die wir kriegen können.«

»Wirklich?«

»Wirklich, mein Freund. Selbst für mich wird es nicht leicht. Auf deiner Karte ist es nur ein kleiner Fluß. Aber deine Karte stimmt nicht. Es ist ein langer Fluß, glaub mir. Vor vier Jahren war ich der Bootsmann für sechzehn Italiener, die unsere Bäume studieren wollten. Wir kehrten um. Vor sieben Jahren war ich Bootsmann für die Regierung, für das Bergbauministerium. Da kehrten wir auch um. Ich bin der beste Bootsmann in Venezuela, da kannst du jeden fragen, Reymono, und das werden sie dir auch sagen. Aber trotzdem kehrten wir um.«

»Aber dieses Mal ist es anders. Wir haben einen Führer. Jarivanau wird kommen.«

»Jarivanau«, sagte Chimo und fuhr sich mit den fischverschmierten Fingern der rechten Hand durch sein gekräuseltes Haar. »Vielleicht kommt er, aber vielleicht kommt er auch nicht.«

Die grünen Doppellichter der Leuchtkäfer schwebten durch die Bäume. *Piiiep-piiiep-piiiep* sangen die winzigen braunen Frösche am Flußufer. *Waaaaark-waaaark* sang eine andere Art. Es war Zeit, schlafen zu gehen.

In meiner Hängematte, während mir kurz durch den Kopf ging, daß Simon in diesem Moment vielleicht mit seiner Freundin an einem kühlen, trockenen Tisch in einem Londoner Restaurant saß, ohne Moskitos, vor sich eine Karaffe Rotwein, wandte ich mich schnell Chagnons ›Yanomamo: The Fierce People‹ zu. Nachdem ich endlich wirkliche Yanomami-Kopfnarben gesehen hatte, wollte ich noch einmal Chagnons Beschreibung nachlesen, wie sie zustande kamen – eine Beschreibung, die mir in Caracas exotisch und sehr fern und wenig glaubwürdig erschienen war.

In einer abgestuften Skala der Gewalt bedeutet ein Duell im Brustschlagen das freundlichste Ritual. Chagnon war Zeuge eines solchen Kampfes zwischen zwei rivalisierenden Yanomami-Gruppen gewesen:

> »Zwei Männer, einer von jeder Seite, treten in das Zentrum einer bewegten, kriegerischen Menge waffenschwingender Parteigänger und werden von ihren Genossen angefeuert. Einer geht einen Schritt vor, spreizt die Beine, entblößt seine Brust und hält beide Arme hinter den Rücken; so fordert er den anderen heraus, ihn zu

schlagen. Der Gegner stellt ihn zurecht, rückt Brust und Arme des Mannes so, daß er selbst den größten Vorteil davon hat, und dann tritt er zurück, um seinen Schlag mit geschlossener Faust anzubringen. Der Schläger mißt die richtige Entfernung von seinem Opfer ganz genau mit dem Arm ab, und dann macht er vor dem entscheidenden Schlag gewöhnlich mehrere Luftschläge. Dann kauert er sich zusammen wie ein Werfer beim Baseball, aber mit beiden Füßen auf dem Boden, und versetzt seinem Gegner einen gewaltigen Schlag mit der Faust auf den linken Brustmuskel, wobei er all sein Gewicht in den Schlag legt. Dem Opfer werden häufig die Knie weich, es wankt ein paar Augenblicke umher, schüttelt den Kopf, um wieder klar zu werden, bleibt aber ganz still ... Dann stellt sich der Geschlagene wieder bereit und nimmt bis zu vier Schläge hin, bevor er seinerseits an der Reihe ist. Er darf seinen Gegner so oft schlagen, wie dieser ihn geschlagen hat, vorausgesetzt, der Gegner hält es aus.«

Die nächste Stufe ist ein bißchen übler:

»Das Duell im Seitenschlagen ist fast identisch, nur daß der Schlag mit der offenen Hand ausgeführt wird, auf die Flanke des Gegners, zwischen Brustkorb und Hüftknochen. Es ist ein bißchen ernsthafter als das Brustschlagen, weil häufiger Verletzungen auftreten und das Temperament schneller angeheizt wird, wenn ein Kämpfer nach Luft schnappend zu Boden fällt und ohnmächtig wird.«

Bei dieser Gelegenheit »wurde einer der einflußreicheren Männer bewußtlos geschlagen, was die anderen wütend machte. Der Kampf danach dauerte nur ein paar Minuten, aber in diesen paar Minuten tauschten die Männer schnell ihre Pfeilspitzen gegen Kriegspfeilspitzen aus: mit Kurare und Lanzenbambus.« Ein richtiger Krieg wurde gerade noch vermieden. Aber im allgemeinen bilden

> »Keulenduelle die nächste Stufe der Gewalt. Sie können innerhalb und auch zwischen Dörfern stattfinden … Die dabei benutzten Keulen sind im Idealfall acht bis zehn Fuß lang. Sie sind sehr elastisch, ziemlich schwer, und es lassen sich mit ihnen gewaltige Schläge austeilen. Nach Form und Dimensionen ähneln sie Billardqueues, sind aber fast doppelt so lang. Die Keule wird am dünnen Ende gehalten, das häufig zu einer scharfen Spitze zuläuft, für den Fall, daß der Kampf eskaliert; dann wird die Keule umgedreht und als Speer benutzt.
>
> Die meisten Duelle beginnen zwischen zwei Männern, gewöhnlich nachdem einer in flagranti mit der Frau eines anderen erwischt wurde. Der erboste Ehemann fordert seinen Gegner heraus, ihn mit einer Keule auf den Kopf zu schlagen. Er hält seine eigene Keule senkrecht, lehnt sich dagegen und hält seinen Kopf hin, damit der andere zuschlagen kann. Sobald er einen Schlag abbekommen hat, kann er seinerseits dem Schuldigen auf den Kopf schlagen. Sobald jedoch Blut zu fließen beginnt, reißt fast jeder eine Stange aus dem Rahmen des Hauses und mischt sich in den Kampf, wobei er den einen oder anderen Rivalen unterstützt.

Natürlich sind die Köpfe der meisten Männer mit langen häßlichen Narben bedeckt, auf die ihre Träger überaus stolz sind. Einige von ihnen rasieren sich die Haare ab, um diese Narben zur Schau zu stellen; sie reiben rote Farbe auf die Kopfhaut, um sie besser hervorzuheben.«

Jarivanau hatte alles außer der roten Farbe.

Ein Schopfhokko rief. Und ich zitterte leicht, aber ob nun wegen des Skorpionstichs oder bei dem bloßen Gedanken an die Yanomami, vermochte ich nicht zu entscheiden.

14

Noch in der Dunkelheit weckte mich ein schweineähnliches Grunzen und Schnüffeln; irgend etwas Großes und Eifriges klapperte mit unseren leeren Konservendosen.

»Schnell!« zischte Chimo aus der Festung seiner riesigen Hängematte. »Cachicamo! Pablo hat mein Gewehr!«

»Hier bin ich«, flüsterte Pablo. »Mach deine Lampe an, du alter Idiot.«

Die Hängematte bewegte sich. Chimo fand seine große Lampe, knipste sie an und richtete den Strahl auf das Geräusch. Das Gürteltier, grau und massig, kauerte sich zusammen und rannte in Deckung. Pablo feuerte; das Tier brach im Lauf zusammen, seine kurzen Beine traten langsam auf der Stelle, und dann lag es still.

»Mein Gewehr ist sehr gut«, sagte Chimo. »Jetzt haben wir etwas für die Yanomami.«

»Das ist ein ziemlich beschissenes Gewehr«, sagte Pablo, der das Tier untersuchte, »aber ich bin ein guter Schütze.«

Chimo knipste die Lampe aus, und wir schliefen wieder ein.

Als ich in der Morgendämmerung hinter einem Busch kauerte, bemerkte ich zuerst gar nicht, daß ich angegriffen wurde. Aber dann fühlte ich kleine Schmerzenspfeile im Gesicht und am Hintern. Zwei Moskitoarten, die mir beide neu waren, hatten offensichtlich zum Abschluß ihrer symbiotischen Evolutionsstrategie beschlossen, zwei Millionen

Jahre lang am Ufer des Siapa auf einen Mann zu warten, der zum Scheißen kommen würde. Die eine Art, groß und schweigsam, aber mit weißen Enden an den Beinen, wiegte sich langsam von einer Seite zur anderen, als sie meinen Kopf anbohrte. Die andere, groß und geräuschvoll, aber schwer auszumachen, ging sechzig Zentimeter über dem Dschungelboden auf meinen Hintern los. Es war unmöglich, beide Enden gleichzeitig zu schützen.

Auf dem Rückzug scheuchte ich hinter einem anderen Busch den alten Valentine auf.

»Zum Teufel«, sagte er. »Die Zancudos sind noch schlimmer als die Jejénes. Wir können hier nicht bleiben, Reymono.«

Das Neunstreifige oder Gemeine Langnasige Gürteltier war etwa neunzig Zentimeter lang und hatte einen Schwanz von fast noch einmal derselben Länge. Es hatte einen langen Kopf mit einer langen Schnauze, in ein Mosaik von Knochenplatten gehüllt; kleine Augen, einen dünnen Bart unter seiner Kehle und zwei große, aufrechtstehende, ovale Ohren. Sein Körper war eng von einem schön gemusterten Schild runder Hornschuppen umschlossen, in der Mitte von Platten unterbrochen, die in neun Ringen entlang der Linie vom Kopf zum Schwanz angeordnet waren. Die Beine waren kurz und dick, endeten in gebogenen Klauen und waren, wie der Schwanz, durch Ringe aus knöchernen Vierecken geschützt. Als wir es umdrehten, war seine Unterseite jedoch weich und grau und verletzlich und nur mit Haaren bedeckt.

Chimo und Valentine breiteten drei große Palmblätter

auf dem Boden aus, legten das Gürteltier darauf und begannen es abzuhäuten und zu zerlegen. Der Panzer löste sich in einem Stück, darunter schimmerte es gelbweiß. Da wir kein Salz übrig hatten, um es einzusalzen, ließen wir es liegen, wo es war. Große grüne Fliegen begannen sich zu sammeln.

»Chimo, hast du letzte Nacht etwas geträumt?« fragte Galvis, während er die ersten Stücke Gürteltierfleisch kochte.

»Natürlich«, sagte Chimo und schnitt weiter, »ich träume immer. Ich bin ein Mann, der seine Träume mag. Letzte Nacht träumte ich, ich wäre zurück in San Carlos. Zwei von Valentines Töchtern und die Tochter von Machado nebenan versuchten, mir die Hosen herunterzuziehen. Seid nicht albern, sagte ich, ich werde euch eine nach der anderen erfreuen, im Garten hinter Valentines Haus. Aber dann kam eine Nonne und verdarb alles. Was macht ihr da mit diesem armen Mann? sagte sie.«

»Ich habe dasselbe geträumt«, sagte Valentine hustend.

»Natürlich«, sagte Chimo, »weil du noch ein junger Spund bist.«

»Ich habe geträumt, ich hätte wieder geheiratet«, sagte Valentine, »aber es waren zwei Mädchen. Wie sollte ich das Geld für sie aufbringen? Ich machte mir große Sorgen. Schließlich war es beim letztenmal schon schlimm genug – und damals habe ich nur eine geheiratet. Aber die Väter kamen zu mir: Hör mal, sagten sie, du hast vielleicht kein Geld, aber du bist so ein guter Liebhaber, daß wir für alles bezahlen werden. Und dann kamen die Verwandten von überallher, und es gab die größte Party, die San Carlos je erlebt hat. Und eins der Mädchen verwandelte sich in meine frühere Frau, Olinda, und ich war so glücklich, daß ich sie zurückhatte, und weinte; und das andere Mädchen war Gabriels Tochter – ich konnte sie jede Nacht meines Lebens haben. Und bevor die Party zu Ende war, kämpften sie schon miteinander, wer als erste drankäme. Da wachte ich auf und merkte, daß hier nur Moskitos waren.«

»Und du, Culimacaré«, sagte ich, »was hast du geträumt?«

»Ich habe geträumt, daß ich eine ganze Menge Choris sah«, sagte Culimacaré, der unser Schutzdach abriß, und hielt einen Moment inne. »Ich habe Bäume gefällt, um eine Brücke zu bauen, um zu den Choris zu kommen – aber es ging nicht.«

»Ich habe geträumt«, sagte Pablo grinsend, »daß ich mit einem lausigen alten Gewehr losging, um ein Gürteltier zu jagen. Und als ich aufwachte – lag es da.«

»Ich hab ja nur gefragt«, sagte Galvis und legte trübselig halbgare Stücke Gürteltier auf unsere Blechteller, »weil ich den schlimmsten Traum meines ganzen Lebens hatte. Ich kam nach San Carlos zurück, und niemand grüßte mich. Keine Freude. Das Haus war dunkel. Deshalb ging ich einen kleinen Pfad an der Seite entlang; und ich fand meine Frau und meinen Bruder, wie sie in der Dunkelheit in meinem Hinterzimmer saßen. Während du fort warst, sagte mein Bruder, hat deine Frau den kleinen Jean-Paul verbrannt, bis er starb. Wieso? sagte ich. Wie kann das sein? Und ich schlug meine Frau voll ins Gesicht. Ich wollte sie gerade wieder schlagen, aber ich konnte nicht, weil wir uns in diesem Moment alle zu verändern begannen. Wir begannen uns in diese Kakerlaken zu verwandeln, die im Scheißhaus im Garten leben. Die an den Wänden, die so schnell rennen, wenn du die Tür öffnest, um sich unten im Loch zu verstecken. Und das taten wir auch, als ich aufwachte. Wir lebten da unten und fraßen alte schwarze Scheiße. Was hat das zu bedeuten? He? Was hat das zu bedeuten?«

»Genug jetzt davon«, sagte Chimo, stand auf und stützte seine Hände dort auf, wo seine Hüften gewesen wären, wenn er nicht wie ein Faß geformt gewesen wäre. »Es bedeutet, du bist ein ekliger kleiner Käfer mit einer Quietschstimme. Es hat überhaupt nichts zu bedeuten. Und wenn wir mit unserem Frühstück fertig sind, kannst du Juan helfen, ein Loch für seine Kohle zu graben; und Reymono und ich und Culimacaré gehen los und finden einen Chenchena.«

»Einen Chenchena?« fragte ich.

»Ja«, sagte Chimo, »der Vogel, den du immer sehen wolltest. Mit dem du mich dauernd nervst. Der in dem Buch mit den Federn am Hut und dem schlechten Geruch.«

Etwa eine Viertelstunde flußabwärts lenkte Chimo den Einbaum unter die überhängenden Zweige der Uferbäume. Er zog die Curiara, die wir im Schlepp hatten, dicht ans Heck heran, und wir nahmen die Paddel heraus, aber es gab kein Ufer. Wir glitten leicht über die Spitzen der Büsche; wir fuhren langsam und leise direkt unter den Kronen der Bäume entlang, zogen uns unter Lianen vorwärts, von einem Stamm zum nächsten, und der Rumpf schrappte über untergetauchte Äste. Plötzlich wurde die gespenstische Stille durch das Geräusch von tausend nassen, saugenden Küssen unterbrochen.

»Mono chucuto!« zischte Chimo und zeigte mit einer Hand; während er Luft einsog, zupfte er mit der anderen an seiner Backe.

Eine Herde kleiner schwarzer Affen, Schwarze Uakaris, verschwand direkt über unseren Köpfen nach rechts; sie rannten auf allen vieren die Zweige entlang und sprangen in großen Sätzen von Baum zu Baum.

»Jedesmal, wenn du sie nachmachst«, sagte Culimacaré aus dem Bug zu Chimo, »erschrickst du sie zu Tode.«

Das Blätterwerk wurde dichter, so daß Culimacaré aufstehen und seine Machete benutzen mußte, und dann wurde es lichter und hörte ganz auf und gab den Weg frei zu einem großen, ovalen See, der Lagune von Yacuta. Die Wasserfläche lag gläsern still im Sonnenlicht. Die großen Bäume an den überfluteten Ufern schienen ebensoweit in die Tiefe zu tauchen, wie sie sich in den Himmel erhoben. Die reglose Oberfläche wurde nur von den Umrissen der Riesenschildkröten durchbrochen, die sich im seichten Wasser sonnten (durch das Fernglas konnte ich die kleinen Kuppeln ihrer Köpfe erkennen, dann eine Lücke, dann die großen Kuppeln ihrer Panzer); und Bewegung entstand nur durch das kurze Platschen und Gurgeln der Delphine, die zum Blasen an die Oberfläche kamen. Etwa vierzig Riesenreiher hockten unbewegt zwischen den Bäumen am gegenüberliegenden Ufer.

»Ruhig bleiben«, flüsterte Chimo, als wir nach links paddelten.

Etwa dreihundert Meter weiter hielt Culimacaré an und hob den Finger an die Lippen. Zuerst hörte ich nur das Tropfen meines Paddels, das auf der Bordwand lag; und dann, vermischt mit dem Plop der Palmfrüchte, die hinter den Büschen ins Wasser fielen, hörten wir zwanzig oder dreißig alte Männer zwischen den Bäumen schnarchen.

Chimo zog die Curiara heran und bedeutete Culimacaré

und mir, wir sollten einsteigen; ich saß sehr still im Bug, die kleinste Bewegung in dem winzigen Einbaum drohte mich in den See zu befördern. Culimacaré paddelte vorsichtig und lenkte das Boot zwischen den Baumwurzeln hindurch. Es gab ein raspelndes und ein zischendes Geräusch; irgend etwas begann überall um uns herum auf die Blätter zu schlagen. Und dann sah ich direkt über mir einen Hoatzin – von der Größe eines Fasans, kastanienbraun und orangeweiß, mit ausgebreiteten Flügeln und gespreiztem Schwanz, der sich unbeholfen auf einem Ast bewegte; er kippte vor und zurück und fluchte. Etwa fünfzehn bis zwanzig von ihnen saßen in den benachbarten Bäumen; sie starrten auf uns herab mit ihren roten Augen und blauen Gesichtern, ein Schopf spitzer Federn stand aufrecht in die Höhe; und dann schwangen sie sich in den nächsten Baum, krachten in die Blätter und Zweige, alle Federn ausgebreitet. Ihre Flügel waren groß, aber schlecht konstruiert: Man konnte zwischen den Schwungfedern Lichtstreifen sehen.

Ich sah mich nach einem Jungen um, nach einem prähistorischen daunenbedeckten Reptil, das durch die Zweige kroch, aber es war keins auszumachen – vielleicht hatten sie sich in das Wasser fallen lassen und waren in die Sicherheit getaucht. Culimacaré zeigte auf ein leeres Nest, eine einfache Plattform aus Stöcken wie das Nest einer Holztaube.

»Die kann man nicht essen«, sagte er. »Sie stinken wie Chimos Hängematte.«

15

Wir brachen früh das Lager ab, machten uns flußaufwärts auf den Weg, und am Spätnachmittag, als wir um eine Biegung kamen, sahen wir erstaunt eine große Pflanzung auf dem rechten Ufer. Zwei rechteckige Hütten standen dicht am Fluß, ihre fensterlosen, dick gepolsterten Dächer reichten rundum bis zur Erde, über ihnen ein Rauchschleier.

Ein paar große Palmen standen noch, aber auf einer Fläche von mehreren Morgen waren alle anderen Bäume gefällt und verbrannt; ihre mächtigen verkohlten Stämme lagen schwarz und geborsten zwischen den frischen Yuccapflanzen und den jungen Kochbananen. Wir machten die Boote neben dem Yanomami-Bongo am schlammigen Ufer fest und gingen durch Wolken von Schwarzen Fliegen an Land. In der nächstgelegenen Hütte hörten wir ein Rascheln, und eine Mattentür von etwa einem Meter Höhe wurde zurückgeschlagen. Zwei der jungen Frauen, die am Tag zuvor im Bongo gesessen hatten, traten heraus, blinzelten in die Sonne und zogen sich die Hemden an. Sie standen da und starrten uns an, während sie sich auf Arme und Beine schlugen, wo die Schwarzen Fliegen zubissen. Ihr glänzend schwarzes Haar war im Nacken kurz geschnitten und hing ihnen in einem Pony über die Stirn. Sie waren stämmig und geradschultrig, aber kaum einen Meter fünfzig groß; schwarze Linien waren über ihre Gesichter gezogen und kräuselten sich, als sie lächelten.

Die jüngere, Jarivanaus neue erwachsene Frau, hatte sich in ein Loch direkt unter ihrer Unterlippe ein Streichholz gesteckt, das entzündbare Ende uns zugewandt. Es wakkelte auf und ab, während sie unaufhörlich redete, in ihrer eigenen emphatischen Sprache. Sie hatte auch, wie ich bemerkte, tiefe runde Löcher an den Mundwinkeln. Wir standen da und sprachen miteinander, eingeschlossen in unsere verschiedenen Sprachen, eingeschlossen auch in unsere jeweilige Wolke wütend schwärmender Schwarzer Fliegen.

Chimo, der sich wohl nicht mehr beißen lassen wollte, machte durch Zeichensprache klar, daß wir jetzt gehen und bei Dunkelheit mit Essen zurückkehren würden, und dann gäbe es ein Fest. »Tengamos la fiesta en paz«, fügte er für sich hinzu. »Hoffentlich gibt es keinen Ärger.«

Auf unserem Weg flußauf zeigte Culimacaré auf etwas und rief: »Picure! Picure!«

Ein Goldhase, rattenähnlich, etwa sechzig Zentimeter lang und mit großen runden Ohren, die über das Wasser ragten, schwamm hastig über den Fluß. Chimo manövrierte die Boote neben ihn, und Galvis tötete ihn mit einem Schlag seiner Machete und zog ihn an den langen Hinterläufen an Bord. Sein dichtes grobes Fell war nicht wie üblich braun und golden, sondern oben schwarz und auf der Unterseite weiß.

»Der kommt in die Gürteltiersuppe«, sagte Chimo, sah zufrieden drein und furzte voller Vorfreude.

Als ich mit meiner Machete das Unterholz für unsere Schutzdächer lichtete, stolperte ich über eine Ananas. Sie war nicht größer als ein Kricketball, reif und sah so lecker aus wie nur möglich.

»Juan!« sagte ich. »Ich habe eine Ananas gefunden. Hier muß eine Pflanzung gewesen sein!«

»Red keinen Unsinn«, sagte Juan und trat näher. »Hier kommen sie doch her. Die Ananas ist in den Orinokoländern zu Hause.«

»Jeder kriegt ein kleines Stück«, sagte Chimo, bückte sich, schlug sie los und hob sie hoch.

Sie platzte in seiner Hand.

»Scheiße«, sagte Chimo. »Sie ist faul.«

»Hier ist alles faul«, sagte Galvis und füllte eine Schüssel mit Reis. »Und wir verfaulen auch bald.«

»Galvis, du mußt mehr essen«, sagte Chimo, »je dicker ein Mann ist, desto glücklicher wird er.«

Juan und ich packten den großen Armee-Schultersack aus, den wir mit Geschenken gefüllt hatten. Wir nahmen genug Spiegel, Kämme, Angelhaken und Schnur für dreißig Menschen heraus; dazu mehrere hundert der hübsch gemusterten, handgemalten Perlen aller Größen, die ich in Oxford gekauft hatte.

»Den Rest behalten wir für die richtigen Yanomami«, sagte Juan.

»Sind die hier noch nicht richtig? Was ist falsch an ihnen?«

»Alles«, sagte Juan. »Die Yanomami sind kein Flußvolk. Normalerweise machen sie nur viereckige Rindenkanus. Du würdest nie glauben, daß die schwimmen; und sie fahren nur flußab. Sie bauen auch keinen Maniok an, nur Kochbananen. Sie sind Jäger, keine Bauern. Die Männer streifen wochenlang durch den Wald. Und sie bauen das große Haus, den Shabono, ein Ring mit einem Platz in der Mitte. Diese hier leben hier, weil sie mit Gabriel handeln wollen. Sie machen ihm alles nach. Du wirst es sehen.«

»Für mich sehen sie echt genug aus«, sagte ich. »Ich glaube, wir sollten mit ihnen jagen gehen. Ich denke, wir sollten das Nabelschwein jagen. Ich will sehen, wie sie mit diesen Pfeilen schießen.«

»Nein, Redmon. Der Báquiro ist gefährlich. Er ist nicht wie euer Wildschwein. Der Báquiro lebt in Rudeln, viele, viele zusammen. Manchmal greifen sie dich an. Viele Männer sterben so – du kletterst auf einen Baum, aber da bist du noch nicht in Sicherheit. Die Báquiros sammeln sich unten und legen den Baum mit ihren Hauern um. Dann rächen sie sich.«

Als die Dunkelheit hereinbrach, holten wir unsere normalen Vorräte aus Chimos Einbaum, ließen Valentine als Wache zurück und machten uns mit den Geschenken flußab auf den Weg; mit Krügen voll Maniok, fertiggekochten Spaghetti und, als Prunkstück, unserem Riesenkochtopf voller Goldhasen- und Gürteltier-Risotto.

Jarivanau kam heraus, um uns zu begrüßen; dann half er uns beim Tragen unserer Ladung, als wir durch die winzige Tür in die Hütte krochen. Mehrere kleine Feuer brannten auf dem Erdboden auf jeder Seite des großen Raums, und Chimo hängte unsere beiden Kerosinlampen auf – aber dennoch dauerte es eine ganze Weile, bis sich unsere Augen an die trübe Düsternis gewöhnt hatten. Jede Familie hatte einen Abschnitt der Hütte für sich, von dem Winkel, wo das Dach auf den Boden traf, bis zu den zentralen Stützpfosten; darin hingen kurze, schmale Rankenhängematten. Eine gebrechliche Plattform aus langen Stangen trug hoch oben fertige und halbfertige Körbe; ein paar Töpfe und Plastikbeutel hingen daran. Am Ende des Hauses führte ein schmaler Durchgang in einen zweiten, fast ebensogroßen

Raum, in dem viele Familienabschnitte leer waren, ohne Hängematten; offensichtlich war ein Teil der Gruppe unterwegs. Drei Hunde – wie Whippets mit Terriereinschlag – schnüffelten an meinen Knöcheln und knurrten leise.

Die beiden alten Frauen, die mir in dem großen Kanu gegenübergesessen hatten, kauerten in einer Ecke und schlugen Yuccaknollen mit der Machete auf. Die jüngeren Mütter hatten sich mit roter Onotofarbe bemalt, in Linien über das Gesicht und mit kräftigeren Strichen in Muscheln und Kreisen, die von ihren Schultern um ihre schweren, seitwärts hängenden Brüste herum zur Taille verliefen. Sie trugen Rankenschnüre fest um die Beine gebunden, unmittelbar unter dem Knie. Sie saßen auf dem Fußboden um uns herum, ohne zu lächeln, wartend, die Babys auf dem Schoß oder fest mit einer Schlinge aus rotem Tuch an den Körper gepreßt. Die Männer lehnten an den Stützpfeilern.

Ich fühlte mich groß und unbeholfen, als ich mich hinsetzte, meinen Segeltuchbeutel auspackte, meine Polaroid und Simons Handkamera und Blitzlicht herausnahm. Dann, voller Furcht, es könnte wie eine imperialistische Beleidigung aus dem 19. Jahrhundert wirken, verteilte ich mit vollen Händen meine wertvollen Perlen. Die Frauen nahmen sie begierig, verglichen sie untereinander und sprachen dabei sehr schnell. Sie begannen sogleich zu handeln: Die großen, billigen, einfachen roten wogen anscheinend acht der kleinen, vielfarbigen, teuren, handgemalten auf.

Galvis, in seinem Element, erzählte den Yanomami mit lauter Stimme auf spanisch, er sei ein Koch, mit dem zu rechnen sei, schürte eines der Feuer, legte Brennholz nach und verkeilte den Risottotopf in einem Arrangement kurzer Stangen.

Jarivanau hockte sich nieder und winkte Chimo neben sich. Er tätschelte seinen eigenen rasierten, eingeschlagenen Schädel und fuhr dann mit den Fingern durch Chimos drahtige Löckchen. Er schlug sich auf den muskulösen Bauch und befühlte dann mit offensichtlichem Erstaunen Chimos wohlgerundeten Wanst. Chimo nahm die Pfeife aus dem Mund und ließ wie auf Kommando einen seiner gigantischen Fürze. Alle lachten. Die Spannung wich. Die anderen Männer setzten sich.

Juan und Culimacaré öffneten unseren zweiten Beutel, zogen die Angelhaken hervor und teilten sie aus, fünfzig für jeden Mann. Pablo maß Zehnmeterstücke von unserer Angelschnur ab, schnitt sie mit seiner Machete durch, rollte sie auf und verteilte sie. Jarivanau und ein kleiner, drahtiger Mann, mit ebenso hoher Brust und einem ebenso großen Klumpen Tabak im Mund, aber ohne Narben auf dem Schädel, versuchten ihre Gaben nachzumessen, indem sie die Angelschnur ausspannten: aber nicht zwischen den Armen, sondern diagonal vom großen Zeh ihres linken Fußes zum Zeigefinger des ausgestreckten rechten Arms. Ihre Berechnungen verschafften ihnen jedoch bald jenen Ausdruck tiefster Pein und hilfloser Wut, wie ihn nur die Mathematik hervorbringen kann, und mit einem plötzlichen Grinsen und einem Achselzucken gaben sie auf.

Galvis kündigte den Beginn des Banketts an, indem er mit seinem Schöpflöffel an den Topf schlug.

»Könige, Häuptlinge, Minister und all ihr jungen Damen mit den schönen Brüsten«, sang er auf spanisch, »das Essen ist fertig.«

»Wir danken Gott und der Jungfrau für dieses Essen«, sagte Chimo und bekreuzigte sich.

»Dieser Goldhase«, sagte ich, »könnte sie ein bißchen durcheinanderbringen.«

»Von jetzt an«, sagte Chimo, nahm mich am Ellbogen und flüsterte mir ins Ohr, »dürfen wir die Mutter Gottes nicht mehr verärgern, Reymono – sie muß uns helfen, am Leben zu bleiben.«

Galvis häufte heißen Risotto und kalte Spaghetti auf einen unserer Blechteller, fügte eine Handvoll trockenen Maniok hinzu und reichte ihn dem nächsten Yanomami-Mädchen. Jarivanau hob die Hand, griff den Teller und brachte ihn statt dessen seiner Lieblingsfrau, dem gesund aussehenden Mädchen mit dem Streichholz in der Lippe. Sie fütterte ihrerseits ihren Sohn, der etwa fünf Jahre alt war und Pflöckchen von halber Bleistiftgröße in seinen kleinen Ohren trug. Jarivanau sammelte dann die Holznäpfe jeder Familie ein, beaufsichtigte, wie sie gefüllt und verteilt wurden, und verschwand schließlich in der dunkelsten Ecke der Hütte; er holte das ausgemergelte Mädchen mit Malaria und ihr ebenso gebrechliches Kind aus ihrer Hängematte auf den Boden, wo er sie fütterte. Die Yanomami leckten ihre Näpfe sauber und holten sich mehr; es war leicht zu vergessen, dachte ich, wie schwierig die Nahrungssuche an einem solchen Ort sein kann.

Als sie gegessen hatten, war noch eine Kelle voll für jeden von uns übrig, und die Hunde schlabberten gierig das verbliebene Spaghettiwasser auf. Jarivanau hatte beschlossen, zusammen mit Chimo zu essen; die beiden unterhielten sich langsam und mühsam, aber angeregt.

»Gabriel hat ihm ein paar Worte beigebracht«, sagte Chimo und schlug Jarivanau auf den Schenkel. »Ich glaube, er sagt, er will mit uns kommen.«

»Emoniteris«, sagte Chimo, wandte sich an Jarivanau und zeigte flußaufwärts. »Cuántos dias? Wie viele Tage?«

»Muy lejos«, sagte Jarivanau: sehr weit. Er hielt seinen Arm mit dem ausgestreckten Zeigefinger weit hinter den Kopf und führte ihn dann mit ungeheurer Wucht nach Osten. »Mori!« schrie er, und indem er die Geste jedesmal wiederholte und sofort danach den Kopf in die Hände stützte: »Mori! Mori!«

Vielleicht meinte er, dachte ich, daß die Emoniteri gerade drei Traumzeiten entfernt waren, drei Schlafzeiten; aber Mori, das weiß ich jetzt, ist einfach das Wort für eins – ihre gesamte Mathematik besteht aus eins, zwei und mehr als zwei. Drei mal eins bedeutet mehr als zwei.

Ich nahm die Polaroid, legte einen Streifen Blitzlichter ein und schoß in der folgenden Stille Jarivanaus Porträt. Die Hunde heulten auf, als es blitzte, und versteckten sich hinter einem Haufen Yucca. Spannung kam auf. Die Männer erhoben sich.

Ich überreichte Jarivanau das noch nasse Foto; langsam kam das Bild zum Vorschein. Die Yanomami standen mißtrauisch dabei; als sein Gesicht zu erkennen war, grinsten sie vor Entzücken. Ich fotografierte jeden, gab ihnen die Bilder und schob ein paar Aufnahmen mit Simons Minolta dazwischen.

Galvis, dem wohl bewußt wurde, daß er für den Augenblick von den Moskitos befreit war und trocken zwischen halbnackten Mädchen saß, begann zu singen. In seinem hohen Tenor sang er die traurigen Lieder der Llanos, die neuesten venezolanischen Popsongs, und dann wandte er sich schließlich erschöpft an sein Publikum: Nun sollten sie ihre Lieder für uns singen.

Das Mädchen mit dem Streichholz stellte alle jungen Frauen in einer Reihe auf und begann einen hohen, nasalen, dissonanten Gesang, zu dem die anderen den Chor sangen. Sie standen ganz still, während sie ihr unheimliches Lied vortrugen, ruhig, ohne Lächeln, ohne Hände oder Füße zu bewegen, und nach etwa fünf Minuten setzten sich alle wieder hin. Wir klatschten und forderten eine Zugabe, aber Jarivanau schüttelte den Kopf, stand auf, ging zu seiner Hängematte und kam mit seiner Yoppopfeife und einem kleinen Glasfläschchen voll braunem Pulver zurück.

Er hockte sich in die Mitte, und zwei andere junge Männer gesellten sich zu ihm. Keiner von ihnen hatte den Kopf rasiert, aber der eine war von einer tiefen, schlecht verheilten Narbe verunstaltet, die von seiner rechten Schulter den Arm hinunter bis zum Ellbogen lief. Jarivanau nickte mir zu, und ich ging hinüber und hockte mich in die Reihe.

»Reymono«, sagte Chimo, »sei nicht verrückt. Du weißt nicht, was du tust.«

»Mach nicht noch mehr Blödsinn«, sagte Juan. »Es schädigt das Hirn. Es tut dir im Kopf weh.«

»Ist schon in Ordnung«, sagte ich und grinste nervös.

»Woher willst du das wissen?« fragte Juan.

»Ich habe darüber gelesen«, sagte ich und bereute alles.

Juan sagte angewidert: »Darüber gelesen! Gelesen!«

»Du nimmst die Kamera«, sagte ich.

»Ich werde dich fotografieren, wenn du kotzt«, sagte Juan, »wie die Hunde.«

Jarivanau und die beiden Männer lächelten mich an.

»Kadure!« sagte der mit der Narbe und schlug sich auf die Brust.

»Wakamane!« sagte der andere.

Wir schüttelten uns die Hände.

»Reymono!« sagte ich und machte die Vorstellung komplett.

Jarivanau schüttete eine Portion Pulver in seine klobige Hand. Er ließ es in das offene Ende der Yoppopfeife rinnen und schüttelte sie, um es gleichmäßig zu verteilen. Kadure nahm das Rohrstück, setzte es an sein linkes Nasenloch und schloß die Augen. Jarivanau holte gewaltig Luft, dehnte seine hohe Brust und blies lang und heftig in das Rohr. Brauner Staub zischte in Kadures Nase, wölkte aber auch daraus hervor und bedeckte sein Gesicht, so kräftig hatte Jarivanau geblasen. Kadure ließ das Rohr fallen, legte beide Hände an den Hinterkopf und starrte, nach Luft ringend, auf den Boden. Brauner Schleim floß aus seinem Nasenloch, auf die Lippe und in den Mund. Jarivanau lud die Pfeife neu und wartete. Kadure ließ einen langen Speichelfaden auf die Brust fließen. Er beugte sich vor, trommelte mit den Fäusten auf den Boden und setzte sich das Rohrstück in das andere Nasenloch. Jarivanau blies. Kadure legte die Hände in den Nacken, mit verzerrtem Gesicht. »Whooooaaa!« sagte er. Er versuchte aufzustehen, klammerte sich an einen Pfosten, und dann wurde ihm fürchterlich übel.

Jarivanau ließ ihn links liegen und versorgte Wakamane. Beim zweiten Blasen saß Wakamane da, zitternd und hustend und spuckend, die Hände um den Hinterkopf geklammert; brauner Schleim glänzte auf Lippen, Kinn und Kehle. »Whooaaa!« sagte er, besann sich und rappelte sich sehr langsam hoch. Er begann kräftig hin und her zu stampfen, die Arme über dem Kopf, als trüge er einen kleinen Planeten, der ohne ihn auf die Erde fallen würde. Seine Augen blickten ins Leere, seine Lungen rangen in verzweifelten Spasmen nach Luft, er rief seine Hekura an, seine Geister, in einem tiefen, einsilbigen Gesang, den er nur unterbrach, um zu spucken. Nach zehn Minuten, erschöpft und schwankend, setzte er sich hin, zog sich in sich selbst zurück und wurde still.

Mit jener Art von Panik, die den Penis schrumpfen läßt, wurde mir klar, daß ich nun an der Reihe war.

Jarivanau blies den Staub in mein linkes Nasenloch. Mir war, als schlüge mir jemand mit einem kleinen Balken auf das Nasenbein. Ich hielt mir den Hinterkopf, damit er nicht davonflog. Jemand anders schob mir einen brennenden Stock in die Kehle. Meine Lungen füllten sich mit heißer Asche. Es gab kein Wasser, nirgends gab es Wasser. Jarivanau bot mir sein neugeladenes Rohr. Peng! Mein Hals-Nasen-Ohren-System geriet unter Schock. Ich saß da, unfähig zu atmen, die Hände gegen den Hinterkopf gepreßt, den Kopf zwischen den Knien. Und dann schluckte ich plötzlich Sauerstoff – durch eine klumpige Schmiere pulsierender Schwingungen. Ich schnappte nach Luft, während mir yoppoverfärbter Rotz und Schleim – aus Abgründen, von deren Existenz ich nie etwas geahnt hatte – aus den Nasenlöchern flossen, über Kinn und Brust.

Der Schmerz schwand. Ich fühlte, daß ich noch am Leben war, daß alles vorbei war und ich die beste Luft inhalierte, an die ich mich erinnern konnte (das war auch nicht weiter verwunderlich, nach einem solchen Durchpusten). Ich blickte auf. Zu meiner Überraschung hockten mir Kadure und Wakamane zur Seite und legten die Arme um meine Schultern. Die Yanomami schienen mir die gastfreundlichsten, friedlichsten Menschen auf Erden. Ich fühlte mich unverwundbar; ein lächerlicher Keulenschlag auf den Kopf, so schien mir, könnte mir kaum etwas anhaben. Die Hütte war größer geworden. Es gab mehr als genug Platz für uns alle. Auf diesem Stück Erde konnte ich glücklich sein, für immer. Im Freien hätte ich über weite Entfernungen sehen können; in der Enge war immerhin jedes Detail vor mir unglaublich deutlich – ein langer schwarzer Bogen und zwei Rohrpfeile, mit eingekerbten Spitzen aus einem anderen Holz, schwarz von Kurare, die Enden aus den Flügelfedern eines Schwarzen Baumhuhns; sie schienen zu leuchten, wie sie da im Winkel zwischen Dach und Fußboden lagen, ein Kunstwerk. Alles wirkte so sicher und vertraut: die ausgefranste, rotgefärbte Rankenhängematte; der abgewetzte Rand eines Holznapfes; die von vielen Händen polierte Fläche im unteren Drittel der Stützpfeiler. Mit genug Yoppo, so kam es mir vor, wäre es einfach und schön, ein Yanomami zu werden. Die Hekura, die Schutzgeister, die in den Felsen und Bergen wohnen, bis sie gerufen werden, um in unserer Brust zu leben, sie erscheinen zunächst, so wußte ich, als kleine Lichtsplitter, wie eine Geisterwanderung. Ich durchforschte die Peripherie meines Blickfelds. Nichts. Aber mittendrin, sehr auffällig, saß das Mädchen mit dem Streichholz.

Sie war wirklich da, wie mir schien; sie saß mit gekreuzten Beinen, kaum drei Meter entfernt. Sie entbot mir ein unglaubliches, einladendes, freundliches Lächeln; es breitete sich nicht synchron nach links und rechts über ihre Wangen aus, dieses Lächeln; das Streichholz neigte sich erst in die eine, dann in die andere Richtung. Ich lächelte zurück, benommen, überwältigt von leiser Zärtlichkeit und tiefem Verlangen. Wir hatten schließlich mehr Zeit, als ein Mann und eine Frau jemals brauchen würden; die Zeit erstreckte sich in alle Richtungen über sechs Millionen Quadratkilometer Dschungel. Sie erschien mir in jeder Hinsicht vollkommen. Ich bewunderte sie entrückt. In meiner Vorstellung streichelte ich ihren Nacken. Ich ließ meine Hand durch den runden Wust von dichtem, feinem schwarzen Haar auf ihrem Kopf gleiten. Ich küßte ihre Stupsnase, ihr kräftiges Kinn. Ich spielte mit ihren hölzernen Ohrpflöcken. Ich ließ meine Hände über ihre breiten Schultern und den kurzen, geraden Rücken wandern. Ich erforschte ihre spatelförmigen Zehen und die eingewachsenen Schwielen an ihren Füßen. Ich fühlte ihre runden Waden und löste den einzelnen Strang fester Ranken unter jedem schrundigen Knie. Ich küßte die alten Narben und die frischen Schnitte. Mehrere Nächte lang ließ ich meine Zunge über die lange, weiche Innenseite ihrer Schenkel gleiten, auf denen, soweit ich sehen konnte, nicht einmal Flaum wuchs. Es erschien mir auch völlig vernünftig, daß die Yanomami glauben, das Sperma käme direkt aus dem unteren Bauch, habe nichts mit den Hoden zu tun, und man brauche, um eine Woche oder einen Monat ununterbrochener Erektionen zu genießen, lediglich nach jedem Beischlaf das Reservoir durch den Verzehr der entsprechenden Mengen gutgekauten Fleischs wieder aufzufüllen.

Streichholzmädchen, hätte ich sehr gern zu ihr gesagt, ich weiß, ich bin alt und behaart, und anders als du schwitze ich und rieche scheußlich und starre vor Dreck, während du sauber bist und an all das gewöhnt, und du weißt, was zu tun ist, und außerdem hast du die schönsten braunen Augen von allen Siapateri – aber wollen wir nicht trotzdem einfach zusammen hinausschlüpfen …?

Ich wurde plötzlich von hinten gepackt. Ich wollte mich losreißen, aber ich konnte nicht. Die Hände, die meine Arme umklammerten, waren groß und kräftig. Ich blickte auf. Ein enormer Bauch schien sich über mir bis in die ferne Dunkelheit des Daches zu wölben.

»Steh auf«, sagte Chimo, »wir müssen gehen.«

Das Streichholzmädchen grinste. Sie kannte das alles schon.

16

»Heilige Jungfrau, Reymono«, sagte Chimo, als er mich draußen hatte, »fast hättest du uns alle umgebracht, einfach so. Die Yanomami haben immer die Curipaco umgebracht und die Baré, und sie bringen sich auch gegenseitig um; wir haben Angst vor ihnen: Dagegen können wir gar nichts machen. Und du auch – du solltest auch Angst vor ihnen haben. Weißt du überhaupt, daß du Jarivanaus Frau stundenlang angestarrt hast? Weißt du nicht, daß er der Capitán ist?«

»Ich hab doch nur geguckt«, sagte ich mürrisch, als ich in das Boot geladen wurde.

»Geguckt!« sagte Chimo und war richtig wütend. »Du hast Jarivanaus Frau angeglotzt wie ein junger Bursche, der gerade seine Eier entdeckt hat! Du hast sie angestiert wie ein Junge, der noch in der Hütte seiner Mutter lebt!«

»Es ist ekelhaft«, sagte Juan, »du stierst alles an wie ein Besoffener.«

»Aber Chimo«, sagte ich, als mir plötzlich ein herrlicher Gedanke kam, »wenn das nicht die richtigen Yanomami sind, wie sind denn dann die richtigen?«

»Heilige Jungfrau«, sagte Chimo.

Ich wachte auf; krachende Donnerschläge durchschnitten direkt über uns die Luft. Es war noch dunkel. Culimacaré, über und über naß, ging mit Chimos großer Taschenlampe emsig umher und stieß mit einer Stange große, durchhängende Wasserlachen von der Zeltplane, brachte zusätzliche Stützpfähle an und sicherte sie mit weiteren Leinen aus Fallschirmkordel. Sobald er unter dem Schutzdach hervortrat, verschwamm er zu einem wäßrigen Lichtfleck und verschwand dann völlig unter der herabstürzenden Flut. Ich leckte an meinen Zeigefingern, wischte mir getrockneten Yoppo aus den Augen, knipste meine eigene Lampe an und sah mich um. Kleine Bäche liefen über die Bodenplane; der Rucksack thronte in seinem eigenen Teich; das Wasser lief die Pfähle herab, an die ich meine Hängematte gehängt hatte, und nun lag ich, geschützt von meiner improvisierten Höhle aus Bodenplane und Anti-Moskito-Plastiktüte, auf einem Stück nasser Baumwolle; Blätter und Zweige prasselten auf das Dach und wurden über den Rand gespült. Ich gratulierte mir zu meinem Geschick bei der Auswahl der richtigen Gefährten. Wenn man die Wahl hat, soll man sich immer für den Mann mit den drei Daumen entscheiden.

»Morgen müssen wir mit den Yanomami den Báquiro jagen«, rief ich durch den Sturm zu Culimacaré hinüber, als er sich zu meinem Ende des Schutzdachs vorarbeitete. »Ich will sehen, wie sie mit ihren großen Pfeilen ein Nabelschwein schießen.«

»Das haben wir vereinbart, wie du es gewollt hast«, sagte Culimacaré und sah plötzlich nervös aus, wie er da neben meiner Hängematte stand. »Aber du wirst nicht mit uns auf die Jagd gehen wollen. Du wirst lieber im Bett bleiben wollen.«

»Was?«

»Jawohl«, sagte Culimacaré und wedelte mit der Hand.

»Kümmere du dich um gar nichts. Du bleibst einfach, wo du bist.«

»Culimacaré, was zum Teufel meinst du eigentlich?«

»Es ist nichts weiter«, sagte er verlegen, »es ist nur, daß Chimo sagt, du bist nicht mehr richtig im Kopf.«

Am Morgen war der Sturm weitergezogen, aber der Himmel war noch immer von grauschwarzen Wolken bedeckt; nach einem Frühstück mit Arepas, Galvis' gerösteten Maismehlbrötchen, und unseren letzten Spaghetti ließen wir Pablo, Valentine und Galvis im Lager als Wache zurück und fuhren mit Motorkraft hinüber zur Siedlung der Yanomami.

Der Fluß war über Nacht gestiegen, fast bis zum Rand der Uferböschung. Das Bongo war nicht an seinem Liegeplatz. Nur die beiden alten Frauen kamen zur Begrüßung heraus.

»Jarivanau?« rief Chimo.

Die alten Frauen kicherten schüchtern, und eine hob den Arm zum Wald flußaufwärts.

»Wo ist das Bongo?« rief Juan und zeigte auf den leeren Landungssteg.

Sie breiteten voll Trauer die Arme aus und streckten uns die Hände entgegen.

»Es sieht aus, als hätten sie Schwierigkeiten«, sagte Juan. »Das Bongo ist verschwunden. Jarivanau ist auf die Jagd gegangen. Siehst du, wie primitiv sie sind? Sie binden ihr Boot nicht richtig an! Und die Pflanzung – wenn das Wasser wieder steigt, verlieren sie alles: Yucca, Bananen, Tabak, alles.«

»Wir gehen und holen es«, sagte Chimo und wendete unseren Einbaum in die Strömung.

»Chimo macht sich Sorgen«, sagte Juan leise, als wir flußab fuhren. »Er denkt, wir haben nicht genug Benzin für den Emoni.«

»Natürlich haben wir genug«, sagte ich, »wir haben doch dein Benzin aus der Forschungsstation.«

»Ich glaube, Chimo hat einiges davon mitgenommen, als wir in Solano waren«, sagte Juan, »und es seinen Schwiegersöhnen gegeben. Er ist ein großer Gauner. Das ist nur natürlich.«

»Na gut«, sagte ich plötzlich besorgt, »dann werden wir paddeln, wenn es soweit ist; und danach werden wir laufen. Wir werden alle paddeln.«

»Vielleicht ja, vielleicht nein«, sagte Juan. »Du kannst ihnen nicht sagen, was sie tun sollen. Wenn sie dich mögen, helfen sie. Wenn nicht, dann nicht. Und außerdem, letzte Nacht, als du voller Drogen warst, hat Chimo lange Zeit geredet. Er macht sich Sorgen um die richtigen Yanomami; von uns haben sie andere Sitten übernommen, Redmon. Der Capitán wird ein größerer, besserer Capitán, wenn ihm ein Trick gelingt. Du sagst einem Dorf, das du nicht magst, du willst sein Freund sein, du willst ein Fest mit ihnen machen. Du versprichst den Leuten, ihnen Bananensuppe zu geben und Affen und Báquiros. Du versprichst ihnen Tanz und Yoppo und Handel mit Körben und Hunden und dazu Hochzeiten und was weiß ich alles; und dann schickst du insgeheim nach deinen richtigen Freunden. Und deine richtigen Freunde – sie verstecken sich draußen vor dem Dorf im Wald, wenn die Gäste zu deiner Fiesta kommen. Wenn die Gäste in ihren Hängematten liegen, ohne ihre Bogen und Pfeile, um dir ihre Federn zu zeigen – dann kommen deine richtigen Freunde, schwarz bemalt, und sie schießen, sie töten mit Kurarepfeilen, mit Gift, so daß es kein Entkommen gibt, alle Gäste, wie sie in ihren Hängematten liegen. Das ist kein fairer Kampf. Nicht wie bei uns. Du nimmst dann alle Frauen der Gäste – du und deine richtigen Freunde, ihr macht jiggi-jiggi mit ihnen, und dann verteilt ihr sie als Frauen. Es gibt nie genug Frauen bei den Yanomami; wenn dein erstes Kind ein Mädchen ist, mußt du einen Stock über seine Kehle legen und dich darauf stellen: Du kannst dir kein Mädchen leisten, solange du noch keinen Jungen hast. Es gibt nicht genug zu essen. Es gibt nicht genug zu essen, und es gibt nicht genug Frauen. Der Boden gibt nichts her. Wild ist schwer zu finden. Der Wald ist ein grausamer Ort.«

»Aber wir haben doch gar keine Frauen«, sagte ich geschockt.

»Chimo sagt, sie werden uns wegen seinem Gewehr umbringen«, sagte Juan bleich und ernst, »wegen unserer Macheten, unserer Hemden, unserer Hosen, wegen allem.«

»Lizot wäre da anderer Meinung.«

»Ganz und gar nicht«, sagte Juan mühsam beherrscht, »er sagt es nur nicht, weil Chagnon es sagt. Und Lizot ist ein Fürsprecher der Yanomami. Manchmal, Redmon, bringst du mich zur Weißglut! Nur in der englischen Sprache bin ich kein Wissenschaftler. Ich lerne sie, weil ich sie lernen muß, weil mein Land ein armes Land ist und es für Ökologen in Kolumbien keine Arbeitsplätze gibt; du bist nicht der einzige Mann, der Napoleon A. Chagnon und Jacques Lizot gelesen hat. Ich habe auch sein anderes Buch gelesen, ›El hombre de la pantorrilla prenada y otros mitos Yanomami‹, Der Mann mit dem Baby in der Wade«, Juan hielt sich die Wade und schüttelte den Muskel, »veröffentlicht in Caracas 1975. Die Yanomami glauben, sie wären die ersten Menschen, die erschaffen wurden, und wir sind – wie sagt man? – wie Schaum auf dem Fluß.«

»Abschaum«, sagte ich.

Das verlorengegangene Bongo kam in Sicht; es hatte sich unter den Zweigen eines umgestürzten Baums am anderen Ufer verfangen. Als wir beilegten, griff sich Juan, jetzt offenbar richtig wütend, eine unserer Dosen, sprang hinüber und begann mit verbissenem Eifer, das große Kanu auszuschöpfen.

Wir banden das Bongo mit einem längeren Stück Fallschirmkordel wieder an seinen Pfosten und machten uns auf die Suche nach Jarivanau.

»Huuuuuuu!« sang Chimo in regelmäßigen Abständen in den Dschungel, während wir langsam das rechte Ufer hinauffuhren. Schließlich, etwa drei Meilen flußaufwärts, hörten wir eine Antwort, »Huuuuuu! Huuuuuu!«, in einer höheren Tonlage. Wir fuhren unter die überhängenden Äste und warteten. Eine Gruppe aufgestörter Scharlach-Aras flog über uns auf; sie drehten ihre großen Köpfe, um auf uns herabzublicken. Hahaha! sagten sie.

»Wenn ihr, die Yanomami und du, mit Pfeil und Bogen jagen wollt«, sagte Chimo und sah ungewohnt düster aus, »dann bleibe ich lieber im Boot. Wenn es dir nichts ausmacht.«

»Aber ich bin noch nicht einmal bewaffnet«, sagte ich verletzt.

»Das spielt keine Rolle«, sagte Chimo. »Yoppo macht einen Mann verrückt, ob er nun bewaffnet ist oder nicht. Das ist kein Unterschied. Die Geister der Yanomami kommen aus den Felsen und leben in dir. Reymono – du weißt nicht, wer sie sind. Du bist nicht an sie gewöhnt. Alles könnte passieren. Du und Jarivanau – vielleicht solltest du dich lieber allein auf die Suche nach diesen Menschen im Innern machen.«

»Es läßt nach«, sagte ich und hatte plötzlich eine Idee. »Die Geister haben mich in der Nacht verlassen. Ich habe gemerkt, wie sie gingen. Und außerdem biete ich dir und jedem anderen, der mit mir kommt, fünfhundert Bolivar extra, wenn wir die Emoniteri finden.«

»An deinem Geld liegt es nicht«, sagte Chimo, der plötzlich trotz seines Murrens fröhlicher aussah. »An deinem Geld ist alles in Ordnung.«

Geräuschlos erschienen plötzlich die Yanomami zwischen den Blättern und Zweigen und Ranken.

»Huuuuuuu!« schrie Jarivanau.

Juan und ich kauerten uns hinter Culimacaré in den Bug, und die Yanomami stiegen der Reihe nach zu, lächelnd, offensichtlich froh, daß sie zum Jagdgebiet des Tages gefahren werden sollten; sie hielten ihre zwei Meter langen Bogen und Pfeile aufrecht vor sich, hatten Tabakklumpen im Mund und trugen ihre Köcher für die Pfeilspitzen hoch auf dem Rücken, an einer Schnur um den Hals. Außer Jarivanau waren es acht Männer, zwei davon sehr alt, und einer, den ich in der Hütte in der Nacht zuvor nicht bemerkt hatte, sehr jung; er war anscheinend noch von Narben ungezeichnet und trug keinen Bogen. Er sah fast europäisch aus. Er hielt irgend etwas Kleines und Glänzendbraunes in der Handfläche.

»Juan«, flüsterte ich, »schau dir mal den Jungen da an. Er sieht aus wie ein Engländer. Ich hätte mit ihm zur Schule gehen können.«

»Na und?« sagte Juan laut. »Und was soll an einem Engländer Besonderes sein?«

Der junge Mann hob den braunen Gegenstand an die Lippen; er hielt ihn zart zwischen beiden Händen. Eine dünne, klare, reine Reihe von Tönen, traurig und voneinander abgesetzt, erhob sich über dem Tuckern des Motors und schien unter dem grauen Himmel hängenzubleiben. Es war ein elektrisierender Klang – der gewöhnliche Morgenruf der Blaukronen-Sägeracke, huuuduuu, huuuduuu, aufgegriffen und verfeinert, lang ausgehalten und voll trauriger Sehnsucht. Einen Augenblick schien mir, als ließe er die Vögel sprechen.

»Es ist eine Flöte«, sagte Juan. »Es sieht aus, als hätte er sie selbst gemacht. Du suchst den Samen der Yucca. Du brauchst Geschick und Geduld. Du machst vier Löcher und holst das Innere heraus – du mußt die Löcher ganz genau machen, für den richtigen Klang.«

Wir kamen in eine kleine Bucht. Jarivanau stand auf und zeigte zum Ufer; Chimo ließ den Einbaum durch die überhängenden Zweige gleiten, und wir stiegen alle an Land.

Zwei Falken, sehr klein und schwarz mit hellroten Bäuchen, saßen auf den obersten Zweigen des größten Baumes vor uns, klar umrissen gegen den wäßrigen Himmel. Es waren Fledermausfalken, entschied ich in dem kurzen Moment, den mir Jarivanau für einen Blick durchs Fernglas gönnte. Er zerrte aufgeregt an meinem Arm.

»Báquiro! Báquiro! Báquiro!« sagte er und rieb sich mit glänzenden Augen den Bauch. Er tat so, als schösse er einen Pfeil ab. »Pfutt! Báquiro! Báquiro! Báquiro!«

Chimo winkte zum Abschied und gab dann vor, er müsse sich mit dem Motor beschäftigen.

Die Yanomami machten sich schweigend im Gänsemarsch auf den Weg; sie bewegten sich unglaublich schnell. Ihre bloßen Füße eigenartig nach innen gekehrt, platschten sie über die schwarzen, fünfzehn Zentimeter langen Palmstachel, die überall auf dem Waldboden verstreut lagen; ohne Zögern durchwateten sie die Bäche; sie schlüpften unter gefallenen Ästen und verschlungenen Lianen hindurch, die mich in Brusthöhe umklammerten. Juan und ich stolperten hinter ihnen her und schafften es nur mit Mühe, Culimacaré und die beiden alten Männer, die letzten in der Kette, nicht aus dem Blickfeld zu verlieren.

Nach etwa einer halben Stunde machten sie plötzlich halt. Die Yanomami kauerten sich hin und starrten auf den Boden. Es gab eine aufgeregte Diskussion über ein paar völlig vage Spuren in der Blätterschicht am Boden. Jarivanau schickte Kadure und Wakamane in einem weiten Bogen nach rechts.

Zehn Minuten später hielten wir an, um auf einem großen Schlammflecken deutliche Spuren, Hufspuren, zu untersuchen; Jarivanau schickte zwei weitere Männer in einem engeren Bogen nach rechts; er stand still, die Nase in der Luft, und atmete mit geschlossenem Mund ein, mit offenem Mund aus. Die restlichen Yanomami taten es ihm nach. Ich versuchte es auch und bemerkte nur den allgegenwärtigen, dumpfen Fäulnisgeruch. Die Yanomami zeigten mit großer Zuversicht direkt nach vorn; sie jagten nach dem Geruch. Jarivanau schickte zwei Jäger nach links, stellte die alten Männer im Dickicht hinter uns auf und kroch nach vorn; er nickte uns: Wir sollten ihm folgen.

»Wenn sie hier entlangkommen«, flüsterte Juan, »dann klettere auf einen Baum.«

Die großen Bäume mit Pfahlwurzeln waren dafür zu dick; die vielen jungen Stämme, die sich in der Dämmerung nach oben kämpften und den Sturz eines Baumes erwarteten, um ihren Platz an der Sonne zu ergattern, waren viel zu dünn.

»Ist schon gut«, sagte ich, »ich verstecke mich einfach hinter dir.«

Und dann roch ich die Nabelschweine endlich selbst – ein durchdringend moschusartiger Stallgeruch. Unmittelbar darauf hörten wir das Trommeln von Hufen: Ein kompaktes, schwarzes Schattengewirr stob etwa zwanzig Meter an uns vorbei durch das krachende Unterholz. Jarivanau krümmte den Rücken, spannte seinen riesigen Bogen und ließ einen zwei Meter langen Pfeil fliegen. Culimacaré legte das Gewehr an die Schulter und feuerte. Beide Männer rannten vor; Jarivanau wandte sich flink nach rechts und folgte der Herde.

Als wir bei Culimacaré ankamen, stand er über einem großen Eber, der sterbend auf den Blättern lag und seine Schnauze hin und her warf; er war von spärlichem, langem grauen Haar bedeckt; seine Beine waren überraschend lang; seine sanften braunen Augen waren halb geschlossen.

Culimacaré schlug einen jungen Baum um und schnitt ihn zu; Jarivanau kehrte zurück, machte ein Schafsgesicht und umklammerte die hintere Hälfte seines Pfeiles. Er zuckte die Achseln, ahmte einen Pfeil nach, der einen Baum trifft, und nahm Culimacaré das Stämmchen ab. Dann postierte er sich hinter das Nabelschwein, hob das Stämmchen weit über den Kopf und ließ es mit ungeheurer Wucht auf die Kehle des Tieres niedersausen: Das bäumte sich heftig auf, die Hinterläufe zuckten im Krampf. Es wäre nicht ratsam, dachte ich, einen solchen Schlag auf den Kopf zu bekommen. Jarivanau stieß dem Tier die Stange in die Luftröhre und lehnte sich dagegen, bis sich in dem Speichel um die Nüstern des Nabelschweins keine Blasen mehr bildeten.

Wakamane und Kadure erschienen sehr aufgeregt zwischen den Bäumen neben uns. Sie gaben Jarivanau ihre Bogen und Pfeile, nahmen Culimacaré mehr oder weniger gewaltsam das Gewehr ab und hielten die Hände auf. Er gab jedem eine Patrone, und sie rannten ins Unterholz, wobei Wakamane das Gewehr am Lauf hielt. Culimacaré und ich schleppten das schwere Nabelschwein etwa fünfzig Meter zu einem Fleck, den Jarivanau mit Gesten als einen Pfad der Yanomami bezeichnete, obwohl er sich in nichts von der Umgebung unterschied, und dann machten wir uns auf, um die anderen zu suchen.

Unerwartet – denn es gab keine sichtbaren Anhaltspunkte, und alles schien gleich auszusehen – stießen wir auf die beiden alten Männer, die noch immer in ihrem Hinterhalt warteten. Sie waren kaum zu erkennen, selbst nachdem Jarivanau auf sie gezeigt hatte – einer stand in einem Dickicht, der andere am Stamm eines Baumes, völlig eingehüllt in den wigwamartigen Käfig seiner Pfahlwurzeln. Sie kamen heraus, und wir setzten uns auf einen Baumstamm. Jarivanau, der offensichtlich froh war, uns in ihrer Obhut zurücklassen zu können, gab ihnen die beiden überzähligen Bogen und den zerbrochenen Pfeil und verschwand zwischen den jungen Bäumen.

Irgendwo in weiter Ferne hörten wir einen Schuß, und die beiden alten Yanomami lehnten sich mit offenem Mund vor, um ihm nachzulauschen; eine Sekunde später wandten sie sich uns zu und lächelten und rieben sich den Bauch. Ihr

Gehör mochte ebenso verrunzelt sein wie alles andere an ihnen, trotzdem war es so viel besser als das unsere, daß sie tatsächlich, weit entfernt im Walde, den Sturz eines Nabelschweins gehört hatten.

Wir inspizierten gegenseitig unsere Besitztümer; die Flasche mit Jungle Formula und die Anthisantube in meiner SAS-Gürteltasche verwirrte sie – sie schmierten sich die Salbe auf ihre zerstochenen Arme und rochen mit Unbehagen daran. Ihre Köcher, die aus Bambussegmenten mit einer Abdeckung aus Nabelschweinhaut gemacht waren (die wenigen schwarzen Haare auf der Innenseite), enthielten Pfeilspitzen: kräftige Bambussplitter, etwa zwanzig Zentimeter lang, auf der einen Seite rot bemalt und an jedem Ende angespitzt, und Palmholzstäbe, ähnlich angespitzt, glänzend schwarz von Kurare und an drei Stellen tief eingekerbt.

»Sei vorsichtig, Redmon«, sagte Juan, »wenn du die mit einer Schnittwunde an der Hand anfaßt, bist du ein toter Mann. Es ist sehr wirksam bei Affen – der Pfeil bricht im Körper ab, der Affe klammert sich an den Baum, das Gift entspannt die Muskeln – und, bums, der Affe fällt herab.«

Einer der Yanomami hatte außer seinem Köcher ein sehr scharfes Küchenmesser ohne Scheide an einer Schnur um den Hals gebunden, die Klinge lag flach auf seinem Rücken; der andere hatte ein langes Stück Tuch um den Hals geschlungen, in der Mitte zu einem festen kleinen Bündel verknotet. Juan zog daran, und der alte Mann nahm es ab; indem er ein Ende mit dem Zeh festhielt, wickelte er es auf und enthüllte einen Klumpen durchscheinenden gelben Harzes, das entfernt nach Weihrauch roch.

»Das kenne ich«, sagte Culimacaré, »das ist Carana. Es

kommt von dem Saft eines Baumes. Man kann Feuer damit machen oder es wie eine Kerze benutzen; und es ist auch gut als Medizin für die Haut. Man reibt es ein, und dann hilft es gegen Bauchschmerzen.«

Hinter uns raschelte es, und die übrigen Yanomami tauchten auf. Wakamane trug grinsend ein totes Nabelschwein über der Schulter, als wäre es nicht schwerer als ein Sack Reis. Kadure gab das Gewehr zurück und verlangte seinen Bogen und seine Pfeile. Jarivanau führte uns zum ersten Nabelschwein und lud es dem kleinsten Jäger auf. Der Mann hielt es bei den Vorderläufen, die ihm vorn bis zur Hüfte herabhingen; der Kopf wackelte, noch immer blutend, auf seiner Brust; und unter dem riesigen, borstigen Klumpen des Bauches auf seinen Schultern baumelten ihm die Hinterhufe in den Kniekehlen, wenn er ging.

Wir bahnten unseren Weg vorbei an den pfahlwurzelgestützten Bäumen, vorbei an den jungen Stämmen mit ihren schwarzen Krusten aus Termitennestern, vorbei an den Bromeliazeen mit ihren rhabarberähnlichen Blättern, die auf dem Dschungelboden und in den Gabelungen der größten Bäume wuchsen, und nach vielen Rufen und Schreien der Yanomami kam endlich Antwort von einem schläfrigen Chimo, und wir kletterten nacheinander in den Einbaum.

Als wir flußab fuhren, ahmte ich eine große Schlange nach (die Arme zu einem Kreis ausgebreitet, um den Umfang deutlich zu machen), die sich durch das Wasser bewegt (der rechte Arm macht wellenförmige Bewegungen von einer Seite zur anderen), und hob dann meine Finger an die Augen.

»Wai-konya!« riefen die Yanomami im Chor und nickten.

»Natürlich haben sie sie gesehen«, sagte Juan, »aber niemand geht mit dir auf die Suche nach der Culebra de agua. Alle haben Angst. Selbst die Yanomami haben Angst. Das ist bekannt.«

Wir ließen die Jäger mit dem zweiten Nabelschwein bei der Siedlung aussteigen, und alle Mädchen kamen heraus, um uns zu begrüßen. Sie trugen ihre Perlen, neu verteilt, nach Farben geordnet, manche in Trauben wie Wein, manche in Halsketten, manche in Reihen über dem Körper; das Streichholzmädchen hatte mehr als ihren ursprünglichen Anteil erbeutet und sie für ein Halsband verwendet, das sich an seinem niedrigsten Punkt in zwei Schlingen teilte, die über ihre Brüste und unter ihren Armen hindurchliefen und sich im Nacken wieder trafen; neben jeder Brustwarze saß eine große hellrote Perle.

Wieder im Lager, fühlten sich Pablo, Galvis und Valentine elend und suchten in ihren Hängematten unter den Netzen Schutz. Ungewöhnlich viele Moskitos und Schwarze Fliegen verdunkelten die Luft unter den Bäumen.

»Wir müssen von hier fort«, sagte Pablo.

»Wir gehen, wenn Jarivanau kommt«, sagte ich.

»Wir sollten jetzt schon gehen«, sagte Galvis. »Wir sollten umkehren.«

Wir schürten das Feuer, um Wasser zu kochen, das wir über das Nabelschwein schütten konnten. Der alte Valentine machte sich Sorgen über einen Bohrwurm in seinem Rücken.

»Heb mir ein Stück Fett auf, Galvis«, sagte er. »Ich will es über das Loch binden. Vielleicht kommt er da heraus.«

Valentine zog sein Hemd aus, und wir sahen uns die Stelle an: Da war eine böse rote Schwellung auf seinem rechten Schulterblatt, mit leichtem Eiterfluß in der Mitte. Schwarze Fliegen drängten sich auf seinem Rücken, und fluchend zog er sein Hemd wieder an.

»Das ist eine gute Idee«, sagte Juan, »manchmal kriechen sie in das Fett.«

»Warum kann man ihn nicht einfach herausdrücken?«

»Er ist mit dem Kopf voran hineingekrochen«, sagte Juan, »und rund um das Maul hat er Widerhaken. Er atmet durch den After. Er kommt von einer Fliege. Dermatobia hominis. Ich habe einen Artikel darüber gelesen. Die Fliege klebt ihre Eier an einen Moskito oder eine Zecke – und wenn die dich beißt, verpuppen sich die Eier, und die Larven kommen heraus und kriechen in deine Haut, wo der Moskito oder die Zecke dein Blut gesaugt hat; und sie werden immer größer, zwei, drei Monate lang. Es tut sehr weh. Dann kriecht eines Nachts der Wurm aus der Beule. Er fällt ab und verwandelt sich bald wieder in eine Fliege.«

»Gott weiß, warum er sich für dich entschieden hat«, sagte Chimo, »an dir ist doch nichts dran.«

»Der Báquiro wird mir helfen«, sagte Valentine, nahm seine Machete und ging zum Einbaum. Chimo folgte mit dem Topf voll kochendem Wasser. Sie räumten einen der Sitze frei und legten das Nabelschwein darauf. Chimo goß kleine Spritzer kochendes Wasser darüber, wodurch das Fell weiß wurde, und Valentine kratzte die Haare ab.

»Sieh dir das an«, sagte Chimo und zeigte auf die überraschend großen, graublauen Hoden des Nabelschweins, »ein richtiger Vater. Genau wie ich. Wenn ich ein Tier wäre, wäre ich auch so – ein Báquiro.«

»Ich hätte gedacht, du wärst ein fetter alter Jaguar«, sagte Galvis.

»Nicht genug Frauen«, sagte Chimo, als er sich diese Vorstellung überlegte. »Nein. Das würde mir nicht gefallen – ganz allein durch den Wald zu wandern. Das wäre schrecklich. Das größte Báquiromännchen aber – es fickt, wo es will, wann es will. Und außerdem hat der Báquiro Mut. Wenn ein Jaguar kommt, weiß er, was er zu tun hat: Er geht gegen den Jaguar an, und alle jungen Männchen und die Weibchen, sie rennen in einem Kreis davon, mit den Kleinen in der Mitte.«

»Und was passiert mit dem großen Báquiromännchen?« fragte ich.

»Es stirbt wie ein Mann«, sagte Chimo.

Nachdem er die Borsten entfernt hatte, schnitt Valentine die Hoden ab und schlitzte das Nabelschwein vom Hals bis zum After auf. Er nahm Herz und Leber heraus und legte sie auf den Boden des Einbaums. Er warf die Eingeweide in den Fluß; sie schwammen aufgebläht nahe am Ufer – zuerst ruhig, dann auf und ab tanzend, trieben sie flußabwärts in einem Fleck immer heftiger bewegten Wassers, während die Piranhas an ihnen zerrten.

»Ist das die große Art Nabelschwein?« fragte Juan.

»Ja«, sagte Chimo, nahm die Hoden, das Herz und die Leber und gab sie Galvis zum Kochen, »aber ich habe auch die kleine Art gejagt, den Chacaro. Er hat einen weißen Streifen um den Hals und lebt überall; der Báquiro hat nur ein paar weiße Haare unter seinem Maul«, Chimo kraulte das tote Kinn, »und lebt tief im Wald und sonst nirgends.

Der Báquiro riecht auch eher so wie ich. Er hat einen starken Geruch. Der Chacaro andererseits riecht weniger wie ich. Er riecht mehr wie eine Frau. Er riecht mehr wie Galvis.«

»Dann ist dies ein Tayassu-Pekari«, sagte Juan zu mir, »das weißlippige Nabelschwein. Und über das weiß man sehr wenig – weil nur wenige Forscher im Dschungel leben wollen.«

»Wäre es nicht herrlich«, sagte ich, »wenn es mit Apfelsoße und Fett und knusprigen Bratkartoffeln serviert würde?« Und dann dachte ich an Simon und beschloß, diese phantasievolle Erkundung unmöglicher Genüsse sofort bleibenzulassen.

»Sie kochen es in einem Stück – du wirst schon sehen«, sagte Juan. »Das ist die beste Art. Das Fett bleibt in der Suppe und geht nicht verloren. Braten, Redmon, ist was für reiche Leute.«

Die Nacht kam, die Frösche begannen zu piepen und zu quaken und zu grunzen und zu pfeifen, und die Zikaden setzten die Trommelorgane an ihren Leibern in Bewegung. Wir saßen auf Baumstämmen rund um das Feuer und tranken schwarzen Kaffee und warteten darauf, daß Galvis seine Suppe – aus Schweinefleisch, Kopf, Leber, Herz und Eiern – fertig hätte.

»Redmon will eine Anakonda sehen«, sagte Juan.

»Ich weiß, daß er das will«, sagte Chimo und schob mehr Holz unter den Topf, »aber ich will nicht.«

»Wir werden Jarivanau fragen«, sagte Juan, »die Yanomami nennen sie eine Wai-konya.«

»Auf Curipaco heißt sie Umawairi«, sagte Culimacaré.
»Auf Geral«, sagte Valentine, »ist es die Sucuriyu.«

»Pablo – wie heißt sie auf Baré?« fragte ich.

»Auf Baré«, sagte Pablo, »heißt sie Chimos-Pinga-der-zum-Schwimmen-geht.«

»Glaub mir«, sagte Chimo, »sie können Tapire verschlingen!«

In diesem Moment bewegten sich die Büsche am Ufer. Irgend etwas raschelte. Chimo warf seinen Kaffeebecher um, sprang auf und griff nach seinem Gewehr neben den Vorräten. Culimacaré schnappte sich seine Machete, die in den Baum über seinem Kopf geschlagen war, und stürzte vor.

»Huuuu!« sagte Jarivanau und trat in den Feuerschein.

»Huuuu!« sagte Wakamane.

»Huuuu!« sagte Kadure und band das große Bongo an unseren Einbaum.

»Heilige Jungfrau«, sagte Chimo, »ich dachte, es wäre eine Schlange.«

Jarivanau trug Pfeil und Bogen in einer Hand und einen Plastikbeutel in der anderen. Er hatte seinen Köcher um. Er hatte etwas über die Schulter geschlungen. Es war seine Hängematte. Von Dankbarkeit übermannt, sprang ich auf und schlug ihm auf den Rücken. Jarivanau wirkte verblüfft. Er zog den Tabakklumpen aus der Unterlippe und bot ihn mir an – er war der Länge nach eng zusammengedrückt, braun, matschig und sah insgesamt aus wie die Kotkugeln aus den Eingeweiden des toten Nabelschweins. Weil ich dachte, es gehöre vielleicht zu irgendeinem Yanomami-

Ritual, das Chagnon zu erwähnen vergessen hatte, nahm ich ihn in den Mund. Er war warm, schleimig und schmeckte bitter. Jarivanau lehnte Bogen und Pfeile an einen Baum, tat so, als hielte er eine Yoppopfeife an meine Nasenlöcher und lachte. Dann schlug er mich seinerseits auf den Rücken. Ich nehme an, es war eine Begrüßung; aber er schlug mit solcher Kraft, daß ich nach vorn stolperte und den Tabak verlor. Jarivanau bückte sich, hob ihn auf, steckte ihn wieder in den Mund, legte seinen Arm um meine Schulter und warf seine Hängematte auf die Vorräte.

Er wollte mit uns kommen.

17

Wir nickten und lächelten die Yanomami an, und die Yanomami, die mit uns auf Baumstämmen im Kreis um das Feuer saßen, nickten und lächelten uns an.

»Morgen brechen wir auf«, sagte ich.

»Wir werden die ersten Menschen sein, die das Ende des Emoni erreichen«, sagte Chimo und sah im Schein des Feuers wie Buddha aus, »genau wie ich immer gesagt habe. Auf Chimo kann man sich verlassen. Aber erst müssen wir den Yanomami zu essen geben. Sie dürfen nicht essen, was sie töten – nicht bevor all ihre Frauen und Kinder gegessen haben. Und ein Báquiro ist nicht genug für all diese Menschen. Deswegen haben sie gemogelt und sind hergekommen.«

Galvis füllte die unbenutzten Blechteller mit Fleischbrocken und Stücken von Herz und Leber, und Jarivanau, Wakamane und Kadure aßen schnell, schweigend und konzentriert und nahmen Fäuste voll Maniok dazu. Als wir fertig waren, hatten sie zum vierten Mal nachgenommen, ihre Bäuche hatten sich ausgedehnt. Nach dem fünften Nachschlag grinste Jarivanau und stellte seinen Teller beiseite. Wakamane und Kadure kletterten in ihr Bongo und fuhren, ohne sich umzusehen, in die Dunkelheit davon.

Die Temperatur sank, die Frösche und Zikaden hörten mit ihrem Lärm auf. Ein Windstoß peitschte die Bäume, und wir hörten das dumpfe Zischen eines näher kommenden Sturms. Culimacaré nahm Jarivanaus Hängematte und tat so, als wollte er sie zwischen seiner und Pablos Hängematte aufspannen, unter dem gemeinsamen Zeltdach; aber Jarivanau schüttelte den Kopf, griff eine Machete, schnitt zwei junge Baumstämme, spitzte sie zu, entfernte die Äste und schlug sie etwa eineinhalb Meter voneinander entfernt in den Boden, so daß sie direkt neben dem Feuer auseinanderstrebten. Culimacaré holte unsere kleine Reserveplane aus dem Einbaum und band sie mit Fallschirmkordel wie ein Zeltdach zwischen die Pfosten.

Jarivanau häufte Holz auf das Feuer, band seine Hängematte fest und legte den Beutel mit seinen Besitztümern darunter. Ich grub meine letzte Oxfordpfeife und die letzte Dose Balkan-Sobranie aus meinem Rucksack und überreichte sie ihm. Er nahm die Geschenke ohne ein Wort, öffnete die Dose, stopfte die Pfeife, zündete sie fachmännisch mit einem brennenden Zweig an und kletterte in seine Hängematte. Sie sah so unbequem aus wie nur möglich: Er lag fast zusammengekugelt, und die Längsfasern (es gab keine Querfasern) schnitten Striemen in seinen Rücken.

Der Regen setzte ein. Er peitschte wie Schrot durch die Bäume, und wir zogen uns unter die große Zeltplane zurück. Jarivanau – nackt bis auf den Lendenschurz, die Pfeife brennend und nach oben ragend im Mund, den Daumen über der Glut, Bogen und Pfeile gegen den Hängemattenpfosten gelehnt – rekelte sich voller Behagen, mit gefülltem Bauch, hingerissen vor Bewunderung für sein neues Plastikdach.

Es regnete noch immer, als wir bei Morgendämmerung die Einbäume zusammenbanden und aufbrachen.

Jarivanau kroch hinter uns unter die große Zeltplane, neben dem Sack Reis; sein Kopf bildete eine unbewegliche Beule in der Leinwand, seine Knie stützten einen kleinen Teich, der in zwei Katarakten über seine Hüften herabfloß und auf die Bilgenbretter klatschte. Nur sein rechter Fuß ragte heraus – er war kurz, aber bemerkenswert hoch, Knöchel und Spann gingen direkt ineinander über, ein Stiefel aus Muskeln. Auf der Sohle hatte er dicke Schwielen, sie war ohne erkennbare Höhlung, aber kreuz und quer überzogen von den Narben kleiner Schnitte und pockennarbig von den rötlichen Spuren geheilter Geschwüre. Die Haut um die Zehennägel war leicht entzündet, und die Nägel selbst waren schrundig und von Sandflöhen halb weggefressen. Als ich mir diesen Katalog des Dschungel-Alltags betrachtete, hoffte ich inbrünstig, mein letztes Paar Stiefel werde noch eine Weile halten.

Um Mittag ließ der Regen etwas nach, und wenig später fuhren wir in den Emoni ein. Chimo, die Pfeife im Mund, aber der Tabak zu naß zum Brennen, war so niedergeschlagen, daß er sogar vergaß, den neuen Fluß zu taufen. Das Land war flach und überflutet, die großen Manacapalmen waren verschwunden.

Beängstigend spät am Abend fanden wir eine kleine Insel am Ufer, schlugen im Regen das Lager auf, wechselten in trockene Kleider, aßen die restliche Nabelschweinsuppe und gingen schlafen.

Am Morgen hing der Nebel dick und kalt, begann sich aber, nachdem wir mehrere Stunden gefahren waren, zu lichten. Wir kamen auch aus der überfluteten Mündung des

Flusses heraus; die Ufer konsolidierten sich, die Bäume wurden wieder groß, und zum ersten Mal seit dem Neblina konnten wir zwischen Nebelschwaden und den niedrigen Wirbeln schwarzer Wolken die flachen Umrisse waldiger Hügel erkennen.

Eine wäßrige Sonne erschien. Jarivanau kam aus seinem Versteck und legte sich auf die Zeltplane, unsere Kleider begannen ein wenig zu dampfen, und ein Schwarm Schwarzköpfiger Papageien sang von den Bäumen neben uns sein *Tut-tut-tut*.

Ich nahm die Kappen von meinem Fernglas, zog den Schauensee aus meiner Segeltuchtasche und bekam das Gefühl, das Leben hätte doch noch etwas zu bieten.

»Juan, ich habe so ein Gefühl – ich glaube, das wird der schönste Fluß, den wir je hinaufgefahren sind.«

Juan sah mich prüfend an, wie ein Wissenschaftler.

»Die echten Yanomami warten an seinem Ende«, sagte Juan, und dann fragte er: »Bist du sehr glücklich?«

»Ja, ja, ich denke schon«, sagte ich.

»Dann hast du Fieber«, sagte Juan entschieden, wrang das Regenwasser aus seinem Bart und wandte sich ab.

Couvier-Tukane jappten unsichtbar überall um uns herum in den Bäumen und kreuzten gelegentlich mit verzweifelt hastigen Flügelschlägen den Fluß. Schwärme Großer Silberreiher auf ihren Nistplätzen in halber Höhe der größeren Bäume sträubten und säuberten ihre Federn nach dem Regen, und wenn wir näher kamen, erhoben sie sich auf ihren breiten, abgerundeten Flügeln in die Luft; die langen schwarzen Beine hinter sich her ziehend, flogen sie in lockeren, imposanten geraden Reihen von zehn bis zwanzig Vögeln etwa hundert Meter vor dem Einbaum her, und dann, über die Bäume steigend, weiß gegen die dunklen Wolken, machten sie kehrt, zurück in die Sicherheit. Riesenreiher, im Vergleich plump und unsicher, immer allein, flappten von einem Baum zum nächsten flußaufwärts und arbeiteten sich dann mit einem tiefen Kreischen über das Blätterdach des Waldes empor und außer Sicht.

Der Fluß war offensichtlich unberührt; die Paare Grüner Ibisse machten sich kaum die Mühe, vor uns davonzufliegen; die großen blauen und weißen Eisvögel schwärmten um unsere Boote, um uns genauer zu betrachten. Die Vögel waren so zahm wie die sehr wenigen Arten, die wir auf den sumpfigen Kanälen des überwachsenen Baria gesehen hatten, aber hier im Freien und im Sonnenlicht, auf einem Weißwasserfluß mit festen Ufern und großen Palmen und gewaltigen leguminosen Bäumen und purpurn blühenden Ranken, gab es unglaublich viele Arten in großen Mengen.

Zum ersten Mal konnten wir alle vier Grünen Eisvögel vergleichen, ihre Rücken waren von einem dunklen, öligen Grün, das selbst dann noch leuchtete, wenn sie sich im tiefen Schatten der überhängenden Blätter verbargen. Der größte, der Amazonasgrünfischer, saß höher in den Bäumen als die anderen und am weitesten vom Ufer entfernt; als wir vorbeikamen, machte er *kak-kak-kak* und strich flußabwärts. Der Grünbraune Eisvogel (den ich nur einmal sah), der nächstkleinere, nistete versteckt im Blattwerk. Der Texas-Ringfischer, noch kleiner, war kühner, aber er saß tiefer, und beide Vögel machten, wenn sie aufgescheucht wurden, einen Lärm wie unser Schwarzkehlchen, ein heiseres *tick-tick*. Und der Zwerg-Grünfischer schließlich, schwierig zu erkennen, war recht häufig zu sehen, wenn man tief in die dunkelsten Schlupfwinkel nahe dem Ufer schaute. Er flitzte davon, kam niemals ins Freie und piepte vor sich hin. Abgesehen von ihrer Größe unterschieden sich die Eisvögel nur in den verschiedenen Anteilen von Weiß und Hellrot und Grün auf Kehle und Brust, offensichtlich das Beispiel einer Gattung, die sich in vier verschiedene Arten entwickelt hatte, eine einfache Anpassung an verschiedene Lebensräume, um Fische verschiedener Größen zu jagen. Das war alles sehr befriedigend, ein Hauch leicht verständlicher, natürlicher Logik in dem unglaublich komplizierten Gewirr von Bäumen und Büschen und Lianen, von epiphytischen Orchideen und Bromeliazeen und Farnen, von Tausenden und aber Tausenden verschiedenen Arten, von denen selbst Juan die meisten Namen kaum erahnen konnte.

Als wir mit gedrosseltem Motor um eine Biegung des enger werdenden Flusses fuhren, störten wir einen gelben Reiher von der Größe eines Kuhreihers von seinem Fischplatz auf; mit wachsender Erregung stellte ich fest, daß er im Schauensee nicht zu finden war. Vielleicht war er zu selten, um einen Platz zu verdienen? Der unbekannte Gelbe Schlangenfressende Reiher des Emoni, Snakonoshicus redmondius? Aber nein – eine kleine Fußnote informierte mich, daß der Kappenreiher »in der Paarungszeit lederfarben wird«; er wird einfach gelb vor Geilheit. Ich wandte mich um und winkte Chimo, in einem Anfall von Vergnügen, mit meinem Fernglas zu; und wurde belohnt durch den zahnlosen Großvater allen Grinsens.

Etwa fünfzehn Biegungen weiter lehnte ich mich gerade an den Reissack und bewunderte einen Flug von acht Pärchen Blaugelber Aras – ihre langen, spitzen Schwänze wehten hinter ihnen her, ihre nackten Gesichter blickten auf uns herab, ihr schmutziges Altmännerlachen, ihre irren Schreie erfüllten die Luft – als Chimo plötzlich die Einbäume herumwarf, flußabwärts wendete und auf das andere Ufer zeigte. Galvis, mir gegenüber im zweiten Boot, schaute besorgt auf von seinem endlosen Studium des alten ›Reader's Digest‹.

Irgend etwas lag in durchhängenden Schlingen um einen gestürzten Baumstamm am Ufer, halb verborgen von den Blättern wuchernder Seitentriebe. Es war groß und braun und gewunden und glänzte in der Sonne; es war eine Anakonda.

Chimo schaltete den Motor ab, und wir trieben mit der Strömung auf sie zu. Sie hatte grob gezackte schwarze Ringe, ein gelber Streifen zog sich über die mächtigen Flanken; insgesamt war sie hellbraun, der Kopf, der in der Mitte ihres sich windenden Körpers ruhte, war von dunklerem Braun und überraschend klein – er bestand fast nur aus Maul. Ich lehnte mich über die Seitenwand des Kanus, um mit meinem ungeeigneten, fest angebrachten Weitwinkelobjektiv ein gutes Bild zu kriegen, und schaute aus einem Meter Entfernung in ihre winzigen, braunen, unbeweglichen Schweinsaugen. Galvis, der die Spannung nicht mehr ertrug, kreischte auf. Der Kopf hob sich um drei, vier Zentimeter und zuckte zurück; die Windungen schienen sich nur einmal kurz zu bewegen, und die Schlange verschwand mit entnervender Geschwindigkeit im nassen Unterholz.

»Es ist ein Baby«, sagte Juan, als Chimo den Motor wieder anließ und die Einbäume wendete, »es ist die kleinste, die ich je gesehen habe. Ungefähr drei Meter lang.«

»Sie sind vielleicht einen Meter lang, wenn sie geboren

werden«, sagte ich verärgert, »aber dann sind sie nur drei Zentimeter dick. Also war sie nicht so jung.«

»Wenn sie alt werden«, sagte Juan, »werden sie blau.«

»Sie wollte uns sehen«, sagte Chimo, »weil wir über sie gesprochen haben. Es ist nicht gut, zuviel zu sprechen.«

Etwa eine Stunde später zeigte Chimo auf einen kleinen Schlangenkopf, der aufrecht im Wasser den Fluß von rechts nach links überquerte.

»Bejuquilla«, verkündete er grinsend und lenkte die beiden verbundenen Kanus auf sie zu.

Die Schlange, die ihren Weg für einen Moment durch den Einbaum versperrt fand, richtete sich einfach auf und kam an Bord, genau dort, wo Chimo es beabsichtigt hatte. Ihr schmaler kleiner Kopf war irreführend: volle zwei Meter dünne, grünrückige, gelbflankige, weißbäuchige, rotzüngige Schlange wanden sich vor Galvis.

Galvis, dessen Phantasie anscheinend noch von der Anakonda beherrscht war, begann mit Inbrunst zu schreien, mit immer höher werdender Stimme; er stand von seinem Sitz auf und warf den ›Reader's Digest‹ über Bord.

Die Schlange, keineswegs besänftigt, reckte sich seinem Hosenstall entgegen. Galvis, gleichermaßen entschlossen, sprang. Die Arme nach vorn geworfen, die langen Beine hinterherziehend wie ein Gibbon, flog er über die Lücke zwischen den Booten, über unsere zugedeckte Ladung und in die Arme Culimacarés im Bug. Chimo, der vor Lachen brüllte, ließ die Kanus im Zickzack fahren. Die Schlange zog sich hoch, überspannte die Lücke zwischen den Einbäumen und kam auf mich zu, als ich ihr langes grünes Porträt aufnahm. Sie wellte sich in ein paar Halbkreisen unter meinem Ellbogen, klatschte auf die Zeltplane und ging – über mein Paar Reservehosen, die ich zum Trocknen ausgebreitet hatte – auf Jarivanau los. Jarivanau zog sich in Richtung Chimo zurück, nahm die Hosen und schüttelte die Schlange ins Wasser. Seine neue Pfeife, die er stolz vor sich hin gelegt hatte, ging mit über Bord.

Pablo johlte, warf seinen rechten Gummistiefel in die Luft und fing ihn wieder auf; Culimacaré sagte etwas auf Curipaco und schwenkte seinen Arm; selbst Valentine sah glücklich aus.

»Es ist eine Grüne Rankenschlange«, sagte Juan, »sie ist nur ein bißchen giftig.«

Galvis kletterte schafsgesichtig zurück auf seinen Sitz.

»Macht nichts«, sagte er, »ich habe noch zwei Bücher. Ich habe die Lebensgeschichte von Marie-Antoinette und die Biographie von Mahatma Gandhi.«

»Diese Bejuquilla war auf deinen Arsch aus«, sagte Chimo und rieb sich die alten Augen.

Am späten Nachmittag lagerten wir an einem kleinen Bach. Chimo und Pablo fischten nach Piranhas, Culimacaré nahm das Gewehr und brach in den Wald auf, um vielleicht einen Hokko zu schießen, und ich ging in meinen Kleidern schwimmen. Der Bach, vom Fluß halb zurückgestaut, roch nach faulenden Blättern und trägen Pfützen und treibendem Unkraut – er roch plötzlich nach Kindheit, nach dem Fluß unter der großen Weide am Ende des Pfarrgartens, nach meinen zehnjährigen Phantasien, nach den Blasen aus versunkenen leeren Orangensaftflaschen, mit Brot beködert und voll silberbäuchiger Elritzen, nach Stichlingen und Kaulquappen und Wasserkäfern, nach dem Atmen der Panzerkrebse und den verkrusteten Larven der Köcherfliege, nach der Fischbrut aus einer Million von Eiern. Und in jener Nacht, sicher in meiner Hängematte, voll mit Hokko- und Piranhasuppe, träumte ich, ich säße mit meiner Flinte (blaue Patronen) wieder hinter einer kümmerlichen Hecke auf der Hochfläche von Fergusons Farm versteckt und wartete auf Holztauben, die nie erschienen, wartete auf den größten Schwarm von Columba palumbus palumbus, der jemals vom British Trust for Ornithology erwähnt wurde, so viele vielleicht, daß sie den Himmel verdunkeln würden, und vom Gegenwind gezwungen, ganz langsam zu fliegen, eine hinter der anderen, auf einem geraden und beständigen Kurs direkt über mich hinweg. Ich sah hinaus auf einen Hasen im Stoppelfeld vor mir; auf die weite Fläche des Unterlands dahinter; auf die Buchengehölze und die Erdwälle aus der Jungsteinzeit auf den hohen Hügeln am Horizont; auf den weißen Kalkpfad, der sich aufwärts wand und auf seinem Weg zum Teich von Tan Hill kleiner wurde, und auf die Gruppe von Jägern in Wolfsfellen, die immer größer wurden, als sie den Pfad herunter auf mich zukamen und ihre langen Bogen und Pfeile über den Köpfen schwenkten.

18

Die Dämmerung brach herein mit einem allumfassenden Brüllen, einem großen bronchitischen Einatmen in den Bäumen über uns; die Zweige zitterten im Blätterdach; ich konnte gegen das Licht nur kurz einen Flecken roten Pelzes ausmachen. Bevor ich Culimacaré daran hindern konnte, griff er nach Chimos Gewehr und feuerte hoch nach links oben. Ein Bündel löste sich aus den Blättern und fiel locker zu Boden. Das Brüllen hörte auf; die Bäume leerten sich in einer Bewegung von uns fort.

»Juan, sag ihnen, sie sollen das nicht noch einmal tun«, sagte ich verärgert.

»Redmon, wir brauchen Nahrung. Aber du hast recht. Wenn du einen Affen schießt und er fällt verwundet zu Boden und du willst ihn mit einem Stock totschlagen – dann bedeckt er seinen Kopf mit den Händen.«

»Es ist besser zu hungern.«

»Es ist niemals besser zu hungern«, sagte Juan.

Der Brüllaffe lag auf einem Wurzelknäuel, in die Brust geschossen, tot. Er hatte etwa die Größe eines Cockerspaniels, sein dichter Pelz lederfarben am Rücken und von einem tiefen Rotbraun an den Seiten und am Bauch. Sein Gesicht war klein und schwarz, die Ohren schwärzlich, die Augen braun und offen, seine Genitalien hautweiß. Seine Hände und Finger waren lang und schwarz (mit Nägeln wie die unsrigen), und die letzten fünfzehn Zentimeter seines

Schwanzes waren auf der Innenseite mit schwarzer Haut bedeckt wie seine Hände. Culimacaré nahm ihn unter den Achseln, wie man es mit einem Kind täte, und legte ihn in unser Kanu.

Wir aßen den Rest der Piranhasuppe, lösten die Einbäume voneinander und brachen auf, den enger werdenden Fluß hinauf, beide Maschinen mit halber Fahrt, um Benzin zu sparen. An dem schmalen Band azurblauen Himmels über uns hingen kleine, untropisch aussehende weiße Wolken, und wären die hohen Bäume nicht gewesen und der Vorhang aus Lianen, der herabhing und im Wasser neben uns trieb, wäre das Geräusch der Zikaden nicht gewesen und nicht der ständige, trauernde Doppelpfiff des Kreischenden Piha – wir hätten auch einen Kanal in einem englischen Wald entlangfahren können. Als wir um eine Biegung kamen, zickzackten fünfzig englische Wanderfalken unter einer Wolke durch die Luft. Nur daß es eben neunundvierzig zuviel waren und daß ihre Flügelschläge nicht stimmten; ihr Flug war graziös, leicht und fröhlich; sie erweckten nicht wie der Wanderfalke den Verdacht, sie seien gerade aus einer Armbrust abgefeuert worden.

»Gavilán plomizo«, sagte Chimo und grüßte sie mit seiner Pfeife.

Schauensee übersetzte für mich: Es waren Südschwebeweihe; und sobald ich sie unter den sechsundsechzig Schwarzweiß-Illustrationen »Raubvögel im Fluge« entdeckt hatte, erkannte ich auch die drei weißen Streifen über ihren dunklen Schwänzen. Drei Schwalbenweihe flogen mit ihnen, und durch das Fernglas konnte ich sehen, daß sich der ganze Schwarm von einer Wolke großer, plumper Insekten nährte – wahrscheinlich fliegende Ameisen, was ihnen auf die Dauer, dachte ich, wohl kaum ausreichen würde.

Die Ufer stiegen an, und der Fluß strömte schneller; waldbedeckte Hügel umgaben uns, sie schienen den Weg zu verstellen und uns, sobald wir vorbei waren, den Rückweg zu versperren. In unserer eigenen kleinen Welt, unter den überhängenden großblättrigen, fleischigen Pflanzen auf dem rechten Ufer, scheuchten wir einen Vogel auf, der so auffällig war, daß ich ihn sofort erkannte: ein Zwergbinsenhuhn – klein, mit langem Körper, olivbraun, ängstlich – flatterte in kurzer Entfernung vor uns her und platschte dann zurück ins Wasser, mit zurückgeworfenem Kopf, die schwarzen und weißen Streifen auf seinem Nacken nickten beim Schwimmen auf und ab. Als wir es einholten, wiederholte es das Ganze, bis wir die unsichtbare Grenze seines kleinen Königreichs erreichten; dann flog es, mit baumelnden Beinen, am Boot vorbei in die Sicherheit. »Baut Nester aus Stöcken in Büschen über dem Wasser«, sagte Schauensee, »transportiert seine Jungen in Höhlungen am Leib; schwimmt und fliegt perfekt und trägt seine Jungen mit sich herum, bis sie flügge sind.«

Ein Stück flußauf rannten drei Brüllaffen auf allen vieren über die weit ausladenden Zweige eines großen Kapokbaumes in Deckung, als wir uns näherten; und ein oder zwei Stunden später glitten wir etwa dreißig Meter unter einem Paar Spinnenaffen in einer Art Legumenbaum vorbei, die bei ihrem Luftspaziergang gerade eine Pause machten und auf uns herabschauten – schwarze Augen in schwarzen Gesichtern, die Körper schwarzbepelzt und schlank; sie hielten sich mit Händen und Füßen fest, den langen Schwanz S-förmig über den Rücken gekrümmt. Jarivanau stand auf, tat, als wollte er einen Pfeil abschießen, und gab einen hohen Yanomami-Schrei von sich. Die Affen sprangen sieben Meter tief in einen kleineren Baum und schwangen sich an den Armen davon.

Es war offensichtlich einer jener seltenen, reichen Tage, an denen alle Tiere herauskamen, um uns anzuschauen. Ich legte mich auf die Zeltplane. Meine großen Ängste schienen in den Wald zu flüchten wie die Spinnenaffen, die kleinen verließen meinen Bauch wie Tauchhühnchen, und ohne es zu wollen, schlief ich ein.

Juan weckte mich mit einem Schrei. Ich öffnete die Augen – und blickte direkt in die grünbraunen Pupillen des mächtigsten Adlers der Welt. Die schwarzweißen abgerundeten Flügel, mit gut zwei Meter Spannweite, schienen für immer über dem Boot zu hängen; die graue Maske und der enorme schwarze Hakenschnabel waren auf uns herabgerichtet; die Beine von der Dicke eines Handgelenks und die mächtigen Fänge von glänzendem Gelb streckten sich gerade nach hinten zu dem langen gestreiften Schwanz.

»Jesus!« sagte ich.

»Eine Harpyie«, sagte Juan.

Als ein Vogel, der davon lebt, daß er Affen und Faultiere aus den Bäumen reißt, wollte er sich offensichtlich damit amüsieren, Juan und mich aus dem Einbaum zu pflücken, jeden mit einem Fuß. Aber dann überlegte er es sich anders und schwang sich mit einem trägen Schlag der großen Flügel über das Blätterdach und außer Sicht.

»Na, wie war das?« sagte Chimo, unglaublich stolz; er hob die Faust halb in die Luft und schüttelte sie, sich selbst gratulierend. »Nur Chimo konnte euch so einen Vogel zeigen.«

Wir gruben Stufen in das hohe schlammige Ufer und schlugen unser Lager auf. Chimo und Pablo breiteten Palmwedel auf dem Boden aus und begannen, den Brüllaffen vorzubereiten; sie übergossen ihn mit kochendem Wasser und kratzten das Fell ab. Die Haut wurde weiß, wie die eines Babys.

In jener Nacht, nachdem Pablo den Affen zerlegt und Galvis ihn gekocht hatte, reichte mir Chimo einen verdächtig vollen Blechteller. Als ich die Suppe auslöffelte, zeigte sich der Schädel des Affen, dünn mit rotem Fleisch bedeckt, die Augen noch in den Höhlen.

»Der ist nur für dich«, sagte Chimo sehr ernst; er saß auf einem Baumstamm neben mir, nahm eine weitere Faust voll Maniok aus der Dose und packte ihn in seine eigene Schüssel. »In unserem Land ist das eine Ehre. Wenn du die Augen ißt, wirst du viel Glück haben.«

Der Schädel bleckte seine gebrochenen Zähne nach mir. Ich nahm ihn heraus, setzte meine Lippen auf die Augenhöhlen, erst die eine, dann die andere, und saugte. Die Augen lösten sich von ihren weichen Stielen und glitten meine Kehle hinab.

Chimo setzte seine Schüssel ab, faltete die Hände über seinem Wanst und brüllte vor Lachen.

»Du Wilder!« schrie er. »Du scheußlicher nackter Wilder! Sieht der etwa nicht wie ein Mensch aus? He? Wie konntest du so was Ekelhaftes tun?«

Am Morgen, als Jarivanau und Culimacaré auf Jagd waren und Juan und die anderen im Wald nach Kohle gruben, holte ich den Rest des Brüllaffenschädels aus dem Gemeinschaftstopf. Der Unterkiefer war an seinem hinteren Rand breit und tief, und ein knochiges Gehäuse, das ich in der Suppe fand, paßte genau darunter. Es war ein pergamentdicker Hängesack, die Resonanzkammer, die das tiefe und rauhe Röhren verstärkt, mit dem die Brüllaffen ihr Territorium markieren. Die Backenzähne waren gleichmäßig abgenutzt, fast bis zum Gaumen, von Blättern und Knospen, Blumen und Früchten und Nüssen. Ich pickte das Gehirn mit einem kleinen Stäbchen und der Pinzette meines Schweizer Armeemessers heraus, schabte die Fleischbrocken ab und rieb Salz in meine Trophäe, um sie zu konservieren.

Ein kleiner Vogel, wie ein Rotkehlchen, eilte von einem Busch zu meiner Rechten herbei, um zuzusehen. Er blickte mich furchtlos an und wandte seinen Kopf erst in die eine, dann in die andere Richtung – sein Schwanz war stumpf wie der eines Zaunkönigs, die Brust weiß mit schwarzen Flecken und der Rücken braun mit weißen Flecken. Ich zog den Schauensee aus der Vordertasche meines Rucksacks und fand die wahrscheinlichste Abbildung – es war ein Tüpfel-Ameisenvogel, dessen Gewohnheiten, wie Phelps und Schauensee glaubten, »vermutlich denen des Gefleckten Ameisenvogels ähnelten«, der seinerseits »vermutlich den Wander-Ameisen folgt«. Wir hatten einen Ort erreicht, wo selbst die ganz gewöhnlich aussehenden Vögel (Vögel, die sich neben dich setzten und sich selbst vorstellten) in ihren Gewohnheiten unbekannt waren, ebenso wie ihre Nester und ihre Eier.

Jarivanau und Culimacaré kamen von der Jagd zurück, jeder mit einem Hokko, und der Ameisenvogel glitt durch das Unterholz davon. Ich ging zu unserem Kanu, wickelte den Brüllaffenschädel in ein zerrissenes Hemd und legte ihn in einen Beutel. Juan kam zu mir herüber; er trug seine neuen Kohleproben in zwei kleinen verschließbaren Plastiktaschen. Er verstaute sie in seiner wasserdichten Kiste; und dann wandte er sich mir plötzlich zu, kaum kontrollierte Wut in den schnellen Bewegungen, ein halb spöttisches Lächeln auf den Lippen.

»Du wirst nie zu den wirklichen Yanomami kommen.«

»Was meinst du damit?«

»Redmon, es gibt viele Dinge, die du nicht weißt. Bis jetzt habe ich sie dir nicht gesagt. Galvis hat Ärger gemacht. Die Indianer wollen umkehren.«

»Unsinn.«

»Sie haben es mir gesagt, als wir nach Kohle gruben. Galvis sagt, es ist nicht mehr viel Maniok da. Und nur noch ein Kanister Benzin. Sie sagen, sie brauchen einen Kanister für den Siapa. Niemand kann durch diese Wolken von Schwarzen Fliegen paddeln.«

»Ich habe massenhaft Insektensalbe. Wir werden noch mehr verteilen. Es gibt nichts, worüber wir uns Sorgen machen müssen.«

»Wir müssen uns über alles Sorgen machen«, sagte Juan. »Du mußt eine Entscheidung treffen.«

Ein Kolibri summte zwischen uns und hielt für einen Augenblick inne. Es war ein Einsiedlerkolibri, ein winziger Fleck unglaublicher Intensität zwischen seinem bronzegrünen Kopf und seinem langen weißen, gerade herabhängenden Schwanz; für den Bruchteil einer Sekunde verharrte er bewegungslos.

»Nicht jetzt«, sagte ich. »Noch nicht. Heute fahren wir flußauf.«

Spät am Morgen kamen wir an einem großen braunen Granithügel vorbei, der sich massig über die Bäume erhob, die oberen Hänge nackt und abgeschliffen.

»Tukanberg«, verkündete Chimo.

Der Fluß wurde noch enger und schneller, die Ufer höher. Wir scheuchten Otter auf, die im Wald Deckung suchten, wobei Wassertropfen von ihrem Fell spritzten; wir kamen um Biegungen zwischen niedrigen, sandigen Klippen, in die Eisvögel ihre Nester gegraben hatten; wir ärgerten ein Paar Rotkehlcaracaras, schwarze, bussardgroße Vögel mit weißen Bäuchen, roten Kehlen und Gesichtern und mit Schnäbeln wie Hühner, die einfach auf der Spitze ihres Baums sitzen blieben und uns mit besonderer Lautstärke und Vehemenz verfluchten.

Ca-ca-ca-ca-ca-ca-ca-caou, schrien sie, völlig außer sich, bis die nächste Biegung sie vor uns verbarg.

Und dann sahen wir etwas Schockierendes, das hier nichts zu suchen hatte. Vor uns spannte sich eine Brücke über den Fluß.

»Huuu! Huuu!« sang Jarivanau entzückt und streckte sich.

Alle anderen schauten unbehaglich nach den nahen Ufern, in die dunklen Flächen unter den Blättern.

»Es ist in Ordnung«, sagte Chimo, »sie ist alt.«

Zwei lange Stangen standen direkt am Ufer in einem Winkel in das Flußbett gerammt, sie waren zusammengelascht, wo sie sich kreuzten; weitere zusammengebundene Stangen, in die Gabel gelegt und von Lianen aus den umliegenden Bäumen gehalten, bildeten einen zerbrechlichen Steg hinüber zu ähnlich gekreuzten Stangen auf dem anderen Ufer. Aber die Brücke sah beruhigend verlassen aus; die ganze Konstruktion war von der Strömung halb umgerissen worden.

»Juan«, sagte ich, »du mußt dir heute nacht gut die Zähne putzen.«

»Wieso?«

»Weil sie sich dann in einer Halskette besonders gut machen.«

»Wenn ich darüber nachdenke«, sagte Juan und wischte sich hastig ein großes grünes Wandelndes Blatt vom Arm, »komme ich zu dem Ergebnis, daß von deinen Witzen jeder zehnte lustig ist, und das auch nur ein bißchen.«

Chimo fuhr langsam weiter und blickte schweigend und mit großer Aufmerksamkeit voraus. Ich erwartete halb, Conrads »Stöcke, kleine Stöcke« aus dem ›Herz der Finsternis‹ zu sehen, »die vor meiner Nase pfeifend herumflogen, vor mir niederfielen, hinter mir einschlugen«. Vielleicht würde sich Galvis plötzlich »eigenartig und vertraut über die Schulter nach mir umschauen« und über seine Taschenbuchausgabe von Gandhis Leben fallen, während aus seinem Rücken »etwas ragte, das wie ein langer Stock aussah«, zur Seite fiel und gegen unseren letzten Kanister Benzin schlug.

Aber das Sonnenlicht glänzte weiß auf unserer kleinen Bugwelle, wie gewöhnlich; es fiel ungestört durch die Wipfel der Riesenbäume auf den Tierra-firme-Ufern, beschien Moos und Flechten und Bromeliazeen hoch oben auf einem freiliegenden Ast; es ließ das helle Rot eines schlaffen Büschels frischer junger Blätter leuchten; es fiel in tiefe Vegetationslöcher und verschwand.

Und als ich durch mein Fernglas schaute, erfaßte es den roten Schnabel eines Schwarztrappisten, der dunkel, beschaulich, knubbelig, auf der Spitze einer einsamen Palme saß. Er war der erste aus der Familie der Faulvögel, mit großem Kopf und dickem Hals (ähnlich den Eisvögeln), den ich sah, und ich erkannte ihn nur, weil er auch auf einer besonderen Schautafel bei Schauensee und Phelps saß – eine von lediglich zwei Illustrationen (die andere von Kolibris), die Phelps' Frau Kathleen gemalt hatte. Um einen männlichen Klippenvogel hatte sie eine Blaukronen-Sägeracke gruppiert, einen Amazonas-Schirmvogel (groß, schwarz, mit blauen Federn auf dem Kopf und einem entsprechenden Kehllappen, der laut Snow wie ein Kalb blökt und wie eine weit entfernte Kettensäge grummelt), einen Schmuckvogel mit roter Halskrause (der »einen tiefen, hohlhallenden Ton ausstößt, ähnlich dem Brüllen eines Bullen«), eine Lockentaube (die »wie ein Ochse brüllt«); einen Rotkotinga aus Guayana (eine finkengroße Mischung aus Seidenrot, dunklem Braun und hellem Karmin, mit einer Vorliebe für Feigen), und ganz unten auf der Seite einen Fettschwalm, auf dem Bauch ruhend (ein brauner Vogel mit Koteletten, von der Größe eines Ziegenmelkers – er schreit, schnarrt, schnarcht, orientiert sich in seinen Nisthöhlen mit Hilfe des Echos seiner Schreie und ernährt sich nachts von Früchten, die er im Fluge abreißt und in einem Stück verschlingt).

Versunken in die tröstliche Bewunderung von Tafel XXV, überlegte ich, wie lange ich wohl im Dschungel leben müßte, bevor ich einmal den Amazonas-Schirmvogel sähe, und wie praktisch doch ein fest angebrachter Regenschirm wäre, und ob der Tukanberg oder das vor uns liegende Hochland sich vielleicht als Heimstatt des exotischsten all dieser Vögel erweisen würde, des Zapfenglöckners – als Juan rief: »Ara!«

Ein glänzender, heller kleiner Vogel, so groß wie ein Buchfink, mit karminrotem Kopf, weißem Bauch und schwarzen Flügeln, flog knapp über dem Wasser und dann hinauf in einen toten Ast, der aus dem Ufer emporragte. Es war ein Graukardinal.

Juan lachte. Chimo saß unbeweglich. Ich legte den Schauensee fort. Vor uns war ein Hindernis. Ein großer Baum lag quer über dem Fluß auf seinen Ästen, etwa sechzig Zentimeter über der Wasseroberfläche.

Culimacaré im Bug stand auf und nahm die Axt, aber Chimo schüttelte den Kopf und lenkte den Einbaum ans Ufer. Von vorn drang das beunruhigende Geräusch fallenden Wassers zu uns – Stromschnellen. Der Baum war dunkelrot, wo bei seinem Sturz Äste abgerissen worden waren. Offensichtlich handelte es sich um eine Art von Hartholz, die zu fällen die Indianer einen halben Tag brauchen, wenn sie sich abwechseln. Blattschneiderameisen marschierten über den Stamm hinweg auf die andere Seite des Stroms. Wir gruben schlammige Stufen ins Ufer, lichteten ein Geländestück und begannen das Lager aufzuschlagen. Chimo legte sein Gewehr in die Curiara, schob das kleine Boot unter dem Baum durch und paddelte flußauf. Jarivanau, der sich nun offensichtlich bei uns wohl fühlte, froh über die Machete, die ich ihm gegeben hatte, und in ein Paar von Culimacarés hellgrünen Shorts gekleidet, rieb sich den flachen Bauch und gestikulierte zu einer großen Palme hinüber, einer Ceje. Hoch oben unter der Krone aus Palmwedeln hingen die Früchte in traubenähnlichen Bündeln, dunkel gegen das Licht; und der Stamm war bis oben von langen schwarzen Rippen umgeben. Das Problem erschien unlösbar. Culimacaré hatte sich niemals erboten, eine Ceje zu erklettern. Es war offensichtlich eine Palme mit Stacheldraht und Glasscherben.

Ich vergaß, wessen Land dies war, und schüttelte den Kopf zu Jarivanau hinüber. Der grinste und schüttelte seinen zerschlagenen Kopf. Er fuhr mit der Hand über seinen borstigen Skalp und schaute sich zwischen den kleinen Stämmen um; dann schlug er vier nieder, schnitt sie zurecht und legte je zwei Stangen x-förmig übereinander und dann mit ihren oberen Winkeln gegen die Palme, so daß ihre Enden auf der Rückseite hervorragten. Er riß eine Mamureranke von einem Nachbarbaum, schnitt sie in Stücke und band die Stangen hinter dem Stamm lose zusammen, jedoch fest auf seiner Seite des Stamms, wo sie einander kreuzten. Dann hob er den oberen Rahmen auf Brusthöhe, gab ihm eine leichte Neigung zu sich her, faßte Halt, hakte seine Zehen um die Stangen des unteren Rahmens und bewegte sich langsam, aber rhythmisch nach oben, einen Meter außerhalb der Dornen, die Machete zwischen den Zähnen. Wir klatschten Beifall.

Jarivanau arbeitete sich nach oben, der Rücken braun und vernarbt wie die Borke des Baums unter ihm, seine Muskeln spannten und lockerten sich unter dem Geflecht blutiger Flecken. Die gebrechliche Plattform, die sich gefährlich neigte, hob sich in die Krone; Jarivanau langte nach vorn und durchtrennte mit gewaltigen Hieben den Stengel. Die schweren Trauben platschten zu Boden. Jarivanau stieg herunter, die Zähne wieder um die Klinge seiner kostbaren Machete geschlossen. Culimacaré und Pablo pflückten die harten, purpurroten, pflaumengroßen Früchte von ihren Stielen, und Valentine stieß sie in den großen Topf, wie Manaca. Juan und Galvis machten Feuer. Jarivanau und ich setzten uns auf eine große Wurzel und begannen die Baumhühner zu rupfen; er zog jede schwarze Schwanzfeder mit weißer Spitze heraus, glättete sie zwischen den Fingern und steckte sie sanft in einen Flecken Schlamm neben sich: Flugfedern für seine Pfeile. Ich machte einen Gehenden nach und zeigte in die ungefähre Richtung des Hochlands.

»Cuantos dias?« fragte ich. »Wie viele Tage zu den Yanomami?«

Jarivanau legte den halbgerupften Vogel hin, drehte sich auf der Wurzel herum, brachte seinen Arm hinter den Kopf und streckte ihn fünfmal nach Westen, in ebenjener Geste, die er auch in der Nacht in seiner Gemeinschaftshütte benutzt hatte. Der Nachdruck in seiner Bewegung ließ eine unglaubliche Anstrengung vermuten. Fünf Tage zu Fuß für einen Yanomami, dachte ich; wahrscheinlich acht Tage für uns.

Vom Landungssteg kam jene Art feuchten Schnarchens, mit dem ein Bulle eine brünstige Kuh beschnüffelt; ein eimertiefer Rülpser; der Furz eines Belagerungsgeschützes. Chimo war zurückgekehrt. Er kletterte zum Lager hoch; er trug einen kleinen Kaiman an den Vorderbeinen und warf ihn vor Galvis hin.

»Reymono«, sagte er und wischte sich mit dem Handrücken über den Mund, »über die Stromschnellen kommen wir nie. Und wenn wir zu Fuß in das Land der Choris gehen, ist alles möglich. Wir sind hier nicht willkommen. Das ist nicht unser Land. Wir müssen umkehren.«

Da war er also – der Augenblick, den ich mehr als jeden anderen gefürchtet hatte, ein Augenblick, von dem ich glaubte, daß ich auf ihn vorbereitet wäre. In meiner Vorstellung war ich immer ruhig, kraftvoll, kontrolliert, überzeugend gewesen. Aber so war es nicht; es erwischte mich von hinten, wortlos; ich mußte pissen; ich war müde; alles war vorbei. Ich begann zu zittern.

Chimo nahm seinen Helm ab und hängte ihn neben sich an den Pfosten der Hängematte. Er rieb sich mit beiden Händen das Gesicht, als wolle er sich den Schlaf aus den Augen reiben.

»Ich gehe mit Jarivanau weiter«, sagte ich und kam mir schon lächerlich vor, als sich die Worte noch formten. »Wer kommt mit mir?«

Ich stand auf. Niemand rührte sich; Galvis sah fort und stocherte mit einem Stock in seinem Feuer. Juan hatte recht; sie wollten mich wirklich verlassen. Auf einem Blatt an meinem rechten Stiefel ließ eine große rote Ameise ihre Fühler spielen; ich fühlte mich plötzlich von allem gelöst, von mir selbst abgeschnitten. Ich versuchte zu lächeln, aber vergeblich; mein eigenes Gesicht schien mir nicht mehr gehorchen zu wollen. Durch die Lücke, die wir in die Büsche geschlagen hatten, konnte ich den verlassenen braunen Fluß vorüberfließen sehen. Ein Kreischender Piha rief.

Chimo sah hoch; er setzte den Helm wieder auf und begann leise zu singen. Er war grotesk in seinen Armeeshorts, seinen gelben Gummistiefeln. »Ich bin das größte Mädchen in der Stadt«, sang er, »aber für dich zieh ich die Hosen aus.« Und er kam und stellte sich neben mich.

19

Beschämt nahmen Culimacaré und Pablo ihre Macheten auf und kamen herüber.

»Dann ist das geregelt«, sagte Chimo, »mein alter Freund Valentine kann sich endlich ausruhen; und das Mädchen Galvis kann für sich selbst kochen und auf die Boote aufpassen. Aber wir werden den Weg gut markieren, Galvis, damit die Yanomami, wenn sie uns umgebracht haben, herkommen und dich auch umbringen; du wirst überhaupt nichts hören – und glaub mir, diese Pfeile können einen Mann direkt vom Boden heben und ihn gegen einen Baum nageln.«

Valentine, der viel älter aussah als noch am Morgen, still, ohne zu lächeln, mit unsicheren Bewegungen, machte sich daran, ein Räuchergestell für den Kaiman zu bauen. Galvis andererseits, der für den Moment von seiner großen Furcht vor den Yanomami befreit war, fand zu seinem üblichen gesprächigen und fröhlichen Selbst zurück, öffnete seine private Medikamentenkiste (die, wie ich jetzt sah, fast ausschließlich mit verschiedenfarbigen Seifen und Shampoos gefüllt war), summte einen seiner Popsongs und tanzte hinunter zum Fluß, um sich zu waschen.

Juan und ich begannen den Kaiman zu zerlegen, und Jarivanau, Chimo, Pablo und Culimacaré gingen in den Wald.

»Ich mache mir Sorgen«, sagte Juan leise, das Gesicht nahe an meinem. »Redmon, ich mache mir Sorgen, daß ich nicht stark genug bin. Es wird wie die Nabelschweinjagd sein, aber es wird Tage und Tage dauern. Wir werden mit Jarivanau Schritt halten müssen. Ich werde nicht so weit und so schnell gehen können.«

»Unsinn«, sagte ich und hoffte insgeheim, er wäre Diabetiker oder hätte vielleicht nur eine Lunge oder litte unter angeborener Leistenschwäche – irgend etwas, wodurch sich das Tempo verringern würde. Und als wolle er meinen Wunsch erfüllen, stand er auf, löste mit äußerster Vorsicht seinen Gürtel und ließ die Hosen fallen.

»Schau her!« sagte Juan. »Es tut sehr weh. Sogar nachts tut es weh.«

Zwei rote Flecken, an den Rändern leicht gezackt, breiteten sich über die Innenseiten seiner Oberschenkel aus und verschwanden unter seinen Unterhosen. Der Pilz hatte ihn erwischt.

»Warum hast du mir nichts gesagt? Warum hast du mich nicht um eine Salbe gebeten?«

»Ich dachte, du hättest ein großes Getue um nichts gemacht. Ich hielt dich für lächerlich.«

»Ich bin lächerlich«, sagte ich triumphierend und kam mir vor wie ein Veteran, als ich zu meinem Packen ging, eine Reservetube Canesten aus einer Seitentasche zog und sie ihm mit großer Geste überreichte, »aber du hast bisher nur in Forschungsstationen gelebt; wenn du im Dschungel bist, solltest du zwischen den Beinen eine Venuskäferfalle haben.«

Juan tupfte die weiße Salbe auf die wunde Haut. »Und letzte Nacht habe ich zwei braune Zecken an meinen Eiern erwischt. Sie müssen von dem Brüllaffen gewesen sein. So kriegt man Gelbfieber.«

»Nicht hier«, sagte ich entschieden und tat so, als wüßte ich mehr, als ich wirklich wußte. »Hier gibt es kein Gelbfieber.«

Jarivanau und die anderen kehrten mit langen Bündeln grüner Palmwedel zurück. Sie hockten sich nieder, und indem sie Culimacaré zuschauten, der offensichtlich der Fachmann war, begannen sie die Blätter zusammenzuflechten. In zehn Minuten hatten sie Curipaco-Rucksäcke gemacht, Palmblattsäcke für sechzig Pfund. Chimo wählte dann den richtigen Baum aus, einen mittelgroßen Stamm, schlug mit der Machete zu, so hoch er reichte, und riß lange Streifen Borke herunter, etwa fünfzehn Zentimeter breit, die er als Tragebänder für Kopf und Schultern in die Körbe flocht.

»Catumarés«, sagte Chimo, sehr zufrieden mit sich, und probierte einen aus, indem er versuchte, das Flechtwerk aus Blättern und Stengeln zu dehnen. »Jetzt können wir laufen, bis uns die Pingas abfallen.«

Als die Baumfrösche quakten und pfiffen und über uns und um uns herum trillerten, verteilten wir die Vorräte: alle restlichen Plastikbeutel mit Perlen, Angelhaken, Angelschnur, Spiegeln und Kämmen, Medikamente, eine Machete für jeden und die Hälfte unseres restlichen Nahrungsvorrats – Salz, Zucker, Kaffee, Maismehl und Linsen. Obendrauf auf meinen Anteil an der Gemeinschaftslast packte ich die Polaroid und unsere letzten hundert Aufnahmen, Simons Minolta und alle verbliebenen Filme, meine Reservebrille und meine Turnschuhe, meine letzten Reserveschuhe.

Ich entschied mich gegen D'Abreras ›Butterflies of South America‹ und meine Kopien von Chagnon und Lizot, aber für den Schauensee. Oben auf dem Rucksack würde für die übergroße, nasse, schwere kolumbianische Hängematte kaum Platz sein: Zum ersten Mal bedauerte ich, daß ich die kompakte, leichte, SAS-Leinwand-Version in San Carlos zurückgelassen hatte. Ich verpackte meine kostbaren Notizbücher in zwei Plastikbeutel und verstaute sie beklommen in Galvis' Medikamentenkiste.

»Dreihundert Bolivar extra«, verkündete ich, »für jeden, der mit mir kommt – wenn wir die Yanomami finden.« Und nach dem Essen, als wir im Fluß das Kaimanfett von unseren Blechtellern wuschen: »Dreihundert Bolivar extra auch für dich und für den alten Valentine«, flüsterte ich in Galvis' nach Zitronenshampoo duftendes Ohr, »wenn du auf meine Notizbücher aufpaßt.«

»Was hab ich davon«, sagte Galvis, »wenn du nicht zurückkommst?«

Chimo, der im Feuer stocherte, pfiff, mit sich selbst sprach, weckte uns schon lange vor der Dämmerung; wir packten unsere Hängematten und Moskitonetze ein, und Pablo und Culimacaré banden je eine der kleineren Zeltbahnen über ihre Packen. Jarivanau wickelte einfach sein Schlafnetz aus Ranken zu einem Ball und stopfte ihn in seinen Catumaré, unter den halben geräucherten Kaimanschwanz, der in Blätter gehüllt war.

Ich ging hinunter zum Einbaum, das Licht meiner Lampe diffus im schweren Nebel, um einen starken Talisman zu holen, den mir James Fenton in Oxford gegeben hatte. Mit großer Sorgfalt nahm ich ihn aus seiner Plastiktasche im Reisesack Nr. 1 heraus. Beute von einer seiner beschaulichen Reisen durch die Antiquitätenläden der Hauptstadt, war er der Fenton-Preis für großen Mut in Borneo angesichts nicht vorhandener Gefahren. Ich bewunderte ihn noch einmal, bevor ich ihn in meine Tasche steckte. Auf einer Seite war das Profil eines respektablen Herrn mit einer Brille wie der meinen geprägt: »Fünfzig Jahr Paul Lewy heiß ich. 26. XII. 1926« lautete die deutsche Inschrift, und auf der anderen Seite, ebenso kühn, war sein Hintern zu sehen: »Was auch war, täglich scheiß ich«, verkündete er.

Pünktlich beim ersten Morgenlicht begannen Unbekannte mit zwei Kreissägen Holz zu schneiden. Es war nervenaufreibend, unaufhörlich: ein wilder Widerhall von Kreischen und Heulen und Ächzen.

»Viudita carablanca!« rief Chimo und hob den Catumaré auf die Schultern.

»Es ist der Weißgesichtige Saki«, sagte Juan. »Er ist sehr selten, wir haben Glück, daß wir ihn hören. Er ist klein und schwarz, und sein Weibchen ist braun – lange Zeit glaubte man, es wären zwei verschiedene Arten. Er lebt mit seiner Frau und den Kindern in der mittleren Höhe der Bäume, und sie essen Früchte und Samen. Er ist kaum bekannt. Ich höre ihn zum ersten Mal.«

Es folgten noch zwei weitere Lärmattacken, dann war Stille.

Ich hievte das leichenähnliche Gewicht meines Rucksacks auf den Rücken, schüttelte Galvis die Hand und winkte Valentine zu, der abseits stand und sich bei den Stufen zu den Booten an einen Baum lehnte. Der alte Mann kam zu mir herüber und nahm meine beiden Hände. Er wirkte kleiner, als wäre er in der Nacht ein bißchen geschrumpft. Er betrachtete mich eingehend mit seinen tieftraurigen, wäßrigen, schwachen Augen.

»Vielen Dank«, sagte er, »für die Pfeife, die du mir gegeben hast.«

Ich nahm hinter unserem neuen Führer, Jarivanau, Aufstellung. Barfüßig, das Gesicht zwischen die Schultern gezwängt vom Gewicht seines Palmblattrucksacks auf dem quer über die Stirn laufenden Stirnriemen; die Narben auf den übrigen zwei Dritteln seines Gesichts waren rot von dem Druck und der Aufregung; er hatte seine neue Machete in der einen Hand, in der anderen hielt er das Gewehr fest um den Lauf; er grinste unkontrolliert – er wollte endlich aufbrechen.

Juan stand angespannt hinter mir; Culimacaré und Pablo warteten hinter ihm, und Chimo, der noch immer pfiff, bildete den Schluß. Jarivanau ging los wie ein Nabelschwein.

Kaum einen Meter vierzig groß, unglaublich fit, schlüpfte er unter Lianen durch, die mich an der Hüfte festhielten. Er schwang seinen Catumaré auf die Seite und duckte sich unter den Ästen umgestürzter Baumstämme hindurch, während ich meinen Rucksack abnehmen und, ihn hinter mir herzerrend, auf allen vieren kriechen mußte. Seine bloßen Füße trugen ihn durch die kleinen Bäche, ihre weichen, dunklen, verwitterten Ufer hinauf, ohne daß sich sein Laufrhythmus änderte, während ich hineinrutschte und herauskrabbelte. Aber am meisten beeindruckte mich, was ich durch den Schweiß und den Dunst auf meiner Brille erkennen konnte: daß er immer wach und aufmerksam blieb. Trotz des an seinem Kopf zerrenden Gewichts, das die Sehnen im Nacken wie Hühnerbeine hervortreten ließ, überprüfte er unablässig das Blätterdach nach Palmfrüchten, nach Bienennestern, nach einem unvorsichtigen Guan, nach einer Bewegung der Blätter, mit der sich ein Brüllaffe oder Spinnenaffe verraten mochte.

Nach etwa einer Stunde in diesem Tempo hatte ich nur noch eins im Sinn: auf die kurzen Gelegenheiten zu lauern, wo ich zwischen trägen Bächen und tiefen Sumpflöchern die Klappe von einer meiner SAS-Feldflaschenhüllen aufknöpfen und die Aluminiumflasche herausziehen konnte, ohne Jarivanaus ständig weitereilenden Rücken aus den Augen zu verlieren, die schwarze Gummikappe abschrauben, einen verzweifelten Schluck nehmen und die Flasche wieder zurückstecken konnte.

Halbtot vor Erschöpfung hatte ich gerade ein solches Manöver abgeschlossen und sogar eine Flasche in einem Rinnsal nachgefüllt, als Jarivanau über einen Baumstamm sprang, sich plötzlich umdrehte und auf die verfaulte Borke deutete. Ich trat näher und bückte mich, um zu sehen, was er mir zeigen wollte; ich konnte nichts Ungewöhnliches erkennen, nur dunkelbraune Flechten und vereinzelte Pilze. Jarivanau schrie und winkte mich zurück. Juan, der von hinten herankam, packte mich am Arm.

»Mapanare!« rief er.

Culimacaré hatte uns eingeholt und zerrte an meinem Hemd.

Und dann sah ich in einer Höhlung des Holzes ein kurzes Stück braunen, gebürsteten Samts. Es war, wie mir allmählich dämmerte, eine Schlange; ihr Kopf war dreieckig, die Flanken gingen in Schwarz über.

Jarivanau schoß vorwärts, traf sie mit seiner Machete,

durchbohrte sie hinter dem Kopf und schleuderte sie ins Unterholz. Ihr Bauch blitzte gelb auf, als sie sich in der Luft drehte.

»Mapanare! Barba amarilla!« rief Juan noch immer aufgeregt und ließ meinen Arm los. »Du wärst fast umgekommen! Fast hättest du deinen letzten blöden Atemzug getan! Warum willst du denn unbedingt eine Schlange küssen?«

»Ich hab sie nicht gesehen«, sagte ich schwach. »Ich hatte keine Ahnung.«

Und außerdem, dachte ich, konnte man sich nur schwer vorstellen, daß ein Wesen, so gut versteckt, so von Grund auf friedlich, sich tatsächlich gegen einen erheben und einen töten könnte.

Culimacaré, mit fürsorglichem Blick, fuchtelte mit dem Arm, mein Hemd noch immer im Griff, und ließ mich dann los.

»Ihr nennt sie die Lanzenschlange«, sagte Juan, »sie ist hier sehr häufig. Viele Menschen sterben, wenn sie den Boden für ihre Conucos herrichten. Jedes Weibchen hat sechzig oder achtzig Junge, die alle lebend geboren werden, und von Anfang an sind sie giftig.«

Ich stieg über den Baumstamm. Die von der Machete gekerbte Rinde befand sich in Höhe meiner Oberschenkel. Die Lanzenschlange war etwa fünfzig Zentimeter lang. Mein Gemächte zog sich schlagartig zusammen.

Culimacaré schob sich wortlos an mir vorbei und reihte sich hinter Jarivanau ein; beim Gehen markierte er den Pfad, schlug mit seiner Machete etwa alle zwanzig Meter eine

Pflanze oder einen Zweig ab. Das Tempo ließ nach, das Land wurde noch flacher, und ich hatte Zeit, mich umzuschauen; der Boden war offensichtlich arm, große Bäume waren selten und Zwergarten üblich – Miniaturpalmen, nicht mehr als drei Meter groß, und kleine Bäume mit Büscheln enormer Blätter an den Spitzen standen zwischen den jungen Stämmen. Aber selbst in dem niedrigeren, häufiger durchbrochenen Blätterdach der mittelgroßen Bäume klumpten sich Bromeliazeen in jeder Astgabelung, die Blätter, an der Basis halb zusammengerollt, kelchten sich nach schräg oben, und das Wasser darin, das wußte ich, würde von Moskitolarven wimmeln: ein Sumpf über unseren Köpfen, endlos in alle Richtungen.

Etliche Stunden später erreichten wir unseren ersten tiefen Fluß, etwa dreißig Meter breit. Jarivanau nahm seinen Catumaré ab, legte sein Gewehr nieder und erwählte nach sorgfältiger Prüfung der Borke und der Krone einen Baum, der wie jeder andere aussah. Ich ließ meinen Rucksack herunter und ließ mich mit versagenden Beinen auf ihm nieder. Es gäbe jetzt mindestens eine halbe Stunde Pause, dachte ich: Ich konnte eine Wasserflasche so langsam öffnen, wie ich wollte; ich konnte meine Brille putzen; vielleicht war sogar genug Zeit, um an einem Stück geräuchertem Kaiman zu kauen.

Jarivanau bearbeitete seinen Baum in Brusthöhe mit einem Hagel von Machetenschlägen; unter ständigem Grinsen stand er eine Minute lang in einem Hagel weißer Späne. Der Baum ächzte, brach über dem Schnitt und stürzte über den Fluß; ein Gewirr sich streckender Lianen ließ ihn nur langsam herab. Offenbar war es der weichste Baum des Waldes; es würde für niemanden eine Pause geben.

Pablo erschien auf dem Pfad, er sah frisch aus; und einige Augenblicke später kam auch Chimo, der seinen Wanst vor sich her und seinen Packen hinter sich trug und pfiff, als seien solche Spaziergänge alltäglich.

Jarivanau ging über seine Yanomami-Brücke, seine Füße wirkten wie die Saugnäpfe eines Geckos; er streifte im Gehen Blätter und Ranken ab und machte so den Weg frei. Culimacaré schnitt jedem von uns einen jungen Stamm ab, und dann lief er, vollbeladen, die Stange wie ein Seiltänzer haltend, in einem mühelosen Galopp über den Fluß. Die anderen folgten dichtauf. Tatsächlich sah es ganz leicht aus, und ich war so müde, daß ich den Rat des SAS-Majors in Hereford vergaß: »Was immer du tust, mein Junge, überquere niemals einen Fluß mit einem Rucksack auf dem Rücken.«

Meine verschlissenen Stiefel gaben keinen Halt auf dem glitschigen Baumstamm. Die Stange machte sich selbständig und parierte die Schläge unsichtbarer Angreifer von links und rechts; der Fluß kippte hoch, um mich von der Seite anzuschauen, dann legte er sich wieder hin und wiederholte das Ganze mit doppelter Geschwindigkeit. Ich kam mir vor wie der Pilot einer Libelle, und dann fiel ich – offenbar vom höchsten Punkt und mit größter Wucht. Die Welt wurde schwarz und gurgelte; irgend etwas schloß sich um mein Bein, etwas anderes hängte sich auf meine Schultern und hielt mich unter Wasser. Diesmal ist es wirklich eine Anakonda, dachte ich, als ich meinen Kopf zu heben versuchte – ich bin auf eine von Oberst Fawcetts zwanzig Meter langen Anakondas gefallen. Und dann bekam ich einen Stoß vor die Brust; ich schnappte nach Luft; und durch das Wasser, das von meinem Hut herabströmte, schaute ich in Culimacarés verschleierte dunkelbraune Augen. Er trat Wasser, brüllte vor Lachen, daß ich seinen Gaumen sehen konnte, und befreite meine Arme aus dem Rucksack, den er an einem zerbrochenen Ast des Baumes verankerte. Als ich mich abmühte, um meinen Fuß zu befreien, tauchte er neben mir unter und zog ihn aus dem Geäst.

Als ich auf das andere Ufer kletterte, heulten auch Jarivanau, Pablo und Chimo vor Lachen.

»Reymono, aus dir wird nie ein Affe!« hechelte Chimo und schlug mich auf den Rücken.

Aber Juan lächelte nicht einmal, er war besorgt.

»Ich verstehe nicht«, sagte er, verschränkte die Arme und preßte sie vor die Brust. »Was wirst du tun? Was willst du machen, wenn sie Jarivanau umbringen? Was willst du machen, wenn wir vor den Yanomami fliehen müssen?«

An den nächsten drei Flüssen (oder vielleicht waren es auch nur die Windungen desselben Flusses) gab ich Culimacaré meinen Rucksack, damit er ihn über Jarivanaus gefällte Bäume trug, und ich selbst schwamm hinüber. Daß ich völlig naß wurde, machte nicht viel aus; ohnehin war alles so naß, wie es nur sein konnte.

Als sich der Nachmittag voranschwitzte, schien Jarivanau nicht mehr so auf Eile erpicht; wir gingen alle in Sichtweite voneinander. Der Boden wurde fester, die Sumpflöcher seltener, die Bäume viel größer. Und dann erwachte ich jäh aus meinem fast hypnotischen Zustand, einer Trance, hervorgerufen durch das Schlappen meiner zerfetzten Stiefel auf den nassen Blättern und durch die rhythmische Gewichtsverlagerung meines Rucksacks. Ich erwachte schlagartig zu vollem Bewußtsein.

Jarivanau und Culimacaré waren vor mir stehengeblieben. Wir standen auf einem Kahlschlag. Die Kronen der riesigen Bäume trafen sich über unseren Köpfen, das Unterholz im Umkreis war unangetastet, aber das Gelände vor uns war gelichtet. Etwa dreißig kleine Hütten aus Blättern waren darauf verstreut – sie sahen aus, als wären sie gewachsen, wo sie standen. Ihre dreieckigen Dächer aus Palmblättern und Schößlingen wurden vorn von einem einzigen, knapp zwei Meter hohen Stamm, hinten von zwei Stangen von etwa ein Meter zwanzig gestützt, die durch ein Querstück verbunden waren; in einigen hingen noch Rankenhängematten, die vorn und hinten an den Pfählen festgemacht waren. Die Blätter waren braun und verwelkt, die Hängematten verwittert, die festgetretene Erde trug keine frischen Fußabdrücke. Dennoch wurden wir alle still; viele Menschen waren hier gewesen; dies war nicht unser Ort – wir sollten hier nicht sein.

Jarivanau nahm seinen Catumaré ab und ging zielgerichtet über den Kahlschlag. Ich folgte ihm sofort – vielleicht suchte er nach einem rituellen Zeichen, irgendeiner formalen Botschaft, die in Yanomami-Lagern immer zurückgelassen wurden? Am Ende des Platzes huschte er von Baum zu Baum; er wirkte aufgeregt, geheimnisvoll, winkte mir, zurückzubleiben. Seine Aufregung wuchs, er scheuchte mich mit beiden Händen fort. Die Spannung in mir nahm noch zu; vielleicht machte ich irgendeine kleine, aber entscheidende anthropologische Entdeckung. Schließlich hielt er erschöpft zwischen zwei Pfahlwurzeln inne, wandte mir den Rücken zu, ließ die grünen Shorts herab, die Culimacaré ihm gegeben hatte, und schiß. Jarivanau hatte Durchfall.

»Wir müssen bald lagern«, sagte Chimo düster und ging voran. »Und weitab vom Pfad. Wir müssen den Choris schon recht nahe sein. Vielleicht sind sie nur noch einen Tag entfernt – und wir dürfen kein Feuer anmachen, Reymono. Ich würde lieber einen Jaguar in der Nacht riskieren als einen Besuch dieser Leute.«

Eine halbe Stunde später, auf einer kleinen Landzunge, die von der engen Windung eines Wasserlaufs gebildet wurde, hielt Chimo an und legte sein Gepäck ab. Es war ein außergewöhnlicher Ort; riesige Bäume, klares Wasser, und unter dem überhängenden Ufer gab es sogar einen flachen Streifen schlammigen Sandes. Ich säuberte meine Brille, wusch mir das Gesicht, füllte meine Wasserflasche und versuchte das unbekannte Gebiet rund um uns aus meinen Gedanken zu verdrängen.

Pablo und Culimacaré breiteten die beiden Zeltplanen über ein Rechteck abgeschnittener Stämmchen, und wir spannten die Hängematten auf. Chimo, seine großen Hinterbacken in der Luft, verfolgte glänzende, schwarze, zwei bis drei Zentimeter lange Veintecuatros über den Dschungelboden und schlug sie mit der Machete platt – eine viel zu wichtige Aufgabe, als daß er dabei hätte pfeifen können.

»Der Heiligen Jungfrau sei Dank«, sagte er, als er endlich ihr Nest fand, ein kleines Loch nahe den Wurzeln des riesigen Baums. Er ging zu seinem Catumaré, nahm eine Plastikflasche Kerosin heraus, schüttete die Hälfte in die Öffnung und warf ein Zündholz hinterher. Es gab eine blaue Stichflamme.

»Das ist Verschwendung«, sagte Juan.

»Die können einen Mann bewußtlos stechen«, sagte Chimo beleidigt.

Wir kauten Streifen geräucherten Kaimans, sprachen nur wenig, wechselten in trockene Kleider und fielen in unsere Hängematten. Die Dunkelheit brach herein.

Leuchtkäfer, jeder mit zwei grünen Lichtern, kreuzten zwischen den Bäumen; der Boden um uns glühte von phosphoreszierenden Pilzen und Flechten – ein fahles gelbes Licht, heller, als ich es jemals zuvor gesehen hatte.

»Quak! Quak! Quak!« sagte irgend etwas, wie eine Ente, die gequetscht wird.

»Es ist eine Ente«, sagte ich.

»Es ist ein Goldhase«, grunzte Chimo. »Unser Lager muß nahe seiner Höhle liegen. Er ärgert sich über uns.«

Dann kam, sehr laut, der Ruf einer Eule.

»Es ist eine Eule«, sagte ich.

»Zambullidor de sol«, sagte Chimo.

So also klingt ein Tauchhühnchen, dachte ich, und war ganz aufgeregt, zufrieden mit mir selbst.

Irgend etwas schloß sich an, ein langer gurgelnder Ruf.

»Das ist ein Grüner Ibis«, sagte ich.

»Das ist Jesus Christus«, sagte Chimo und wälzte sich in seiner Hängematte herum, so daß wir alle in Bewegung gerieten. »Schlaf endlich.«

Ein widerhallendes Gackern, gefolgt von einem langen, lauten Stöhnen ganz in der Nähe, weckte mich in der Dunkelheit. Chimo war bereits aufgestanden und suchte in seinem Catumaré herum.

»Was ist das?« fragte ich.

»Pájaro vaco«, sagte Chimo. »Das ist alles der Pájaro vaco. Aber warum fragst du mich? Steht das nicht alles in deinen Büchern? He?«

Selbst Chimo, merkte ich, wurde nervös. Mein Magen

rührte sich leise bei dem Gedanken. Ich knipste meine Taschenlampe an und nahm den Schauensee heraus, immer die beste Therapie: Pájaro vaco, sagte er, war der Rötliche Tigerreiher, groß, schwarz und braun, Kopf und Schultern kastanienbraun: »Gewöhnlich ein Einzelgänger, nicht scheu. Nachtaktiv. Bleibt bei Störung bewegungslos. Nährt sich von Fischen, Insekten.« Kein Wort über sein Sprachverhalten; kein Hinweis, ob er Enten und Eulen und besenreitende Mädchen imitierte oder nicht.

Wir brachen das Lager ab, kauten noch etwas mehr Kaiman und brachen auf, sobald wir das Unterholz erkennen konnten.

Gegen Mittag bemerkte ich eine Gruppe kleiner Vögel, die um uns herum auf Zweigen und auf dem Boden schwärmten; und ein oder zwei Schritte später schritten wir über einen Teppich aus mittelgroßen schwarzen Ameisen, eine chaotische, quirlige Masse von Insekten, die in alle Richtungen rannten und sogar zwei oder drei Meter die Stengel der Farne, die Stämme der Bäume hinaufströmten – sie waren, wie ich annahm, eine von Henry Walter Bates' Arten von Wanderameisen (er fand zehn Arten, von denen acht der Wissenschaft neu waren); aber Jarivanau war zu weit voraus, als daß ich ihn hätte anhalten können; in fünf Minuten waren wir an der Kolonne vorbei; und ich hielt nur kurz an, um ein paar besonders tapfere Individuen von meinen Hosen zu bürsten.

Auch Jarivanau machte halt. Wir hatten einen Pfad erreicht. Diesmal gab es keinen Zweifel: Ein häufig benutzter, meterbreiter Pfad kreuzte im rechten Winkel unseren

Weg. Wir warteten auf Chimo, der langsam herankam, stehenblieb, seine Pfeife aus einer Tasche und seinen Plastiktabaksbeutel aus einer anderen holte, die Pfeife stopfte, den Tabaksbeutel zurücksteckte, den Tabak im Pfeifenkopf mit dem Daumen zusammendrückte, die Pfeife in den Mund steckte, sie anzündete und lächelte.

»Na, wie ist das?« sagte er zwinkernd, als hätte er den Weg selbst gefunden. »Jetzt können wir alle zusammen sterben, nur um Reymono einen Gefallen zu tun. Nur um mal zu sehen, wie das so ist.«

20

Der Pfad führte zu einer Pflanzung, einem großen, seit langem bestehenden Conuco mit Bananen. Die Sonne brannte auf uns herab, heiß und hart und direkt. Wir kletterten über die verwitterten Stämme alter, halbverbrannter Bäume, hinab zu einem kleinen Fluß und hinauf in einen Gürtel ungelichteten Waldes. Dort machten wir wie auf Verabredung halt, um zu pissen; die Angst drückte uns auf die Blasen.

Auf der anderen Seite des Hügels hielten wir wieder an. Eine junge Pflanzung erstreckte sich vor uns hangabwärts; ein bewaldeter Berg füllte den Horizont dahinter. Dazwischen erhob sich, mit der Rückseite zu uns, eine massive, eingefriedete, ovale Palmblattdach-Konstruktion, gelb vom Alter; die skelettartigen Spitzen der nach innen weisenden Pfähle ragten in die Luft. Acht Kuhreiher saßen auf einem Baum zu unserer Linken.

»Redmon«, sagte Juan, legte das Gepäck ab und holte seine Kamera heraus, in seinen Bewegungen plötzlich so übertrieben, so hektisch wie bei unserer ersten Begegnung, »würdest du mich bitte mit Chimo und den anderen fotografieren? Für meine Frau?«

Es war eine groteske Idee. Ich glaubte zu wissen, was er dachte: Eines Tages vielleicht wird irgendein Anthropologe oder Missionar hierherkommen und eine verrostete, ungeöffnete Kamera finden – und dann wird das kleine Geheimnis unseres Verschwindens gelüftet sein.

Wider Willen gab ich ihm meinerseits meine Nikonos, und wir fotografierten einander: aufgereiht vor dem Waldrand mit Pablo und Culimacaré in ihren Neblina-Stiefeln; Chimo mit seiner Machete in der Hand und seiner Pfeife im Mund; und Jarivanau, der das Gewehr an die Brust drückte.

Als ich Juan die Kamera zurückgab, begann Jarivanau, der seine Heimkehr keinen Augenblick mehr verzögern wollte, den Pfad hinunterzulaufen. Ich folgte ihm in aller Eile, der Rucksack flog auf meinem Rücken auf und nieder, Kamera und Fernglas schwangen vor meiner Brust hin und her.

Auf halbem Wege hielt er an, nahm das Gewehr an die Schulter und richtete den Lauf auf die Sonne.

»Nein! Nein!« schrie ich. »Tu es nicht! Nicht hier!«

Die Explosion, durch die Bäume nicht gedämpft, schien außerordentlich laut; sie hallte zwischen den Hügeln wider. Die Reiher flatterten auf. Und dann erscholl aus dem Shabono ein langer, auf- und absteigender Schrei.

Jarivanau winkte mir zu und rannte gebückt zu der gebogenen Wand. Er warf eine kleine Palmblattmatte zur Seite, bückte sich und verschwand. Ich folgte ihm; wegen meines Rucksacks mußte ich auf allen vieren hindurchkriechen.

Ich blickte von dem trockenen Boden hoch – direkt auf die Schäfte zweier langer Pfeile. Sie trugen eingekerbte, nadelscharfe, kuraregeschwärzte Pfeilspitzen für die Affenjagd. Die beiden jungen Männer standen mit gespanntem Bogen, den Rücken gekrümmt, das Gesicht ausdruckslos. Ihr Penis wurde von der Vorhaut, die unter das Hüftband aus Rinde geklemmt war, flach am Bauch gehalten. Sie hatten kleine, saubere Büschel schwarzen Schamhaars.

Echte Yanomami! Chagnons Yanomami! dachte ich in

einem Ausbruch von Freude und Erleichterung und Adrenalin. Und sie tun genau das, was sie tun sollen! Und dann dachte ich: Jesus Christus, sie wollen mich umbringen.

»Wuuhuuhuu!« machte Jarivanau und nahm meinen Hut ab.

Die jungen Männer ließen ihre Bogen sinken und lächelten. Jarivanau klatschte mir den Hut wieder auf den Kopf und half mir, als ich wackelig auf die Füße kam. Weitere Männer rannten uns über die große ovale Fläche entgegen und wedelten mit den Armen in der Luft.

»Wuuhuuhuu!« riefen sie.

Ein alter Mann legte seine ausgemergelten Arme um Jarivanau und stellte sich neben ihn; er rieb ihm mit einer Hand zärtlich über seinen Stoppelhaarschnitt und seinen vernarbten Schädel.

Juan und Culimacaré, Pablo und Chimo erschienen hinter mir. Wir standen dicht beieinander und starrten dumm auf die uns umdrängende Menge. Die Frauen trugen rote oder ockerfarbene Lendentücher und hatten wie die Männer Kochtopfhaarschnitte. Fast alle hatten ein Baby auf dem Arm oder ein Kleinkind an der Seite, das Hinterteil fest in ein rotes Tuch gebunden, das von der anderen Schulter der Mutter herunterhing. Pflöcke durchbohrten ihre Nasenscheidewände und ragten horizontal über beide Wangen; drei kürzere Pflöcke, Speichen eines Halbkreises, steckten in Löchern direkt unter der Mitte und den Winkeln ihrer Unterlippe. Größere Holzpflöcke waren durch ihre Ohrläppchen gestoßen, einige waren auch mit kleinen Blattbüscheln schön geschmückt. Küssen, dachte ich, war auf keinen Fall zu empfehlen; das wäre, als wolle man sein Gesicht in einen Dornbusch schmiegen.

Ich hob die Arme, wedelte mit ihnen herum und schrie wie die Männer – und wurde sofort umringt und von hundert Händen angefaßt. Eine alte Frau stieß alle anderen beiseite und baute sich vor mir auf. Sie hatte spindeldürre Beine, einen großen Bauch, enorme hängende Brustdreiecke und in den Ohren Büschel verwelkter Blätter, die sie offensichtlich in den letzten Wochen nicht gewechselt hatte. Ich sah ihr in die gütigen, schwachen, großmütterlichen Augen. Sie bückte sich langsam – und schlug mir zweimal kräftig auf die Knie. Ich war zu überrascht, um mich zu bewegen, und sie zögerte – bevor sie mich auf die Oberschenkel schlug. Es war, als würde man mit Teppichklopfern durchgehauen. Ich werde meine Eier verlieren, dachte ich, als sie wieder eine Pause machte, und hielt beide Hände vor meinen Reißverschluß. An diesem Punkt, wurde mir undeutlich bewußt, krümmten sich die Yanomami vor Lachen. Sie schlug mich seitlich auf den Bauch, die Arme, die Schultern, und dann, nicht ganz so hart, schlug sie mich ins Gesicht. Meine Brille, die bis dahin sicher unter dem Schweißband verankert war, flog mir von der Nase und landete auf der Erde zwischen uns. Ich bückte mich und hob sie auf, wobei ich halb erwartete, sie würde um mich herumtanzen und mir in den Hintern treten. Statt dessen griff sie mir mit beiden Händen in den Bart und zog heftig.

Die Yanomami in meinem begrenzten Gesichtsfeld lachten, sprangen auf und ab und zeigten ihre proteingenährten Gebisse, mimten extremen Schrecken und hielten sich die Hände über die Eier. Chimo spuckte und würgte und ließ mich schändlich im Stich.

Die alte Frau lächelte, nahm aus der Höhlung der Unterlippe einen schleimigen Klumpen Tabak heraus, knetete ihn zurecht, bis sie zufrieden war, quittierte das Gelächter der Menge mit einer schüchternen kleinen Verbeugung und ging davon, ohne einen Blick zurück.

Im Schatten des großen Dachs nahm ich meinen Packen ab, setzte mich darauf und rieb mir die Wangen. Alte Frauen, so erinnerte ich mich kläglich, waren sehr selten und genossen große Privilegien. Wenn eine Gruppe das Glück hatte, eine alte Frau zu haben, dann behandelte sie sie laut Chagnon sehr gut: Alte Frauen waren die einzigen Botschafter, die die toten Krieger vom Feind zurückholen durften; sie waren die einzigen Boten, die man zu einem feindlichen Shabono schicken konnte, ohne daß sie auf dem Weg vergewaltigt und dann bei ihrer Ankunft in Stücke geschnitten wurden.

»Das war sehr interessant«, sagte Juan, legte seinen Packen ab und setzte sich neben mich. »Das war eine Begrüßungszeremonie.«

Ich schenkte mir eine Antwort.

Kinder kamen und setzten sich um uns herum in den Staub; ein helläugiges Mädchen, vielleicht acht Jahre alt, mit einem sehr langen Pflock durch die Nase (nicht ganz auf Mitte, so daß er in einem kecken Winkel hervorstand), kühner als die anderen, pflückte mir die Kletten von Socken und Hosen, bohrte ihre Finger durch die Löcher in meinen Stiefeln, fuhr mit den Händen über mein stinkendes Hemd, streichelte die Haare auf meinen zerkratzten und zerbissenen Armen und war offensichtlich von meinem Bart fasziniert. Ihre eigene Haut war hellbraun, sehr sauber und völlig frei von den Bissen Schwarzer Fliegen.

Die beiden Krieger, die uns mit ihren gespannten Bogen begrüßt hatten, kauerten rechts und links von mir. Sie waren unbewaffnet und hatten kleine rote Lendentücher angelegt. Sie sprachen mit außerordentlicher Betonung und Vehemenz und stießen mit ihren dicken Zeigefingern bis kurz vor meine Augen, um wichtige Argumente zu unterstreichen. Sie schlugen gegen meinen Rucksack und machten deutlich, daß ich aufstehen sollte. Ihre Aggression, ihre gespannten Gesichter so dicht an meinem, ließ sie riesig erscheinen, als nicht zu verachtende Gegner, und deshalb war es eine Überraschung, daß sie, als wir alle auf den Füßen standen, sogar noch kleiner waren als Jarivanau; sie reichten mir nur bis zur Brust.

Chimo, Pablo und Culimacaré waren von einer ähnlich zudringlichen Gruppe älterer Männer umgeben. Jarivanau stand abseits und sprach noch immer mit dem entzückten alten Mann, den ich für seinen Vater hielt.

»Sie wollen unsere Rucksäcke«, sagte Chimo und sah ungewöhnlich besorgt aus. »Du mußt ihnen ein paar Geschenke geben, Reymono – aber nicht alles auf einmal, oder wir sind verloren.«

Ich packte die Polaroid aus, fand den Beutel mit den Filmen, ging zu Jarivanau hinüber, stellte mich unter seinen Schutz, indem ich meinen Arm um seine Schultern legte, und führte ihn hinaus in die heiße, helle Fläche des offenen Platzes. Das riesige schräge Dach umschloß uns in einiger Entfernung auf allen Seiten; in einem der Hüttensegmente hinter uns, einer der Lücken zwischen den in regelmäßigen Abständen gesetzten Hauptstützpfosten, lag ein Mann mittleren Alters in seiner Hängematte; zwei kleine Kinder saßen auf seinem Bauch, Bogen und Pfeile waren in Reichweite an die niedrige Rückwand gelehnt; er beobachtete uns bewegungslos. Ich war sicher, daß wir seine ersten Besucher aus der Außenwelt waren, und dennoch, ich bemerkte es nervös, war er seiner selbst so sicher, seine Verachtung so tief, daß er sich nicht einmal die Mühe gemacht hatte, seine Beine hinauszuschwingen und uns genauer zu betrachten.

Ich trat von Jarivanau zurück, kniete nieder, nahm einen Film aus dem wasserdichten Beutel, legte ihn in die Kamera ein und schaute wieder auf, um ihn zu fotografieren. Jarivanau hatte sich verändert; er zitterte am ganzen Körper, als hätte er Malaria. Er starrte mich an, als könnte er mich nicht sehen, und hielt seine Augen direkt auf die meinen gerichtet, ohne auch nur einen Augenblick fortzuschauen. Vielleicht konnte er es nicht ertragen, fotografiert zu werden? Vielleicht dachte er, ich wolle seine Seele einfangen? Aber zuvor hatte er niemals etwas dagegen gehabt – tatsächlich wußte ich, daß er sogar einige der Polaroidbilder bei sich trug, die wir in jener Nacht in seiner Hütte am Siapa aufgenommen hatten. Und dann erinnerte ich mich undeutlich an eine Passage bei Chagnon und begann nun auch selbst ein wenig zu zittern. Nun gehorchte ich endlich, ohne es zu wissen, dem Diktat der Yanomami-Sitte, die ich in der Überraschung unserer Ankunft so offensichtlich mißachtet hatte (und vielleicht war dieser Mangel an guten Sitten der Grund, weshalb die alte Frau mir ihre eigentümliche Begrüßung hatte angedeihen lassen – Chagnon hatte nichts dergleichen erwähnt): Der Besucher muß zwei, drei Minuten lang bewegungslos in der Mitte der Lichtung stehen, die Waffen vertikal vor das Gesicht gehalten; hat jemand eine Rechnung zu begleichen (oder will sich einen Ruf verschaffen), so muß er den Eindringling dort und auf der Stelle erschießen oder gar nicht. Wenn dies also wirklich Jarivanaus erster Besuch war nach der Fehde, die das Dorf gespalten hatte, so hatte er allen Grund zu zittern – und ich auch. Ich starrte scharf auf das sich entwickelnde Foto in meiner Hand und war mir der unverletzten Haut zwischen meinen Schulterblättern sehr bewußt.

Jarivanau stand noch einen Moment länger aufrecht, dann beugte er sich vor und nahm sein Bild. Wir gingen schnell zurück zu der Menge, die sich noch immer am Eingang drängte. Das Foto ging von Hand zu Hand – ein Objekt, das Chagnons Leute Noreshi genannt hatten, das gleiche Wort, das sie auch für den verletzlichsten Teil der Seele benutzten.

Ich winkte alle hinaus in das Sonnenlicht. Der würdevolle Mann, der, wie ich entschied, der Häuptling sein mußte, erhob sich aus seiner Hängematte und stellte sich vor die Menge; er bedeutete mir, ich solle ihn fotografieren und ihm dann sofort das Foto geben. Sein Porträt wurde perfekt, und er gönnte mir ein wohlwollendes Lächeln; die Erregung wuchs; ich fotografierte alle, in Gruppen; nur ein Film war von der langen Reise in Hitze und Feuchtigkeit hoffnungslos verfärbt. Vierzig Erwachsene bekamen jeder ein Foto, und mir blieben immer noch zwanzig für Notfälle. Die Frauen kicherten und schubsten einander und verglichen ihre magischen Kartonquadrate. Unser Besuch begann ihnen zu gefallen.

Wir nutzten die Gunst des Augenblicks, packten die Kämme und Spiegel aus und verteilten sie. Es waren die schäbigsten Missionshandelswaren, und die Gesichter der Yanomami verrieten ihre Unzufriedenheit; die häßlichen kleinen Spiegel hatten auf der Rückseite sogar ein Jesusbild mit einem Heiligenschein. Die Männer wirkten ernstlich verstimmt; deshalb packte ich die verbliebenen Beutel mit

Perlen aus – hier erschienen sie noch vielfältiger und farbiger und kostbarer als am Siapa. Ich ging zum Häuptling und legte das Prunkstück in seine schwielige Handfläche: eine kleine Schachtel mit winzigen, geschnitzten und bemalten Holzperlen. Er fingerte müßig an ihnen herum, geschmeichelt, aber auch verwirrt. Ich legte acht große rote Perlen in die aufgehaltene Hand der alten Frau, und sie zog mich mit der anderen Hand am Bart. Ich gab allen anderen Frauen jeweils acht Perlen verschiedener Sorten; als sie die Hände aufhielten, stellte ich fest, daß viele von ihnen verletzt waren, die Finger vernarbt, zermalmt oder gebrochen. Sie schienen sämtlich im letzten Stadium der Schwangerschaft.

»Sie haben Würmer«, sagte Juan. »Sie leiden schrecklich unter Würmern.«

Die Frauen zogen sich zurück, glücklich plappernd – sie planten irgend etwas. Die Männer warteten. Es half alles nichts – ich verteilte bis auf einige Pakete fast alle Haken und fast unsere gesamte Angelschnur.

»Ich habe dich gewarnt«, sagte Chimo, als er sie abmaß. »Was sollen wir jetzt tun? Wir haben kein Essen und keine Geschenke.«

»Wir haben Linsen.«

Chimo spuckte aus.

Die Männer trugen die Angelhaken zu ihren Hängematten; und ich setzte mich auf meinen leer gewordenen Packen; zum ersten Mal wurde ich nicht belästigt, so daß ich mich umschauen konnte. Juan wanderte im Shabono umher, eifrig, gewissenhaft um meinetwillen; er fotografierte jeden in seinem Heim und ging aufdringlich viel näher an die Menschen heran (das ging auch gar nicht anders wegen des Weitwinkelobjektivs der Nikonos, des einzigen, das ich besaß), als ich es selbst gewagt hätte. Chimo, Pablo und Culimacaré saßen in einer Reihe an der überdachten Rückwand hinter mir, schweigend wie unter einem durch Granatbeschuß ausgelösten Schock.

Jarivanau hatte seinen Vater allein gelassen und lag nun zwei Segmente weiter in einer Hängematte, wobei er einen halbwüchsigen Jungen im Arm hielt. Sie streichelten einander und flüsterten wie Liebende. Ah, dachte ich – den Kopf zu voll mit Lizot und Chagnon, als auch nur einen Moment lang anzunehmen, daß sie einfach den Augenblick genießen könnten –, dann ist das also Jarivanaus junger Schwager, der einzige Mann, mit dem er zärtlich sein darf; vor allen anderen Männern seiner Gruppe (einschließlich seiner Blutsbrüder) muß er demonstrieren, daß er waiteri ist, wild; andere Männer sind potentielle Rivalen im Kampf um Frauen, und deshalb ist es sogar unmöglich, sie auch nur direkt um irgend etwas zu bitten, geschweige denn, ihnen als Freunden zu vertrauen.

Der Raum zwischen den Hauptstützpfosten, in dem wir saßen, war leer; das Dach senkte sich hinter uns über einen nicht belegten Schlafbereich, und darüber gab es auch keine grobe Plattform aus zusammengebundenen Stangen für Vorräte; das Dach verlief vor uns nach oben, ein ganzes Stück über unseren Köpfen, hinaus über den gedeckten Gemeinschaftsweg und hinauf zu einem äußeren senkrechten Stützpfeiler von etwa dreizehn Meter Höhe. Langstielige Blätter hingen von der oberen Kante des Daches herab – das war, wie ich wußte, eine Eigenart der Yanomami im Hochland, wo es sehr kalt werden kann und der eingefangene Rauch von den Herdfeuern dazu beiträgt, bei Nacht ihre nackten Körper warm zu halten.

Eine Mutter lag in ihrer breiten Rankenhängematte zu unserer Rechten und betrachtete ihr Polaroidbild. Ein Baby saugte an ihrer linken Brust, ein kleiner Junge kuschelte sich auf der anderen Seite an sie, die Beine auf ihrem Bauch und den Kopf dicht an ihren Füßen; ihre Fersen waren zwischen die Ranken geklemmt. Eine andere, leere Hängematte hing direkt über ihr an den gleichen Pfosten, und auf dem Boden neben ihr befanden sich die Überreste eines Feuers – vier Kloben zu einem Kreuz gelegt, in der Mitte Asche; nachts konnte sie sich darum kümmern, indem sie sich aus dem Bett beugte. Ein zahmer Grauflügeliger Trompeter, von der Größe eines Zwerghahns, zart, mit langen Beinen und einem kurzen gelben Schnabel, pickte am Rand der Feuerstelle herum. Ein weitmaschiger Korb hing von einer schrägen Dachstange herab, zwei dicht geflochtene runde Körbe hingen an ihren Tragegurten aus Rinde an einem vorstehenden Pfosten der Plattform. Zwei Bambussplitter, ein baumelndes Bündel von Hirsch- oder Schweineknochen, drei Pfeile und eine Staude Bananen, mit einer Liane zusammengebunden, vervollständigten den Haushalt.

Zu unserer Linken saß die alte Frau in einer Hängematte und ignorierte uns; sie war vollauf damit beschäftigt, das Färben von Körben zu überwachen. Sie kommandierte eine junge Frau herum, vielleicht ihre Tochter, die zu ihren Füßen saß und Wasser aus einem Krug auf einen hellroten Haufen zermahlener Onoto-Samen auf einer Bananenblatt-Palette schöpfte. Die junge Frau rieb dann die Mischung mit ihren Händen in einen großen Vorratskorb; ihre Brustwarzen und die untere Hälfte ihrer Brüste stießen bei der Arbeit rhythmisch gegen den Korb und färbten sich scharlachrot. Ein zweiter Korb stand umgekehrt an der Rückwand zum

Trocknen, und ein dritter war fast fertig. Jedes Yanomami-Dorf ist darauf spezialisiert, einige der wenigen notwendigen Gegenstände in großer Menge zu produzieren, um mit den Nachbarn handeln zu können – wenn du mit dem nächsten Shabono nicht Handel treibst, bist du früher oder später im Krieg mit ihm. Vielleicht, dachte ich, war dies eine Genossenschaft zur Herstellung scharlachroter Körbe, und Betriebsleiterin war die besucherverhauende Großmutter.

Die Männer, einschließlich Jarivanau, hatten sich vor dem Wohnabschnitt des Häuptlings versammelt. Die gesamte Vorderseite seiner Vorratsplattform war dicht mit reifenden Bananen behängt – ein deutliches Zeichen sozialer Macht: Die Männer mit den größten Familien und den meisten Frauen können die größten Gärten bearbeiten; andererseits wird von ihnen erwartet, daß sie den größten Teil der Bananensuppe liefern, wenn Nachbardörfer zu einem Fest eingeladen werden. Zwei weitere Behausungen, stellte ich fest, protzten mit ebenso großen Bananenvorräten – die Führung bei den Yanomami ist selten unangefochten; die Bündnisse sind kompliziert; Dörfer, die eine bestimmte Größe überschreiten, kämpfen häufig untereinander und spalten sich; das Leben ist keine Erholung.

Aber ich konnte einen Königsgeier sehen, der Hunderte von Metern über uns in immer weiteren Spiralen kreiste, majestätisch und gelassen wie ein Adler; vielleicht kam der Aufwind aus dem Shabono selbst, einem Oval reflektierter Hitze in dem sonst lückenlosen Dschungel. Vielleicht war Chagnon zufällig auf einige besonders gewalttätige Gemeinwesen getroffen, die zerrüttet waren, zu nahe an Missionsstationen wohnten, überaggressiv waren, verwirrt. Schließlich hatte hier außer Jarivanau niemand den Kopf rasiert, um seine Duellnarben zu zeigen. Während ich so überlegte und noch immer zu dem ständig kleiner werdenden Königsgeier hinaufschaute, fühlte ich im Nacken ein ganz leichtes Kitzeln. Ich langte mit der rechten Hand hinauf, um den Moskito abzustreifen – und zog sie blitzschnell wieder zurück. Ich hatte etwas zwischen den Fingern gefangen. Es war eine Wanze, fast zweieinhalb Zentimeter lang, die mit ihren langen dünnen Beinen strampelte: eine Mordwanze, schwarz und rot mit gelben Streifen an den Flügeln. Es war Rhodnius prolixus, der die Chagassche Krankheit überträgt; wo die Nase sein sollte, hat er einen soliden Injektionsapparat.

Ich holte mein Notizbuch aus der linken Hosentasche, legte ihn hinein und klappte es fest zu. Ich stand auf, fühlte mich schwach und setzte mich wieder hin.

Juan kam von seiner Tour zurück.

»Sie haben fast nichts«, sagte er. »Drei alte Äxte, zwei Macheten, ein paar Metalltöpfe und acht Badehosen. Das ist alles – für achtzig Menschen.«

»Badehosen?«

»Chagnon sagt, alles wird von Shabono zu Shabono ins Innere weitergetauscht, über Hunderte von Kilometern. Vielleicht kommen sie von seinem Ort, aus Mavaca.«

»Sieh dir das an«, sagte ich, öffnete das Notizbuch auf der Seite mit dem plattgedrückten Käfer und hielt es ihm vor die Nase, als er sich hinsetzte. »Das habe ich gerade an meinem Hals gefangen. Tatsächlich – sieh dir doch mal meinen Hals an, ja? Ist da ein Stich?«

»Nein«, sagte Juan und inspizierte die Stelle. »Da ist Dreck. Du solltest dich mal waschen.«

»Was«, fragte ich, und meine Stimme hob sich um eine Oktave, »was ist das für ein Käfer?«

»Rhodnius prolixus«, sagte Juan leichthin. »Er gehört zur Familie der Reduviidae. Er überträgt die Chagassche Krankheit. Aber nicht hier. Er lebt überall im Wald. Aber hier ist er nicht infiziert.«

»Woher weißt du das?«

»Nun«, sagte Juan mit einem bei ihm seltenen Grinsen, »du hast mir geschworen, daß die Affen kein Gelbfieber übertragen. Ich schwöre dir, daß Rhodnius prolixus nicht die Chagassche Krankheit überträgt. Dann fühlen wir uns beide wohler.«

Ich musterte das Dach hinter uns und fragte mich, wie viele sich dort noch in Position gebracht hatten, gierig auf einen Stich.

»Reymono!« kam ein Ruf von der anderen Seite des Shabono.

Jarivanau stand neben dem Häuptling, der mit einer Yoppopfeife winkte.

Ich ging quer durch den Shabono, voll lächerlicher Freude über die Einladung, mit einem Gefühl, als hätte ich gerade in der Schule einen Preis gewonnen. Der Häuptling hatte Stirn und Nasenrücken mit Onotofarbe bemalt und vom Hals bis zum Bauch eine unregelmäßige rote Linie gezogen; er hatte zwei Büschel Papageienfedern an die Oberarme gebunden, wo sie in leuchtendem Grün herausstanden wie die Blätter einer unbekannten Pflanze; das linke Büschel war außerdem noch geschmückt mit drei scharlachroten Schwanzfedern von einem rotgrünen Ara. Außerdem hatte er sich umgezogen, sich in ein selteneres und ebenfalls prachtvolles Gewand geworfen: eine blaue Badehose. Acht Männer etwa gleichen Alters saßen in einer Reihe neben ihm, die Ältesten des Shabono. Der Mann unmittelbar links von ihm trug ein rotes Lendentuch und dazu ein kleineres, zerzausteres Büschel Papageienfedern – mit nur zwei Arafedern darüber – und nur auf seinem linken Arm; die übrigen trugen weiße Baumwollarmbänder oder einfach nur herabhängende Streifen aus weißem oder rotem Tuch. Sie begrüßten mich mit einem raschen, freundlichen Lächeln. Sie sahen ausgesprochen gesund aus, mit flachem Bauch, fit – keiner der Männer, schien es, litt an Würmern oder Handverletzungen.

Jarivanau, am Ende der Reihe, abgerissen in Gabriels Hosen, schlug mit der Hand auf den Boden neben sich; ich setzte mich hin. Zu meiner Linken saß ein zahmer Ara auf einem umgedrehten Korb, schnatterte vor sich hin und sah noch mitgenommener aus als Jarivanau, weil man ihm die Schwanzfedern ausgerissen hatte. Überall im Shabono sammelten die Frauen aufgeregt ihre Kinder ein und drängten sich zum Ausgang. Jarivanaus Vater kam herübergewandert und stieg in die mittlere von drei Hängematten, die im Abschnitt des Häuptlings hinter uns aufgespannt waren. Ein Mann, der blind zu sein schien – vielleicht von der Onchozerkiasis –, saß an der Rückwand auf einem Baumstamm.

Der Häuptling zog aus einem Korb zu seinen Füßen eine kleine Flasche hervor – die einzige, die ich zu sehen bekam, vielleicht ein altes Kaffeeglas –, klopfte eine Handvoll hellbraunen Staubs heraus, schüttete ihn in das Ende seiner Pfeife und trommelte mit dem Zeigefinger auf der Spitze herum. Der Mann mit den zwei Arafedern griff die Pfeife, kauerte sich vor den Häuptling, hob die Röhre an dessen linkes Nasenloch, atmete tief ein, blies seine Backen auf und pustete lange und fest. Der Häuptling ächzte, schloß die

Augen, schob mit der rechten Hand die Pfeife fort, hustete, spuckte, warf den Kopf zurück, hielt ihn mit beiden Händen, schlug sich auf die Schenkel und stöhnte – Tränen rannen ihm über die Backen, und brauner Schleim tropfte aus seiner Nase. Der Zweifeder-Mann füllte die Pfeife aufs neue; der Häuptling sammelte sich, machte die Augen auf, bot sein rechtes Nasenloch dar und empfing eine weitere schreckliche Ladung. Die Prozedur wurde dann wiederholt, zweimal in jedes Nasenloch. Der Häuptling saß still da, benommen, voller Qual; er senkte den Kopf und erbrach langsam Schleimbatzen auf den Boden zwischen seinen Füßen.

Das Vergnügen an meiner privilegierten Stellung schwand sofort. Ich erinnerte mich an die Schmerzen und begann zu schwitzen. Chimo winkte von der anderen Seite des Shabono. Juan kam herüber, um ein Foto aufzunehmen. Die Pfeife wanderte langsam die Reihe entlang – jeder Mann verpaßte seinem Nachbarn eine Ladung, aber niemals, wie ich erleichtert feststellte, mehr als eine pro Nasenloch.

Der Häuptling kam auf die Beine, schwankte, spuckte, lehnte sich mit gesenktem Kopf einen Augenblick gegen einen Pfosten und stampfte dann langsam nach vorn, den rechten Arm gebeugt, die Handfläche nach oben. Er begann einen sehr lauten, tiefen Gesang. Er starrte mit glasigen Augen auf die Bergspitze in der Mitte des Himmels. Er hob den rechten Arm im Takt zu seinem rauhen, emphatischen Lied und ballte die Faust; beide Arme ausgebreitet, drückte er die Hekura an seine Brust; er beendete seinen kurzen Weg nach vorn, drehte sich um und schlug die Hände zusammen; auf dem gleichen Weg ging er starr zurück, die Augen auf die Geister des Waldes gerichtet. Mit übertriebenen, ungemein kräftigen Bewegungen – seine Stimme hob sich zu einem Rufen – paradierte er vor uns hin und her, bis er erschöpft seinen Wohnabschnitt erreichte, seine persönliche Hängematte, sich wie nach einer langen Reise hineinsetzte und verstummte.

Dann begann der Mann mit den zwei Arafedern sein Lied; und die Yoppopfeife erreichte Jarivanau. Er schlug sich mit ihr wie mit einem Offiziersstöckchen auf den Schenkel, knuffte meinen Hut, zwinkerte, grinste über das ganze Gesicht und stopfte die Pfeife. Der Schmerz war viel schlimmer, als ich ihn in Erinnerung hatte, das Yoppo wahrscheinlich stärker; nach der zweiten Ladung kam ich mühsam auf die Knie, hielt mir mit beiden Händen den Kopf, erstickte in einem Kessel bitteren Staubs, starb. Durch die Hitze, den roten Dunstschleier – kein Atem, keine Luft – wirkte Jarivanaus Gesicht noch größer, besorgt; er legte den Arm um mich und drückte wie eine Anakonda. Wie in Reaktion darauf öffneten sich meine Nasenhöhlen; und in einem befreienden Strom leistete ich meinen Beitrag zu der Spucke und Kotze auf dem Boden vor uns.

Jarivanau schlug mich auf den Rücken, zwinkerte wieder und winkte seinem Vater in der Hängematte, er solle herkommen und ihm seine eigene Ladung verpassen. Ich kniete, die Hände fest gegen die Hüften gepreßt, würgend, benommen, in Armen und Beinen ein Zittern, als hätten mich Skorpione gestochen. Langsam kam der Erdboden zur Ruhe, und ich lehnte mich zurück; das Zittern ging vorbei, und ich streckte meine Beine aus. Eine elsterähnliche Prachtmeise, schwarz und weiß und vertraut, flog über den Shabono, ihren langen Schweif hinter sich herziehend. Der Mann, der gerade tanzte, hielt inne, brüllte sein Lied heraus und folgte ihrem Flug mit einem starr ausgestreckten Arm, als hätte er sie persönlich aus den Bäumen einer anderen Welt herbeigerufen.

Ich blies den dicken Staub von meinen Brillengläsern und wischte mir mit den Hemdsärmeln den Rotz von den Lippen und die Kotze vom Kinn. Wieder hatte ich das Gefühl, ich könnte überaus scharf hören und mit außergewöhnlicher Klarheit sehen. Ich dachte, ich könnte auf dem über uns hängenden Berg all die verschiedenen Blätter sämtlicher Bäume erkennen; er selbst schien der geheimnisvollste, der grünste, der gütigste Berg der Welt zu sein. Der Himmel wirkte fest und unbeweglich, das innere Blau einer großen Eierschalenhälfte über unseren Köpfen, ein Yanomami-Himmel.

Ich dachte an Lizots Vermutung, für die Yanomami stelle die Mitte des Shabono das Himmelsgewölbe dar und das niedrige rückwärtige Ende des Daches wiederhole den niedrigen Teil des Himmels, wo er in die flache Scheibe der Erde übergeht. Ihre Körper zurücklassend, reisen die Schamanen über die hohen Pfosten als Himmelsleiter in die obere Welt, um eine gestohlene Seele zu retten oder das Noreshi eines Kindes der Feinde zu fangen. Auch Chagnons Diagramme des Yanomami-Kosmos schienen überaus einsichtig: Unmittelbar über uns war Hedu kä misi, die Schicht des Himmels, an der Sonne, Sterne und Planeten hingen und sich auf ihren eigenen Wegen von Ost nach West bewegten, und auf ihrer Oberseite, für uns unsichtbar, befand sich ein Spiegelbild des Dschungels, bevölkert von den Seelen toter Yanomami, die dort genauso lebten wie auf Erden. Darüber erhob sich eine weitere Schicht, eine klare Welt, Duku kä misi, die Schicht der Ursprünge, wo fast alles begann – jetzt aber ist sie verlassen.

Während ich im Shabono saß und auf den Berg starrte, hatte ich das Gefühl einer großen Ehrung: Für kurze Zeit war ich eingelassen in das Zentrum des Hei kä misi, unserer Schicht, der Ellipse der Erde, wo die ersten Menschen geschaffen wurden und die Yanomami-Sprache in ihrer ursprünglichen, korrekten Form gesprochen wird. Diese Schicht ist angefüllt mit Dschungeln und Gärten, mit Jaguaren, Ozelots, Affen, Nabelschweinen, Tapiren, Anakondas und Harpyien, mit Flüssen und Hügeln. An ihren Rändern leben schwächere, degenerierte Menschen ohne Bedeutung, Fremde wie ich, Männer und Frauen, die nicht einmal richtig sprechen können.

Diese Schicht, die Erde, stammt von einem Stück des Hedu, der Himmelsschicht, das eines Tages abbrach und in seine heutige Position fiel. Und tatsächlich ist das ganze System geologisch instabil: Als sich noch ein Stück Himmelsschicht löste, fiel es mit einer Gruppe von Yanomami, den Amahire-teri, direkt durch die flache Erde hindurch und weiter hinab bis zur alleruntersten Schicht, Heitä bebi. Diese unterste Schicht jedoch ist unfruchtbar; die Amahireteri haben nur ihren Shabono und ihren Garten, keinen Wald, in dem sie jagen können, kein Wild, das sie essen können. So waren sie gezwungen, sich auf schreckliche Weise zu verändern; sie haben die scheußlichste Lebensweise, die ein Yanomami sich vorstellen kann. Sie sind Kannibalen geworden und essen rohes Menschenfleisch wie der Jaguar; sie schicken ihre Geister hinauf, um auf der Erdschicht Kinderseelen zu fangen, schleppen sie herab in ihren Shabono und verschlingen sie.

In der sonnenerhellten Stille des Bergwaldes, wo jetzt selbst die Maus-Opossums, die Baumstachelschweine und die Wickelbären ihre Siesta hielten und die sich in Wellen flimmernder Hitze über mich legte, in der plötzlichen Ruhe, spürbar wie eine sanfte Hand im Nacken, wirkten die vier Schichten des Yanomami-Kosmos ebenso einleuchtend wie die fünf Schichten von Himmel, Paradies, Erde, Fegefeuer und Hölle. Aber ihre Vorstellung von der Schöpfung war viel origineller. Frauen stammen nicht aus Adams harter kleiner Rippe, sondern aus Kanaboromas großer fleischiger Wade. Die Amahire-teri lebten auf Erden zur gleichen Zeit wie die No badabö, die ersten menschlichen Wesen, teils Mensch, teils Geist, teils Tier. Der Mond war damals eine schreckliche Heimsuchung – er flog herab wie die Große gehörnte Eule, um die Seelen der Kinder zu fressen. Endlich gelang es dem alten Periboriwä, einem Meisterbogenschützen, den Mond zu treffen, als er direkt über ihren Köpfen war. Der Pfeil ging beinahe fehl und ritzte ihm nur den Bauch; aber der Mond blutete heftig, als er floh. Der erste Blutstrahl landete neben dem Berg, der Maiyo genannt wird, und als die Tropfen die Erde berührten, verwandelten sie sich in Männer. Wo das Blut am dicksten war, waren die neuen Männer so wild und ihre Kriege so schrecklich, daß sie einander fast ausrotteten; wo das Blut dünner war oder sich auf dem Weg nach unten mit Wasserdampf vermischt hatte, waren die Krieger weniger wild, die Kriege nicht ganz so schrecklich – ein paar mehr überlebten. Aber weil sie aus Blut geboren wurden, sind alle Yanomami wild.

Eines Tages wurde Kanaboroma, ein Mann vom Blut des Mondes, in beiden Waden schwanger: Männer, die sanfter waren als die Männer aus Blut, kamen aus dem rechten Bein, und aus dem linken kamen zum ersten Mal Frauen auf die Erde.

Eine alternative oder ergänzende Version fügt hinzu, daß die Männer vom Blut des Mondes eines Tages ausgingen, um Ranken von den Bäumen herabzuholen. An einer der Ranken, so sah der Häuptling, hing eine frisch geöffnete, einladende Wabufrucht (eine Frucht von einem Baum, dessen Rinde zur Herstellung von Kurare benutzt wird; sie selbst muß mehrere Tage im Wasser liegen, bevor ihr Gift herausgewaschen ist und man sie gefahrlos essen kann). Der Häuptling warf sie auf die Erde. Hinter seinem Rücken verwandelte sie sich in eine Frau – und die entwickelte sofort eine übermäßig große, lange, haarige Vagina. Als die Männer die Ranken auf die Schulter nahmen und nach Hause schleppen wollten, stellte sich die neue Frau auf die herabhängenden Enden, brachte die Männer aus dem Gleichgewicht und versteckte sich hinter einem Baum, sobald sie sich umschauten. Schließlich konnte sie es nicht länger aushalten und stampfte fest auf: Die Männer drehten sich um, starrten sie an, sahen ihre Vagina und sprengten ihre Penisschnüre vor Lust. Sie alle paarten sich nacheinander mit ihr (das ist noch immer üblich, wenn ein Trupp Frauen gefangen hat) und nahmen sie mit in den Shabono (wo auch alle zu Hause gebliebenen Männer an die Reihe kamen – auch das ist noch immer Brauch). Schließlich hatte sie mehrere Töchter auf einmal – und nun gab es genug Frauen für jeden, so daß sie sich paaren konnten, wann immer sie wollten (und das ist jetzt nicht mehr so).

Und dann fiel mir von all den Hunderten von Yanomami-Geschichten, -Mythen und -Vorstellungen, die bei Lizot und Chagnon dokumentiert oder beschrieben sind und seit langem den Weg in meine Träume gefunden hatten, Titiri ein – einstmals der schwarze Geist des Schopfhokkos und jetzt der weißhaarige Dämon der Nacht; sein Tod unter dem Pfeil eines Bogenschützen brachte die Dunkelheit und die Träume hervor; er lauert an der Rückwand des Shabono, wo die Schicht des Himmels auf der Erdscheibe ruht, und sein Penis, sagt Lizot, »ist übermäßig lang und dick. Er paart sich mit Frauen und mißbraucht Männer ohne ihr Wissen, während sie schlafen, zerreißt ihr Fleisch mit seinem Glied und fängt ihre Seelen, nachdem er ejakuliert hat.«

An mein rechtes Ohr drangen aufgeregte Töne.

»Leapopuei! Leapopuei!« rief der Häuptling, beschattete seine Augen mit einer Hand und wies mit der anderen auf den Berg. Er hatte sich offensichtlich aus seiner Trance erholt. Der braune Schleim auf seiner Oberlippe war getrocknet.

Auch alle anderen Männer zeigten auf den Berg, lachten mich an und beschatteten dann ihre Augen, sie mimten einen Idioten in Trance, mit offenem Mund, die Augen nach oben gedreht.

»Leapopuei-teri!« sagte der Häuptling und zeigte mit einem Finger auf die eigene Brust. »Leapopuei-teri!«

Meine Gelenke waren steif, mein Nacken schmerzte, mein Hintern war eingeschlafen; ich mußte den Leapopuei sehr lange angestarrt haben.

Juan saß noch immer neben mir.

»Ich hab dich fotografiert«, sagte er. »Du hast gekotzt.«

Ein Grauflügeliges Trompeter-Weibchen mit drei Jungen hinter sich schob sich an uns vorbei, pickte herum wie eine Henne und bot alles, was sie fand – so klein, daß wir es nicht sehen konnten –, der Reihe nach ihrer Brut. Ihre Flügelfedern waren zweifellos grau, aber an den Rändern zerzaust, mit eigenartigen haarähnlichen Fasern, die sich in der leichtesten Brise sträubten; und die kurzen samtartigen Federn an ihrer Kehle schimmerten im Sonnenlicht, je nach der Haltung des Halses, metallisch purpurn oder blau oder grün, glänzend wie die Rücken der Mistkäfer.

»Huuuu!« schrie der Häuptling, so daß sie davonstob, ihre Jungen hinterdrein.

»Eeee-jii!« kam eine Antwort von außerhalb des Shabono.

»Die Frauen!« sagte Juan.

Zwei sehr kleine Jungen purzelten durch den Eingang, als hätten ihre Mütter sie von hinten hineingestoßen. Sie rappelten sich auf und rannten am Rand des Schutzdachs entlang zu uns herüber, jeder mit einem Stock in der rechten Hand; sie waren von Kopf bis Fuß schwarz bemalt. Ein ebenso kleiner Junge, onotorot, kam durch die Öffnung geschossen, fiel hin und rannte in der anderen Richtung um das Oval, hin zu Chimo.

»Eee!« klagte draußen der Chor.

Die beiden mit Ruß von den Kochtöpfen bemalten Jungen (die Kriegsbemalung ihrer Väter bei Überfällen) blieben vor uns stehen; sie trugen nur Kopfbänder aus schwarzem Spinnenaffenschwanz, geschmückt mit weißen Geierdaunen. Der jüngere schaute auf sein Publikum, erstarrte vor Lampenfieber und zupfte vor Verlegenheit abwechselnd an Pimmel und Nase; beide änderten ihre Farbe von Hellbraun zu Schwarz. Die Männer lachten und ließen in gutturalen Kehllauten hänselnde Anweisungen auf ihn niederprasseln. Der Junge legte die Hand auf den Kopf, vor Verlegenheit wie gelähmt. Der ältere zuckte voll männlicher Verachtung die Schultern und begann zu tanzen: eine Reihe stampfender Schritte zurück; ein kurzes vorgebeugtes Tänzeln; ein paar Schritte mit horizontal über dem Kopf gehaltenem Stock; eine Wiederholung der ganzen Übung. Und dann lief er rund um den Shabono zur nächsten Gruppe von Bewunderern. Sein junger Gefährte erholte sich von seinem Schrecken und rannte hinter ihm her.

Chimo, Pablo und Culimacaré bejubelten und beklatschten den Jungen in Rot, der dann zu uns herübergerannt kam, dem Jungen in Schwarz auswich und so ziemlich die gleichen Schritte vor uns vollführte. Nun kamen auch alle anderen Kinder paarweise auf den Platz, sie trennten sich und rannten nach links und rechts und sangen ein endloses, einfaches Lied. Sie waren am ganzen Körper mit kleinen Kreisen bemalt oder mit gebogenen, geraden oder Zickzacklinien vorn und hinten, rot oder purpurn oder schwarz. Die Jungen trugen Stöcke, und die Mädchen hielten Palmwedel, deren lange speerförmige Blätter an einer Seite abgeschnitten waren, an der anderen in dünne, herabhängende Streifen aufgespalten – hellgrüne Pflanzentressen, die sie bei ihrem Tanz um die Körper schwangen.

Der hohe an- und abschwellende Chor von außerhalb des Shabono verstummte plötzlich. Die Frauen kamen nacheinander herein, eine links, eine rechts; sie waren bemalt wie ihre Töchter, trugen jedoch in der linken Hand einen größeren Wedel – und in den Ohren hatten sie weiße Blumen, an den Armbändern Puschel aus weißer Baumwolle und auf dem Kopf eine Krone aus Geierdaunen. Drei von ihnen hielten in der rechten Hand ein paar offensichtlich besonders geschätzte Gegenstände: einen Spiegel (größer als diejenigen, die wir ihnen gegeben hatten) und zwei dünngewetzte Macheten.

Jede der Frauen tanzte und sang vor uns, eine nach der anderen, konzentriert, ohne zu lächeln und ohne uns anzusehen. Sie schwenkten ihre Palmwedel und ihre Macheten oder schüttelten die Fäuste über dem Kopf, vielleicht in Nachahmung der waffenfuchtelnden Renommiertänze zu Besuch gekommener Krieger bei einem Fest.

Möglicherweise glucksten die Zellen meines Kleinhirns noch immer im Yopposchleim, und die Synapsen feuerten ihre Ladungen in braune Staubpartikel hinein, oder vielleicht war ich einfach zu lange durch den Dschungel gewandert – aber ich saß einfach da und starrte die jungen Frauen an, zu hingerissen, um auch nur zu klatschen. Die Sonne überschüttete sie unter dem schwankenden Palmwedel mit zärtlichen Lichtflecken, die nackte Haut war unglaublich glatt. Die Frau mit dem Spiegel, die als letzte an der Reihe war, tanzte leidenschaftlicher als die anderen: Sie hatte zittrige Linien über ihre Wangen gezogen, zwei weitere liefen über die Mitte ihrer Stirn hinunter zwischen die Augenbrauen, auf beiden Seiten der Nase unter den langen weißen Pflock in der Nasenscheidewand und bogen dann nach außen zu den Mundwinkeln, wo an der Unterlippe zwei frische Pflöcke ragten. Sie hatte ihren Körper in unregelmäßigen Abständen mit großen runden Flecken bedeckt, wie die Fellzeichnung eines Jaguars; die Flecken auf ihren Brüsten waren so groß wie die Höfe um ihre aufrechtstehenden Brustwarzen; wenn sie die Arme über den Kopf hob und ihre Brüste sich spannten und abflachten, verformten sich die Flächen zu Ovalen und wurden dann wieder kreisförmig, wenn ihre Brüste nach vorn fielen und sich im Tanz rundeten. Ich dachte an die Antwort, die Chagnon von den Yanomami erhalten hatte, als er ihnen die Theorie eines anderen Anthropologen vortrug – ihre ständigen Kriege gälten nicht wirklich dem Frauenraub, sondern der Eroberung eines größeren Jagdgebiets, weil sie zu wenig Proteine hatten und nach Fleisch hungerten: »Natürlich mögen wir Fleisch«, hatten sie gesagt, »aber Frauen mögen wir noch viel mehr.«

Alle Tänzerinnen stellten sich in eine Reihe, die Kinder hinten dran, und wanderten noch einmal um den Shabono; dann legten sie ihre Palmwedel und Stöcke, den Spiegel und die Macheten beiseite und sammelten sich in der Mitte des Platzes. Der Anführerin folgend, sprangen sie unter dem aufgeregten Geschrei der Kinder ein oder zwei Minuten lang wild auf der Stelle, wobei sie die Arme hoben und senkten, bis sich die ganze Gruppe ermüdet auflöste und in die Wohnbereiche zerstreute.

Ich stand steif auf, noch immer leicht benommen, und ging über den offenen Platz zu unserem Abschnitt.

»Wir sind hungrig«, sagte Chimo. »Du bleibst hier und paßt auf alles auf. Wir gehen nach draußen und kochen die Suppe. Wenn wir es hier tun, werden sie alles haben wollen.«

Die Großmutter lag ausgestreckt in ihrer Hängematte nebenan, sie schlief fest, mit zwei ebenso fest schlafenden Babys in Saughaltung an jeder Brust; ein drittes, das keine Warze abbekommen hatte, aber mit dem eigenen Daumen genauso zufrieden war, lag mit geschlossenen Augen auf ihrem Bauch. Alle drei hoben und senkten sich sanft im Rhythmus ihres Schnarchens, sicher zwischen ihren faltigen Armen. Sie hatte ihren Tabakklumpen aus dem Mund genommen und auf den Rand eines roten Korbes geklebt, der auf dem Boden neben ihr stand. Im Babysitting war sie offensichtlich Expertin.

Sehr wahrscheinlich, dachte ich, als ich mich auf meinen Packen setzte und sie beobachtete, gab es ein geheimes Yanomami-Baby-Betäubungsmittel, eine pulverisierte Rinde von irgendeinem Morphiumäquivalent, die man mit Honig und dem Extrakt aus fetten, weichen Palmmaden zermanschte und ihnen mit einem gerollten Blatt eintrichterte. Ich wußte, daß es ein Liebespulver gab, das jeder junge Krieger in einem Blattpäckchen auf dem Grund seines Köchers mit sich trug: Man schlich sich von hinten an die Geliebte an und klatschte es ihr auf die Nase (vorsichtig, wegen des Pflocks in der Nase). Ein tiefer Atemzug, und schon wurde sie überall feucht. Ja, es wirkt so schnell, daß man sie vorher zum richtigen Busch locken muß (und darauf achten, daß der Boden darunter gut vorbereitet ist). Aber Vorsicht – auch die Mädchen haben ihre chemischen Waffen. Bist du ein schlechter Krieger oder ein Feigling oder einfach nur häßlich, erwischt sie dich vielleicht schon vorher mit einem ebenso kräftigen Pulver, das deinen Penis schrumpfen läßt: Ein Schnaufer, und er geht dahin. Außerdem – und das ist eine viel schönere Vorstellung – hat sie einen zerstoßenen Mega-Tranquilizer, den sie über dich wirft, wenn du ein hervorragender Jäger bist, tapfer und unwiderstehlich schön, sobald sie denkt, daß dein Keulenduell zu weit gegangen ist, sobald sich dein Schädel über den Ohren gespalten hat. Ein Atemzug – und du kannst dich in Würde zurückziehen, dein Gehirn in den Schädel zurückschaufeln und dich in deiner Hängematte zur letzten Ruhe legen.

Ein Kreis von Kindern sammelte sich um mich, und ein kleiner Junge kletterte auf mein Knie, wobei er seine rote Bemalung an meinem verschwitzten Hemd abwischte. Ich holte mein Notizbuch heraus, das sie faszinierte, und absolvierte mein gesamtes künstlerisches Repertoire: fliegende Gans, sitzende Katze, sitzendes Kaninchen, rennende Maus. Der kleine Junge wischte sich verächtlich die Nase. Deshalb schaute ich durch das Fernglas und überreichte es ihm. Er hob es an die Augen, pausierte einen Moment, begriff das Prinzip, hielt Ausschau, preßte die Augen erneut an die Gummieinfassung, richtete das Glas auf eine Frau auf der anderen Seite des Shabono, vermutlich seine Mutter, und schrie vor Entzücken. Sie saß auf dem Rand ihrer Hängematte und stillte ein Baby. Er senkte das Fernglas, schaute nach ihr und hob es dann wieder an die Augen, als erwarte er, daß sie in der Zwischenzeit verschwunden sei. Ich drehte es herum und ließ ihn durch das andere Ende schauen. Zu spät bemerkte ich, daß sie auf Hekuragröße geschrumpft war und bereits in eine andere Welt reiste. Er kletterte von meinem Knie, mit zitternder Unterlippe. Zu Boden sehend gab er das Fernglas zurück, die Augen voller Tränen, und dann rannte er schreiend zurück über den Platz, um sich an die Beine seiner Mutter zu schmiegen.

Die größeren Kinder lachten. Jeder wollte einmal drankommen. Sie richteten das Fernglas nacheinander rund um den Shabono; als sie dessen müde waren, zogen sie sich zurück, um durch ein kleines Loch in der Rückwand zu schauen, das ich zuvor nicht bemerkt hatte. Jeder Abschnitt, sah ich, hatte solch ein Loch. Es diente dazu, nach Angreifern Ausschau zu halten, entschied ich.

Chimo kam mit den anderen zurück und setzte unseren

Kochtopf voller Linsensuppe ab. Die Kinder legten sofort das Fernglas auf meinen Rucksack und hockten sich wieder um uns nieder. Alles eilte in unsere Richtung.

»Hinten ist noch eine Pflanzung«, sagte Juan, »und ein Bach, wo sie sich waschen und ihr Wasser holen.«

»Diese Pisse ist für uns«, sagte Chimo und rührte den Topf mit einem Stock um. »Es ist nicht genug, um etwas davon abzugeben. Sie haben ihr eigenes Essen.«

Eine Menge sammelte sich vor dem Topf. Die Großmutter wachte auf, und drei der Frauen, die an dem Tanz teilgenommen hatten, forderten ihre Babys ein. Der Häuptling, der eine große Kürbisschüssel in einer Hand trug, drängte sich durch und stellte sich vor Chimo auf. Er hatte sich den Yopposchleim vom Gesicht gewaschen und trug nicht mehr seine Papageien- und Arafeder-Armbänder. Er war in seinen Bewegungen ruhiger, selbstsicherer als alle anderen Männer; er hielt einfach seine Schüssel vor Chimos Bauch.

Chimo, ohne auch nur zu seufzen, als hätte er niemals etwas anderes geplant, bückte sich, holte einen Blechbecher hervor und füllte die Schüssel bis zum Rand. Der Häuptling trat ein paar Schritte zurück, blies in die Suppe, nahm zwei lange Züge und winkte seiner Familie: Ein kleiner Junge mit einem roten Lendentuch trat vor, und dann drängte sich auch der kleine Junge in Schwarz heran, der die Tanzschritte vergessen hatte, und versuchte sich hinter den Beinen seines Bruders zu verstecken. Ein junges Mädchen mit dem vollen Sortiment von Pflöcken im Gesicht, einen kleinen Jungen an der Hand, drängte nach, und die Frau, die den Spiegel geschwenkt hatte, mit ihr eine ältere Frau, die am Tanz nicht teilgenommen hatte, bildeten den Schluß. Der Häuptling schritt die Reihe ab und hielt jedem die Schüssel an die Lippen. Dann tauchte er sie ruhig wieder in den Topf und machte sich selbst richtig ans Essen.

Chimo erwachte aus seiner Schreckensstarre und füllte unsere Schüsseln mit einer Hast, die ich nie an ihm bemerkt hatte, und ohne seine üblichen Witzeleien. Wir aßen schweigend, beobachtet von der Menge. Niemand erwiderte mein Lächeln; es blieb auf meinem Gesicht kleben. Chimo blickte zu Boden; Juan sah mich an; Pablo wandte sich ab, die Schultern nach vorn gebeugt, den Kopf gesenkt; Culimacaré aß hinter uns, wie gewöhnlich für sich; er stand an der Rückwand, wo er, wie ich mit neuer Beunruhigung feststellte, sein Gewehr halb hinter einem Haufen Brennholz versteckt hatte. Nur Jarivanau hatte das Richtige getan und seine Schüssel seinem Vater gegeben. Ein Windstoß der Abendbrise wirbelte den Staub zu unseren Füßen auf, und der alte Mann drehte sich in die Windrichtung und murmelte irgendeine kräftige Verwünschung des Windgeists – vielleicht sagte er ihm, er solle fortgehen, bevor er die Blätter von den Dächern wehte.

Wir hatten die Yanomami tief beleidigt, weil wir uns wie Barbaren benommen hatten. Denn es gibt nur zwei wirkliche Imperative im sozialen Leben: waiteri zu sein – wild in der Vergeltung jeder Beleidigung – und großzügig: bereit, jeden Besitz außer deiner Frau zu teilen, vor allem aber dein Essen. Am Tag deines jüngsten Gerichts, wenn der zentrale Teil deiner Seele, dein Wille, der Bahii, die Hängemattenranken hochgekrochen ist, den Tragepfosten und die obere Schicht erreicht hat, dann wird dich der Geist des Donners zum Schatten-Shabono deines eigenen Volkes führen, wenn du großzügig gewesen bist, jedoch zum Ort des Feuers, wenn du es nicht warst. Wir waren offensichtlich für die Flammen bestimmt.

Die Ältesten des Shabono, die mit mir Yoppo genommen hatten, drängten sich um Chimo und stießen ihm die Finger gegen die Brust. Sie begannen zu schreien, die Stirn gerunzelt und vor Wut gefurcht, mit geblähten Nasenlöchern; am Hals standen ihnen die Sehnen heraus. Chimo zuckte die Schultern, wandte sich ab und überließ ihnen dann in einem Impuls seine eigene, nun leere Schüssel und damit seine einzige Chance auf einen Nachschlag, ohne den ihm, wie ich wußte, das Leben sinnlos erschien. Er fand einen Baumstamm in der Abteilung nebenan und setzte sich verdrossen nieder.

Die Großmutter saß auf unserer Seite ebenso einsam auf dem Rand ihrer Hängematte. Ich setzte mich neben sie und gab ihr meinen viertelvollen Blechteller, den Rest der warmen Suppe, und sie nahm ihn mit einem kleinen müden Lächeln. Als sie aufgewacht war, hatte sie sich wieder schöngemacht – sie hatte offensichtlich beide Handflächen an einem Kochtopf gerieben und dann ihr Gesicht seitlich beklopft, aber es hatte ihre Lebensgeister nicht gehoben. Der schwarze Fleck auf ihrer linken Wange ließ eine schreckliche wulstige Narbe an ihrem Mundwinkel hervortreten, ein nach außen zeigender Riß an dem Loch, in dem sie früher einen Pflock getragen hatte. Vielleicht hatte ein Ehemann ihn eines Tages herausgerissen – vielleicht hatte sie seine Suppe nicht schnell genug aufgetragen. Und als ihr Gesicht halb hinter meinem hochgehobenen Blechteller verschwand, fragte ich mich, wie viele Kämpfe sie gesehen hatte; wie oft sie auf das Ende eines Krieges gewartet hatte; wie viele ihrer Männer und Söhne sie auf einem Scheiterhaufen in der Mitte des Shabono gesehen hatte, deren Knochen und Zähne dann aus der Asche geklaubt, in einem Mörser zerstoßen und zermahlen und schließlich in Bananensuppe getrunken hatte – eine symbolische Bewahrung ihres Körpers und ihres Blutes, eine heilige Kommunion, damit wenigstens ein Teil von ihnen hier auf Erden blieb.

Unsere eigene Suppe war verschwunden, und die meisten Erwachsenen waren zu ihren Unterkünften zurückgeschlendert. Zwei Mütter blieben neben uns sitzen und lausten ihre Säuglinge, und vier kleine Jungen saßen dicht beieinander aufgereiht neben ihnen und lausten einander: Sie durchsuchten jeweils sorgfältig den Haarschopf vor sich, holten die grauen Läuse heraus, knackten sie zwischen den Zähnen und kicherten uns an. Nach einer Weile setzte sich der letzte Junge an die Spitze.

Ich verließ die Großmutter, die noch immer in ihren eigenen Gedanken verloren war, mit den Fingern den Blechteller auswischte und sie dann ableckte, und ging davon, um zu pissen. Ich wählte den Ausgang zum Berg. Er wurde offensichtlich am häufigsten benutzt; eine breite Tür aus Stämmen und trockenen Ästen war gegen zwei Pfosten gelehnt. Der Pfad führte in eine Pflanzung und durch einen Schlammflecken hinunter zu einem Bach. Schrittsteine lagen darin, aber keiner der üblichen flachen Steine im seichten Wasser, auf denen Frauen Kleider mit einem Stein schlugen und rieben; die Yanomami, nahm ich an, brauchten nichts zu waschen außer Lendenschurzen (und blauen Badehosen). Ich pißte bachabwärts auf das Ufer, am Rand eines Schwarms gelber und brauner Schmetterlinge, die sich sofort auf dem frisch dampfenden Boden drängten und beim Trinken ihre Flügel auf- und zuklappten.

Als ich zum Shabono zurückkam, liefen die Vorbereitungen für die Nacht. Ein zahmer Rotschnabel-Tukan war auf das Dach entkommen, hüpfte von einem Pfosten zum nächsten, hielt jeweils inne, um seinen Kopf mit dem enormen Schnabel zwanzig Grad nach links und dann zwanzig Grad nach rechts zu wenden, und fixierte mit jeweils einem runden schwarzen Auge seinen unten stehenden Eigentümer, einen Jungen von etwa fünf Jahren, der hemmungslos heulte. Seine Mutter kam mit einem langen Stock zu Hilfe, und andere Frauen schlossen sich ähnlich bewaffnet an. Kleine Jungen schrien Anweisungen. Irgend jemand schlug den Vogel herunter; er flatterte herab und blieb halb bewußtlos zu Juans Füßen sitzen. Juan nahm ihn auf, ich beschnitt seine Flügel mit der Schere meines Schweizer Armeemessers und kam mir nützlich vor. Sein Schnabel war überraschend leicht, dunkelrot in der Mitte, gelb an der Spitze und blau am Ansatz der Unterseite – Kehle und Brust waren weiß, der Rumpf gelb, der Rest schwarz und das Ganze zerzaust und schmutzig vom Anfassen. Der Besitzer, noch immer vor sich hin schniefend, steckte ihn in einen weichen Korb, den er mit Ranken zuschnürte.

Jarivanaus Vater und der Häuptling zogen die große Tür vor den Eingang an der Flußseite. Überall im Shabono holten Frauen Späne und Scheite von den Holzhaufen an den Rückwänden ihrer Behausungen, schichteten sie auf die Feuerstellen neben ihren Hängematten und entzündeten dann Späne am Feuer des halbblinden Mannes, das den ganzen Tag gebrannt hatte. Jarivanau machte deutlich, daß er die Nacht in dem leeren Abschnitt neben der großen Tür verbringen wolle, neben dem seines Vaters – genau da, dachte ich, wo jeder vernünftige Räuber hereinkommen und zu schießen anfangen würde.

Wir breiteten unsere stinkenden Hängematten aus und hängten sie an die Pfosten unseres neuen Heims. Ein junger Goldhase schoß an uns vorbei zur Rückwand, verfolgt von zwei kleinen Jungen, die vor Aufregung schrien. Als er fünf Segmente weiter seine Haken schlug, schneller als ein Jagdhund, erwischte ihn der jüngste Sohn des Häuptlings, der Junge in Schwarz (jetzt wieder braun gewaschen), mit einem Rugbysprung und hielt ihn mit einem Triumphschrei hoch – all sein Elend war vergessen. Die Verfolger besorgten sich einen Korb und trugen ihn zurück zum Feuer.

»Reymono«, sagte Chimo, setzte sich schwer auf seine Hängematte und rieb sich das Gesicht mit beiden Händen, »morgen müssen wir gehen. Du hast alle Geschenke verteilt. Wir haben nur noch Linsen zu essen. Sie werden uns umbringen. Sie werden uns wegen unserer Hemden umbringen. Jeder weiß das. Es ist ganz einfach. Heute nacht schlagen sie dich tot.«

»Eeeee-eijeh!« schrie die junge Frau des Häuptlings durch den Shabono.

Chaos entstand. Frauen schienen in alle Richtungen zu laufen. Jarivanaus Vater sprang aus seiner Hängematte. Culimacaré griff nach seinem Gewehr.

Ein Stück Geflecht, ein verborgener Eingang zwischen uns und dem Feuer des Häuptlings, fiel zu Boden, von außen mit ungeheurer Gewalt hereingestoßen. Jetzt ist es passiert, dachte ich. Das ist ein Überfall.

Ein junger Mann, der seinen Bogen und zwei Pfeile senkrecht vor dem Gesicht trug, trat durch die Lücke, dichtauf gefolgt von zwölf weiteren. Mit roten, genau passenden

Lendenschurzen angetan, die Köpfe leicht nach vorne gegen die Stirnbänder gelehnt, mit denen sie enorme Packen auf ihren Rücken hielten, marschierten sie über den Platz zu ihren verschiedenen Unterkünften, ausdruckslos, starr nach vorn blickend. Drei von ihnen hatten terrierähnliche Hunde bei sich. Jeder Mann legte seine Last draußen vor seiner Behausung ab, lehnte Bogen und Pfeile gegen die Rückwand und kletterte in seine Hängematte. Dort lagen sie schweigend. Als der Blick des Jägers in dem Segment hinter Jarivanau auf uns fiel, schloß er fest die Augen. Er schaute ostentativ zur Seite, als hätte schon unser bloßer Anblick seine Welt beschmutzt.

Beschämt saßen wir auf unseren Hängematten und sagten nichts. Seine Frau verfertigte eine Tabakrolle aus Blättern in einem Korb, befeuchtete sie in einem Kürbisnapf und überreichte sie ihm. Er nahm sie ohne ein Wort. Sie brach sechs Bananen von einer Staude, die von der Plattform hing, und schob sie an den Rand des Feuers.

Der Häuptling und drei Älteste erhoben sich aus ihren Hängematten, öffneten die mit Ranken verschnürten Bündel routiniert mit einer Machete und legten das Wild aus. Nach der Jagd einer Woche, vielleicht länger, hatten dreizehn Männer drei Spinnenaffen zurückgebracht, vier Gürteltiere, einen kleinen Haufen Baumhühner und vier Nabelschweine. Die Spinnenaffen und Gürteltiere waren unversehrt, aber die Wildschweine waren aufgeschnitten und an den Abenden geräuchert worden. Der Häuptling und seine Helfer begannen das Fleisch zu zerlegen und es an jede Familie im Shabono zu verteilen.

Nach etwa einer halben Stunde erhoben sich die jungen Männer aus ihren Hängematten und versammelten sich um uns. Sie zeigten auf ihre Münder. Sie wollten essen. Sie zogen Chimo auf die Beine, fühlten seinen Wanst und rieben sich dann über ihre eigenen flachen, muskulösen Bäuche. Es gab keinen Zweifel. Sie waren fit. Wir waren überprivilegiert. Chimo hatte von irgendwoher eine Extraration Fleisch bekommen.

Ich zeigte ihnen unseren leeren Kochtopf und holte dann die restlichen Angelhaken und Schnüre aus meinem Rucksack, es reichte nur noch zu drei Haken und vier Meter Schnur für jeden. Sie nahmen die mageren Gaben mit in ihre Behausungen und kehrten dann zurück, um uns genau zu inspizieren. Sie waren viel fordernder, viel kühner und psychologisch bezwingender als die älteren Männer. Mit halblaut gerufenen Witzen oder Beleidigungen, ich konnte es nicht genau unterscheiden, probierten sie Chimos Helm und Pablos Gummistiefel an; sie betasteten die Leinwand meines Rucksacks, verblüfft von ihrer Beschaffenheit; sie reichten das Gewehr herum, schnalzten bewundernd mit der Zunge und legten es an – aber als Culimacaré besorgt mit der Hand wedelte, gaben sie es ihm sofort zurück. Sie befingerten meine Armmuskeln und schüttelten mitleidig den Kopf. Einer von ihnen, etwas älter als die anderen, ernsthaft und von intelligentem Aussehen, stieß seinen Gefährten an und zeigte auf die dreifachen Altweiberknoten, mit denen ich meine Hängematte an die Pfosten gebunden hatte. Unter großer Heiterkeit ahmte er nach, wie ich nachts auf die Erde fiel, und band die Hängematte dann mit Yanomami-Knoten so fest, daß ich fast erwartete, das Seil würde reißen. Einer der Hunde der Jäger schnüffelte und schnaubte an meinen Hosen, wedelte mit dem Schwanz und steckte seine Schnauze in die Baumwolle; nur an nackte

Beine gewöhnt, geriet er angesichts dieser ungewöhnlichen Bibliothek von Gerüchen außer sich. Sein Besitzer nahm ihn hoch, streichelte ihn zärtlich, küßte ihn voll auf die feuchte Nase und setzte ihn wieder ab.

Die Nacht brach herein, und die Männer gingen zu ihren Herdfeuern zurück. Die Luft füllte sich mit dem Geruch des Holzrauchs von den kleinen Feuern überall im Shabono und dann stärker mit dem Geruch versengten Fells und bratenden Fleisches vom Feuer nebenan, wo ein flüchtig ausgenommener Spinnenaffe in einem Stück geröstet wurde. Im Licht einer Flamme, die vom Schwanz des Affen hochloderte, sah ich die junge Mutter ihre Kochstelle verlassen; sie holte ein Bananenblatt von der Plattform, breitete es auf dem Boden aus, nahm ihren Säugling aus seiner Schlinge und hielt ihn mit baumelnden Beinen über das Blatt. Das guterzogene Baby begann auf Kommando milchig zu scheißen. Die Mutter faltete das Blatt sorgfältig zusammen und schob es durch das Loch an der Rückseite ihrer Behausung hinaus. Das also war der Zweck dieser kleinen Fenster – wenn die Türen aus Geflecht und Ästen geschlossen waren, wenn draußen Jaguare oder Räuber lauern mochten, benutzte man die Toilette in halber Höhe der Wand.

Große Frösche begannen vom Fluß zu rufen, ein sonores, träges *Quoaaark, Quoaaark, Quoaaark*, und aus derselben Richtung, aber viel lauter, kamen Geräusche, wie ich sie nie zuvor gehört hatte: eine Dampfeisenbahn, die einen überdachten Bahnhof verläßt, gefolgt vom Aufheulen eines rundlaufenden Zweitakters.

»Chimo, was ist das?«

»Woher soll ich das wissen?« sagte Chimo gereizt, warf sich in der Hängematte herum und ließ mich dank eines gemeinsamen Tragepfostens in die Luft hopsen. »Es ist die Mutter aller Kröten. Und die letzte, die wir jemals hören werden. Wir sollten nicht bei diesen Leuten bleiben.«

Aus unserer eigenen Abteilung, von der Rückwand, kam das leisere Geräusch eines Menschen, der sich erbrach. Jarivanau kotzte anscheinend mühelos. Offensichtlich hatte er mehr als einen Napf Linsensuppe bekommen. Vielleicht hatte er etwas von seinem Schwager geschnorrt. Die Kotze klatschte in einem beständigen Strom zu Boden, bis sie verebbte. Er hatte es geschafft, sich so weit hinauszulehnen, daß er seinen Vater in der Hängematte darunter nicht traf. Die asthmatischen Atemzüge des alten Mannes gingen ungestört weiter.

Ein lärmender Singsang setzte auf der entfernten Seite des Shabono ein und kam, langsam lauter werdend, in der Dunkelheit näher.

»Heilige Mutter«, murmelte Chimo, drehte sich in seiner Hängematte herum und ließ mich wieder hüpfen, »da kommen sie.«

»Redmon«, sagte Juan vorwurfsvoll, »es ist ein Kriegstanz.«

Mit Sicherheit war es ein gewalttätiges Lied, die durchdringende Wiederholung von zwei Noten, wie zwei abwechselnd geschlagene Trommeln, donja, donja, donja, donja, gefolgt von einem ebenso emphatischen Kehllaut und dann der schnellen Phase Eu-ei-keu-ja (oder so ähnlich), und das Ganze wurde endlos mit wachsender Lautstärke wiederholt.

Als sich der Lärm näherte und wir in Begleitung des Liedes das Stampfen von Füßen hörten, ließ Chimo – der anscheinend herausfinden wollte, ob die Sänger Keulen trugen – für einen Moment seine Taschenlampe aufblitzen. Vier junge Männer erschienen im Lichtstrahl; sie tanzten vor unserer Behausung vor und zurück, jeder trug nichts Gefährlicheres als zwei reife Bananen. Unwillkürlich entfuhr mir ein langer Seufzer, der aus meiner Brust bis in die Füße zu reisen schien und mir verriet, welche Angst ich ausgestanden hatte; das hier war nicht die Vorbereitung eines Totschlags, sondern der rituelle Jagdtanz, den Lizot beschreibt: Die ganze Nacht marschieren und tanzen und singen die jungen Männer um den Shabono, um ihre Ausdauer zu erproben, und während alle anderen in ihren Hängematten einschlafen, machen die Sänger in ihrem Lied eine Pause, um Bananen zu essen, einen Mundvoll in die Hände zu spucken und die weiße, warme, klebrige, spermaähnliche Masse auf die Genitalien oder Hinterbacken oder Gesichter der schlafenden Mädchen zu schleudern und sie damit aufzuwecken. Es ist die Zeit für Witze und Obszönitäten; und tatsächlich – nun, da ich nicht länger damit rechnete, auf der Stelle zu sterben – konnte ich überall im Shabono gelegentliche Schreie und Gelächter hören, wenn die Sänger vorbeikamen.

Ein Gewittersturm tobte über dem Leapopuei, und bald platschte der Regen gleichmäßig auf das Dach über uns. Männer auf der einen Seite des Shabono schrien sporadisch in die Dunkelheit und erhielten Antwort von der anderen Seite. Das Singen selbst nahm an Lautstärke zu, als sich weitere junge Männer dem Tanz anschlossen; das endlose donja, donja, donja, donja wurde sogar noch lauter, wenn sie an uns vorbei waren, und verschwamm fast zu einem heiseren Flüstern, wenn sie auf der anderen Seite des Shabonos waren; kehrten sie zurück, schwoll es wieder an.

Chimo stellte sein schweres Atmen ein und begann zu schnarchen. Ich schloß die Augen, die noch immer von Yoppostaub sandig waren, und schlief ein.

Ich erwachte von dem Geräusch, mit dem Jarivanau und sein Vater die große Tür zum Bach öffneten. Es war eine kalte, graue Dämmerung, der Shabono stand voller Nebel. Menschen schlüpften hinaus durch die Lücke, die Frauen mit Kürbissen, um das morgendliche Wasser zu holen. Es war die Tageszeit für heimliche Verabredungen im Wald hinter der Pflanzung. Es war auch die beste Zeit für Räuber, die in tagelanger Reise von einem feindlichen Shabono gekommen waren und in der Nähe unentdeckt gelagert hatten, um Frauen zu rauben. Alle Mütter, stellte ich fest, hatten ihre Kinder bei sich, um für den Fall eines Falles nicht von ihnen getrennt zu sein.

Chimo hatte bereits ein Feuer gemacht, um unsere Linsensuppe aufzukochen, und Jarivanau hatte für jeden von uns eine Banane gebacken. Niemand belästigte uns, bis sich der Nebel zu lichten begann; dann sammelten sich die Jäger um uns. Der Mann, der mein Hängemattenseil verknotet hatte, faßte mich am Arm. In der anderen Hand hielt er ein Polaroidfoto, ein Bild der schönsten Frau des Shabono: offensichtlich seine Frau. Er ließ mich los, zeigte auf das Bild und dann auf sich selbst.

»Yavateiba!« sagte er.

»Reymono«, sagte ich und schüttelte ihm die Hand.

Ich zog die Polaroidkamera und den letzten Film heraus.

Die Jäger rannten zu ihren Behausungen und holten ihre Bogen; einer trug die Gemeinschaftsaxt in der rechten und einen Grauflügel-Trompetervogel in der linken Hand. Ein besonders aggressiver junger Mann mit einem Stirnband aus Affenschwanz, das mit den Daunen des Königsgeiers durchzogen war, und mit einem Streifen Affenfell, das von einer Schnur um seinen Hals den Rücken hinunterhing, wollte als erster fotografiert werden. Er posierte mit gespanntem Bogen, der Pfeil ohne Spitze zeigte in den Himmel. Die anderen folgten seinem Beispiel. Ich fotografierte sie alle mit der Polaroid, und Juan fotografierte sie mit der Nikonos. Alle waren glücklich.

Jarivanau nahm ostentativ seine Hängematte ab und packte vor unserer Unterkunft seinen Catumaré. Er band mit einem Stück Ranke unseren Kochtopf auf seinen Packen und legte ein Bündel Bananen obendrauf. Er grinste mich an und nickte in Richtung der Tür, durch die er auf der anderen Seite des Shabono hereingekommen war.

Wenn schon Jarivanau denkt, daß wir gehen sollten, dachte ich, dann sollten wir es wirklich besser tun.

»Wir müssen sofort los«, sagte Chimo und rollte seine Hängematte auf, »und wir müssen schnell gehen. Sie kommen in zwei Gruppen hinter uns her, rechts und links von uns, still wie die Geister. Sie lauern uns auf. Du siehst nichts. Nicht einmal die Pfeile machen ein Geräusch.«

Ich merkte, daß er das wirklich glaubte. Seine Augen zwinkerten nicht. Es war für ihn einfach eine Tatsache. Und man konnte sich schwer vorstellen, daß Chimo schnell ging. Du bist wirklich ein sehr tapferer alter Indianer, dachte ich. Und welch unglaubliches Glück hatte ich alles in allem gehabt, daß der große Chimo, der Häuptling von Solano, der berühmte Navigator, überall und vor allen Leuten in Solano, San Carlos und Culimacaré mit dem Maturaca geprahlt – und ihn dann nicht gefunden hatte. Nur die Gefährdung seines Rufes hatte ihn dazu getrieben, mich zu diesen Menschen zu bringen.

Culimacaré half mir, die Yanomami-Knoten zu lösen, und Juan und ich verpackten unsere Hängematten und Netze. Yavateiba, plötzlich und unnatürlich freundlich, schloß sich uns an. Eigenartigerweise trug er zwei Bogen und zwei Pfeile und hatte seinen Köcher auf den Rücken gebunden. Nur ein weiteres Jagdritual, dachte ich halb im Ernst. Er besänftigt die Geister seiner Beute vor dem Angriff.

Jarivanaus Schwager, der ebenfalls einen Bogen und zwei Pfeile trug und einen Köcher auf dem Rücken, trat heran und legte Jarivanau den Arm um die Schultern. Er war noch sehr jung, sein Fleisch glatt und unvernarbt, sein Körper noch nicht gehärtet. Er hatte Jarivanaus und Yavateibas hohe Brust, aber noch nicht ihre massiven, fast Busen ähnelnden Brustmuskeln oder ihre Muskelpakete an den Schultern. Er und Jarivanau standen voreinander und lächelten sich an und nahmen Abschied, wie ich dachte.

Wir hoben unsere Packen auf die Schultern und schritten zu dem entfernten Eingang, begleitet von Yavateiba und dem Jungen. Ich winkte den wenigen Menschen, die im Shabono zurückblieben, zum Abschied. Nur die Großmutter winkte zurück.

Der Häuptling kletterte aus seiner Hängematte, als wir vorbeikamen, stieg auf seine Plattform und brach ein Bündel gelber, reifer Bananen von seinem hängenden Vorrat. Er hielt uns mit einer majestätischen Geste auf, hob die Hand, sprang herunter und überreichte die Bananen Yavateiba, der sie an den Jungen weitergab. Der Häuptling wandte uns den Rücken zu und kehrte in die Hängematte zurück.

Yavateiba ging hinüber zu seinem Feuer und hob einen runden Korb mit einem Stirnband auf. Seine Frau stand neben dem glimmenden Feuer, Papageienfedern in den Ohren, Pflöcke durch Nase und Lippe, einen Säugling mit einem Tuch an die Hüfte gebunden – und den Kopf nach vorn gebeugt gegen das Gewicht eines ebensolchen Korbs auf dem Rücken.

Ich schrie wie ein Yanomami. Sie kamen mit uns.

Als Antwort kam die Frau zu mir herüber, hob den Kopf, als machte ihr die Last gar nichts aus, sah zu mir auf, lächelte, öffnete den Mund und ließ die Zunge zwischen den Zähnen hervorschauen.

21

Jarivanau und Yavateiba verschwanden durch den Eingang. Ich drehte mich um und warf einen letzten Blick auf den Shabono. Zwei kleine Jungen, einer von ihnen der Sohn des Häuptlings, schossen in der Mitte des Platzes mit kleinen Bogen und Pfeilen auf irgend etwas, vielleicht eine Eidechse oder eine Zikade. Jarivanaus Vater hatte sich in seine Behausung zurückgezogen und beobachtete uns, mit einem Arm gegen einen Pfosten gelehnt.

Ich folgte Yavateibas Frau, als sie sich vorsichtig ihren Weg durch die Pflanzung bahnte, die Füße leicht nach innen gewandt. Neben ihrem onotorot gefärbten Hauptkorb, auf dessen Wände zwei Reihen schwarzer Kreise gemalt waren, hing ein weiterer, viel kleinerer, locker geflochtener Tragekorb. Durch die Rankenverschnürung an der Öffnung schaute mich ein Graugeflügelter Trompetervogel an. Die Familie reiste mit allem, was sie besaß.

Als wir im Dschungel waren, ließ sich Yavateiba mit seiner Frau zurückfallen. Er war jetzt, da er mit uns allein war, viel freundlicher zu ihr, als er es jemals im Shabono gewesen war. Offensichtlich mußte er nur vor seinen Gefährten den ganzen Tag wild und hochmütig sein; da wir als Männer kaum zählten und Jarivanau und der Junge mehrere hundert Schritt voraus waren, konnte er sich so entspannt geben, wie es ihm gefiel. Er half ihr durch die Sumpflöcher und über die Bäche; er ermutigte sie unablässig; und wenn wir anhielten, damit sie ihren Säugling nähren oder ihn herumlaufen lassen konnte, holte er Paranüsse aus seinem Korb, knackte sie zwischen den Zähnen und schob ihr die Kerne in den Mund.

»Maquichemi!« sagte er stolz und strich ihr über den Kopf.

Sie schenkte uns ein scheues Lächeln.

Der grausame Unterschied in ihrer Last, dachte ich, ist einfach deshalb notwendig, weil er jeden Augenblick seinen Bogen spannen können muß. Und das war tatsächlich seine einzige nervtötende Angewohnheit – bei jedem Halt prüfte er, ob er beim Gehen nicht zufällig seine Pfeile verbogen oder ihre Flugfedern beschädigt hatte: Zwanghaft glättete er die Federn und hielt die Schäfte vor seinem rechten Auge ins Licht. Und er blieb auch im Gehen ständig überaus wachsam, die Waffen in der Hand; er beobachtete auf beiden Seiten die Lücken zwischen den Bäumen und horchte ab und zu mit offenem Mund – ob nun nach Nabelschweinen oder feindlichen Yanomami, konnte ich nicht sagen.

Es war auch beunruhigend zu sehen, während wir ihnen Stunde auf Stunde folgten, wie anders Yavateiba seinen Wald kannte. Nicht nur in dem Sinne, daß ihm schon mit sechs Jahren die Gewohnheiten von zwanzig Bienenarten geläufig gewesen waren, sondern auch, daß er sich nachts nicht nur vor dem Jaguar, sondern überdies vor dem No uhudi in acht nehmen mußte, vor jenem Teil der Seele, der im Bestattungsfeuer freigesetzt wird und auf ewig durch den Dschungel wandert – er hat Augen wie glühende Kohlen und greift schlafende Männer mit Stöcken und Keulen an.

Um vor plötzlicher Krankheit und dem Tod auszuweichen, mußte er den wichtigsten Teil seiner eigenen Seele bewachen, den Möamo, der in oder bei der Leber liegt, und ihn vor den Beschwörungen feindlicher Schamanen schützen; und immer mußte er sich hüten, nicht seinen Noreshi-Seelenbruder zu erschießen, das tierische Alter ego seiner Sippe. Bei Yavateiba war es vielleicht – gemeinsam mit seinem Vater und seinen Brüdern und seinem kleinen Sohn – ein Spinnenaffe oder eine Harpyie oder ein Kragenfalke. Nun, da er unterwegs war, würde auch sein Noreshi-Tier unterwegs sein. Hätten er oder Jarivanau oder der Junge das Pech, es bei der Jagd zu töten, würde er sofort sterben. Auch Maquichemis Noreshi-Tier würde durch den Dschungel streifen, aber auf der weiblichen Ebene, nahe dem Erdboden – ein Gürteltier oder ein Goldhase oder eine Schlange.

In seinem Dahinschreiten verkörperte Yavateiba ganz und gar nicht das Wesen der Freiheit, auch wenn es so schien; bei jedem Schritt war er gefesselt in den unsichtbaren Banden seines Geisterwalds. Und wenn er richtig auf die Jagd ging, würde er die magischen Regeln beachten müssen: Sollte er scheißen, bevor er nach Gürteltieren Ausschau hielt, dann würde er nur ihre leeren Schalen finden; sollte er furzen, würden alle Hokkos fortfliegen und wie sein eigener Wind zwischen den Blättern verschwinden.

An diesem bedeckten Tag jedoch, auf unserem langsamen Marsch, sahen wir fast nichts außer einer Schlange, die ich zuerst für die giftige Korallenschlange hielt. Sie war etwa einen Meter lang und wand sich sacht von unserem Pfad hinweg; ihre Ringe waren scharlachrot auf schwarzem Untergrund, so unerwartet wie eine Flamme vor dem faden Braun und Grün des Dschungelbodens. Yavateiba und

Maquichemi gingen ohne einen zweiten Blick an ihr vorbei, die nackten Füße dicht neben ihrem kleinen schwarzen Kopf. Sie wissen, daß sie langsam ist, dachte ich, sie wissen, daß ihre Zähne kurz sind und daß sie sich festbeißen und kauen muß, bevor sie genug Gift injizieren kann, um dich zu töten. Und dann stellte ich fest, daß ihr die verräterischen gelben Bänder zwischen dem Schwarz und dem Rot fehlten – es war überhaupt keine echte Korallenschlange, sondern eine harmlose Nachahmung.

Am späten Nachmittag erreichten wir unser Lager; mir schien, als hätte sich seit unserem Aufenthalt bei den Yanomami alles verändert – aber hier waren unsere alten Stützpfosten, bereit für die Zeltplane, das verkohlte Veintecuatro-Nest unter dem großen Baum, der Bach mit derselben kleinen sandigen Uferbiegung.

Chimo und Pablo zerhackten einen morschen Baum mit ihren Macheten und machten mit dem Rest des Kerosins Feuer. Jarivanau und Yavateiba schlugen vier Stämmchen ab, trieben sie ein paar Schritte neben dem Feuer in einem Winkel in den Boden und hängten ihre winzigen Rankenhängematten auf. Maquichemi ging mit ihrem Sohn zum Bach, um ihn zu waschen. Juan und Culimacaré gruben in der nassen, sandigen Erde eine flache Grube, um nach Holzkohle zu suchen. Der Trompetervogel, aus seinem Korb befreit, schoß zu ihnen hinüber, um zu helfen; er war überzeugt, daß sie irgend etwas Vernünftiges taten, wie zum Beispiel nach Fressen zu graben.

Der Junge stand bei mir herum, als ich meine Hängematte auspackte; deshalb breitete ich den gesamten Inhalt meines Rucksacks auf einer Plastikfolie aus. Er lehnte Bogen und Pfeile gegen einen Baum und kauerte sich zu einer Inspektion nieder. Irgendwo auf dem Weg hatte er seine Ladung Bananen einfach in die Büsche gekippt – vermutlich waren sie ihm zu schwer. Nicht alle Yanomami sind potentielle Häuptlinge.

Das Fernglas interessierte ihn ebensosehr wie die Kinder im Shabono; danach befingerte er mit tiefer Konzentration meine pilzbedeckten Hemden und Socken und Unterhosen, die verschiedenen Plastikbeutel voller Vitaminpillen und Wasserreinigungstabletten, die Bandagen und die eingeschweißten Spritzen, die Morphiumspritzen und die beiden Reservebrillen und das Paar Turnschuhe, die letzten Tuben Betadin und Savlon, Canesten und Jungle Formula. Nackt außer dem kurzen Lendenschurz über den Genitalien, mit bloßen Hinterbacken, hatte er eine Gänsehaut. Es war ein Geheimnis des Yanomami-Lebens – warum hatten sie nicht zumindest Nachthemden aus Affenhäuten erfunden? Wie überlebten sie in ihren harten, offenen Hängemattengerüsten, während wir voll angezogen schliefen, mit mehreren Extrahemden und einem Pullover und, in meinem Fall, auch noch in eine Bodenplane gehüllt?

Groteskerweise kam er zu dem Schluß, er wolle eine Brille (er mochte die Art, wie das rote Brillenetui zuschnappte), meine Turnschuhe, zwei leere Plastikbeutel und das am wenigsten verrottete Paar Unterhosen. Er nahm sie aus der Sammlung von Reichtümern und legte sie vor seinen Füßen nieder. Wir einigten uns auf die Plastikbeutel und die Unterhosen. Er durchblätterte den Schauensee und schnalzte vor Bewunderung mit der Zunge, aber schließlich gewann die Freude an seinen neuen Besitztümern die Oberhand, und er zog sich zurück, um einen eigenen Catumaré anzufertigen, in dem er sie unterbringen konnte.

Pablo und Culimacaré banden unsere Zeltplane auf den Rahmen und machten aus Chimos riesigem Umhang einen Schutz für die Yanomami. Chimo selbst, der sich unwohl fühlte, kochte unsere Linsensuppe. Yavateiba und Maquichemi saßen auf den Wurzeln des großen Baumes, aßen Paranüsse und spielten mit ihrem Sprößling.

Yavateiba tat so, als bände er den Penis seines Sohnes an ein imaginäres Hüftband und mache ihn dadurch zum Krieger; dann beugte er sich nach vorn und schnipste ihm wiederholt gegen seinen kleinen Bauch, bis der kleine Junge, provoziert, seinen Vater plötzlich mit aller Kraft auf den Kopf schlug und dann vor Anstrengung hintenüberfiel. Yavateiba schrie vor Begeisterung. Sein Sohn lag auf den Blättern, heulte und stieß vor Wut mit den Füßen. Maquichemi kauerte sich hin und piekte ihn ebenfalls in den Bauch; er setzte sich auf und schlug sie aufs Knie. Yavateiba schrie wieder, brach ein Stück Strauch ab und zwang es dem kleinen Jungen in die Hand. Noch immer voller Wut, schlug der Säugling seiner Mutter über die Beine. Die Yanomami jubelten.

Maquichemi nahm ihren Sohn auf, setzte sich in ihre Hängematte und hielt ihn fest, bis das Schluchzen aufhörte; Yavateiba kletterte hinter ihr her, so daß er ihr gegenübersaß, hakte seine Beine um ihre Hüfte und hob sich seinen Sohn auf die Brust. Es herrschte wieder Friede.

Es war ein so ungewöhnliches Bild einer glücklichen Yanomami-Familie, daß ich mich von der Seite mit der Nikonos heranschlich, die Entfernung einstellte und fotografierte.

Yavateiba wandte den Kopf so schnell wie eine Lanzenschlange; er stieß seinen Sohn zu Maquichemi; er sprang aus der Hängematte und kam auf mich zu. Er hob den Arm, als wollte er zuschlagen, überlegte es sich, zischte und spuckte mir vor die Füße. Chimo, heldenhaft wie immer, schob ihm einen Blechteller voll Suppe in die Hand.

Ich ging zu meiner Hängematte, beschämt wie ein besiegter Yanomami, und legte mich hinein. Yavateiba war glücklich gewesen, als im Shabono sein Bild mit dem gespannten Bogen und den Pfeilen mit ihren diamantförmigen Spitzen aufgenommen worden war; meine Beleidigung bestand also vielleicht darin, das Bild eines Kriegers in einer schändlichen Haltung der Schwäche zu stehlen, in einem Moment unmännlicher Zärtlichkeit für seine Familie; oder vielleicht hatte ich auch den empfindlichen Noreshi seines Kindes gefährdet.

Chimo, der den Kopf schüttelte, brachte mir einen Napf Suppe und dann allen anderen auch. Niemand sprach, bis Yavateiba aus seiner Hängematte kletterte, neun Bananen aus Maquichemis Korb nahm und sie zwischen die brennenden Scheite schob. Er zeigte auf jeden von uns und dann auf das Feuer. Die Bananen waren ein Friedensangebot. Chimo und die Yanomami begannen wieder zu reden.

In jener Nacht erhob sich über dem Raspeln der Zikaden eine einfache, zärtliche, sich wiederholende Melodie aus drei Tönen. Maquichemi sang ihrem Sohn ein Wiegenlied. Es schläferte mich auf der Stelle ein.

Am Morgen schickte ich Jarivanau mit dem Gewehr voraus, und wir übrigen folgten langsam in Maquichemis Tempo. Sie ging sicher und entschlossen in den Fußstapfen ihres Mannes durch Laub und Schlamm, vermied die langen schwarzen Dornen, die sich aus den Palmstämmen gelöst hatten und fast überall auf dem Dschungelboden verstreut lagen. Mit ihrem Sohn, dem Trompetervogel und ihrem Korb voller Bananen ging sie leicht über Jarivanaus glatte Baumbrücken und lachte mich an, wenn ich unter ihr entlang watete oder schwamm.

Während einer der Pausen zur Fütterung des Babys beschloß ich schließlich, meine Stiefel wegzuwerfen; die Sohlen hatten sich von der Spitze her gelöst und flappten beim Gehen zurück. Ich zog die Schnürsenkel heraus und warf die Stiefel ins Unterholz – wo sie der Junge wieder auflas und grinsend darin vor uns umherhumpelte: Er ging übertrieben schwerfällig, stolperte, rannte gegen Bäume, fiel in imaginäre Löcher und Bäche – alles ganz wie ich. Wir klatschten Beifall. Selbst Yavateiba lachte. Ich zog meine dünnen Turnschuhe an und fühlte mich an den Füßen halbnackt und völlig bloß an den Knöcheln, eine Einladung für die Lanzenschlange.

Gegen Mittag hörten wir undeutlich und weit entfernt einen Schuß, und als wir Jarivanau einholten, hatte er einem kleinen Samthokko-Männchen – mit dem kastanienbraunen Rumpf – bereits die Flügelfedern ausgerupft. Er saß neben einem Loch, das aussah wie ein Fuchsbau. Yavateiba steckte den Kopf in die Öffnung und schnüffelte. Jarivanau hielt die Finger wie zwei lange Ohren an die Schläfen und machte eine lange Schnauze nach. Es war eine Gürteltierhöhle.

Yavateiba hielt die Hand ans Ohr und horchte. Vielleicht würden mir die Yanomami jetzt die orthodoxe Technik zeigen, wie man ein Gürteltier ausräuchert. Ich wünschte mir, daß sie ein altes Termitennest aufbrächen, den Inhalt am Eingang der Höhle aufschichteten, den Haufen anzündeten und den dichten Rauch in das Loch wedelten – kommt er aus anderen Eingängen heraus, werden sie auf diese Weise entdeckt und blockiert, und alle krabbeln auf Händen und Knien herum und halten die Ohren an den Boden, um auf Grabgeräusche zu lauschen. Die Yanomami graben dann mit angespitzten Stöcken nach und ziehen das halb benommene Gürteltier heraus. Aber Yavatelba stampfte über dem Eingang auf den Boden, horchte noch einmal und schüttelte den Kopf. Nichts. Niemand zu Hause.

Mehrere Stunden nach Einbruch der Nacht, dicht beieinander, schweigend vor Erschöpfung, erreichten wir hinter Chimo und seiner Taschenlampe, die den Umrissen der Yanomami folgte, das Lager am Emoni.

Als wir uns näherten, hörten wir einen hohen Schrei voll aufsteigender Angst.

»Wer ist da?« schrie Galvis. »Wer ist da?« Und dann, nach einer Pause: »Wir schießen!«

»Wir sind Kannibalen«, knurrte Chimo. »Wir wollen deine Leber fressen; und deinen Hintern vielleicht auch.«

»Chimo!« rief Galvis, wobei seine Stimme von einem schrillen Schrei zu ihrer normalen Tonlage sank. »Es ist Chimo!«

Ein großes Feuer loderte, daneben auf der einen Seite ein sauber aufgehäufter Stoß Brennholz, auf der anderen Galvis, wild, mit gespreizten Beinen und einem Paddel in der Hand, um heranfliegende Pfeile zu parieren. Er warf es auf die Erde und umarmte Jarivanau in einem großen Ausbruch der Erleichterung und Freundschaft, der fast sein letzter gewesen wäre – denn das geladene Gewehr, das Jarivanau immer am Lauf hielt, fuhr in die Höhe und kam mit der Mündung an seiner Kehle zur Ruhe. Jarivanau stand einfach da und schaute verlegen seitwärts auf Yavateiba. Galvis löste sich und umarmte in einer Willkommensorgie alle, einschließlich Maquichemi.

»Mucha alegría!« wiederholte er immer und immer wieder, wie in Trance. »Mucha alegría! So eine Freude!«

Er roch sauber, nach Seife, lecker.

Als wir unsere Packen abstreiften, beschloß ich, daß ich ihn doch mochte – er hatte uns nicht im Stich gelassen, wie ich es halb erwartet hatte, war nicht flußabwärts in einem unserer Kanus in die Sicherheit geflohen, er hatte den Schrecken seiner Einbildungskraft widerstanden und das Lager verwandelt. Er und Valentine hatten einen neuen Schutz für die Vorräte und das Gepäck gebaut, die wir zurückgelassen hatten; sie hatten neue Stufen hinab zu den Booten in den Hang gegraben, sie mit gespaltenen Baumstämmen gepflastert und ein Geländer aus jungen Stämmen hinzugebaut; sie hatten zwanzig Meter um das Lager herum alle Büsche und jungen Bäume gerodet, eine rührende Vorsichtsmaßnahme gegen Überraschungsangriffe; sie hatten ein prachtvolles neues Räuchergestell gebaut – und darauf lag Reihe an Reihe geschwärzter Piranhas. Sie hatten sogar, wie ich später bemerkte, für den verhaßten Juan nach Holzkohle gegraben.

All diese harte Arbeit war offensichtlich für Valentine zuviel gewesen: Der alte Mann schlief, ausgestreckt in seiner Hängematte, ein zerknittertes Hemd und beide Arme um den Kopf gelegt. Chimo, der uns bedeutete, wir sollten leise sein, ging auf alle viere nieder, zog den unteren Rand des Moskitonetzes hoch und krabbelte unter die Hängematte. Er nahm Valentines skelettartigen Körper auf den Rücken. Er machte ein tiefes, grunzendes, keuchendes Geräusch, wie ein Jaguar.

Valentine schlug mit beiden Beinen aus und wurde wach. Er versuchte sich aufzusetzen, aber Chimo, rund und fett und unter die Hängematte gekeilt, legte ihn wieder flach.

»Uuf, uuf«, sagte Chimo, »urg, urg, urg.«

»Verpiß dich! Verpiß dich!« rief Valentine mit überraschender Lautstärke und sehr schnell. »Verpiß dich! Verpiß dich, du bepißter Pisser!«

Chimo brüllte vor Lachen.

»Im Namen der Mutter Gottes«, sang Valentine. »Verpiß dich. Laß mich in Ruh! Verpiß dich!«

Chimo begann mit einem weiteren Uuuf, prustete, gab auf und fiel hilflos vor Lachen auf den Bauch. Valentine plumpste in die Hängematte zurück.

»Also wer glaubt hier nicht«, schrie Chimo von unten, die riesigen Hinterbacken wackelten vor Lachen, »wer glaubt hier nicht daran, daß man einen Jaguar nicht beschimpfen darf? He?«

»Ich hätte es wissen müssen«, sagte Valentine, der sich wieder erholte; voller Wut versuchte er sich aus der Hängematte und den alten Kleidern zu befreien. »Das roch zu stark für eine Katze.«

»Wer ist hier also kein Christ?« heulte Chimo und warf Valentine wieder um. »Wer betet hier nie zur Jungfrau? He?«

»Ich habe geschlafen, du fetter alter Idiot«, sagte Valentine.

»Selber alt!« heulte Chimo, krabbelte ein paar Meter zur Seite und legte sich lachend auf den Rücken.

»Valentini! Valentini! Du mußt dir mehr Mühe geben! Du kannst nicht einfach zu einem Jaguar ›Verpiß dich‹ sagen! Du mußt dir richtige Schimpfworte ausdenken.«

Valentine kletterte aus der Hängematte, zog seine Gummischuhe an, rieb sich die Augen und lächelte uns und Yavateiba und Maquichemi an; er sah so verwirrt aus wie ein kleiner Junge.

»Valentini! Valentini!« sang Galvis und vollführte einen seiner Kreistänze, die Arme über dem Kopf, mit schnippenden Fingern. »Valentini! Valentini! Wir gehen heim!«

Pablo und Culimacaré standen am Räuchergestell, rissen den Piranhas die Köpfe und Schwänze ab, zogen das Fleisch von den scharfen kleinen Gräten und stopften es sich in den Mund. Sie waren viel hungriger, als ich bemerkt hatte – zwei abgetrennte Fischköpfe lagen zu Culimacarés Füßen und starrten mit gekochten Augen nach oben: Er hatte sich nicht nur wortlos über sein Essen hergemacht, er tat es sogar in vollem Licht, zu gierig, um sich darum zu scheren, ob wir seine Mißbildung sahen oder nicht; als er seinen dritten Piranha auseinandernahm, lag sein echter Daumen an der rechten Hand seinem Zeigefinger gegenüber, während sich sein Extradaumen auf dem gleichen Gelenk in der Luft hin und her bewegte.

Alle begannen zu essen, um das schwach rauchende Feuer herumstehend. Aber ein Piranha reichte mir; mein Magen schien sich von der Größe eines Rugbyballs zu der eines Cricketballs zusammengezogen zu haben, und nach den Löchern in meinem Gürtel hatte ich das Gefühl, ich hätte zwanzig oder dreißig Pfund verloren. Unauffällig schaute ich auf Chimos Gürtel: Sein Wanst wölbte sich nach wie vor über demselben ausgeleierten Loch wie eine heranrollende Woge. Der Meister hatte kein Gramm verloren.

Galvis, der eins seiner Llano-Lieder sang, ging zur Medikamentenkiste, die auf dem Ehrenplatz in der Mitte des neuen Schutzes stand, und holte ein Päckchen Kaffee in Goldfolie und ein Plastikglas mit Zucker hervor.

»Das habe ich für diesen Augenblick aufgehoben«, sagte er.

Er kniete nieder, legte den Schatz auf den Boden (und so, wie wir diese Behälter anschauten, hätten sie wahrhaftig Weihrauch oder Myrrhe enthalten können), warf den Kopf zurück, schloß die Augen und murmelte vor sich hin.

»Ich habe der Heiligen Jungfrau versprochen«, sagte er und blickte auf, »ich hab ihr versprochen, wenn sie uns beschützt und uns von hier fortläßt, würden wir ihr mit Kaffee und Zucker zutrinken.«

»Mach schon«, sagte Chimo und fiel wie eine riesige Muräne über einen weiteren Piranha her.

»Ich sagte ihr«, fuhr Galvis fort, stand auf und hängte den Kochtopf über das Feuer, »wenn sie mich nach San Carlos zurückläßt, daß ich meine Kinder wiedersehen kann, würde ich jeden Tag zehn Rosenkränze beten. Ich würde jeden Sonntag zur Messe gehen.«

»Betrunken wirst du sein«, sagte Chimo und spuckte einen Klumpen Gräten aus, »im Gras wirst du liegen. Und außerdem, rechne nicht damit, Galvis – deine Frau ist schlauer, die ist mittlerweile in Puerto Ayacucho mit einem von der Guardia.«

»Hör auf«, sagte Valentine, »er hat es schwer genug gehabt. Er ist zu lange fort gewesen. Laß ihn in Ruhe.«

22

Am Morgen aßen wir noch mehr Piranhas, bauten das Lager ab, löschten die Feuer und bedeckten sie mit Erde, luden das leichter gewordene Gepäck in die Boote und banden sie zusammen. Flußab würden wir treiben und paddeln. Der eine Kanister Benzin sollte für die schnelle Fahrt durch die Schwärme Schwarzer Fliegen auf dem Siapa aufgespart werden.

Jarivanau hockte wieder auf der Zeltplane hinter Juan und mir, und Yavateiba saß uns gegenüber auf einer alten Maniokbüchse, kerzengerade und würdevoll, hielt Bogen und Pfeile senkrecht vor sich und durchforschte die niedrige Vegetation, die an beiden Ufern, von der Strömung gezaust und gerupft, sanft an uns vorbeiglitt. Maquichemi lag mit angewinkelten Beinen hinter ihm auf der Zeltplane, das Baby auf ihrem Bauch. Im Leben des Babys, fiel mir auf, gab es nur sehr wenige Augenblicke, in denen sein nackter Körper nicht ebenso warme und nackte Haut berührte; selbst wenn es schiß, hielt es Maquichemi lediglich mit einem Arm über Bord, spülte ihm die Scheiße von den Beinen und wusch sich den Bauch mit der anderen Hand.

Galvis, der sich vielleicht auf eine weitere Kandidatur für den Bürgermeisterposten von San Carlos vorbereitete, las seine Taschenbuchausgabe von Gandhis Leben. Der Junge kauerte glücklich bei Culimacaré im Bug unseres Einbaums. Er hatte vorübergehend dem weniger exotischen

Jarivanau seine Anbetung entzogen und beobachtete jede Bewegung seines neuen Helden; Culimacaré, offensichtlich geschmeichelt von solch ungewohnter Bewunderung mit aufgerissenen Eulenaffenaugen, ließ den Jungen auf geraden Strecken das Paddel führen und auch einmal die Stange benutzen, wenn wir aus dem Wasser ragenden Baumstämmen zu nahe kamen. Sie zeigten zusammen auf verschiedene Palmfruchtbündel und tauschten Namen auf Yanomami und Curipaco aus.

Ich machte die letzte Aufnahme meines letzten Films, ein Bild von Maquichemi und ihrem Kind, und verstaute die abgegriffene, zerkratzte, aber immer noch funktionierende Nikonos tief in meinem Rucksack. Zu meiner Überraschung fühlte ich mich eher erleichtert; wenn jetzt ein Zitteraal von zwei Metern Länge einen Kurzschluß hatte und an Bord sprang, konnte ich einfach zusehen und brauchte nicht am Objektiv herumzufummeln. Ich lehnte mich an meinen Rucksack. Ein Großer Schwarzbussard glitt ruhig aus einem großen Baum zu unserer Linken und flog mit langsamen Flügelschlägen über den Fluß; er sah viel größer aus, als er wirklich war, ein breitgeflügelter Flecken Nacht vor den weißen, sich auftürmenden Wolken.

Gegen Mittag trieben wir an einer der seltenen Sandbänke des Emoni vorüber, die mit Farnen und kleinen Palmen bedeckt war und in das träge Wasser auf der Innenseite einer Biegung hineinragte.

»Jaguarspuren!« rief Chimo und stand im Heck. »Letzte Nacht war er hier!«

Die Farne am Ende der Sandbank bewegten sich, und es knackte, ein wildes, tiefes Grunzen, eine große Flanke braunen Fells. Ich setzte mich starr aufrecht – und konnte gerade noch sehen, wie zwei kleine Wasserschweine hinter ihrer Mutter hergaloppierten und in den Büschen verschwanden.

»Jaguarspuren!« spottete Valentine.

»Er war letzte Nacht hinter ihnen her«, sagte Chimo und setzte sich wieder hin. »Wasserschweine schmecken jedem.«

Ein Stück weiter drehten sich Yavateiba und Jarivanau um, schrien etwas auf Yanomami zu Chimo hinüber und winkten die Boote mit herrischer Geste zu einem anderen kleinen sandigen Uferstück. Jarivanau tat, als äße er Nüsse, und rieb sich den Bauch. Maquichemi und Yavateiba nahmen ihre inzwischen leeren Körbe und gingen an Land. Wir ließen Valentine und Galvis als Wache bei den Booten zurück und folgten den Yanomami das Ufer hinauf.

»Wir sehen uns in einer Woche«, sagte Chimo zu Galvis. »Paß auf den Jaguar auf.«

Nach etwa einer halben Stunde kamen wir auf eine Lichtung, die von dichtem Unterholz umgeben war.

»Yanomami«, sagte Jarivanau mit Besitzerlächeln und wies auf die offene Fläche.

»Das ist sehr interessant«, sagte Juan und inspizierte einen der zerzausten Büsche. »Der alte Shabono muß hier gestanden haben. Das ist Sekundärbewuchs. Eindringende Arten breiten sich auf diesem Gelände aus.«

Wir kletterten auf der anderen Seite einen Pfad empor, vorbei an einem riesigen Dickicht aus Pfeilrohr, und die eindringenden Arten versperrten uns überall den Weg. Yavateiba gab dem Jungen seinen Bogen und die Pfeile, und dann nahmen er und Jarivanau und Culimacaré die Macheten und schlugen einen Gang durch die Dornbüsche und Lianen. Der Stamm einer Banane kam in Sicht. Jarivanau lichtete den Boden darunter und stieg hinauf; wir kamen an eine Gruppe von Pfirsichpalmen und hielten an. Yavateiba schlug das Unterholz zur Seite und entdeckte ein paar Steigrahmen, die noch immer um den Palmstamm gekeilt waren; die verwitterten Stangen gaben unter seinen Händen nach. Wir konnten die kleinen, baumelnden, gelben und purpurroten Fruchtbüschel sehen, die zwölf Meter über unseren Köpfen in den Baumkronen hingen, geschützt durch Ringe schwarzer Rippen, die die geraden dünnen Stämme auf ganzer Länge umgaben. Yavateiba schnitt einen langen Trieb ab, gab ihn dem Jungen, ließ sich von ihm seinen Bogen und die Pfeile zurückgeben und schickte ihn mit einem Kopfnicken auf einen weißbirkenähnlichen Baum zu unserer Linken. Der Junge umfaßte die glatte Rinde mit Armen und Beinen und arbeitete sich hinauf wie eine Raupe. Zwölf Meter höher zog er sich einen Ast entlang, bis er in Reichweite eines Büschels kam und es mit dem Ende der Stange herunterschlagen konnte. Früchte prasselten um uns herab; wir suchten sie im Unterholz zusammen und ließen sie in Maquichemis Korb fallen.

Jarivanau schloß sich uns an und begann eine leidenschaftliche Diskussion mit Yavateiba. Er zuckte mit den Schultern, spuckte und wandte sich ab; dann ging er plötzlich mit seiner Machete auf eine andere Pfirsichpalme los. Der Baum fiel sauber in eine Lücke. Jarivanau machte sich über den nächsten her.

»Huuuu!« sang er und schwenkte seine Machete wie einen Säbel über dem Kopf.

Yavateiba stand für einen Moment still, mit der rechten Hand den Bogen umklammernd. Er war offensichtlich schockiert, und das war ich auch. Wir hätten mühelos neue

Steigrahmen bauen können. Jarivanau, kraftvoll, nicht zu zügeln, gezeichnet von einem Leben voller Kämpfe, war offensichtlich ein Gangster – aber vielleicht hatte er ja auch nur deshalb den Mut aufgebracht, überhaupt mit uns zu kommen.

Wir schleppten die schweren Büschel Palmfrüchte zu Jarivanaus Haufen von Bananenbündeln und teilten die Lasten auf. Culimacaré machte mir ein lockeres Tragenetz aus Ranken mit einer Schlinge, die über dem Kopf liegen sollte. Ich füllte es mit einem Bündel Bananen und legte es an. Das Gewicht drückte mir schnell die Sehnen im Nacken zu einer Pfütze Knochenmark zusammen, deshalb nahm ich es wieder ab und trug es vor mir her, während ich vorwärtswackelte. Maquichemi, die das Kind in einer Schlinge trug, gebeugt von ihrem Korb mit Pfirsichpalmfrüchten, lachte und plapperte hinter mir, und das Kind kicherte zurück. Ich konnte mir denken, was so witzig war. »Eidudu«, sagte sie (oder so etwas Ähnliches), »hast du schon mal einen Mann gesehen, der so albern aussah?«

Als wir die Früchte bei den Booten niederlegten, damit Chimo und Pablo sie verstauen konnten, glitt ich auf einem Schlammfleck aus und stützte mich mit der Hand gegen einen kleinen Baum. Dieser Baum dürfte einer Art der Gattung Myrmidone angehört haben, einer der vielen von Spruce beschriebenen Baum- und Buschgattungen mit Blattsäcken, in denen Ameisen leben:

> »Von Myrmidonen sammelte ich vier Arten, einschließlich der originalen M. Macrosperma von Martius. Es sind niedrig wachsende Büsche mit wenigen Ästen von ein bis zwei Meter Höhe; die paarigen Blätter sind sehr ungleich

in der Größe, das kleinere fehlt manchmal sogar ganz, das größere sackförmig wie in der Tocaca Anaphyscae, aber der Sack immer runzlig und einfach gefurcht; die Blüten stehen einzeln, sie sind ziemlich groß, endständig oder blattachselständig, rosa (zu rot hin); die Härchen der Stengel, Blätter etc. sind zahlreicher als bei der Tocaca, rot oder scharlachrot; sie entsprechen auf eigenartige Weise der Farbe der winzigen Ameisen – jenem bösartig stechenden Stamm namens Formiguinhas de fogo (kleine Feuerameisen) – die in diesen Säcken wohnen und auf der Außenseite der Stengel und Zweige bedeckte Wege anlegen …

Aber ich hielt nicht an, um die Runzeln zu prüfen. Ich riß mir die Feuerameisen aus der Haut und hielt zwischendurch die Hand ins Wasser. Es waren wirklich Feuerameisen. Es fühlte sich genauso an, als hätte ich in eine Flamme gefaßt. Kein Wunder, daß die Symbiose zwischen Baum und Ameisen – freie Wohnung gegen kostenlosen Schutz – so weit verbreitet war. Kein denkender Affe würde sich neben einem Myrmidone eine Tasse Tee zubereiten, geschweige denn hineinklettern, um sich zwischen seinen Blättern zum Mahl niederzulassen …«

Früh am Nachmittag paddelten wir in die Biegung am Tukanberg und lagerten. Anders als der gewaltige Cañyon des großen Neblina-Massivs wirkte er wie ein Hügel, den jeder Trottel auf allen vieren erklettern konnte – und da wir nun genug Bananen und Pfirsichpalmnüsse hatten, um einen Wald voller Nasenbären zu füttern, entschied ich, wir könnten ein oder zwei Tage hier bleiben. Pablo nahm das Gewehr und machte sich mit der Curiara flußab auf den Weg. Yavateiba nahm Bogen, Pfeile und Köcher und verschwand im Wald.

Meine rechte Hand war jetzt so geschwollen, daß ich sie nicht benutzen konnte, und Juan spannte meine Hängematte für mich auf. Kaum hatte ich mich auf ihren Rand gesetzt und mehr Anthisan auf meine geschwollenen Knöchel gerieben, als der Trompetervogel, aus seinem Käfig freigelassen, angerannt kam und zu meinen Füßen piepte, damit ich ihm den Kopf kraulen sollte. Geschmeichelt streichelte ich ihn mit dem Zeigefinger, den ich noch benutzen konnte; die schwarzen Federn auf seinem Schädel waren kurz und borstig. Er hörte auf zu piepen, hob ein Bein und versank in Trance. Aus seinen inneren Augenwinkeln bewegten sich die Nickhäute, die dritten Lider, langsam über seine Augäpfel, bis beide völlig mit einem Film bedeckt waren.

Man konnte sich nur schwer vorstellen, daß die Balzsitten und das Wildverhalten dieses weitgehend gezähmten Vogels, der als Schlangentöter und Wächter gehalten wird, kaum bekannt waren. Ich hörte auf zu streicheln, und er zog seine Nickhäute zurück, schüttelte sich, breitete seine zerzausten Hinterfedern aus und begann, im herumliegenden Laub zu scharren und zu picken. Da er sich nun mit mir angefreundet hatte, behielt ich ihn halb im Auge und erinnerte mich an Spruces Erzählung:

> »In Panure am Fluß Uaupés hatten wir einen zahmen Agami (Trompetervogel), der sich so eng an mich anschloß, daß er mir folgte wie ein Hund und jede

Schlange tötete, die uns über den Weg lief. Eines Tages war ich allein mit dem Agami in einer Cantinga etwa vier Meilen vom Dorf, wo ich eine Weile in einer relativ freien Lichtung blieb, weil dort viele winzige Pflanzen wuchsen (Burmanniaceae), die mich sehr interessierten. Während ich nach Pflanzen suchte, jagte der Agami Schlangen und hatte bereits drei oder vier gefangen, die er mir brachte und vor meine Füße legte. Vermutlich hatte ich seine Leistung nicht gebührend gewürdigt, wie ich es zu tun pflegte, denn schließlich – anscheinend entschlossen, mit allen Mitteln meine Aufmerksamkeit zu erringen – legte er eine frisch gefangene Schlange auf meine nackten Füße, während ich mit meinem Vergrößerungsglas eine kleine Burmannia untersuchte. Die Schlange war kaum verletzt und wickelte sich sofort um mein Bein. Sie abzureißen und in den Busch zu werfen, war das Werk eines Augenblicks; aber danach ließ ich den Agami lieber zu Hause, wenn ich in den Wald ging.«

Chimo und der Junge machten Feuer und kochten die Pfirsichpalmfrüchte, und als die Nacht hereinbrach, kam Pablo mit einem großen Kaiman zurück. Fast gleichzeitig trat Yavateiba auf die Lichtung. Er trug in der einen Hand Bogen und Pfeile und in der anderen zwei Trompetervögel. Er bückte sich vor dem zahmen Vogel, machte piepende Geräusche, und indem er die Köpfe seiner Opfer hochhielt, stieß er dem Trompetervogel ihre Schnäbel ins Gesicht. Der zog wieder die Nickhäute über die Augäpfel.

Die toten, glänzenden Trompetervögel schienen unverletzt, bis ich feststellte, daß sie beide aus ihren Analöffnungen bluteten. Yavateiba hatte sie von hinten mit seiner dünnsten Pfeilspitze geschossen – und es war durchaus möglich, daß er sie bewußt in den Darm getroffen hatte, um nicht die ohnehin kleine Fleischration ihrer Körper zu verderben. Mit solcher Genauigkeit zu zielen, dachte ich, muß eins der Vergnügen eines Yanomami-Mannes sein: Wenn er in einem See eine Riesenschildkröte sieht, sagte Culimacaré, dann stellt sich der Yanomami-Jäger ans Ufer und schießt einen Pfeil in einem solchen Bogen in die Luft, daß er im Herunterfallen die einzige weiche Stelle in der Schale einer Schildkröte trifft, die wie die Fontanelle auf dem Kopf eines Babys genau im Zentrum des Panzers liegt.

Pablo öffnete seinen Kaiman mit der Axt und legte ihn im Kanu über den Sitz, um ihn auszunehmen. Yavateiba und ich gingen zu ihm, um uns das anzuschauen; als Pablo die Därme herauszog und sich anschickte, sie in den Fluß zu werfen, sprang Yavateiba ins Kanu und schob ihn zur Seite. Er zog den ganzen Darmtrakt heraus und kletterte mit vollen Armen zurück auf das Ufer. Ich folgte ihm verwirrt. Beim Feuer ergriff er ein Ende der glitschigen Röhre mit der rechten Hand und zog sie langsam in voller Länge durch die Finger, um so die graue Masse halbverdauter Kaimanscheiße herauszuquetschen. Der Junge verschwand kurz im Wald und kam mit ein paar großen Blättern zurück. Yavateiba wickelte das Bündel Eingeweide ein, verschnürte das Paket mit Ranken, formte ein Blatt an der Seite zu einer Tülle und drückte das Ganze sanft in die Asche am Rande des Feuers.

Wir setzten uns hin, um zu warten; nach etwa fünf Minuten beschloß Yavateiba, es sei soweit. Er zog das Blättergefäß heraus und hielt die Tülle vor mich; hochgeehrt öffnete ich den Mund, und er goß mir eine halbe Tasse Flüssigkeit hinein. Sie war warm, dick, schleimig, wie eine Mischung aus Lebertran und dem wiederaufbereiteten Saft aus alten Sardinendosen. Yavateiba versorgte Maquichemi, Jarivanau und den Jungen, trank den Rest selbst und warf die Blätter und die Eingeweide ins Gestrüpp.

Juan griff sich Chimos Taschenlampe und vertiefte sich in seine endlosen Notizen über den Kohlegehalt der Tierra firme-, Caatinga- und Uferwälder von Rio Negro, Casiquiare, Pasimoni, Baria und Emoni. Galvis rupfte die Trompetervögel, nahm sie aus und zerlegte sie und warf sie in das Pfirsichpalmen-Stew. Valentine und Culimacaré bauten ein Räuchergestell für Pablos Kaiman, und Yavateiba nahm sich den Kaimankopf. Er schob auch ihn ins Feuer, und als er gar war, zogen er und Maquichemi die kleinen, nach hinten gebogenen, gelblichen Zähne heraus und verstauten sie in einem ihrer Körbe. Dann hackten sie den Schädel mit einer Machete auf und aßen das Gehirn.

Es war der Anfang eines Festes; wir verschlangen zähe Pfirsichpalmfrüchte mit noch zäheren kleinen Stücken Trompetervogelfleisch; wir aßen Jarivanaus gebackene Bananen und kauten Kaimanstücke, die er auf Stöcke spießte und im Kreis um das Feuer aufstellte. Chimo und Valentine tauschten Geschichten aus. In Brasilien gab es einen Mann, sagte Valentine, der den Stein aus dem Kopf eines Zitteraals in seine Hand eingesetzt hatte; wenn er jemand anfaßte, bekam der einen elektrischen Schlag. Das war noch gar nichts, sagte Chimo, hier irgendwo in der Nähe gab es einen Hügel, der bestand aus purem Gold. Sein Vater hatte es ihm erzählt, bevor er starb. Sobald man hinkam, würde man ihn erkennen: Wenn man einen Hokko schoß und die Beine waren aus Gold, dann war man ganz nahe – dieser Vogel war dann sein ganzes Leben im Goldstaub herumgelaufen.

»Reymono«, sagte Culimacaré aus seiner Hängematte, »wo werden Flugzeuge gemacht?«

»Überall in der Welt, sogar in Brasilien.«

»Dann möchte ich dorthin gehen«, sagte er ruhig. »Ich würde gerne dorthin gehen, wo Flugzeuge gemacht werden, und lernen, wie man sie fliegt. Ich würde gern über die Bäume fliegen.«

Jarivanau, gelangweilt von all dem unverständlichen Gerede, lächelte mir verschwörerisch zu, ging zwanglos hinüber zu meinem Rucksack, öffnete ihn und nahm den Schauensee heraus, als wäre er sein Eigentum. Er trug das Buch hinüber zu Yavateiba, Maquichemi und dem Jungen und rückte mit ihnen näher an das Feuer. Sehr langsam blätterte er die Seiten um.

Ich ging hin und setzte mich neben ihn. Yavateiba wurde immer aufgeregter und sprach sehr schnell in seiner abgehackten Sprache. Es begann ein großes Vogelbenennen auf Yanomami; sie schienen fast jeden Vogel in der Amazonasregion zu kennen; und als Jarivanau zu Kathleen Phelps' Bild von den Cotingas kam, zeigte sich Yavateiba davon genauso gefesselt wie ich. Er beugte sich vor, um es genauer zu betrachten, und rief leise vor sich hin: »Hu du! Hu du!« für die Blaukronen-Sägeracke; eine Reihe von Bell-Lauten in verschiedener Tonhöhe für den Amazonas-Schirmvogel, den Schildvogel und den Kapuzinervogel; ein hohes Crioo für den Klippenvogel und ein Quaken, dessen Urheber mir unbekannt war.

Ohne es zu wollen, machte ich der Party ein Ende, als ich das Buch nahm und die schwarzweißen Zeichnungen von hinten nach vorne durchblätterte. Yavateiba schüttelte den Kopf, als er die Bilder der Möwen und Seeschwalben von Venezuelas Karibikküste sah, und als wir zu dem Bild von Leachs Sturmschwalbe und dem Schwärzlichen Sturmtaucher kamen, war sein Glaube an das Buch des Nabeh, des Ausländers, des Nicht-Yanomami, des Nicht-Menschen, offensichtlich dahin. Das glaubte er nicht. Yavateiba glaubte nicht an das Meer.

Als Juan und ich uns in den Hängematten schlafen gelegt hatten – ich hatte bereits mein Kissen aufgeschüttelt, genauer: mein zerrissenes Hemd neu in halbverrottete blaue Unterhosen gestopft, die ich übermäßig liebgewonnen hatte –, löste sich ein Schatten aus einem kleinen Baum hinter uns und landete mit einem hörbaren Platsch im Laub zwischen uns. Juan, der immer noch Chimos Taschenlampe hatte, lehnte sich aus seiner Hängematte und leuchtete auf den Boden.

Im Kreis des schwachen Lichts kauerte etwas Flaches, Bewegungsloses, Tellergroßes, Pelziges, Braunes.

»Schnell!« schrie Juan plötzlich. »Es ist eine Tarantel!«

Aber es war nicht das viel kleinere Tier, das man in Europa unter einer Tarantel versteht. Ich erkannte mit einem Adrenalinstoß, daß ich die größte Spinne der Welt sah, die Vogelspinne, die zum ersten Mal von Maria Sibylla Merian in ihrem Buch ›Metamorphosis Insectorum Surinamensium‹ (1705) beschrieben und gemalt worden war. Ihre Spinne hält einen unglaubwürdig aussehenden Kolibri an der Kehle und zerrt ihn aus seinem napfförmigen Nest. Jedermann machte sich über ihren Bericht lustig, bis Bates in Cametá, am Flusse Tocantins in Brasilien

»Gelegenheit hatte, eine große Spinne, Mygale avicularia, oder eine dieser nahe verwandte Spezies, zu beobachten; der Körper derselben war ziemlich zwei Zoll lang, die Beine aber streckten sich sieben Zoll weit aus, und diese sowohl als jener waren mit groben grauen und roten Haaren bedeckt. Ich wurde durch eine Bewegung dieses Untieres an einem Baumstamme darauf aufmerksam. Sie saß dicht unter einer tiefen Spalte in dem Baume, über die ein festes weißes Gewebe ausgespannt war. Der untere Teil des Gewebes war zerrissen und in demselben hingen zwei kleine Vögel, Finken, von denen der eine schon tot war; der andere lag unter dem Körper der Spinne, dem Verenden nahe, und war mit einer schmutzigen Feuchtigkeit oder Speichel bedeckt, den das Ungeheuer ausschwitzt. Ich verjagte die Spinne und nahm die Vögel heraus, aber auch der zweite starb bald. Daß die Species Mygale bei Nacht auf Raub ausgeht, auf Bäume klettert und die Eier und Jungen der Kolibris aussaugt, haben schon Madame Merian und Palisot de Beauvois gesagt, man hat es aber wegen Mangel an Bestätigung nicht glauben wollen ... Die Mygales sind zuweilen sehr groß. Einmal sah ich, wie die Kinder einer Indianerfamilie, die für mich Insekten sammelten, eine Schnur um den Leib eines solchen Ungeheuers gebunden hatten, an der sie es wie einen Hund im Hause herumführten.«

Bates' Monstrum war wahrscheinlich ein Weibchen, das Netz ein alter Kokon und der Spalt einfach ein Nest, zu dem die Finken geschleppt worden waren, weil Vogelspinnen im allgemeinen keine Netze spinnen, sondern ihre Beute in schnellen nächtlichen Ausfällen auf Ästen oder auf dem Boden erjagen. Von den Yanomami wird gesagt, sie äßen ihre Beine geröstet, aber offensichtlich nicht, wenn es vorher Pfirsichpalmfrüchte und Kaiman gegeben hatte – Jarivanau kroch sehr vorsichtig von hinten an sie heran und erschlug sie mit einer langen Stange.

»Sie können drei Meter aus dem Stand springen«, sagte Juan. »Sie injizieren dir ein starkes Enzym, das das Fleisch zersetzt – und sei morgen früh vorsichtig, Redmon, denn alle Haare auf ihrem Körper sind giftig.«

Das Lager kam wieder zur Ruhe. Eine Gesprenkelte Straußwachtel begann wie ein Hahn zu krähen. Eine Schwarz-Weiße Eule schrie alle zehn oder zwanzig Sekunden von irgendwo in der Nähe ihr explosives, tiefes, einzelnes Buh. Ich schlief ein und träumte – nicht wie erwartet von Spinnen, sondern von Kellaways. Ich war, acht Jahre alt, wieder auf einem Familienausflug auf dem Avon. Wir trugen das zweisitzige Faltboot durch den Torweg und über die Felder und ließen es in den Fluß. Wie üblich paddelten mein Vater und ich flußauf. An der fünfzehnten Biegung kam durch die Lücke in den Binsen wieder die unerreichbare Eisenbahnbrücke in Sicht, vom Anlegesteg und dem Picknickkorb hinter uns unvorstellbar weit entfernt. Aber diesmal kehrten wir nicht um; mein Vater paddelte weiter, und drei Biegungen später lag die Brücke vor uns. Aber als wir näher kamen, verwandelten sich die Pfeiler aus narbigem Stein und die rostigen Eisenträger langsam in eine Reihe von Stangen auf X-Rahmen mit Lianengeländern. Wir fuhren darunter hindurch; und plötzlich war ich von einem intensiven Glücksgefühl erfüllt.

Am Morgen, sobald es hell genug war, um richtig zu sehen, nahm Pablo das Gewehr und paddelte in der Curiara flußab, und ich lieh mir Juans Schere, wickelte meine linke Hand in ein Blatt, breitete den zerquetschten Körper der Spinne aus und schnitt ihre langen braunen Fänge ab, die so hart wie Krebsscheren waren. Ich ließ sie in einen von Juans Plastikbeuteln fallen und verstaute sie in meinem Rucksack.

Wo Galvis die Trompetervögel gerupft hatte, trieben sanft ein paar Federn über die verfaulenden Blätter, getragen von der schwachen Brise, die aufkam, als ein paar Sonnenstrahlen schräg auf den Dschungelboden fielen und ihn erwärmten. Ich hob drei Brustfedern auf und legte sie in mein Notizbuch. Zart und fächerförmig, schienen sie, wenn sie flach im Buch lagen, von einem einheitlichen Grau; hielt man sie jedoch in einem Winkel ins Licht, hatte jede Feder an ihrer Spitze einen purpurn leuchtenden Bogen, an dessen Innenrand winzige Streifen Grün und Orange und Gold strahlten.

Man hörte einen lauten Knall, und zehn Minuten später paddelte Pablo aufgeregt ans Ufer.

»Jetzt haben wir Fleisch für Tage und Wochen«, rief er.

»Immer ruhig«, sagte Chimo, »du wirst das Boot umschmeißen.«

Ein riesiger, nasser Capybara, ein Wasserschwein, das größte Nagetier der Welt, lag im Bug der Curiara. Chimo und Culimacaré halfen Pablo, ihn an Land zu tragen. Etwa anderthalb Meter lang, ein Männchen, war sein wuchtiger, massiver Körper bedeckt von graubraunen, stacheligen Haaren, und seine kurzen Beine endeten in vier teilweise mit Schwimmhäuten versehenen Zehen an den Vorderfüßen und dreien an den Hinterfüßen. Seine Nüstern, seine

Augen und kleinen Ohren lagen hoch auf dem breiten, viereckigen Kopf, eine weitere Anpassung an sein halbaquatisches Leben. Chimo und Pablo schnitten ihn auf und gaben mir die beiden Backenzähne aus dem Oberkiefer. Hinten in unterschiedlichem Maße gerundet, so daß der eine fast einen Halbkreis bildete, waren sie von gelblichweißer Farbe und trugen in der Mitte ihrer Oberfläche eine flache Eindellung; sie waren zu einer scharfen, gebogenen Schneide abgeschliffen und maßen laut Juans Lineal neun Zentimeter.

Valentine schürte das Feuer unter dem Räuchergestell und räumte den Rest des Kaimanschwanzes zur Seite. Jarivanau spießte Fett und Fleischstücke auf Stöcke und setzte sich nieder, um seine eigene Rösteinrichtung zu bewachen – ein Zaun aus Fleisch um das Feuer. Yavateiba beschlagnahmte die Innereien, aber statt die Eingeweide auszuquetschen, legte er alle Därme am Ufer neben einem halb untergetauchten Baumstamm ins Wasser, nahm eine von Chimos Angelschnüren, beköderte den Haken mit Stücken von Capybarahaut und begann wild um sich schlagende Piranhas an Land zu ziehen, die Rücken dunkelblau, die kleinen Schuppen an ihren Flanken Silberfunken.

Nach einem langen, bemerkenswert schweigsamen Frühstück mit Capybarastücken, die wie Lende schmeckten, wanderten Pablo, Chimo und Valentine in den Wald, um die genau richtige Art von Pfahlwurzeln zu finden, aus denen sie vier weitere Paddel schnitzen wollten – damit wir alle mithelfen konnten, die Einbäume den Siapa hinunterzupaddeln, wenn der eine Kanister Benzin nicht ausreichen sollte, um uns durch die Schwarzen Fliegen zu bringen; Maquichemi ließ ihren Sohn in Galvis' Teil des Kanus spielen, wo er alle leeren Plastikbehälter gespeichert hatte, in denen früher Haferflocken gewesen waren, und all die Dosen, die früher bis zum Rand mit grobem braunem Zucker gefüllt gewesen waren; Galvis selbst ließ sich auf seine Medikamentenkiste nieder, um von Mahatma Gandhi den gewaltlosen Widerstand zu lernen; und Yavateiba, Jarivanau, der Junge, Juan, Culimacaré und ich machten uns auf, den Tukanberg zu erklettern.

Der Boden stieg fast sofort steil an, und wir kamen plötzlich aus hohem, dichtem Wald auf blanken Felsen in offenes Sonnenlicht. Der Winkel des Abhangs, vielleicht fünfundvierzig Grad, war viel zu steil, als daß irgendeine Pflanze Halt gefunden hätte; in den Rinnen wuchs nur eine Art schwärzlicher Algen. Aber die rauhe, knotige Oberfläche des dunkelbraunen Granits erwies sich als guter Halt für meine Turnschuhe. Die Sonne brannte uns auf den Rücken und strahlte von den Felsen vor uns in unsere Gesichter zurück.

Juan und ich blieben auf gleicher Höhe, und Culimacaré kletterte mit halb springenden Schritten vor uns her, Bauch und Brust fast parallel zum Fels. Die Yanomami jedoch blieben zurück: Jarivanau folgte ohne den geringsten Enthusiasmus; Yavateiba, der Bogen und Pfeil trug, trödelte mit uns einher; der Junge, der Yavateibas Reservebogen und seinen zweiten Pfeil trug, kletterte etwa dreihundert Meter hoch, gab dann auf und kehrte in den Wald zurück. Vielleicht war der Fels einfach zu heiß für ihre Füße, oder vielleicht erschien ihnen die ganze Übung sinnlos, weil es nichts zu jagen gab; oder sie wollten deshalb nicht mit uns kommen, weil der Tukanberg in jene andere Yanomami-Welt emporsteigt, wo die Hekura leben. Vielleicht bargen hier die kräftigen Lichtstrahlen Gefahren, bildeten mögliche Wege für die bösartigen, hellglänzenden Hekura feindlicher Schamanen, die, wenn sie dich im Freien erwischen, weit entfernt vom Gegenzauber und den heilenden Kräften der eigenen Schamanen in deinem Shabono, dir jenes verräterische Zeichen aufprägen könnten, das jeder Yanomami fürchtet, eine individuelle Gewähr für Krankheit und Tod – zwei kleine, sich kreuzende Kurven auf der Kehle.

Beim Klettern zog sich unsere Reihe auseinander, und nach etwa einer halben Stunde erreichten wir einen Sims, der sich um die Schulter des Bergs zog. Ich setzte mich auf einen großen Stein und wischte mir mit dem Hemdzipfel den Schweiß von der Brille. Als ich sie wieder aufsetzte, war ich überrascht, wie hoch wir in solch kurzer Zeit gestiegen waren. Am Rand der Plattform verschwand der Felsen im Raum – ob Hitze oder nicht, wir würden den Rückweg auf allen vieren antreten müssen.

Vor uns erstreckte sich der Dschungel endlos über fünf Horizontlinien, über eine Folge immer kleiner werdender gebrochener Linien aus gerundeten Hügeln und flachen Tepuis, die majestätischen Grenzen fünf verschiedener Flußsysteme. Zu unserer Linken schwebte ein Paar Königsgeier, nur knapp über uns und viel näher, als ich sie je zuvor gesehen hatte, Bauch und Flügelränder von reinstem Weiß, die schwarzen Flugfedern ihrer breiten, flachen, fast zwei Meter klafternden Flügel voll ausgebreitet, und durch das Fernglas konnte ich deutlich die eigenartigen, knolligen, orangefarbenen Kämme über ihren Schnäbeln erkennen. Zwei große Gelbkopfgeier, samtschwarz, kreisten unmittelbar über den Bäumen unter uns – wahrscheinlich jagten sie nach Geruch auf Aas. Ich stand auf und konnte direkt unter uns ein paar dünne, gebogene Lücken im Wald erkennen – das war alles, was den Lauf des Emoni markierte.

Nahebei war der Sims locker mit Bromeliazeen bedeckt, mit ginsterähnlichen Büschen, mit einigen Orchideenarten und kleinblättrigen Sträuchern von etwa fünf Meter Höhe. Und aus dem nächsten dieser Sträucher, so merkte ich plötzlich, beobachteten mich zwei gelbumrandete, glänzendrote Augen. Auf einem unordentlichen Zweighäufchen in einer Astgabel versuchte sich ein ängstlicher Vogel der Sicht zu entziehen; er hatte einen schweren gelben Schnabel wie ein Habicht, einen braunen Kopf, einen kastanienbraunen Rücken und einen enorm langen, weißgefleckten braunen Schwanz. Ein Hörnchenkuckuck saß da auf seinem Nest.

Als sie mich wie gebannt ins Gesträuch starren sahen, kamen Juan und Jarivanau von rechts herüber. Jarivanau legte mir den Arm um die Schulter, wie er es auch getan hatte, als ich zum ersten Mal Yoppo genommen hatte (aber weil ich stand, faßte er mich in Wirklichkeit um die Brust), und blies mir von unten ein weiches »Huuu!« ins Ohr. Dann winkte er Yavateiba, der gerade auf der Plattform angekommen war. Yavateiba eilte herbei und legte den Pfeil auf die Sehne – deshalb klatschte ich in die Hände, und der Vogel flog auf und zwischen den Büschen davon. *Psit-Psit-Psit!* rief er.

»Huuuu!« sang Jarivanau hinter ihm her.

Er grinste mich an und kratzte sich den zerschlagenen Skalp. Yavateiba setzte sich verärgert auf meinen Felsen. Juan und Jarivanau gesellten sich zu ihm, und ich machte mich auf, um Culimacaré zu suchen.

Ich war etwa fünfzig Meter gegangen, als eine Nachtschwalbe vor mir lautlos vom Boden aufflog, eine Stelle mit Bromeliazeen überquerte und verschwand. Auf dem nackten Felsen, im Schatten eines kleinen Busches, lag ein rosabraunes Ei, gesprenkelt, mit schwarzen Linien und Flecken. Ich wußte, daß von den Eiern der verschiedenen Nachtschwalbenarten des Amazonas nur sehr wenige beschrieben worden waren, und das hier gehörte mit Sicherheit nicht dazu. Aber nicht deshalb überkam mich wieder das Glücksgefühl aus meinem Traum, so daß die Welt plötzlich wie neu wirkte und die Zukunft unwichtig wurde. Unter der tropischen Sonne auf dem Tukanberg starrte ich einen Moment auf das kleine Ei, wie ein Yanomami, aller Gesetze der Wissenschaft unbewußt – es war, als starrte ich wieder auf die Hälfte einer leeren Eierschale, eine Botschaft aus braunen und purpurroten Flecken vor einem Hintergrund von bräunlichem Weiß, das Geschenk einer Misteldrossel, das mir auf einem Pfarrhausrasen vor die Füße gefallen war.

Auswahlbibliographie

Bates, Henry Walter, *Der Naturforscher am Amazonenstrom,* Leipzig 1866

Beebe, William, *Rancho Grande. Zwei Jahre im Nebelwald der Anden,* Wien 1951

Biocca, Ettore, *Yanoima – The Story of a Woman Abducted by Brazilian Indians,* London 1969

Brewer-Carias, Charles, und Steyermark, Julian A., »Hallucinogenic Snuff Drugs of the Yanomamo Caburiwe-Teri in the Cauaburi River, Brazil«, *Economic Botany,* vol. XXX, Nr. 1, 1976, S. 57–66

Carpentier, Alejo, *Die Flucht nach Manoa,* München 1958

Chagnon, Napoleon A., *Yanomamo – The Fierce People,* New York 1968, 3. Auflage 1984

Coward, T. A., *The Birds of the British Isles and Their Eggs,* 2. Bde., London 1920

Coward, T. A., and Oldham, Charles, *The Birds of Cheshire,* Manchester 1900

Darwin, Charles, *The Zoology of the Voyage of* HMS *Beagle, under the Command of Captain Fitzroy,* RN, *during the Years* 1832 *to* 1836, London 1838–43.

– *Reise eines Naturforschers um die Welt,* Gesammelte Werke, Stuttgart 1899–1910, *Bd.* I

– *Geologische Beobachtungen über Südamerika und angestellt während der Reise der »Beagle« in den Jahren* 1832–36, Gesammelte Werke, Stuttgart 1899–1910, Bd. 12

– *Leben und Briefe von Charles Darwin, mit einem seine Autobiographie enthaltenden Artikel,* hrsg. von Francis Darwin, Gesammelte Werke, Stuttgart 1899–1910, *Bd.* 14

– *Die Entstehung der Arten durch natürliche Zuchtwahl,* Stuttgart 1963

– *Die Abstammung des Menschen und die geschlechtliche Zuchtwahl*, Leipzig 1952
– *Der Ausdruck der Gefühle bei Mensch und Tier*, Düsseldorf 1964
– *The Correspondence of Charles Darwin*. Volume 1, 1821–1836, ed. Frederick Burckhardt et al., Cambridge 1985
Doyle, Arthur Conan, *Die verlorene Welt*, Berlin 1926
Edwards, William H., *A Voyage up the River Amazon, Including a Residence at Para*, London 1847
Fleming, Peter, *Brasilianisches Abenteuer*, Hamburg 1958
Grelier, Joseph, *Zu den Quellen des Orinoko*, Leipzig 1956
Guenther, Konrad, *Das Antlitz Brasiliens. Natur und Kultur eines Sonnenlandes, sein Tier- und Pflanzenleben*, Leipzig 1927
Hanbury Tenison, Robin, *A Question of Survival for the Indians of Brazil*, London 1973
Humboldt, Alexander von, *Relation historique du voyage aux regions equinoxiales du nouveau continent*, 3 vols., Paris 1814–25; deutsch: *Alexander von Humboldts Reisen in die Aequinoctial-Gegenden des neuen Continents*, Stuttgart 1859–60
Koch-Grünberg, Theodor, *Vom Roraima zum Orinoco, Ergebnisse einer Reise in Nordbrasilien und Venezuela in den Jahren* 1911–1913, Berlin 1917
Lizot, Jacques, Diccionario *Yanomami-Españ*ol, Caracas 1975
– *El hombre de la pantorrilla prenada y otros mitos Yanomami*, Caracas 1975
– *Im Kreis der Feuer*, Frankfurt 1982
MacCreagh, G., *Weißwasser und Schwarzwasser. Ein wissenschaftlicher Bericht über zwei Jahre Abenteuer am Rio Beni und Rio Negro*, Leipzig 1928
Maguire, Bassett, »Cerro de la Neblina, Amazonas, Venezuela, A Newly Discovered Sandstone Mountain«, in: *Geographical Review*, vol. XLV, Nr. 1, 1955, S. 27–51
Maxwell, Nicole, *Bei Medizinmännern am Amazonas*, Hamburg 1963
Schauensee, Rodolphe Meyer de, und Phelps, W. H., jr., *A Guide to the Birds of Venezuela*, Princeton NJ 1978

Schomburgk, Robert Hermann, *Reisen in Guiana und am Orinoko während der Jahre* 1835–1839, Leipzig 1841
Seitz, George, *Hinter dem grünen Vorhang*, Wiesbaden 1960
Spruce, Richard, *Notes of a Botanist on the Amazon and Andes, Being Records of Travel on the Amazon and Its Tributaries, the Trombetas, Rio Negro, Uaupes, Casiquiari, Pacimoni, Huallaga, and Pastasa; as also to the Cataracts of the Orinoco, along the Eastern Side of the Andes of Peru and Ecuador, and the Shores of the Pacific, during the Years* 1849–1864, ed. and condensed by Alfred Russell Wallace, with a biographical introduction, 2 vols., London 1908
Wallace, Alfred R., *Reisen am Amazonenstrom und Rio Negro*, Kassel 1855
– *Der Darwinismus. Eine Darlegung der Lehre von der natürlichen Zuchtwahl und einiger ihrer Anwendungen*, Braunschweig 1891
– *Die Tropenwelt, nebst Abhandlungen verwandten Inhalts*, Braunschweig 1879
Waterton, Charles, *Wanderungen in Südamerika*, Jena 1826
Waugh, Evelyn, *Eine Handvoll Staub*, Hamburg 1951
– *Ninety-two Days, A journey in Guiana and Brazil*, London 1934

Graham Greene im dtv

»Bei Graham Greene ist Schuld die menschliche Unzulänglichkeit vor dem Schicksal, und Sühne ist nicht die absolute Verdammnis.«
Eberhard Thieme

Ein Mann mit vielen Namen
Roman
dtv 11429

Orient-Expreß
Roman
dtv 11530

Ein Sohn Englands
Roman
dtv 11576

Zwiespalt der Seele
Roman
dtv 11595

Das Schlachtfeld des Lebens
Roman
dtv 11629

Das Attentat
Roman · dtv 11717

Die Kraft und die Herrlichkeit
Roman · dtv 11760

Der dritte Mann
Roman · dtv 11894

Das Herz aller Dinge
Roman
dtv 11917

Jagd im Nebel
Roman
dtv 11977

Unser Mann in Havanna
Roman
dtv 12034

Der stille Amerikaner
Roman
dtv 12063

Der Mann, der den Eiffelturm stahl und andere Erzählungen
dtv 12129

Der Honorarkonsul
Roman
dtv 12187

Die Stunde der Komödianten
Roman
dtv 12199

Herbert Rosendorfer im dtv

»Er ist der Buster Keaton der Literatur.«
Friedrich Torberg

Das Zwergenschloß und sieben andere Erzählungen
dtv 10310

Vorstadt-Miniaturen
dtv 10354

Briefe in die chinesische Vergangenheit
Roman · dtv 10541 und dtv großdruck 25044
Ein chinesischer Mandarin aus dem 10. Jahrhundert gelangt mittels Zeitmaschine in das heutige München und sieht sich mit dem völlig anderen Leben der »Ba Yan« konfrontiert...

Stephanie und das vorige Leben
Roman · dtv 10895

Königlich bayerisches Sportbrevier
dtv 10954

Die Frau seines Lebens und andere Geschichten
dtv 10987

Ball bei Thod
Erzählungen
dtv 11077

Vier Jahreszeiten im Yrwental
dtv 11145

Eichkatzelried
dtv 11247

Das Messingherz oder Die kurzen Beine der Wahrheit
Roman · dtv 11292
Der Dichter Albin Kessel wird eines Tages vom Bundesnachrichtendienst angeworben. Allerdings muß er immer an Julia denken ...

Bayreuth für Anfänger
dtv 11386

Der Ruinenbaumeister
Roman · dtv 11391
Schutz vor dem Weltuntergang: Friedrich der Große, Don Giovanni, Faust und der Ruinenbaumeister F. Weckenbarth suchen Zuflucht.

Herbert Rosendorfer im dtv

Der Prinz von Homburg
Biographie · dtv 11448
Gescheit, anschaulich, genau, dennoch amüsant und unterhaltend schreibt Rosendorfer über diese für Preußen und Deutschland wichtige Zeit.

Ballmanns Leiden oder Lehrbuch für Konkursrecht
Roman · dtv 11486

Die Nacht der Amazonen
Roman · dtv 11544
Die Geschichte Christian Webers, Pferdeknecht aus Polsingen, »alter Kämpfer« und Duzfreund Adolf Hitlers, ist das Satyrspiel zur Apokalypse der Nazizeit.

Herkulesbad / Skaumo
dtv 11616

Über das Küssen der Erde
dtv 11649

Mitteilungen aus dem poetischen Chaos
dtv 11689

Die Erfindung des SommerWinters
dtv 11782

... ich geh zu Fuß nach Bozen und andere persönliche Geschichten
dtv 11800

Die Goldenen Heiligen oder Columbus entdeckt Europa
Roman
dtv 11967
Östlich von Paderborn: Außerirdische landen in Deutschland, und unaufhaltsam bricht die Zivilisation, unterwandert von der Heilssüchtigkeit der Menschen, zusammen.

Der Traum des Intendanten
dtv 12055

Ein Liebhaber ungerader Zahlen
Roman
dtv 12307